मिट्टी का तन,
मस्ती का मन,

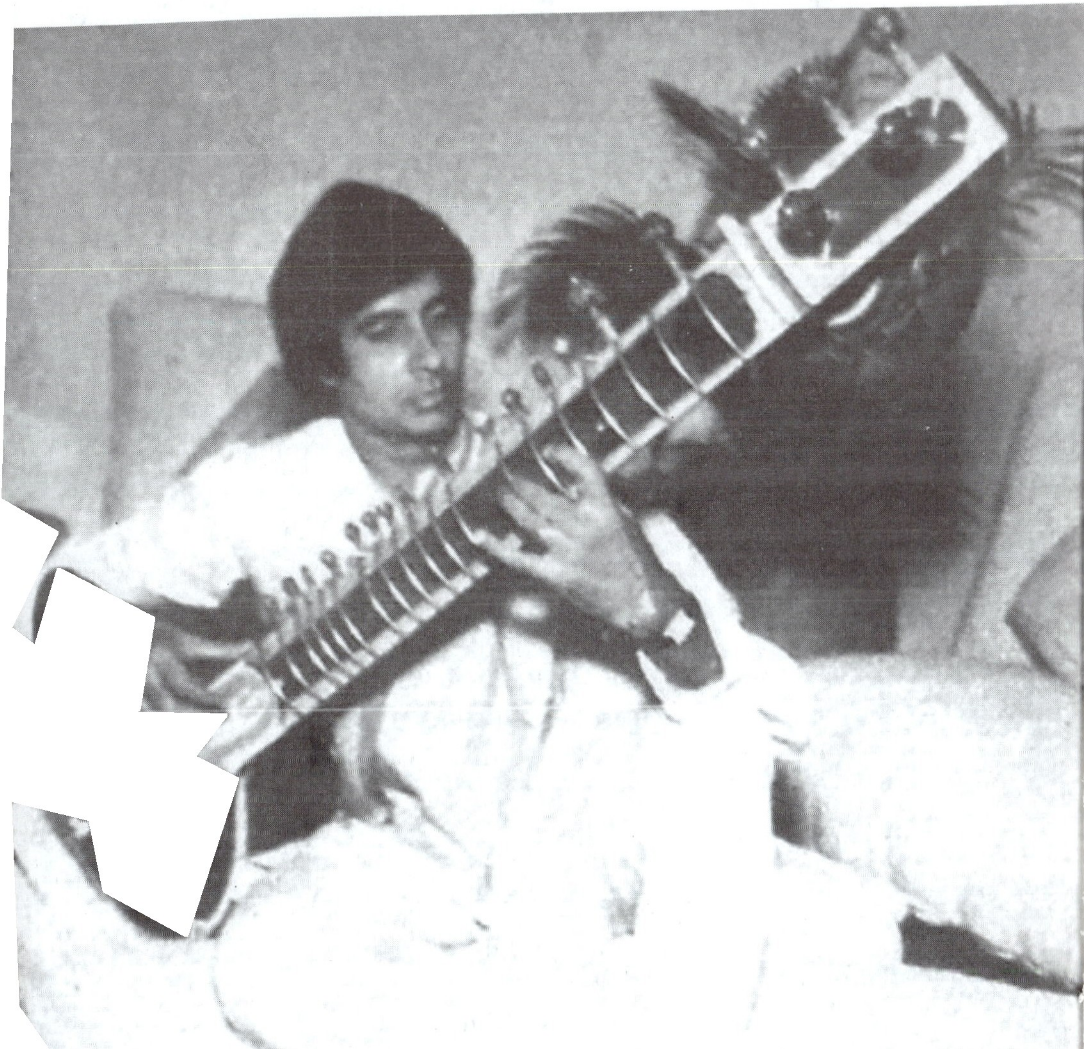

अमिताभ बच्चन

जीवन गाथा

पुष्पा भारती

अमिताभ बच्चन

जीवन गाथा

पुष्पा भारती

वाणी प्रकाशन

4695, 21-ए, दरियागंज, नयी दिल्ली 110 002

फ़ोन : +91 11 23273167 फ़ैक्स : +91 11 23275710

शाखाएँ

अशोक राजपथ, पटना 800 004, बिहार

कॉफ़ी हाउस कैम्पस, महात्मा गांधी मार्ग, इलाहाबाद 211 001, उत्तर प्रदेश

महात्मा गांधी अन्तरराष्ट्रीय हिन्दी विश्वविद्यालय, वर्धा 442 001, महाराष्ट्र

सुल्तानिया रोड, मोतिया पार्क, भोपाल 462 001, मध्य प्रदेश

www.vaniprakashan.com
marketing@vaniprakashan.in
sales@vaniprakashan.in

AMITABH BACHCHAN : JEEVAN GAATHA
by Pushpa Bharti

ISBN : 978-81-7055-740-1
Biography

प्रथम संस्करण, दिसम्बर 2021

मूल्य : ₹ 795

पुस्तक की सजिल्द व पेपरबैक 1000 प्रतियाँ प्रकाशित हैं।

जयंत प्रिंटरी एलएलपी, मुम्बई में मुद्रित

वाणी प्रकाशन का लोगो मक़बूल फ़िदा हुसेन की कूची से

डॉ. हरिवंश राय बच्चन

और

उनकी तेजस्वी पत्नी तेजी बच्चन

को समर्पित

उनकी 'सर्वोत्कृष्ट कृति'

अमिताभ बच्चन की कहानी

भूमिका

अमिताभ की जीवन गाथा के सन्दर्भ में...

सन् 1968 था और शायद मार्च का महीना! उन दिनों हमारे पास जो घर था, उसमें एक बहुत बड़ी-सी टैरेस थी...खुली छत, अछोर फैला आसमान, सामने हहराता-उछालें मारता समुद्र। इसलिए शामें सुहावनी होती थीं।

वैसी ही एक शाम को कार्यक्रम बना कि खुली छत पर, नीले आसमान के साये में बच्चन जी काव्यपाठ करेंगे। चुने हुए काव्यप्रेमी हमारे मित्र एकत्र हुए और तय पाया गया कि भारती जी, बच्चन जी की पुस्तकों में से चुन-चुन कर जो कविताएँ देते जायेंगे, उन पर बच्चन जी अपना छोटा-छोटा वक्तव्य देते हुए सस्वर पाठ करेंगे। वह शाम कितनी अद्भुत और रसमय बीती थी, उसका अवर्णनीय अनुपम सुख वही जानते हैं, जो उस दिन की रसवर्षा में भीगे थे।

वैसे उस शाम का ज़िक्र यहाँ मैं इसलिए कर रही हूँ कि उस दिन अमिताभ पहली बार हमारे घर आये थे—ऊँचे, लम्बे, बहुत दुबले-पतले, एकदम सादे सफ़ेद कुर्ते-पाजामे में, न कोई नखरा, न कोई भावताव! तब उन्हें कोई जानता नहीं था—शायद वे तब तक फ़िल्मों में चमके भी नहीं थे। लेकिन बस, जिस तरह पीछे की ओर सिमटकर बैठे हुए वे मुग्ध भाव से अपने पिता को श्रद्धा सहित सुन रहे थे—उनकी वह मुद्रा बरबस सबका ध्यान खींच रही थी। हर व्यक्ति के मन में उनके लिए स्नेह-मिश्रित प्रशंसा भाव था।

यह तो थी अमिताभ की मेरे मन पर सबसे पहली छाप! अमिताभ के अनेकानेक घरेलू अन्तरंग स्मृति बिम्बों में से बिल्कुल शुरुआत का एक बिम्ब! और एक बिम्ब वह है जो आज फ़िल्मों के पर्दे पर, भीमकाय पोस्टरों पर, फ़िल्मी पत्रिकाओं के पृष्ठों पर छाया रहता है। ग़ुस्से से भरी आँखें, तनी हुई भौंहें, तमतमाया चेहरा, तेंदुए की-सी चुस्ती से दुश्मन पर टूट पड़ने को आतुर व्यक्तित्व। ऐंग्री यंग मैन!

यह जो हमारे जनसंचार माध्यम होते हैं न, उनका करिश्मा भी अद्भुत होता है। एक सच या झूठ जो भी कल्पना बिम्ब यानी इमेज बन गयी, बस

फिर वह रजतपट पर, पोस्टरों पर, पत्रिकाओं में हज़ारों-लाखों बार दोहरायी जाती है और फिर वह करोड़ों युवा दर्शकों या पाठकों के दिलोदिमाग़ में बस जाती है और उनकी गपशप तथा तौर-तरीक़ों में प्रगट होने लगती है, यानी कि वह फ़िल्मी इमेज तमामो-तमाम लोगों के जीवन जीने की तर्ज़ बन जाती है। मनपसन्द हीरो का हेयरकट, उसके आक्रमण के दाँव-पेंच, सब कुछ इतने लोकप्रिय हो जाते हैं कि उस कलाकार के अन्तरंग व्यक्तित्व के बरअक्स एक दूसरा व्यक्तित्व खड़ा होने लगता है—फ़िल्मों, पत्रिकाओं और पोस्टरों द्वारा उभारा हुआ, एक कल्पना बिम्ब। इस फ़िल्मी इमेज का सम्मोहन कितना सामाजिक और यथार्थपरक होता है, पर क्या यह ज़रूरी नहीं है कि उसके पीछे के वास्तविक और प्रामाणिक व्यक्तित्व को पहचाना जाये?

फ़िल्मी माध्यमों के द्वारा एक कल्पित व्यक्तित्व जनमानस में गहरे बिठा देने के बाद, फिर उसी को आधार बनाकर, हज़ार तरह की सच्ची, झूठी, अच्छी, बुरी ख़बरें और गपशप बुनकर, जो माहौल बनाया जाता है, वह लाखों-करोड़ों युवा दर्शकों और पाठकों को बहुत उलझाता है। यह माहौल हमारे आज के युवा-समाज की एक विडम्बना बन गया है और इसे उद्घाटित करने के लिए आज अमिताभ बच्चन से बेहतर कोई माध्यम नहीं हो सकता। केवल इसलिए नहीं कि उसकी लोकप्रियता, भारतीय फ़िल्मों के सौ वर्ष से भी अधिक लम्बे इतिहास में, अपने ढंग की अनूठी है, बल्कि इसलिए भी कि वह एक ऐसा फ़िल्मी कलाकार है, जो हिन्दी के श्रेष्ठतम साहित्यिक परिवार का है। इसलिए भी कि उसमें, बचपन से अंग्रेज़ी और हिन्दी कविता के संस्कार हैं—और सबसे बड़ी बात कि वह स्वयं फ़िल्मी बिम्बों में खो नहीं गया है। उसकी अपनी निजी अन्तरंग आन्तरिकता ज्यों-की-त्यों सुरक्षित है और अपनी उन सारी भावनाओं और यादों को वह उसी प्यारी भाषा में व्यक्त कर सकता है, जिसके लिए उसके कवि पिता बच्चन जी ने लिखा था, "गाता हूँ मैं अपनी भाषा सीख इलाहाबाद नगर से।"

और इसी इलाहाबाद नगर से मैंने भी अपनी भाषा के लालित्य का ककहरा सीखा था। मेरे और अमिताभ के बीच शायद यही इलाहाबादी संस्कार इतने एक जैसे थे कि हम जब भी बात करने बैठे, मुझे हमेशा ही कुछ-न-कुछ अनोखी जानकारियाँ मिलीं जिन्हें समय-समय पर 'धर्मयुग' तथा अन्य पत्रिकाओं के माध्यम से मैंने अपने पाठकों के सामने प्रस्तुत किया। आपके हाथों में जो पुस्तक है उसमें इन्हीं सब मुलाक़ातों की बातों को संकलित किया गया है। और इसमें समाविष्ट सभी बातें अपने जीवनकाल में ही किंवदन्ती बन जाने

वाले आपके अपने लाड़ले अमिताभ बच्चन के द्वारा समय-समय पर स्वयं कही गयी हैं—मैं तो माध्यम मात्र हूँ—बोला और कहा अमिताभ ने है मैंने तो सिर्फ़ लिख दिया है।

— पुष्पा भारती
मुम्बई, *2000*

पुनश्च

ये समस्त आख्यान एक निश्चित कालावधि से ही सम्बन्धित हैं—"हरि अनन्त, हरि कथा अनन्ता"! सदी के महानायक अमिताभ बच्चन की कथाएँ भी अनन्त हैं। बच्चन जी ने लिखा था—

"नभ ओले बरसाये, धरती शोले उगले :
अनवरत समय की चक्की चलती जाती है।"

समय की चक्की चलती रही—गंगा में पानी बहता रहा और अमिताभ की कला, और उनके व्यक्तित्व में निरन्तर और-और निखार आता गया। समय के इस अन्तराल को थोड़ा पाटने की दृष्टि से मैंने सोचा कि कल और आज को जोड़ने के लिए मैं पुनः अमिताभ से बातें करूँ इससे बेहतर होगा कि किसी तीसरे व्यक्ति से बातें करवायी जायें, ताकि निजी आत्मीयता ही न होकर बेबाक़ दो टूक बातें हों और अमिताभ के समय के साथ बदलते स्वरूप से भी आप जुड़ सकें। साथ ही अमिताभ भी औपचारिक साक्षात्कार न देकर सहज-सरल अनुभव कर सकें इसलिए ये बातें हमने अपने घर पर करने की सोची और सचमुच उस दिन बहुत ही श्रेष्ठ और सार्थक बातें हुईं।

आभारी हूँ श्री सुदीप जी की जिन्होंने अमिताभ का वह रूप बड़ी सहजता से उजागर किया और आप आज के अमिताभ से आसानी से जुड़ गये। इस पुस्तक में आप शुरू से ही अमिताभ के व्यक्तित्व के सभी पक्षों की जानकारी स्वयं उन्हीं के द्वारा बतायी गयी बातों से जान सके हैं।

पर इस विलक्षण व्यक्ति के एक पक्ष के बारे में उनके अगणित असंख्य प्रशंसक नहीं जानते हैं—वह है उनकी भाषण देने की अद्‌भुत कला। वे जब भाषण देते हैं तो लगता है वाणी ही नहीं हृदय भी बोल रहा है। उनकी भाषा-शैली, चेहरे पर झलकती भाव-भंगिमाएँ मन्त्रमुग्ध कर देती हैं श्रोताओं को। एक-एक शब्द फूल जैसे झरते हैं।

पुस्तक के अन्त में परिशिष्ट के रूप में उनके दिये हुए कुछ भाषण संकलित हैं। काश, उन्हें आप केवल पढ़ ही नहीं सुन भी सकते।

'वाणी प्रकाशन' ने जितने उत्साह और प्रेम से पुस्तक प्रकाशित की है उसके लिए हार्दिक धन्यवाद।

–पुष्पा भारती

मुम्बई, *2021*

बायें से दायें: तेजी जी, गोद में भीम (अजिताभ के पुत्र), डॉ. हरिवंश राय बच्चन उनके सामने अभिषेक (अमिताभ के पुत्र), अभिषेक के बगल में निलाम्बरा (अजिताभ की पुत्री), पीछे रमोला (अजिताभ की पत्नी), रमोला की गोद में नयना (अजिताभ की पुत्री), जया, गोद में नम्रता (अजिताभ की पुत्री), जया के पीछे श्वेताम्बरा (अमिताभ की पुत्री)। पीछे: राजू, अमिताभ तथा अजिताभ

अनुक्रम

परिशिष्ट

यादों में रचा बसा इलाहाबाद

''अमित, बम्बई की इस चमक-दमक और शोहरत के शोर-शराबे से थोड़ी देर के लिए छुट्टी माँगकर पीछे लौट चलें, बहुत पीछे, इलाहाबाद के उस हरे-भरे बँगले में, जहाँ तुम्हारा बचपन बीता था। यह बताओ कि वहाँ का ख़याल आते ही तुम्हारे ज़ेहन में सबसे पहले क्या चीज़ कौंध जाती है? कोई महक, कोई फूल, कोई चेहरा, कोई घटना, कोई सिचुएशन?''

''इलाहाबाद! (एक लम्बा मौन)। इलाहाबाद का नाम लेते ही इतनी ढेर सारी बातें याद आती जाती हैं कि अगर उसे डिटेल्स में देना चाहूँ, तो शायद बहुत वक़्त लग जायेगा। फिर भी...

''किसी एक जगह जहाँ हम रहे, उसके बारे में न बताकर हम जहाँ-जहाँ इलाहाबाद में रहे, वहाँ की जितनी कुछ याद मुझे है, वह बताता हूँ। सबसे पहली याद है एडल्फी की। याद आता है एडल्फी का वह मकान, जो कि बहुत बड़े कंपाउंड के अन्दर था, जिसमें बहुत-से लोग भी रहते थे। मुझे याद आता है, डैड का साइकिल पर यूनिवर्सिटी जाना। इलाहाबाद यूनिवर्सिटी की बहुत-ही शानदार इमारत, वहाँ के बड़े-बड़े मैदान, जहाँ कि मैं अक्सर खेला हूँ।

अमिताभ : उम्र एक वर्ष

''एडल्फी में मुझे याद आता है होली का वह माहौल, जब यूनिवर्सिटी के बहुत-से विद्यार्थी भी आते थे और डैड हमारे मकान के सामने जो लॉन था, वहाँ होली खेलते थे। उस समय मैं बहुत छोटा था और ज़रा डरता भी था होली से। मुझे याद है कि मैं अपने कमरे में बैठा हुआ चिक के पीछे से झाँककर होली के इस माहौल को देखा करता था, जहाँ पर वे नाचते थे, गाते थे, एक-दूसरे पर रंग लगाते थे। काफ़ी हुल्लड़ रहता था।

अमिताभ : उम्र दो वर्ष

"एडल्फी की याद से मुझे याद आता है वह मौक़ा जब एक बैल ने मुझे सिर पर सींग मार दिया। कैसे उसने मारा, किस तरह मारा, यह मेरे ध्यान में अब नहीं है, लेकिन मुझे मालूम है कि उसके तुरन्त बाद क्या हुआ। माँ और मेरी एक मौसी थीं, वहाँ पर। सिर से बहुत ख़ून निकल रहा था। उन्होंने उस पर स्पिरिट लगायी और वे मुझे डॉक्टर के यहाँ ले गये, जहाँ पर मेरे घाव की मरहम-पट्टी हुई। मैं शायद चार साल का रहा होऊँगा। मुझे इतना याद है, इतने बड़े घाव के बाद भी रोया नहीं था, जिस पर डॉक्टरों ने भी बहुत ताज्जुब किया।

"एडल्फी की याद है मुझे, जब पार्टीशन हुआ। बड़ों की बातें हुआ करती थीं, कुछ एक अजीब-सा टेंशन रहा करता था। एक दिन हम सबको एडल्फी के मैदान में जो सबसे बड़ी बिल्डिंग थी, उसकी छत पर भेज दिया गया था। कुछ अजीबोगरीब कहानियाँ सुनाई देती थीं। उस समय कुछ समझ में नहीं आता था। लोग इतना ज़रूर महसूस करते थे कि कुछ गड़बड़ है, ठीक नहीं है। फिर पंजाब से हमारे जो माँ की तरफ़ के रिश्तेदार थे वे आये, एडल्फी में रहे हमारे साथ। हमारे लिए तो एक खेल-कूद का मौक़ा बन गया, क्योंकि मेरे छोटे-छोटे रिश्तेदार थे, भाई-बहन। उनके साथ मेरा उठना-बैठना, खेलना एक नयी-सी चीज़ बन गयी।

अमिताभ बच्चन और अजिताभ (दिसम्बर 1947)

धुन, जो मुझे आज भी याद है

''एडल्फी की याद करूँ, तो मुझे एक ग्रामोफ़ोन की याद आती है। मेरे नाना जी ने, वह माँ को दिया था। पुराने क़िस्म का था, जिसमें हैंडिल घुमाकर, चाबी देकर रेकॉर्ड बजते थे। मुझे याद है, ऊपर तक नहीं पहुँचता था, तो एक स्टूल लेकर चाबी भरता था; बहुत-से रेकॉर्ड सुने थे उस पर। और ताज्जुब की बात यह कि एक रेकॉर्ड की धुन मुझे आज भी याद है और कभी-कभी एकान्त में जब मैं आजकल अपना सितार लेकर बैठता हूँ, वह धुन मैं अक्सर बजाता हूँ। मुझे शुरू से लेकर आख़ीर तक धुन याद है और मैंने कई दफ़े माँ से और डैड से पूछने की कोशिश की कि क्या आप यह बता सकते हैं कि यह कौन-सी धुन है और कौन-सा रेकॉर्ड है? लेकिन अब उन्हें भी याद नहीं है।

''डैड के स्टूडेंट्स में से कुछ स्टूडेंट मेरे लिए चीज़ें लाया करते थे। किसी ने मुझे एक मैग्नेट (चुम्बक) दिया था। मुझे आज भी याद है कि वह मेरा सबसे प्यारा खिलौना था, मनवर, जो माँ के एडल्फी की याद में मुझे याद है, मनवर, जो माँ के पुराने नौकर सुदामा का बेटा था और मेरी ही उम्र का था। मेरा खेलना-कूदना ज़्यादातर उसी के साथ था। अब मनवर पढ़-लिखकर, बड़ा होकर, शादीशुदा है और एक बहुत ही कामयाब इंजीनियर बन चुका है, इंडियन एयरलाइन्स में। अभी भी आता है घर पर।

''एडल्फी की याद से मुझे याद आते हैं सुशील बोस, जो फ़ायर ब्रिगेड में काम करते थे। बहुत ही ऊँचे, लम्बे-चौड़े, बहुत ही तगड़े इन्सान थे वे। उनको देखकर मैं बहुत प्रभावित

स्कूल में जीते कप्स और छोटे भाई के साथ अमिताभ (वर्ष : 1952)

होता था। वे डैड के मित्र थे। कभी-कभी अपने फ़ायर इंजन में वे एडल्फी आते थे। और मुझे याद आता है कि फ़ायर इंजन को देखकर, क्योंकि वह गाड़ी एक अलग ही क़िस्म की थी, मैं ख़ुश होता था और जब भी वे आते थे, मैं उस गाड़ी को चलाने की कोशिश भी करता था।

"उसके बाद मुझे छोटी-सी याद है उस मकान की, जो 17 क्लाइव रोड के क़रीब ही था, शायद बैंक रोड। उसका नाम मैं अभी भूल रहा हूँ। उस मकान के सामने एक और बहुत बड़ी कोठी थी, जिसमें लोग कहते थे कि एक बूढ़ी रानी रहती थी। रानी बेतिया की कोठी उसका नाम था।

चोरी चार आने की

"चारों तरफ़ उसकी ऊँची-ऊँची दीवारें थीं। कोई अन्दर जा नहीं सकता था। कभी किसी ने उस रानी को देखा नहीं था और हम लोग बहुत उत्सुक रहते थे

क्लाइव रोड वाले अपने घर में बच्चन परिवार (1952)

कि किसी तरह उस गेट के अन्दर घुसकर, अन्दर का जो माहौल है, वह देख सकें। बड़ी ही मिस्टीरियस-सी (रहस्यमय) एक 'इमेज' थी उस मकान की। बड़ा ही रहस्य भरा माहौल होता था वहाँ का। गेट के बाहर काफ़ी चौकीदार वग़ैरह घूमा करते थे। मुझे याद है कि हमने कई दफ़े कोशिश की भी कि अन्दर घुस सकें और देख सकें कि इस गेट की पीछे क्या है, इस मकान में क्या है।

''एकाध दफ़े उस चौकीदार ने कहा भी कि अगर तुम चार आने लाओ, तो हम शायद तुम्हें गेट के अन्दर जाने दें। तब मुझे, माँ की ड्रेसिंग टेबल याद आयी थी, जिस पर एक छोटा-सा डिब्बा रखा रहता था, जिसमें शायद वे कुछ चूड़ियाँ या कुछ इस तरह की छोटी-मोटी चीज़ें रखा करती थीं। उसके अन्दर थोड़ी-बहुत चेंज भी पड़ी रहती थी। मुझे याद है कि मैंने उसमें से पैसे चुराये थे और पकड़ा भी गया था। मार भी पड़ी थी। वैसे उस दरबान को पैसे देने के बावजूद हम लोग मकान के अन्दर नहीं जा सके थे। यह एक बहुत बड़ा फ्रस्ट्रेशन रहा उस समय हमारे लिए, कि हम अन्दर जाकर यह न देख सके कि यह रानी बाई या रानी बेतिया जो भी उसका नाम था, कौन हैं, कैसी हैं और न ही हम उनसे मिल सके। कैसी होंगी वह जिनके लिए इतनी तरह-तरह की कहानियाँ हम सुना करते थे! आज तक मेरे लिए वह बहुत बड़ा इल्यूज़न बना हुआ है, क्योंकि इलाहाबाद मैं उसके बाद तो जा नहीं सका और अब अगर मैं गया, तो काफ़ी कुछ जो मुझे उस ज़माने में क्लियर नहीं हुआ था, वह जाकर आज भी क्लियर करना चाहूँगा।''

''क्या फ़ायदा? इलाहाबाद के कुछ इल्यूज़न बनाये रखना ही बेहतर है! अच्छा, फिर उसके बाद तो तुम लोग शायद 17 क्लाइब रोड में रहने लगे थे न?''

''हाँ, 17 क्लाइव रोड की तो बहुत-सी यादें हैं। सबसे पहली याद उस दिन की है, जब हम लोगों ने घर बदला। उस दिन ठेलों पर सामान लदकर गया था। बहुत सारे काम करनेवाले लोग साथ में थे। गर्मी का मौसम था और मकान 17 क्लाइव रोड का बहुत इम्पोज़िंग था, बहुत बड़ा था; यह भी हमारे लिए, क्योंकि उस समय तक हम लोग बहुत छोटे मकानों में रहे थे।

पड़ोसी का हम पर हमला और माँ का वह रूप

''हमारे लिए एक बहुत-ही बड़ी चीज़ थी कि इतनी बड़ी कोठी में आ गये, हम लोग। 17 क्लाइव रोड की पूरी तसवीर मेरी नज़रों के सामने है। बगल की सड़क कच्ची, जो आगे जाकर गराज में चली जाती थी। दाहिने तरफ़ सीढ़ियाँ,

'... वह घर जिसकी यादें आज भी ताज़ा हैं..., मुझे अपने एक कमरे की याद है।
17 क्लाइव रोड, इलाहाबाद (वर्ष : 1954)

एक चौड़ा बरामदा, बायें तरफ़ एक बड़ा बेड रूम, दायें तरफ़ ड्रॉइंग रूम और ड्रॉइंग रूम के साथ दाहिने तरफ़ डैड का कमरा 'दशद्वार'। उन्होंने बाद में उसे यह नाम दिया। फिर बेड रूम के अन्दर जाकर पीछे एक कमरा, जो कि मेरा और बंटी का बेड रूम बन गया। बेड रूम से ही एक छोटा ड्रेसिंग रूम, जो माँ का ड्रेसिंग रूम था। माँ का ड्रेसिंग रूम, एक बाथ रूम से जुड़ा था। वह बाथ रूम बरामदे की तरफ़ से खुलता था। उधर मेरे कमरे के पीछे एक बाथ रूम, जो साइड में निकलता था, उसके पीछे एक डाइनिंग हॉल और एक किचेन। फिर सर्वेंट्स क्वार्टर। उधर भी एक किचन था। यह सब-कुछ मुझे बहुत ही अच्छी तरह याद है।

''हम लोग एक हिस्से में रहते थे, दूसरे हिस्से में कुछ और टेनेंट्स रहते थे, पिछले हिस्से में कोई और रहता था और ऊपर मकान मालिक रहता था। मुझे याद है एक बार उसके साथ भी झगड़ा हो गया। महन्त था वह और उसने अपने नौकर-चाकरों के साथ हम लोगों के ऊपर हमला किया, लाठियाँ वग़ैरह लेकर वे लोग मारने आये। उस समय माँ और डैड दोनों घर पर नहीं थे और जितने हमारे नौकर थे, उन्होंने हमें घर के अन्दर बन्द कर दिया। हम लोग सब दरवाज़े बन्द करके, कुंडियाँ चढ़ाकर, काफ़ी डरे हुए बैठे रहे। फिर माँ और डैड आये। मुझे याद है कि माँ उस समय इतनी नाराज़ हुईं, इतनी नाराज़ हुईं कि शायद आज तक, मैंने फिर उनका वैसा तेवर नहीं देखा। एकदम शेरनी की तरह वे गरजी थीं।

''माँ को गार्डनिंग का शौक़ था। सामने का लॉन बहुत ही ख़ूबसूरती से बनाया हुआ था। लॉन के उस तरफ़, गेट की तरफ़, एक पूरा ही हिस्सा उन्होंने 'रोज़ गार्डन' बनाया हुआ था, जिसमें दुनिया जहान के तरह-तरह के गुलाब खिला करते थे।

तेजी जी, अमिताभ तथा अजिताभ इलाहाबाद में (वर्ष : 1952)

यादें दाढ़ीवाले साँप की

''गुलाबों की क्यारियों के पीछे दस-बारह नीबू के पेड़ थे और नीबू के पेड़ों के पीछे, कोने में एक कूड़ा-करकट फेंकने की जगह थी, जहाँ पर मुझे अभी भी याद है, लोग कहते थे कि एक बहुत-ही बूढ़ा साँप रहता है और कई बार लोगों ने उसे देखा भी था। माँ कहती थीं कि घर में एक ऐसा बूढ़ा साँप होना बहुत-ही अच्छा सगुन होता है। अजीब-अजीब बातें बताते थे लोग साँपों के बारे में। उसको दाढ़ी भी है, वग़ैरह-वग़ैरह। मैंने कभी उस साँप को नहीं देखा। हालाँकि उस मकान में और इलाहाबाद में, अक्सर साँप निकला करते थे और कई दफ़ा मारे भी गये।

''लॉन के बीच में और पिछली तरफ़ एक गोल पॉन्ड (तालाब) था, जिसमें हम लोगों ने कमल लगाये हुए थे। एकाध दफ़ा वहाँ जीवित मछलियां रखने की कोशिश की, लेकिन मछलियाँ तो कम रहीं, मेढक वहाँ ज़्यादा रहा करते थे। पॉन्ड के पीछे एक कच्ची-सी, पतली-सी पगडण्डी जाया करती थी, जो कि नीबू के पेड़ों की तरफ़ घूम जाती थी। उसके पीछे हमने एक ऊँची फ़ेंस लगायी हुई थी।

''वहाँ पर महुवे के पेड़ थे, जो कि हमारे कंपाउंड में नहीं थे, लेकिन बगल में जो मुखर्जी रहा करते थे, उनके कंपाउंड में थे। मगर जो महुवा गिरता था,

वह हमारे ही कंपाउंड में गिरता था, सफ़ेद रंग का। महुवे के पेड़ों के पीछे ही मुखर्जी साहब के हिस्से में उनके सर्वेंट्स क्वार्टर थे, जहाँ पर एक पहलवान रहा करता था। उस पहलवान को हम रोज़ देखा करते थे, वर्जिश करते हुए। कई दफ़ा उससे मिलने भी गये। उसके हाथों में लकड़ी की बड़ी-सी गदा क़िस्म की चीज़ रहती थी, जिसके साथ वह कसरत किया करता था।''

पहलवान की याद करते हुए अमिताभ के चेहरे पर, जो बालसुलभ धुली-धुली मुस्कान आयी थी, वह धीरे-धीरे सिमट गयी और वह आँखें मूँदकर कुछ सोचने लगा, तो मैंने पूछा—

''बचपन में तुम्हारे दोस्तों की कोई चण्डाल चौकड़ी नहीं थी? क्या-क्या शगल रहते थे?''

''मेरे मित्र थे शशि मुखर्जी, जो कि बगल में रहते थे और 18 क्लाइव रोड में रहनेवाला नरेश दास, जो कि अब इस दुनिया में नहीं है। बहुत ही कम उम्र में उसका देहान्त हो गया। मुझे याद है कि हम लोग एक साथ कॉलेज में पढ़ा करते थे। जब मुझे उसके देहान्त के बारे में पता चला, तो मैं बहुत परेशान हुआ।

क्या होती है मृत्यु!

''अभी हाल ही में डैड ने मुझे कुछ पुराने ख़त दिये और उनमें से मुझे एक ख़त मिला, जो कि मैंने उन्हें शेरवुड स्कूल से लिखा था, नरेश के देहान्त के बाद। वह बड़ा ही मूविंग पत्र है, क्योंकि इस मृत्यु से मैं बहुत परेशान हो गया था। यहाँ तक कि मैं अपने प्रिंसिपल के पास गया था। उन्होंने मुझसे बहुत देर तक बातें कीं। और उन्होंने मुझे एक आर्टिकल भी दिया पढ़ने को। उस आर्टिकल में एक किसी पादरी ने मृत्यु के बारे में लिखा था और उस समय मुझे बड़ी-ही शान्ति मिली, आर्टिकल को पढ़कर। मैंने उस आर्टिकल को कॉपी करके डैड को उस पत्र में भेजा था और लिखा था कि यह आर्टिकल, आप मेरी एक मौसी हैं (कुछ दिन पहले जिनके पति का देहान्त हो गया था), उन्हें दे दीजिएगा, शायद उन्हें भी शान्ति मिले। नरेश, शशि और मैं, हम तीनों एक तरह से, जो आप कह रही हैं, चण्डाल चौकड़ी, यह रहा करती थी।

''ब्वॉयज़ हाईस्कूल में मैं पढ़ा। इसके बारे में अगर मैं बोलता जाऊँगा तो इसका कोई अन्त ही नहीं है, क्योंकि ऐसा लग रहा है मुझे कि घण्टों इसके बारे में बोल सकता हूँ, क्योंकि आज तक और अभी भी जितना कुछ हुआ उस ज़माने में, मुझे लगता है कि वह सब कल या परसों ही हुआ हो। इतना क्लियर है मेरे माइंड में वह सब।

''शशि मुखर्जी के मकान में अमरूद के पेड़ थे। बाग़ बहुत बड़ा था और मुझे याद आता है; गर्मी की तड़कती हुई धूप में जाकर हम लोग अमरूद तोड़ा करते थे, बल्कि यों समझिए कि सारी दोपहर उन अमरूदों के पेड़ों में ही गुज़ारा करते थे।

कच्चे इलाहाबादी अमरूद

''हम लोग खेल खेला करते थे और कच्चे अमरूद खाते थे। हालाँकि माँ बहुत मना करती थीं कि कच्चे अमरूद नहीं खाने चाहिए, लेकिन इलाहाबाद के कच्चे अमरूद खाने में बात ही कुछ और है। आपको पता है! आज तक मैं पका हुआ अमरूद नहीं खा सका हूँ। मुझे आज भी अगर अमरूद खाना होता है, तो मैं कच्चा ही खाता हूँ। क्योंकि जो बात कच्चे अमरूद में है वह पके हुए अमरूद में नहीं है। बहरहाल उसके मकान में बहुत से पेड़ थे और हम लोग तरह-तरह के खेल खेला करते थे वहाँ। मुझे याद है, शशि के कंपाउंड में एक जामुन का पेड़ भी था और कैसे हम लोग जामुन तोड़ने जाया करते थे। आप जानती हैं, जामुन के पेड़ की जो लकड़ी होती है, वह कितनी नाज़ुक होती है। कैसे वह एक दिन टूट गयी और मैं गिर भी गया। चोट भी खायी।

''नरेश के मकान में एक प्रिंटिंग प्रेस था। उसके पिताजी की स्टेशनरी की दुकान थी, उसी के मकान में। मुझे याद है, हम लोग कैसे वहाँ जाते थे और छोटी-मोटी चीज़ें वहाँ से कभी-कभी चुरा भी लिया करते थे। ये चीज़ें बहुत दिलचस्प लगती थीं, उस ज़माने में। कभी-कभी कॉमिक्स चुरा लेते थे। नरेश के यहाँ हम लोग अक्सर क्रिकेट, बैडमिंटन खेला करते थे, उसके परिवार के साथ। वह क्रिश्चियन था। उसके यहाँ क्रिसमस मनाने हम लोग जाया करते थे। सर्दी का मौसम होता था। उसकी बड़ी बहन पियानो अच्छा बजाती थीं। उसकी एक छोटी बहन भी थी, मालती। बड़ी बहन का नाम सुनीला था।

यादें, क्रिसमस के उपहारों की

''काफ़ी हंगामा रहता था, उपहार भी मिलते थे। मुझे याद है उसके फ़ादर उन दिनों शायद हॉलैंड गये थे, वहाँ से जब आये, तो जो क्रिसमस हुआ उसमें हमें बहुत-से विदेशी खिलौने मिले, छोटी-छोटी कारें और तरह-तरह के चॉकलेट और हम बहुत खुश हुए उन चीज़ों से। मुझे अब भी याद है कि वे के.एल.एम. के जहाज़ से गये थे, क्योंकि के.एल.एम. के दिये हुए डच शूज़, जो लकड़ी के होते हैं, हमें मिले थे।

''नरेश ने ही मुझे शेरवुड जाने के लिए प्रेरित किया क्योंकि वह ख़ुद शेरवुड चला गया था। और उन्हीं दिनों जब डैड का ट्रांसफ़र दिल्ली हुआ, तो नरेश वहाँ था। उसके रेकमेंडेशन पर, मुझे याद है, हम लोगों ने शेरवुड कॉलेज जॉइन किया नैनीताल में। हम लोग, तब इलाहाबाद छोड़ चुके थे, लेकिन जब हम इलाहाबाद छोड़ रहे थे, उन्हीं दिनों यह निर्णय हुआ था।

''उन दिनों वह छर्रेवाली, जो एयरगन होती है न, वह बहुत प्रचलित हुई थी और शशि के पास वह एयरगन थी। नरेश, शशि और मैं, उसे लेकर चिड़िया मारने निकल जाते थे।

''शशि की देखा-देखी मुझे यह भी चाहत हुई कि मेरे पास भी एक एयरगन होनी चाहिए और मुझे याद है कि डैड उन दिनों कैम्ब्रिज में थे। मैंने उनको लिखा

नैनीताल की एक सुखद शाम। अजिताभ, तेजी जी, डॉ. बच्चन तथा अमिताभ (बायें से दायें)

था कि मेरे लिए आप एयरगन लाइयेगा और डैड मेरे लिए लाये। वह मेरा एक बहुत ही प्राइज़्ड पज़ेशन था।''

मैंने महसूस किया कि अमिताभ बैठे तो यहाँ हैं, लेकिन अभी भी 17 क्लाइव रोड में ही खोये हैं। मैंने अगला प्रश्न पूछने की जल्दी नहीं की और उन्हें इन्हीं यादों में भटकने दिया।

''17 क्लाइव रोड की और न जाने कितनी यादें हैं, गर्मी बेतहाशा पड़ती थी। साइकिल चलाना मैंने वहीं पर सीखा। घुटने फट जाते थे, चोटें बहुत आती थीं। बंटी को मैं साइकिल पर बैठाकर स्कूल ले जाता था। कभी-कभी साइकिल न होने पर बंटी को पीठ पर लादकर गर्मी के मौसम में स्कूल से वापस लाता। यह सब बड़े प्यार से याद आता है। 17 क्लाइव रोड से सेंट मेरीज़ कॉनवेंट में जाया करता था, तो बस में जाया करता था। कैसे अपना खाना मैं साथ में ले जाया करता था और खाता नहीं था। वहाँ कोने में फेंक देता था। एक दिन आया ने वह देख लिया। बस, फिर तो बहुत मार पड़ी।

''गर्मी का मौसम। बरामदे में हम लोग पर्दे गिरा दिया करते थे। उस बरामदे में कोई खेल या कोई ड्रामा भी हम लोग किया करते थे और जब माँ या डैड घर पर नहीं होते, तो रात में नौकरों के साथ बैठकर हम लोग कोटपीस खेला करते थे। जैसे ही गाड़ी की आवाज़ सुनायी देती, जल्दी से सब ताश-वाश फेंक-फाँक कर बिस्तरों में घुस जाना, दिखाने के लिए कि हम लोग सो रहे हैं।

''श्यामा नाम का एक नौकर था। एक बूढ़ी आया भी थी, उसकी बहू भी थी। वे सब हमारे यहाँ काम करते थे। महराजिन थी, जो खाना बनाती थी। बहुत उम्दा खाना बनाती थी। उसकी याद है मुझे। और याद आता है वहाँ छोटे-छोटे नाटक करते रहना। उसी मकान में जो और बच्चे रहा करते थे उनको बुलाकर, इसको यह करेक्टर दे देना, उसको वह करेक्टर दे देना और अपनी एक मनगढ़न्त-सी कहानी बनाकर, एक पर्दा बनाकर ड्रामे करना।

''गर्मी के मौसम में एयरकंडीशनर या कूलर, यह सब तो बहुत बड़ी लग्ज़री थी। हमारे पास नहीं थे। ज़मीन पर हम लोग बर्फ़ के टुकड़े डाल देते थे। फिर उसी पानी में हम लोग फिसलकर खेला करते थे।

''17 क्लाइव रोड की एक और याद है, एक दिन जब माँ बहुत बीमार पड़ीं। उनके पेट में बहुत तकलीफ़ थी। रात भर मैं उनके साथ जागा। डैड नहीं थे उन दिनों। हमारे जो डॉक्टर थे, उनको मैंने रात में दो-तीन बजे चिट्ठी लिखी। एक नौकर को दौड़ाया। बहुत छोटा था उन दिनों। रात भर माँ के सिरहाने बैठा रहा, जागता रहा। डैड ने एक बार सिखाया था कि अगर टेकवाली कुर्सी होगी, तो उस पर बैठने से या काम करने से नींद जल्दी आ जाती है। मुझे अभी भी

याद है कि मैं स्टूल पर बैठा था, ताकि मुझे नींद न आये। कहीं माँ को मेरी ज़रूरत पड़े तो...

''गर्मी के मौसम में बाहर लॉन में सोना। हमारे यहाँ एक बहुत बड़ी मसहरी हुआ करती थी। इसमें चार बिस्तर एक साथ आ जाते थे। बंटी का मेरे कान में एक कीड़ा डाल देना, वह याद आता है। सोते समय उसने कोई छोटा-सा कीड़ा पकड़कर मेरे कान में डाल दिया था। वहीं बाहर लॉन में बंटी को एक बार बिजली का शॉक लगना भी बहुत अच्छी तरह याद है। वह लाइट ऑफ़ करने गया था और उसके साथ चिपक गया। तार कुछ ढीला था। बंटी जब चिल्लाया, तो हमारी जो आया थी, वह घबराकर उसको पकड़ने गयी और वह भी बंटी के साथ चिपक गयी। तार का जो प्लग था, वह बहुत दूर किचेन की तरफ़ लगा हुआ था। मैंने जाकर तार पीछे से पकड़ा और खींचा। तार टूट गया था और फिर वे लोग छूटे। अभी भी याद है कि बंटी के अँगूठे के पास एक बड़ा दाग़ बन गया था, जहाँ पर उसे शॉक लगा था।

''मुझे याद आता है एक नेवला, जो कि पागल हो गया था। एक पागल नेवला रात को हमारे घर में घुस आया था और माँ सामनेवाली सड़क पर टहल रही थीं। कैसे उस नेवले ने माँ पर अटैक किया था और उनके पाँव को काटने की कोशिश की थी। उनके सैंडिल के स्ट्रैप पर उसका दाँत लगा था। जिसकी वजह से माँ बच गयीं और माँ ने आकर हमें दिखाया कि स्ट्रैप पर किस तरह दाग़ बन गया है। आगे जाकर थोड़ी ही देर बाद, जो हमारे कंपाउंड में कुत्ते थे, उन्होंने नेवले को पकड़कर मारा और हम लोग उस नेवले को देखने गये।

जब हमारी पहली गाड़ी आयी

''17 क्लाइव रोड। हमारी पहली गाड़ी एक फोर्ड प्रीफेक्ट थी, नीले रंग की। जिसका नम्बर मुझे अभी भी याद है, 3882। एक बहुत ही अजीब-सा मौक़ा था। ज़िन्दगी में हमारे पास सबसे पहली गाड़ी आयी थी। माँ उसे दुकान से चलाकर लायी थीं। एक ग्रेटनेस की फीलिंग हुई। डौल लगा दोस्तों में कुछ बात जमाने का। कई बार उस गाड़ी में घूमना, आना-जाना...उसी गाड़ी में बैठकर इलाहाबाद से हम लोग दिल्ली आये थे। वह सारा सफ़र याद है। माँ ने कितने घण्टे उस गाड़ी को चलाया, इलाहाबाद से दिल्ली तक।

''डैड अपने कमरे में बैठा करते थे। वहाँ पीछे की ओर तीन खिड़कियाँ थीं, जो कि दो हिस्सों में खुलती थीं और उसके बाद उन खिड़कियों के बाहर एक छोटी-सी बालकनी भी थी। बालकनी मतलब समझ लीजिए, एक झरोखा जैसा था, डैड, खिड़कियों की तरफ़ पीठ करके बैठा करते थे, यानी वे बरामदे

की तरफ़ देखा करते थे और घर में कोई भी आये या जाये, वह उन्हें दिखाई दे जाता था।

"डैड! हमेशा हमने उनको एक बहुत ही स्ट्रिक्ट डिसिप्लिनेरियन पाया। बहुत कम बात करते थे। हम लोग उनसे बहुत डरते थे और कभी भी बेवक़्त घर से बाहर जाना या आना हो, तो यही डर रहता था कि उस बरामदे को पार करके जाना पड़ेगा। और उस बरामदे में उस तरफ़ डैड अपनी टेबल पर बैठे हमें देख रहे होंगे। और अगर उन्होंने हमें देख लिया, तो हमें डाँटेंगे। डैड ने वहाँ पर दो दफ़े रामायण का अखण्ड पाठ किया, जो मैंने देखा। एक बार शायद जब रज्जन भाईसाहब अपने इम्तहान में पास हुए थे। दिन-रात एक ही जगह बैठे रहना और पाठ करना। बिना कुछ खाये, बिना कुछ पिये, बिना उठे। यह हमारे लिए एक ताज्जुब की बात थी। रज्जन भाईसाहब भी हमारे साथ ही रहा करते थे, वहीं पीछे। रात को कभी-कभी डैड की गोष्ठियाँ हुआ करती थीं, ड्रॉइंग रूम में। इसमें मुझे याद है, भारतीजी की भी, क्योंकि वे काला चश्मा पहना करते थे और उनका वह काला चश्मा मुझे बहुत आकर्षित करता था। कवि-सम्मेलनों की यादें तो बहुत हैं, लेकिन वह एक अलग ही चैप्टर है।

"17 क्लाइव रोड की याद है, जब डैड वापस आये विलायत से। कैसे हम लोग उन्हें लेने गये, स्टेशन पर। भीड़, एक अजीब-सा वातावरण। दो साल बाद हम डैड से मिल रहे थे। शाम को देर रात तक हम बक्से खोल-खोलकर देखते रहे कि डैड हमारे लिए क्या-क्या चीज़ें लाये हैं।

"17 क्लाइव रोड में मुझे अपने एक कमरे की याद है। एक मेज़ थी। जिस पर ऊपर किताबें थीं। उसी पर मैं पढता था। एक पत्थर की अलमारी थी, जो दीवार में ही बनी हुई थी, उस पर हम अपनी वे सब किताबें रखा करते थे, जो डैड विलायत से भेजा करते थे। उसका हमने एक कैटलॉग बनाकर रखा था, कौन-सी किताबें हैं, क्या हैं। कई दफ़ा पढ़ने बैठते थे, तो पढ़ाई में मन नहीं लगता था। और उस मेज़ को मैं एक तबले या ढोलक की तरह समझकर, उस पर कुछ गाता-बजाता रहता था। मुझे अभी भी याद है कि उस टेबल का जो सुर था, वह बहुत बढ़िया था।

"हमारे उस मकान के पीछेवाले हिस्से में एक और सज्जन रहा करते थे, जिनके बहुत से मेरी उम्र के बच्चे थे। उनके साथ हम लोग खेला करते थे। मेरे कमरे की जो खिड़की थी, पीछे उस तरफ़ खुलती थी, जहाँ पर हम लोग अक्सर रात को देर-देर तक बैठकर बातें किया करते थे और वे लोग भी आ जाया करते थे। इस बात का माँ या डैड को पता नहीं होता था, क्योंकि वह घर के एकदम पीछेवाले पोर्शन में था।

''उस परिवार की एक लड़की थी, एक दिन वह उस खिड़की पर आयी थी। मुझे याद है दही जमाने के लिए जामन माँगने। और मुझे यह बड़ा अटपटा लगा कि यह मुझसे थोड़ा-सा दही माँगने आयी है। पता नहीं क्या वजह थी, मुझे यह बड़ा एंबेरेसिंग लगा। मुझे यह काम करना होता, तो मैं तो कभी भी नहीं कर सकता कि किसी के घर पर जाकर कह सकूँ कि मुझे थोड़ा-सा दही चाहिए। मैं महसूस करता हूँ कि उसे भी काफ़ी अटपटा लग रहा होगा। अब उसके बारे में सोचता हूँ, तो बड़ा अजीब लगता है कि उसमें क्या अटपटा हो सकता है कि थोड़ा-सा जामन चाहिए था दही जमाने के लिए। लेकिन पता नहीं क्यों यह इंसीडेंट मुझे बहुत ही ताज़ा नज़र आता है।

''बैडमिंटन हम लोग ख़ूब खेला करते थे। सामने जो लॉन था, वहाँ पर एक कोर्ट बनाया हुआ था। ख़ूब खेला करते थे बैडमिंटन। गुल्ली-डण्डा भी वहाँ पर बहुत खेलते थे। पतंग भी वहाँ ख़ूब उड़ाया करते थे। 17 क्लाइव रोड, रानी बेतिया की कोठी के काफ़ी क़रीब था, उसका एक मुहल्ला था जहाँ धोबी घाट था, वहीं धोबी भी रहा करते थे। उसका एक बहुत बड़ा मैदान था, जहाँ हम लोग अक्सर जाकर पतंग उड़ाया करते थे। बहुत ही चौड़ा चबूतरा-सा था। उस मैदान के बीचोबीच जाकर हम लोग वहाँ पतंग उड़ाया करते थे। और मुझे अभी भी याद है कि एक पतंग शायद एक पैसे या दो पैसे में आती थी। लेकिन उस समय हमारे लिए वह एक पतंग, बहुत बड़ी चीज़ हो जाती थी, यानी लटाई को ओन करना समझ लीजिए कि एक क़िस्म की ख़ुदाई हो गयी।

जब एक आना बहुत हुआ करता था

''उस समय तो बस उँगली पर वह सद्दी और माँझा लपेटकर ठाठ से पतंग उड़ायी जाती थी। 17 क्लाइव रोड से आगे जाकर, क्लाइव रोड पर ही एक दुकान थी, वहाँ से हम लोग पतंग और सद्दी-माँझा ख़रीदा करते थे। दीपावली के पटाखे भी वहीं से ख़रीदा करते थे और मुझे अभी भी याद है कि एक-एक, दो-दो आने में हम लोग कितना सन्तुष्ट हो जाते थे। पटाखों के साथ पतंग-सद्दी और माँझा। आज ऐसा लगता है कि एक-दो आने, तो कुछ भी नहीं हैं।''

''अभी इन्हीं यादों की गलियों में घूमने-भटकने का दिल हो, तो वहीं रमे रहो। अगला सवाल पूछकर तुम्हारा ध्यान नहीं बटाऊँगी और जो-जो बातें याद हों, सब बताओ न! तुम्हारे बचपन की यादों का स्वाद तो कुछ इतना यूनिवर्सल-सा है कि हमारे पाठकों को भी अपना बचपन लौटता-सा लगने लगेगा।''

"17 क्लाइव रोड, उस समय कहीं से माँ के पास एक बॉक्स कैमरा आया था। मुझे याद है कि मुझे बहुत शौक़ था तसवीरें खींचने का और ज़्यादातर सीनरी। घर के गेट के बाहर बहुत-से केले के पेड़ लगे हुए थे और उनकी जो शाखाएँ थीं, वे सड़क के ऊपर ऐसी झुककर गिरती थीं कि बहुत ख़ूबसूरत लगती थीं। मुझे अभी भी याद है मैंने उसका एक फ़ोटो खींचा था और लोगों ने कहा था कि भई इसका क्या फ़ोटो खींचा है तुमने! लेकिन मुझे बहुत ख़ूबसूरत लगा। हालाँकि उसे मैं ठीक से खींच भी नहीं पाया था। मुझे ठीक से आता ही नहीं था फ़ोटो खींचना।

शौक़, जो आज भी बरकरार है

"फ़ोटोग्राफ़ी का शौक़, जो मैं आजकल देश-विदेश से क़िस्म-क़िस्म के नये कैमरे लाता हूँ, शायद उसी वक़्त पैदा हुआ हो। और आज भी मुझमें वही शौक़ है कि मैं सीनरी को ज़्यादा फ़ोटोग्राफ़ करूँ। मैं जहाँ भी जाता हूँ, मुझे व्यक्तियों से उतना मोह नहीं है, जितना सीनरी से। कोई एक ख़ूबसूरत पेड़ हो, पहाड़, सन सेट हो, इस तरह की चीज़ें फ़ोटोग्राफ़ करने में मुझे बहुत दिलचस्पी है। इसके अलावा बच्चों को फ़ोटोग्राफ़ करने में बहुत मज़ा आता है।

"17 क्लाइव रोड की याद है कि जिस दिन बरसात पहले दिन आती थी, हम लोग अपने-अपने जाँघियाँ पहनकर उस पानी में नहाते थे और खेलते थे, क्योंकि एक अजीब-सा माहौल रहता था वहाँ। जब गर्मी ख़त्म होती थी और बरसात आती थी, काले-काले बादल और उन बादलों से जब पानी बरसता था, तो हम लोग उसमें नहाते थे और फिर बरामदे में बैठकर वह चूसनी आम होता था न छोटा, बाल्टियों में भर-भर कर वह खाना और उसके बाद दूध पीना।

"17 क्लाइव रोड से हम लोग जाया करते थे, संगम नहाने चार बजे सुबह। रेत को अपने बदन पर मलना और फिर नहाना। बहुत भूख लगती थी उसके बाद। फिर वहीं पर गरम-गरम जलेबी खाना। बाँध के इस तरफ़ बहुत-सी मिठाइयों की दुकानें थीं, जहाँ पर हम लोग जलेबी खाते थे।

"मुझे अच्छी तरह याद है, माँ का फ्लॉवर शो में जाना। उनका लॉन जो था, मेरे ख़याल से इलाहाबाद में, अमंग्स्ट द बेस्ट (सर्वश्रेष्ठ में से) रहा होगा। फूलों का बहुत शौक़ था। हम लोग, माँ के साथ जो भी फ्लॉवर शो होते थे, वहाँ जाते थे। माँ को बहुत-से प्राइजेज़ और कप मिलते थे। हम लोग इस बात पर बहुत गर्व करते थे।

''ब्वॉयज़ हाईस्कूल में पढ़ना, साइकिल से स्कूल जाना, स्कूल से वापस आना, मिट्टी की ज़मीन पर गोली खेलना। स्कूल में पनिश हो गये, तो एक बार दीवार पर कुछ पेंसिल से लिख दिया। उस पर प्रिंसिपल ने हमें बेंत से मारा। डैडी बहुत नाराज़ हुए। उन्होंने मुझे साइकिल पर बैठाया। वापस ले गये, प्रिंसिपल के पास। और प्रिंसिपल को बहुत डाँटा कि उन्होंने उनके बेटे को क्यों मारा इस तरह।

बॉक्सिग की यादें

''स्कूल में, एथलेटिक्स में मैं बहुत कप्स जीतता था। एथलेटिक्स के दिन माँ फ़ोटो खींचती थीं हमारा। उन फ़ोटोज़ को, फिर हम डैड को भेजते थे। पहली दफ़ा बॉक्सिंग रिंग के अन्दर मैं ''ब्वॉयज़ हाईस्कूल में ही गया और एक कप जीता मैंने वहाँ। फर्स्ट प्राइज़ तो नहीं था, लेकिन रनर्स-अप का प्राइज़ था। बॉक्सिग रिंग में मेरा जो फ़ाइनल राउंड था, फ़ाइनल बाउट था, उसमें मेरी नाक से ख़ून निकला था। कुछ अजीब-सी फ़ीलिंग थी कि मेरी बास्कट पर ख़ून लग गया। हालाँकि घर का कोई आदमी नहीं आया था उस समय, लेकिन बजाय इसके कि मैं रोऊँ या उस पर बुरा मानूँ, मुझे एक अजीब-सी थ्रिल पैदा हुई, जैसे कि मैंने कुछ अजब बात की हो।

''डैड को जब मैंने बॉक्सिग के बारे में लिखा, तो उन्होंने मुझे एक किताब, बॉक्सिग पर भेजी और अभी तक मुझे उसका कैप्शन याद है। उस पर उन्होंने लिखा था, 'गुड हार्ड ब्लोज़ आर डिलाइट्स टु द माइंड' (महाकवि येट्स की पंक्ति) जिस-जिस चीज़ में मैं दिलचस्पी लेता था और डैड को कैम्ब्रिज़ में लिखता था, डैड उसके ऊपर कुछ किताब भेज देते थे।

''तरह-तरह की किताबें भेजा करते थे डैड वहाँ से वे सारी किताबें अब न जाने कहाँ हैं लेकिन मैं यक़ीन के साथ कह सकता हूँ कि माँ ने उन्हें कहीं सँभालकर रखा होगा और कभी मैं उन्हें खोलकर फिर से देखना चाहूँगा।

''स्कूल में गुल्ली-डण्डा खेलते हुए एक बार मैंने गुल्ली को डण्डे से मारा, तो एक लड़के की आँख में लग गयी थी। प्रभात गोविल, उस लड़के का नाम था। मुझे ऐसा लगा कि जैसे उसकी आँख ही फूट गयी है, लेकिन क़िस्मत से वह बच गया। मैं बहुत पनिश हुआ उसके बाद। कुछ दिनों पहले वही प्रभात गोविल अचानक एक दिन मुझे इंडियन एयरलाइंस की फ्लाइट में मिला। उसकी शादी हो चुकी थी। वह एक बहुत बड़ा डॉक्टर बन चुका था और सेटल होने अमरीका जाने वाला था, अपनी बीवी के साथ।

"इलाहाबाद के जो क्लास में थे, वे कलकत्ता तक साथ रहे, अशोक, सुधीर। अशोक वर्मा, वीरेन्द्र अब भी अक्सर कभी मिलते रहते हैं। रवि धवन तो मेरे साथ शेरवुड में भी था और उनके साथ तो एक फ़ैमिली का नाता था। उससे तो अभी भी मिलते रहते हैं।

जब हमारे घर पृथ्वीराज जी आये

"मुझे याद है पृथ्वीराज कपूर की। वे हमारे यहाँ आये थे। कई दफ़े आये हैं। शाम के वक़्त चाय पर आये हैं। बहुत ही अट्रैक्टिव पर्सनालिटी (आकर्षक व्यक्तित्व) सफ़ेद चादर ओढ़े हुए। दोपहर खाना खाने भी आये हैं। शाम को हम उनके नाटक देखने गये हैं, 'दीवार' और 'पठान'। वहाँ पर शो के बाद उनके कमरे में उनके साथ जाकर बैठना, डैड का काव्यपाठ। पृथ्वीराज जी शो के बाद अपनी चादर गेट के पास फैलाकर खड़े हो जाते और डोनेशंस और चन्दा लेते थे। किसी एक चैरिटी के लिए। उस झोली में जाकर के पैसे डालना और फिर बम्बई आकर उनसे मिलना, उनके परिवार के सदस्यों के साथ इतना निकट होना, राज जी, शम्मी जी, शशि जी, उनके साथ काम करना! कैसा संकोच-सा लगता है मन में।"

"अमित, बचपन के किन्हीं तीज-त्योहारों की याद है?"

"हाँ, हाँ! इलाहाबाद का दशहरा ख़ूब याद है। और मुझे लगता है जब मैं डैड को सबसे ज़्यादा निकट से जानता था, वह दशहरे का वक़्त था, क्योंकि हमें शहर के कोने-कोने में जहाँ कहीं से भी दशहरे की झाँकी निकलती थी, वह दिखाने के लिए ले जाते थे। भीड़ में घुसना, कभी किसी के कन्धे पर चढ़कर, कभी किसी की दुकान पर चढ़कर, कभी किसी के मकान पर चढ़कर झाँकी देखना।

"बंटी, मैं और डैड पैदल चले आ रहे हैं। भीड़ में से निकलना, एक दफ़े फँस भी गये थे भीड़ में। किसी तरह मैं डैड और बंटी को खींचकर बाहर लाया। भीड़, कितनी भीड़! और फिर झांकी निकलना। उन झाँकियों की एक-एक कहानी डैड हमें समझाते थे। सारे त्योहार हम लोग मनाया करते थे। दीवाली, होली, यह सब बहुत अच्छी तरह याद है।

टेसू के रंगोंवाली होली और बचपन की दीवाली

"एक ख़ास रंग बनता था इलाहाबाद में, होली का। एक फूल होता था। उसका पीला रंग निकलता था और जब तक वह न बने हम रंग नहीं खेलते थे। यह

जो बनावटी रंग आजकल हम लोग ख़रीदते हैं, उस समय भी ख़रीदते थे, लेकिन इस रंग में एक ख़ास बात होती थी। फूल का नाम मैं भूल रहा हूँ। रात भर एक कपड़े में बाँध कर उस फूल को पानी में डाल देते थे। फिर शायद गर्म करने पर वह पानी में अपना रंग छोड़ देता था। शायद वह टेसू का फूल था। पीला रंग होता था, बहुत ही पक्का और अच्छा। उसके पानी में भीनी-भीनी ख़ुशबू आती थी। और जब तक उसके साथ होली न खेलें, तब तक होली शुरू नहीं की जाती थी। फिर सुबह-सुबह उठकर उस फूल को छानना, उसके रंग को निकालना। दीवाली के समय पर जितने दीये होते उन सबको एकत्र करना, उनको भी पानी में डालना। एक-दो दिन पहले यह सब कार्रवाई शुरू हो जाती थी। फिर चौक या कटरा में जाकर चीनी के खिलौने या मूर्तियाँ ख़रीदना, ख़ास चीज़ें जो बनती थीं दीवाली के समय वहाँ, लाई-लावा ख़रीदना। ख़ैर, पटाखे तो थे ही। या जिस दिन दीवाली ख़त्म हो जाती थी, उसके अगले दिन जाकर जहाँ-जहाँ दीये लगाये गये होते थे मकान में, उनको वापस बटोरना। सर्दी का मौसम होता था। कहाँ-कहाँ चढ़ते। जहाँ-जहाँ दीये लगाये हुए थे, उनमें से तेल जितना बच गया था, उसको निकालना, उन दीयों को एकत्र करना, फिर शायद अगली दीवाली के लिए उन्हें सँभालकर रखना।

''सर्दी से पहले एक अजीब-सा माहौल हो जाता था। गर्म कपड़े निकलते थे, बाहर पलँग पर बिछा दिये जाते थे। उनमें से एक अजीब-सी सुगन्ध निकलती थी, जो एक तरह से बताती थी कि अब विंटर क़रीब है या आ गया है।

''रज़ाइयाँ निकाली जाती थीं। अजीब-सी ख़ुशबू होती है, रज़ाई की। रूई धुननेवाले आते थे। यू.पी. में ख़ास तरह से रूई धुनी जाती है, धुनिया लोग अपने यन्त्र पर ख़ास तरह की आवाज़ करते हुए सड़क पर जाया करते थे। उसे बुलाओ, तो वह आकर अपना पूरा यन्त्र घर के किसी कोने में लगा देता था और ताँत पर बेलन मार-मारकर वह रूई धुनता था, फिर वह रूई हमारी रज़ाइयों में डाली जाती थी। रूई धुनने और रज़ाई भरने का वह तरीक़ा मुझे बड़ा फ़ैसिनेटिंग लगता था।

''सर्दी के ही मौसम में कठपुतली के नाच हुआ करते थे। वह कठपुतलीवाला हमारे सामनेवाली सड़क पर आकर दो चारपाइयाँ मँगवाता था, उस पर वह अपनी कठपुतलियों का नाच करता था।

''साँप और नेवले की कई लड़ाइयाँ भी वहाँ पर हुईं। भालूवाला भी आता था। बन्दरवाले, तो ख़ैर अक्सर आया करते थे। ऐसी बातें, अगर मैं बैठा रहूँगा, तो फिर घण्टों बोलता जाऊँगा। इतना वक़्त कहाँ है?''

''तुम्हारे क़ीमती वक़्त का अहसास है मुझे, लेकिन तुम जिस तरह अपने बचपन को याद कर रहे थे, वह बहुत अच्छा लग रहा था। इसी क्रम में बताओ कि बचपन में तुमने सबसे पहली फ़िल्म कौन-सी देखी थी, यानी जो अभी तक याद हो...?''

''मुझे याद है, जो सबसे पहली फ़िल्म मैंने जाकर देखी, वह पैलेस नाम के एक सिनेमाघर में लगी थी, सिविल लाइंस में। वहाँ हमने 'लॉरेल ऐंड हार्डी' की एक पिक्चर देखी थी, जिसका नाम था 'द फ्लाइंग ड्यूसेज़'। बड़े ताज्जुब की बात है कि 1980 की मई में जब मैं लन्दन में था एक-दो रोज़ के लिए और मैं अपने वीडियो के लिए कुछ फ़िल्में ख़रीदने गया, मुझे 'लॉरेल ऐंड हार्डी' की उसी फ़िल्म 'द फ्लाइंग ड्यूसेज़' का वीडियो का कैसेट दिखा। मैंने तुरन्त उसे ख़रीद लिया।

''उस फ़िल्म की याद देखिए मुझे कुछ भी नहीं है, सिवाय इसके कि लॉरेन ऐंड हार्डी की पिक्चर थी। और उस फ़िल्म का जो क्लाइमैक्स था, वह मुझे याद रहा कि एक जहाज़ में लॉरेल ऐंड हार्डी किस तरह घुस जाते हैं। और उनको जहाज़ चलाना आता नहीं है। वे जहाज़ लेकर के उड़ जाते हैं और क्या-क्या हरकतें होती हैं। सिर्फ़ वह हिस्सा याद है मुझे उस फ़िल्म का।

''ख़ैर, लन्दन में जब मैंने वह वीडियो देखा, तो मैंने उसे झट से ले लिया और यहाँ आकर मैंने अभिषेक को यह फ़िल्म दिखायी। उसे भी यह फ़िल्म पसन्द आयी और ताज्जुब की बात यह है कि जब भी वह उस फ़िल्म को देखना चाहता है, तो वही रिफ़रेंस देता है उस फ़िल्म का कि मुझे वह फ़िल्म देखनी है जिसमें लॉरेल ऐंड हार्डी, प्लेन में जा रहे हैं, फँस जाते हैं।''

''बच्चन जी की साहित्यिक ज़िन्दगी के बारे में कुछ याद है?''

''थोड़ा बहुत तो मैं आपको बता ही चुका हूँ कि कैसे वे अपनी स्टडी में बैठा करते थे। मैंने हमेशा उन्हें वहाँ देखा लिखते हुए, पढ़ते हुए। घर में गोष्ठी होती थीं। मैं यह नहीं कह सकता हूँ कि मैं उनकी कविता समझ सकता था। समझ तो ख़ैर मैं अभी भी नहीं सकता हूँ बहुत-सी कविताएँ। लेकिन अजीब बात यह है कि शायद उस वातावरण में रहते-रहते उनकी सारी कविताएँ बार-बार, सुनते-सुनते, उनकी जो धुनें हैं, उनके जो बोल हैं, वह जो मैं अब पढ़ता हूँ, तो मुझे बिना किसी कष्ट के ऐसा लगता है कि यदि मैं सदियों से सुनता आ रहा हूँ और कोई मुझे तकलीफ़ नहीं होती, उस एक ख़ास कविता की धुन गाने में या उसे बोलने में। हालाँकि मैंने कभी बैठकर याद नहीं किया है किसी कविता को। ऑटोमेटिकली एक तरह से अन्दर से निकल पड़ती है।

बचपन के देखे वे कवि-सम्मेलन!

"मैं डैड के साथ बहुत-से कवि-सम्मेलनों में गया हूँ और उनका वर्णन करना तो एक अलग ही चैप्टर होगा, लेकिन मुझे बहुत अच्छी याद है उन सब कवि-सम्मेलनों की। रात-रात भी, कभी हम लोग गाड़ियों में भर कर आसपास के शहरों में गये। जो वहाँ भीड़ हुई, जो वहाँ तमाशे हुए, जिस तरह डैड ने काव्यपाठ किया, उनको तालियाँ मिलीं, जो ऑटोग्राफ़ लेनेवालों की भीड़ लगती थी।

"यह सब जो आजकल मैं अपनी ज़िन्दगी में देख रहा हूँ, वह सब मैं पहले भी देख चुका हूँ। शायद इस वजह से मुझे ऐसा लगता है कि मैं इतना पुलकित नहीं होता हूँ, जब अपने लिए यह सब देखता हूँ। मुझे ऐसा लगता है कि यह कोई नयी चीज़ नहीं है मेरे लिए। यह सब पहले भी मेरे साथ गुज़र चुकी है, शायद इसलिए मैं इसको एक बहुत ही कंट्रोल्ड, एक बहुत ही 'बैलेंस्ड वे' में देख सकता हूँ।

"साहित्यिक ज़िन्दगी के बारे में उस समय तो मेरे ऊपर क्या इम्प्रेशन पड़ सकता था, सिवाय इसके कि किसी ऐसे माहौल में जाना, जहाँ कि मेरा परिचय करवाया जाना हो, वहाँ पर लोगों का यह कहना कि मैं बच्चन जी का सुपुत्र हूँ। मुझे ऐसा लगता था कि हाँ, मैं एक नामी आदमी का पुत्र हूँ। एक हल्का-सा फख़्र मुझे होता था, जब मेरा परिचय करवाया जाता था। मुझे ऐसा महसूस होता था कि मैं एक विख्यात बाप का बेटा हूँ, लेकिन कभी उसका इल इफ़ेक्ट (दुष्प्रभाव) मेरे मन में नहीं आया। मैं बच्चन जी का बेटा हूँ इसलिए मुझमें कुछ पर निकले हुए हैं, ऐसी कोई बात नहीं थी। एक बहुत ही नॉर्मल क़िस्म का जीना और साथ-साथ यह एक फ़ीलिंग रही हमेशा कि मेरे पिताजी जो हैं, वे एक नाम हैं। उस नाम की इंटेंसिटी मुझे नहीं मालूम थी। बस, केवल इतना मालूम था कि वे प्रॉमिनेंट फ़िगर हैं।"

"किन मामलों में तुम तेजी जी और बच्चन जी के स्वभावों को पृथक् पाते थे? तुमको किसके स्वभाव की क्या चीज़ तब पसन्द आती थी और क्या नापसन्द?"

"माँ और डैड दोनों बहुत ही स्ट्रिक्ट डिसीप्लिनेरियन (अनुशासनप्रिय) थे। माँ अपने तरीक़े से, डैड अपने तरीक़े से। माँ का बैकग्राउंड थोड़ा वेस्टर्न था। वे कॉन्वेंट में पढ़ी हुई थीं, इसलिए उनका जो मोड ऑफ़ ट्रेनिंग था, वह हमेशा उस लिहाज़ से था। डैड का थोड़ा बेसिक, थोड़ा ऑर्थोडॉक्स ज़्यादा, ईस्टर्न, इंडियनाइज़्ड।

"उनके मन में सिवाय पढ़ाई-लिखाई के शायद ही कोई बात आती हो। जब भी, उस ज़माने में उन्होंने हमसे कुछ बात की, तो पढ़ाई-लिखाई की या फिर जैसा कि मैंने आपसे कहा, कोई त्योहार हो, तो वे उसमें दिलचस्पी लेते थे। नहीं तो वे अपनी स्टडी में रहते थे। पढ़ाई पर बहुत ज़ोर। वे कहते, पढ़ोगे-लिखोगे, तभी कुछ बन पाओगे। खेल-कूद में कुछ नहीं पड़ा हुआ है।

"माँ का एटीट्यूड थोड़ा-सा लिबरल था। वे चाहती थीं कि हम खेलें भी, साथ में अनुशासित भी रहें, पढ़ाई-लिखाई भी करें। जितना एस्थेटिक मामला था, वह सब माँ से आया। किस तरह के कपड़े पहनना, उठना-बैठना, बोलना, व्यवहार किस-किस तरह करना, क्या खाना, क्या पहनना, कहाँ जाना, क्या पढ़ना, क्या देखना, किस वक़्त पर घर आना। लाइफ़ की जितनी डेलिकेट और एस्थेटिक चीज़ें थीं, वे सब माँ से प्राप्त हुईं। एक टेस्ट, कौन-सा रंग अच्छा है, कौन-सा रंग भद्दा है, इन सब बातों का जो अहसास है, वह हमें माँ से मिला, क्योंकि माँ का टेस्ट और उनकी जो लाइफ़स्टाइल थी, वह बहुत ही ख़ूबसूरत, बहुत ही एस्थेटिक थी। जिस तरह के वे कपड़े पहनती थीं, जिस तरह की वे चीज़ें ख़रीदती थीं। घर में किस तरह का फ़र्नीचर लाना है, किस रंग के पर्दे होने चाहिए, इन सब बातों की जो तमीज़ आज हमें है या क्लेम कर सकते हैं कि हम थोड़े-बहुत एस्थेटिक हैं, वह केवल माँ की वजह से।

"डैड ने हमें एक गम्भीरता दी, एक ठहराव दिया जीवन में। कोई ओछापन हमें घर में कभी देखने को नहीं मिला। शराब-सिगरेट का दुरुपयोग कभी हमें देखने को नहीं मिला, कोई ऐसा वातावरण घर में नहीं रहा, जिसके लिए आज हम कहें कि हाँ साहब, यह कुछ एक गन्दा था वातावरण, जो हमें अच्छा नहीं लगा। हमें बुरा ज़रूर लगता था, जब डैड हमसे कहते थे कि बैठो, पढ़ो। लेकिन उसमें कोई गन्दगी नहीं थी।

जो कुछ सीखा, माँ और डैडी से सीखा

"तो एक तरह से ये दोनों चीज़ें जब ब्लेंड हुई, तो उसमें हमको बहुत फ़ायदा हुआ। आगे चलकर जब हम थोड़े से इंडिपेंडेंट हुए और लगा कि हम कभी किसी ऐसे मोड़ पर आ गये हों, जहाँ पर हमें कुछ ऐसे निर्णय लेने हों या इस सिचुएशन में आ गये हों, जहाँ पर कि हमें आगे का रास्ता नहीं दिखाई दे रहा है, तो इन्सान फॉल बैक करता है। तो जब कभी भी हमें अपनी ज़िन्दगी में किसी चीज़ पर फॉल बैक करना हुआ और यह जानना हुआ कि हम इसका जवाब कहाँ से निकालें, कैसे निकालें, तो हमने फ़ॉल बैक किया माँ और डैड

के ऊपर। माँ के और डैड के उदाहरण से, उनके रहन-सहन का जो तरीक़ा था, उससे हमें बहुत-से एडवांटेज हुए, बहुत-से दरवाज़े खुले हुए मिले। उनसे मदद पाते हुए धीरे-धीरे अब ज़िन्दगी को काफ़ी कुछ मैंने देख लिया है। दुनिया देख ली है, तरह-तरह के लोगों से मिल चुका हूँ, पर अपने-आपको मैंने कभी सेल्फ़ एनालिसिस में नहीं डाला। आज आपसे बात करते समय अपने मन को टटोलना अच्छा लग रहा है।

''हालाँकि मुझे सेल्फ़ एनालिसिस ख़ुद इतना अच्छा नहीं लगता, लेकिन आज एक बात सच्ची-सच्ची मन में उठ रही है...यानी इसे आप मेरा घमण्डीपन मत कहिएगा, मैं बोस्ट नहीं कर रहा हूँ, लेकिन मुझे डेफ़िनेटली यह महसूस होता है कि हाँ, मुझमें और जिन लोगों के साथ मैं उठता-बैठता, मिलता-जुलता रहा हूँ, उनमें एक फ़र्क़ है, एक बहुत बड़ा फ़र्क़ है और वह फ़र्क़ है अपब्रिंगिंग (पालन-पोषण) का। वह फ़र्क़ है, कल्चर का। मैं ऐसा सोचता हूँ कि यह बात, जो मैं सोच रहा हूँ, एक किसी सिचुएशन के ऊपर सोच रहा हूँ, मैं जिस तरह सोच रहा हूँ, सामनेवाला आदमी क्यों नहीं ऐसा सोच रहा है या क्यों नहीं ऐसा सोच सकता? और जब मैं एकदम डिस्टर्ब्ड हो जाता हूँ इस बात पर, तब मैं अपने-आप में विदड्रॉ कर जाता हूँ।

''और बहुत सोचने के बाद मैं बार-बार इसी नतीजे पर पहुँचता हूँ कि जिस तरह की अपब्रिंगिंग उसकी है, वही एकमात्र रीज़न है, जो यह डिफ़रेंस पैदा कर रही है। तो माँ और डैड से जो कुछ मिला, उसमें इतना ख़ूबसूरत बैलेंस था कि उसे पाकर अपने-आपको मुझे बहुत फॉर्चुनेट (भाग्यवान) समझना चाहिए।

''माँ और डैड की बातें बचपन में तो हमें शायद कुछ ठीक न लगती रही हों, मसलन हम ऐसा क्यों कर रहे हैं या डैड ऐसा क्यों कर रहे हैं, लेकिन अब जब उसको पीछे मुड़कर देखते हैं, तो सिर्फ़ भलाई के, अच्छाई के, अच्छी बातों के, अच्छी ट्रेनिंग के सिवाय और कुछ नज़र आता ही नहीं।

''अब जैसे माँ और डैड कहा करते थे कि भाई, सूरज ढलने से पहले जहाँ कहीं भी हो, घर में वापस आ जाना चाहिए। या माँ कहा करती थीं कि गेट के बाहर एक लैम्प पोस्ट है, इलेक्ट्रिक लैम्प पोस्ट, उसकी लाइट जलने के पहले तुम्हें घर में होना चाहिए। उस समय हमें ये बातें समझ में नहीं आती थीं। मान लीजिए, हम कहीं खेल रहे हैं या किसी दोस्त के यहाँ हैं, कोई काम नहीं कर रहे हैं और अगर खेल में एकदम डूबे हुए हैं, तो उसे बीच से छोड़कर आना, हमें बहुत ही ख़राब लगता था। लेकिन ऑर्डर थे और मुझे याद है कि हम लोग भागते थे और कितनी तेज़ साइकिल चलाते थे, ताकि किसी तरह भी लाइट जलने के पहले हम घर पहुँच जायें।

"डैड की यह बात हमें अच्छी नहीं लगती थी कि हमको अगर कोई गेम ख़रीदना हो, जैसे कि मान लीजिए क्रिकेट सेट ख़रीदना हो या कैरमबोर्ड ख़रीदना हो, तो डैड बहुत नाराज़ होते थे कि यह ग़लत चीज़ों पर पैसा ज़ाया हो रहा है। माँ इन बातों को समझती थीं कि यह भी हमारे लिए बहुत ज़रूरी है। चोरी-छिपे वे हमारे लिए एक कैरमबोर्ड ख़रीद लायी थीं, एक म्यूज़िक का इंस्ट्रूमेंट, एक प्लेयर ख़रीद दिया था या बैट ख़रीद दिया था डैड को बिना पता चले। डैड की भी बात अपनी तरह से ठीक ही रही होगी, लेकिन माँ को यह फ़ीलिंग थी कि यह भी थोड़ा-थोड़ा चलते रहना चाहिए।

"तो ऐसी छोटी-छोटी बातें थीं, बचपन की, जिन्होंने हमारे लिए एक फ़ाउंडेशन बनायी अपने आगेवाले जीवन के लिए।"

"अच्छा, अब चलो चलें दिल्ली। कैसी लगी थी दिल्ली, इलाहाबाद के मुक़ाबले में?"

"जैसा कि मैं पहले कह चुका हूँ कि हम लोग बाइ कार दिल्ली आये। रात को पहुँचे दिल्ली। उस समय तो ज़्यादा दिखाई नहीं दिया, लेकिन हर बड़े शहर का एक शोर होता है, एक आवाज़ आती है, जो कि अगर आप बाइ रोड जायें, ख़ासतौर से रात को, तो आपको महसूस होता है।

"सबसे पहले तो दूर से उस बड़े शहर की एक रोशनी दिखाई देती है, एक ग्लो दिखाई देता है, जो कि एक बड़ी ही अजीब-सी फ़ीलिंग होती है, ख़ासतौर से अगर आप सारी ज़िन्दगी एक छोटे-से शहर में रहे हों और फिर अचानक एक बड़े शहर आ गये हों, तो एक तो वह ग्लो जो था, वह हमारे लिए बहुत ही रोमांचक था। फिर जैसे-जैसे क़रीब पहुँचे, उस शहर की आवाज़, ट्रैफ़िक का शोर, चहल-पहल। दिल्ली एक बहुत ख़ूबसूरत शहर था इलाहाबाद जैसे शहर से। जैसा कि हम समझते थे कि यह बहुत बड़ी चीज़ है इलाहाबाद, दिल्ली के मुक़ाबले में।

माँ, अमित और अजित अपने दिल्ली निवासस्थान पर (वर्ष : 1964)

बहुत ही अच्छा लगता था, इलाहाबाद में। सड़कें छोटी लगती थीं, मकान छोटे लगते थे, सब-कुछ ही अजीब लगता था। इसलिए उस समय इमीजिएटली कम्पैरिज़न करने की वजह से, हमें दिल्ली बहुत पसन्द आया। वहाँ के मकान बहुत पसन्द आये, साफ़-सुथरे, मॉडर्न। इलाहाबाद के मकानों के मुक़ाबले में कहीं ज़्यादा मॉडर्न। और हमें बहुत थ्रिल हुआ। अब सारी दुनिया घूम लेने के बाद, सारे आधुनिक तौर-तरीक़े के आलीशान सामान चूज़ करने के बाद ऐसा लगता है कि जाकर के इलाहाबाद में रहना चाहिए। वहाँ की जो कामचलाऊ चीज़ें हैं, उनमें जाकर रहें। इन मॉडर्न साइंटिफ़िक गैज़ेट्स से ज़रा दूर हटकर रहें।

अब फिर से याद आते हैं वे छोटे शहर

"पिछले साल मैं बाँदा गया था, बहुत अच्छा लगा गाँव। और मुझे एक चीज़ बुरी भी लगी। जब बाँदा में था, तब मैं छोटा था। उस समय मिट्टी का मकान था, रज्जन भाईसाहब का। बिजली नहीं थी, हाथ के पंखे थे, सड़कें सीमेंटेड नहीं थीं, बैलगाड़ी चलती थी उस समय, तब वह बड़ा ख़राब लगता था। लगता था गर्मी बहुत है साहब। हाथ से पंखा कर रहे हैं और बिजली नहीं है, लालटेन लिए घूम रहे हैं।

"अब, जब मैं वहाँ गया, तो मैंने देखा कि सब-कुछ बदल गया है। अच्छी पथरीली सीमेंटेड सड़कें बन गयी हैं। मकान, जो मिट्टी का था, वह टूट गया है। सीमेंट के मकान बन गये हैं। वहाँ बिजली आ गयी है। आपसे सच कहता हूँ, मुझे बड़ा अफ़सोस हुआ वह सब देखकर क्योंकि मैं उस एक्सपेक्टेशन से गया था कि मैं फिर से एक ग्रामीण वातावरण देखूँगा।

"तो यह एक बड़ा सर्किल होता है इन्सान की ज़िन्दगी में। दिल्ली, एक हैवेन-सा लगा। वहाँ रहने के बाद और उससे भी बेहतर जगहों में, बम्बई में रहने के बाद, अब मन करता है कि वापस जायें। मिट्टी की सड़कों पर पैदल चलकर बाँदा में जाना, तीन-चार किलोमीटर रोज़ सुबह, केन नदी में नहाना, पैदल चलकर वापस आना, हाथ में पंखे से अपने-आपको हवा करना, ज़मीन पर बैठकर खाना, ये सब चीज़ें अब करने का बहुत मन करता है। उस समय तो दिल्ली बहुत अच्छा लगा। हालाँकि दिल्ली में मैं बहुत दिन रहा नहीं, वहाँ पहुँचते ही मैं नैनीताल चला गया।"

"पर दिल्ली में तो तुम्हारा एक फ़ैमिली सर्किल बन गया होगा। वह, इलाहाबाद वाले परिवार वृत्त से अलग क़िस्म का था या वैसा ही था?"

''नहीं, दिल्ली जाने पर एक अलग क़िस्म का अहसास धीरे-धीरे हुआ कि यहाँ पर लोग जो हैं, सब अपने-अपने काम में व्यस्त हैं। एक बड़ी-ही ग्रेडेड क़िस्म की ज़िन्दगी है। इन लोगों से मिल सकते हैं, इन लोगों से नहीं मिल सकते हैं। सब लोग अपने-अपने काम में लगे हुए हैं और जो एक फ़्रीडम थी, एक इनफॉर्मेलिटी थी इलाहाबाद में वह दिल्ली में नहीं रही। सच तो यह है कि फिर वह कहीं भी नहीं मिली।''

''यह तो सच बात है अमित, लेकिन यह भी सच है कि हमारे-तुम्हारे जैसे लोगों के मन में बसा अपना वह प्यारा इलाहाबाद, अब तो इलाहाबाद में भी नहीं मिलता। ख़ैर छोड़ो इस बात को, यह बताओ कि दिल्ली, नैनीताल के बाद तुम आये बम्बई, फ़िल्मों की तलाश में, यहाँ कैसा लगा?''

''बम्बई में तो यह और भी ज़्यादा हो गया। मुझे आज तक अपने पड़ोसी का चेहरा नहीं दिखा है और न मैं जानता हूँ कि वह क्या काम करता है। केवल उसका नाम जानता हूँ, क्योंकि वह भी हर दूसरे-तीसरे दिन कोई नोटिस या कुछ चिट्ठी वग़ैरह भेजता रहता है, वह भी किसी ऑफ़िशियल वर्क की वजह से। इस वजह से नहीं कि वह आकर मिलना चाहता है।

''बम्बई तो और भी कोल्ड क़िस्म का शहर है। और उसमें आकर जमने के लिए संघर्ष करना...''

''अमित, लोग कहते हैं कि संघर्षकाल में फ़िल्मी लोगों से तुम्हारे जो कड़ुवे अनुभव हुए, उन्होंने तुमको इतना प्रभावित किया कि बाद में तुमने उन लोगों के प्रति काफ़ी तीखे तेवर अपनाये। क्या यह सच है?''

''नहीं, इसमें बिल्कुल सच्चाई नहीं है। जिन-जिन लोगों से शुरुआत में मिला, मैं सबको पहचानता हूँ और सबको जानता हूँ कि उन्हें ख़ुद ताज्जुब होगा क्योंकि वे तो शायद उसे भूल गये होंगे, लेकिन मुझे याद है। पर बम्बई शहर ही ऐसा है कि हरेक आदमी अपनी-अपनी ले-दे में लगा हुआ है। 'जीवन की आपाधापी में', डैड की कविता है न, वह मुझे अक्सर याद आती रहती है। सच बात है, इस लेने-देने में हम भूल जाते हैं कि हम कौन हैं, हम कहाँ हैं।

फिर वही लोग, फिर वहीं बातें

''अपने-आपको हम लोगों से इतना कमर्शियलाइज़ किया हुआ है कि जो हमारे इमीजिएट सम्पर्क में आता है, जिसके साथ हमारी डीलिंग्स हैं और मैं यह फिर से कहना चाहूँगा कि जिसके साथ हमारी कमर्शियल डीलिंग्स हैं, ऐसा कहते हुए

मुझे बड़ा बुरा लग रहा है, लेकिन यह सच्चाई है क्योंकि ऐसा होता है, ऐसा मेरे साथ होता है, ऐसा बाक़ियों के साथ होता हो या न होता हो, मैं यह नहीं जानता, लेकिन मैं ऐसा फ्रैंकली फ़ील करता हूँ कि जो मेरे सम्पर्क में, मेरे साथ कमर्शियली अटैच्ड हैं मैं उन्हीं के साथ मिलता-जुलता हूँ, उठता-बैठता हूँ।

''कई बार मैंने इसे तोड़ने की कोशिश की, चाहा कि मैं अब इन लोगों के साथ नहीं बैठूँगा या ऐसा काम मैं नहीं करूँगा या कुछ ऐसी जगहें नहीं जाऊँगा, जिसका कोई भी फ़िल्मी ताल्लुक़ हो या कोई भी लिंक हो। लेकिन ले-देकर के, घुमा-फिराकर मैं अपने-आपको फिर वहीं पाता हूँ। वैसा ही वातावरण हो जाता है, वही बातें करते हैं।

''मेरा ऐसा ख़याल है कि इसमें किसी इन्सान की ग़लती नहीं है, यह बम्बई शहर ही ऐसा है। यह शहर सुबह-सुबह इन्सान को एक चाँटा मारता है। 'सो रहे हो, जागो, खड़े हो जाओ, निकलो मकान में से, कुछ करो, कुछ रुपया कमाओ, कुछ नाम कमाओ।' मुझे इस चीज़ का अहसास तब हुआ, जब बम्बई शुरू-शुरू में आया और मरीन ड्राइव में शंकराबाई के यहाँ ठहरा हुआ था। मेरा तो रोज़ यही काम होता था, सुबह उठकर तैयार होना और लोकल पकड़कर, जिन एकाध प्रोड्यूसर्स को जानता था, उनके यहाँ पहुँच जाना या किसी एक डायरेक्टर से मिलने चले जाना, किसी स्टूडियो में।

बम्बई, जहाँ हर चीज़ बिकती है

''एक तरह से अपने-आपको बेचने निकल जाता था कि भाई, मेरे पास यह-यह सामान है, आप में से कोई ख़रीदार हो, तो मैं बेचूँ अपने-आपको। पूरा ऐटीट्यूड ही यह हो गया कि मुझमें कुछ बिकनेवाली चीज़ है और मेरे इर्द-गिर्द जो लोग हैं, वे मुझे ख़रीदनेवाले हैं। यह तो पहले दिन से ही ख़याल था दिमाग़ में कि मैं क्या बेच सकता हूँ, मैं क्या कर सकता हूँ बम्बई में। फिर धीरे-धीरे यह भावना बढ़ती गयी और मैंने उस समय भी नोट किया था कि जब कभी भी मैं, मान लीजिए, एक दिन मैं कुछ तंग आ गया या कुछ बहुत फ्रस्ट्रेटेड हो गया कि कुछ काम नहीं हुआ है, कुछ बन नहीं रहा है और शियर फ्रस्ट्रेशन या शियर थकान की वजह से मैं घर में ही बैठा रहा, तो वह मेरे लिए इतना मिज़रेबल (त्रासदायक) हुआ कि मैं बता नहीं सकता।

''ऐसा लगता था कि पूरा शहर जो है, वह खाने को दौड़ रहा है। वैसे भी मरीन ड्राइव एक निहायत बिज़ी एरिया है। मैं वहाँ बालकनी पर खड़ा रहता और देखता था कि कितने लोग आगे-पीछे लगातार, एक-के-बाद-एक, चले जा रहे हैं।

अपने व्यस्त जीवन में से कुछ क्षण अपने लिए भी

कोई इत्मीनान से बैठकर कुछ बात ही नहीं कर रहा है। सब भाग-दौड़ में लगे हुए हैं। एक तरफ़ से गाड़ियाँ लगातार चली जा रही हैं। ये सब कहाँ जा रहे हैं, क्या कर रहे हैं? कुछ तो कर ही रहे होंगे। और मुझे ऐसा लगता है कि मैं वहाँ खड़ा हुआ कुछ भी नहीं कर रहा हूँ। मुझे कुछ करना चाहिए।

''यह बम्बई शहर का एक कमाल है कि वह इन्सान को ढकेलता है और बम्बई में, इस शहर ने ही मुझे ढकेला और रोज़ ढकेलता रहा और तब तक ढकेलता रहा, जब तक कि मैं कुछ कर न सका या मैंने कुछ करने के लिए स्टैप्स न उठाये। और ताज्जुब की बात यह है कि आज भी, आज की तारीख़ में भी मुझे बम्बई शहर ढकेल ही रहा है।

आराम का समय ही कहाँ है?

''मुझसे लोग पूछते हैं कि भाई तुम इतना काम क्यों करते हो, दिन-रात लगे रहते हो, रेस्ट नहीं करते हो, यह नहीं करते हो, वह नहीं करते हो। मैं उनके प्रश्न का जवाब नहीं दे सकता हूँ। क्योंकि मैंने कई बार कोशिश की, कि मैं कम फ़िल्में करूँ या अपने समय को रैगुलेट करूँ, लेकिन नहीं, ऐसा कभी कुछ हुआ ही नहीं; कुछ-न-कुछ हमेशा ऐसा निकलता रहा है कि मैं चौबीसों घण्टे लगा रहा हूँ और अब मुझे इस तरह के काम करते हुए कम-से-कम पाँच साल हो गये।

''पिछले पाँच-छह सालों से या एक्चुअली सात सालों से, यही मेरा रुटीन है। हालाँकि सन् '70-71 में भी मेरा एक ऐसा पीरियड आ गया था, जब बहुत

व्यस्त हो गया था मैं। फिर बीच में ज़रा-सा झोल आया, लेकिन '73 से तो मैं राउंड द क्लॉक (चौबीसों घण्टे) लगा हूँ और यह सारा कुछ जो है, यह इस शहर का कमाल है।

"अगर आपके पास कुछ ऐसी बिकनेवाली चीज़ है और आपके पास अगर बेचने की कुछ क़ाबिलियत है और आपका माल ख़रीदने के लिए लोगबाग हों, तो इस बम्बई शहर में चुपचाप आप नहीं बैठ सकते। आपको लगे ही रहना पड़ेगा और इस सबसे अब मैंने अपने-आपको एडज़स्ट कर लिया है कि भाई जब दम है मुझमें, तब मुझे ऐसे ही काम करना पड़ेगा। यह अब मेरे कंट्रोल में नहीं है। जिस शहर में मैं रह रहा हूँ और जिस काम को मैं कर रहा हूँ, वह काम ही ऐसा है और शहर ही ऐसा है। वे मुझे चुप नहीं बैठने देंगे। अब मैंने इसे एक फ़ैक्ट की तरह ऐक्सेप्ट कर लिया है।

लोग मुझे ग़लत समझें, तो मैं क्या करूँ?

"ख़ैर, यह तो हम थोड़ा-सा बिखर गये, असली बात से। आपने कहा था कि उनके प्रति मैं, जिनके साथ मेरे कड़ुवे अनुभव हुए, उनको मैं भूल गया हूँ या उनके प्रति मेरे मन में कोई बुरी भावना है?

"ऐसा बिल्कुल नहीं है। यह सब-कुछ जो है, यह या तो लोगों ने फैलाया हुआ है या वे लोग मेरा नेचर नहीं जानते हैं या उन्हें मुझे नज़दीक से देखने का मौक़ा नहीं मिला है। जैसा कि आप जानती ही हैं, मेरा नेचर ही ऐसा है कि मैं ज़्यादा लोगों से मिलता नहीं हूँ, मैं अपने-आप में ही रहता हूँ, और क्योंकि मैं लोगों से ज़्यादा नहीं मिलता हूँ, लोगों को यह पता नहीं रहता है कि मैं एक्चुअली क्या फ़ील कर रहा हूँ या मैं क्या करने जा रहा हूँ। शायद इस वजह से लोगबाग अपना ही कुछ एक अनुमान लगा लेते हैं कि साहब दिस मस्ट बी द रीज़न कि यह नाराज़ ही होगा या इसने हमारे साथ ऐसा किया या वैसा किया। लेकिन ऐसी कोई बात नहीं है।

"मेरे जितने भी कड़ुवे अनुभव हुए हैं, वे तो मुझे याद भी नहीं हैं। मैं उन चीज़ों को एक तरह से भूल ही गया हूँ और जब लोग मुझे इस बात का अहसास दिलाते हैं, तब मुझे ख़याल आता है कि हाँ साहब, यह भी हुआ था। मेरे मन में अपने-आपसे यह बात कभी नहीं आती। ऐसी कोई बात नहीं है कि जिनके साथ मेरे बैड एक्सपीरिएंसेस (कटु अनुभव) हुए हैं, उनके प्रति मैं नाराज़ हूँ या उनसे रिवेंज (बदला) लेना चाहता हूँ। ऐसी कोई भावना नहीं है मुझमें।

''वैसे देखिए, कड़ुवे अनुभव तो इन्सान की ज़िन्दगी में हमेशा ही होते रहते हैं और ऐसा कहना कि मेरे अनुभव जो थे, वे ज़्यादा ही तीखे थे, यह तो ग़लत ही होगा। मैं तो उन्हें अपना एक हैपी एक्सपीरियंस (सुखद अनुभव) समझना चाहता हूँ कि हाँ साहब, मेरे साथ यह हुआ और अब यह हो रहा है। अगर ऐसा होता कि वे अनुभव होते और बाद में कुछ बात न बनती, तो शायद मैं एक फ्रस्ट्रेटेड इन्सान बनकर उन एक्सपीरियंसेज को एक बुरा रूप देना चाहता। लेकिन नहीं, उन एक्सपीरियंसेज को मैं अपने लिए बहुत हैपी एक्सपीरियंस समझता हूँ।

''और रही बात लोगों के प्रति तीखे तेवर अपनाने की, तो मुझे तो आज तक कोई ऐसा आदमी मिला नहीं, जिसने मुझे इस बात का अहसास दिलाया हो, मेरे सामने बैठ कर के। मेरी पीठ पीछे हाँ, वे बोल सकते हैं और ज़रूर बोले होंगे। नहीं तो आप ऐसा प्रश्न नहीं पूछतीं। लेकिन मेरे सामने अगर वे बैठें, तो मैं कोई भी ऐसी फ़ीलिंग उनके मन में, अगर हो मेरे प्रति, तो साफ़ करने को तैयार हूँ। क्योंकि मेरे मन में तो कभी ऐसी कोई भावना आयी ही नहीं और जैसा कि मैंने पहले कहा, मैं उन चीज़ों को भूल जाना ज़्यादा बेहतर समझूँगा और इसके अलावा अगर उनके मन में कोई ऐसी बात आयी है, तो इसकी यही वजह हो सकती है कि दे हैव नॉट बीन एबल टू रीच मी। या मेरे मन में मेरी जो असली बात है, उसको वे कभी जान नहीं पाये हैं और न जानने की वजह यह है कि मैं उन बातों के बारे में कभी किसी से ज़िक्र करता नहीं हूँ, कभी बात नहीं करता हूँ और अगर बात भी करता हूँ, तो एक हैपी एक्सपीरियंस के तौर पर बात करता हूँ। ऐसी बातें तो मैं कभी नहीं करता कि फलाँ ने मेरे साथ ऐसा किया था, अब मैं भी ऐसा कर के उन्हें दिखा दूँगा। ऐसी कोई भावना मेरे मन में न कभी रही है, न कभी रहेगी।''

मायानगरी का मायाजाल

''एक ग़लतफ़हमी को तो तुमने बहुत अच्छी तरह से साफ़ कर दिया। अब यह बताओ कि तुम जब फ़िल्मों में आये, तब तुमको हिन्दी फ़िल्मों के नायकों में ख़ासतौर से, और हिन्दी फ़िल्मों में आमतौर से क्या ख़ामियाँ दीखती थीं? तुम उनके मुक़ाबले कैसा नायक बनने की कल्पना करते थे? क्या तुम्हारे वे स्वप्न पूरे हुए?''

''देखिए, अभी मेरा अनुभव या मेरा जो पीरियड है, फ़िल्म लाइन में, वह बहुत ही कम है। बहुत जूनियर आदमी हूँ मैं। अभी तो नया-नया आया हूँ। बहुत-सी बातें सीखनी हैं, इसलिए मुझे बड़ा अजीब-सा लगेगा कि मैं आपको यह बताऊँ कि मैं उन हीरोज़ में क्या देखता हूँ? ऐसा लगेगा जैसे मैं कोई एक अथॉरिटी (विशेषज्ञ) बन गया हूँ। मैं किसी भी रूप में कोई अथॉरिटी नहीं हूँ, लेकिन आपका यह सवाल ध्यान से सुनने पर, अभी-अभी कुछ बात जो मन में आयी, वह मैं बताता हूँ।

''उस समय उनको देखकर मुझे ऐसा लगता था या यूँ कहूँ कि एक कॉन्फ़िडेंस मुझमें ज़रूर आया था कि शायद इनसे बेहतर काम कर सकूँ या शायद ये इस चीज़ को ठीक से नहीं कर रहे हैं। मैं उसे इस तरह से करना चाहूँगा। लेकिन डर हमेशा रहता था, क्योंकि उनकी एक फ़िज़िकल प्रेज़ेंस थी, उनकी एक शोहरत थी, उनका एक नाम था। वे लोग ऑलरेडी एस्टेब्लिश्ड (पूर्णतया स्थापित) थे। उन तक पहुँचना बड़ा कठिन है और उस सिचुएशन में जाना कैसे होगा, यह डर हमेशा लगा रहता था। हालाँकि एक भरोसा था कि अगर बाइ चांस ऐसा मौक़ा मिल जाये कि हम उन्हीं की सिचुएशंस में हों, तो कुछ कर दिखाने की एक अभिलाषा थी और यह उम्मीद भी थी कि लोग शायद मेरे काम को उनके कम्पैरिज़न (तुलना) में ज़्यादा पसन्द करें। इतना कॉन्फ़िडेंस था कि मैं निश्चित रूप से अपना एक रूप देना चाहूँगा।''

''तुम्हारे वे सपने पूरे हुए?''

''कुछ हद तक पूरे हुए हैं, कुछ हद तक नहीं हुए और जो नहीं हुए हैं, उनको पूरा करने की अभी भी दिल में एक तमन्ना है, एक होप है। एक कोशिश भी है कि उन्हें कभी-न-कभी पूरा करूँगा। तो उनके हिसाब से, जो मेरे पहले आये, वे लोग बेस्ट कर रहे थे। हो सकता है कि आज इस तरह की स्थिति होती और उन लोगों को आज इस स्थिति में डाल दिया जाये, तो वे लोग भी वैसा ही करेंगे जैसी स्थिति की डिमांड होगी।

''मुझे ऐसा लगता था कि मैं भी, मुझमें भी कुछ कर दिखाने की एक तमन्ना है, एक अभिलाषा है कि मुझे ऐसा मौक़ा मिले। अपॉर्चुनिटीज़ मुझे मिली हैं, बहुत-सी अभी बाक़ी हैं। जैसा कि आप जानती हैं, उस काम में हम लोग लगे हुए हैं—दिन-रात और हमेशा इन्तज़ार रहता है कि कहीं-न-कहीं एक ऐसा मौक़ा मिले, जिसमें कि कुछ कर दिखाने के लिए एक अवसर प्राप्त हो।''

''ईश्वर करें, तुम्हें अपनी कला का पूरा कमाल दिखाने के अवसर प्राप्त होते रहें। अब यह बताओ कि क्या कभी फ़िल्मों में भूमिका करते समय तुमको यह अहसास हुआ कि तुम्हारा सारा व्यक्तित्व कुछ और माँग रहा है, लेकिन भूमिका की माँग कुछ और ही है? अगर हाँ, तो ऐसे समय क्या करते हो?''

''यक़ीन मानिए कि आज तक मुझे ऐसा ही महसूस होता रहा है कि मेरा व्यक्तित्व जो है, वह कुछ और ही है। और मैं कुछ और ही किये जा रहा हूँ। लेकिन फिर वही बात, जो मैं शुरू में कह चुका हूँ, वापस आती है कि आज, किसी तरह अपने व्यक्तित्व को दबाकर, उसके ऊपर पत्थर रखकर, पाँव रखकर और उससे हटकर वह किया, जो ख़रीददार मुझसे ख़रीदना चाहता था, जो उसने कहा, वह-वह मैंने किया। अपने व्यक्तित्व को दबाकर, और वह चीज़ प्रचलित हो गयी। अब जो चीज़ प्रचलित हो गयी है, वह ख़रीदार बार-बार माँग रहा है और उसको बार-बार वही देना पड़ता है।

मुझे वही करना पड़ता है, जो दर्शक चाहते हैं

''मैं आज भी जब कभी गाना, गाना होता है या नाचना होता है, तो बहुत ही ऑकवर्ड (अजीब) फ़ील करता हूँ और लोग मुझ पर हँसते हैं। अजीब-अजीब रिमार्क कसते हैं कि क्यों मज़ाक़ करते हो ख़ामख़ाह, तुम मॉडेस्टी का एक ढोंग रचाते हो। लेकिन मैं आपसे सच कह रहा हूँ कि आज भी जब मुझे कभी गाना, गाना होता है या नाचना पड़ता है सड़कों पर या लोगों के सामने, तो मैं न जाने किन पॉवर्स का इस्तेमाल करके अपने-आपको दबाता हूँ ताकि वह

बाहर निकल सके, जो मुझसे करवाया जा रहा है। मेरे लिए वह सब अभी भी एक बहुत ही मुश्किल काम है। मैं अपने स्वभाव के कारण, अपने-आपको बड़ा अननेचुरल फ़ील करता हूँ, लेकिन अब इतनी बार उसे कर चुका हूँ और ऐसी-ऐसी परिस्थितियों में उसे कर चुका हूँ कि यह एक आदत बन गयी है। इट हैज़ बिकम पार्ट ऑफ़ मी।

''अब तो ऐसा लगता है कि एक बटन दबा देता हूँ और शुरू हो जाता हूँ और उनका रिज़ल्ट यह होता है कि पर्टिकुलर क्लास ऑफ़ पीपुल (ख़ास वर्ग के लोग) उसे पसन्द करता है, उसकी वाहवाही करता है, तो ठीक है साहब, चलने दीजिए। लेकिन हाँ, यह सही बात है कि मुझे अपनी पर्सनल फ़ीलिंग को, अपने पर्सनल व्यक्तित्व को और जो मेंटल स्टेट्स हैं, उनके ऊपर बहुत प्रेशर डालने पड़ते हैं, क्योंकि यह मुझे अननेचुरल-सा लगता है।

''मुझे ऐसा लगता है कि यह मैं नहीं कर रहा हूँ यह मुझे नहीं करना चाहिए। यह मैं नहीं कर सकता हूँ और फिर भी मैं कर रहा हूँ। किसलिए कर रहा हूँ, यह तो पूछना बेकार है, क्योंकि आइ एम बाउंड बाइ कॉन्ट्रैक्ट टु वर्क (क्योंकि मैं अपने कार्य विशेष से अनुबन्धित हूँ), केवल उस चीज़ को निभाने के लिए, केवल उसको एक प्रोफ़ेशनल आउटलुक देकर मैं वह काम कर रहा हूँ। लेकिन मेरी अपनी रुचि, मेरे अन्दर की रुचि जो है वह उसमें नहीं है।

''हाँ, जब मैं उसको प्रोफ़ेशनल लेवल पर देखता हूँ, तो प्रोफ़ेशनली जो कुछ उसमें करना हो, जितनी उसमें लगन लगानी हो, जितनी उसमें मेहनत करनी हो, प्रोफ़ेशनली नॉट इमोशनली, वह करता हूँ; लेकिन अपनी जो मेंटल स्टेट है उसको अन्दर नहीं लाता। जो मेरी अपनी अन्दरूनी चेतना है या जो मेरा अपना है, जो मेरा अपना सेल्फ़ है, वह उस प्रोफ़ेशनल काम में नहीं लगाता।

''उस समय केवल एक प्रोफ़ेशनल के तौर पर, उसमें कितनी मुझे मेहनत करनी है, उसमें मुझे कितना पसीना, कितना ख़ून, जो कुछ भी लगाना है, वह उस समय मैं लगाता हूँ और उतना करने में मैं कभी चूकना नहीं चाहता हूँ। इतनी मेहनत मैं करता हूँ। इतनी लगन से, इतने डिवोशन से कि हमेशा ही यह जो मैं कर रहा हूँ, यह सही लगता रहे और उसी लगन से मैं लगा रहता हूँ, हालाँकि यह जो मेरा अपना सेल्फ़ है, वह उसमें नहीं है। मेरे लिए, अपने लिए या लेफ़्ट टु माई सेल्फ़, मैं वह काम न करूँ। चूँकि मैं प्रोफ़ेशनली बाउंड हूँ, इसलिए प्रोफ़ेशनली, मैं उसको सब-कुछ अच्छे-से-अच्छा देना चाहता हूँ।''

''हाँ, प्रोफ़ेशनल ऑनेस्टी तो यही है, लेकिन आओ बात को दूसरी तरह से सोचकर देखें। 'ज़ंजीर', 'दीवार', और उसके बाद की अनेक ऐसी

फ़िल्में, जिनमें एक ग़रीब, असहाय लड़का, अपने तेवर और हिम्मत की बदौलत सारे माहौल पर छा जाता है और सतानेवालों से प्रतिशोध लेता है–क्या ऐसी भूमिकाओं में तुम्हारे निजी मन की भी किसी आकांक्षा की पूर्ति होती है?''

''देखिए, 'ज़ंजीर', 'दीवार' जैसी फ़िल्में जो थीं, उनमें एक अजीब क़िस्म का कैरेक्टर निकला, ऐसा मैं पढ़ता हूँ पेपरों में, और सुनता हूँ लोगों से कि साहब, पहले कभी नहीं आया ऐसा कैरेक्टर और यह एक नया इमेज था, जो कि मैंने प्रोपेगेट किया, या जो कि राइटर्स ने प्रोपेगेट किया।

विश्लेषण ऐंग्री यंग मैन वाली इमेज का

''मेरा ऐसा ख़याल है कि यह जो एक फ़ीलिंग या कह लें एक ऐंग्री यंग मैन की इमेज है, हालाँकि यह बोलते हुए मुझे बड़ा अजीब-सा लगता है, क्योंकि एक ऐंग्री यंग मैन की फ़ीलिंग तो हरेक इन्सान के अन्दर कहीं-न-कहीं यह ग़ुस्सा जो है, वह छिपा हुआ है, वह उसके अन्दर रहता है। वह फ़िजिकली बाहर निकले या मेंटली, यह तो अलग-अलग इन्सानों पर डिपेंड करता है। तो यह कहना कि मैंने एक ऐंग्री यंग मैन की इमेज को प्रोपेगेट किया, यह ग़लत बात है। यह इमेज तो मनुष्यमात्र प्रोपेगेट करता रहता है जीवन में...

''अब वह क्या है कि मेरी हरेक फ़िल्म में वे, वही देखते हैं कि साहब इसमें तो उसने वही चीज़ की है। मैं किसी भी फ़िल्म में अगर अपनी भौंहें ज़रा-सी सिकोड़ लूँ, तो वे कहते हैं यह तो वही है, वही कैरेक्टर है। कभी-कभी इश्क़ करते हुए भी आदमी ग़ुस्सा हो जाता है। तो क्या वह ऐंग्री मैन हो गया? गाना गाते-गाते, कभी-कभी भौंहें सिकुड़ जाती हैं या कॉमेडी करते-करते भी, कभी-कभी भौंहें सिकुड़ जाती हैं तो क्या इसका यह मतलब हुआ कि मैं वही कैरेक्टर निभा रहा हूँ।

''यह कैरेक्टर साहब है भी क्या? ये कैरेक्टर तो हरेक इन्सान के अन्दर है। हरेक इन्सान के अन्दर कोई-न-कोई एक फ्रस्ट्रेशन, कोई-न-कोई एक ग़ुस्सा, कोई-न-कोई एक रिवोल्ट (विद्रोह) है। वह बाहर निकाल सके या न निकाल सके, यह दूसरी बात है, अगर लोगों ने ऐसा सोचा कि मैं उनकी तमन्ना, उनके डिज़ायर, उनके रिवोल्ट को बाहर निकालने में उनकी मदद करता हूँ तो मुझे अपने-आपको बड़ा फॉर्चुनेट समझना चाहिए।

''यह काम तो कोई भी कर सकता था। यह केवल इत्तिफ़ाक की बात है कि सबसे पहले मैंने किया। क्योंकि मैंने किया, इसकी वजह से एक ट्रेंड (दौर)

शुरू हो गया और अब एक तरह से लोगों के दिमाग़ पर छा गया है कि साहब यही ख़ास चीज़ है, जो यह दे सकता है और इस शख़्स के अन्दर बहुत बड़ा वॉलकेनो (ज्वालामुखी) छिपा हुआ है और यह बार-बार इसको उकसाता है और बाहर निकालता है।

''मान लीजिए अगर 'ज़ंजीर' से पहले 'अमर अकबर ऐंथनी' आ जाती या 'चुपके चुपके' आ जाती, तो क्या लोग यही सब सोचते? तो भी क्या लोग वही सोचते कि यह ऐंग्री यंग मैन है! तब वे शायद कहते कि यह बहुत बड़ा क्लाउन है साहब। और फिर आती 'ज़ंजीर' वग़ैरह, तो वे कहते कि हाँ साहब, इसने कुछ वेरिएशन दिखाया है।

''हम लोग जिस समाज में रहते हैं, उसके अगेंस्ट रिवोल्ट करने का, सोसायटी के अगेंस्ट रिवोल्ट करने का, हर तरह का रिवोल्ट आदमी के मन में रहता है। यह मुझमें कहाँ से आया या क्यों आया, यह मैं नहीं समझा सकता। हो सकता है जैसा कि मैंने कहा, मैं अपने-आपको एनालाइज़ बहुत कम करता हूँ, लेकिन जिस तरह आप बात कर रही हैं, इस तरह के जब इंटरव्यूज़ आते हैं, ज़रा गहरे और इंटेलिजेंट क़िस्म के, तो मैं कभी-कभी अपने-आप में डूबने की कोशिश करता हूँ। हो सकता है कि यह सब-कुछ मुझे प्राप्त हुआ है, मेरी जीन्स (वंश प्रभाव) की वजह से, जो युग-युगान्तर से चली आती है। जो मेरे अन्दर ख़ून है। जिन चीज़ों से मैं बना हूँ उसका कुछ असर हो।

डैड के जीवन और विद्रोह से प्रभावित

''और मैं किन चीज़ों से बना हूँ? मैं बना हूँ, डॉ. हरिवंश राय बच्चन और तेजी बच्चन से। डॉ. हरिवंश राय बच्चन के अन्दर अगर आप देखें, तो एक बहुत बड़ा विद्रोह है उनकी लिखावट में, उनकी अर्ली लाइफ़ में, आप जानती ही हैं कि एक बहुत बड़ा रिवोल्ट है। उन्होंने हमेशा वह करके दिखाया है जो कि उस समय नॉर्मल नहीं था, उस समय एबनॉर्मल (असामान्य) लगा हो। तो वह जो एक आग थी, एक रिवोल्ट था, वह उनकी कविताओं में भी आया है, उनके रहन-सहन में भी आया है, उनके जीवन में भी आया है। किस वजह से आया है, यह हम नहीं कह सकते।

''उनके साथ जो आपबीती हो, उसकी वजह से भी आ सकता है। उनकी आत्मकथा पढ़ने के बाद ऐसा लगता है कि जो कुछ उन्होंने अनुभव किया है अपने जीवन में, उसकी वजह से उनके अन्दर एक रिवोल्ट, एक ऐंगर, एक दबी हुई ऐंगर पैदा हुई है। बिल्कुल मुमकिन है कि उसका कुछ अंश मुझमें

कई वर्ष पहले...अमिताभ पिता के साथ उनकी आत्मकथा बाँच रहे हैं।

भी आ गया हो और मुझमें अन्दर दबा हुआ हो। और कोई भी एक ज़रिया मिला, कोई भी एक एक्ज़िट (निकास) मिला मुझे वह दिखाने के लिए, तो वह इतनी पावरफुली बाहर निकला कि एकदम घुल-मिल गया मेरे कैरेक्टर के साथ।

"डैड की लिखावट में, डैड के जीवन में हमेशा एक टर्मायल (उथल-पुथल), एक इंक़लाबी रही है; कि जो कुछ नॉर्मल रहा है, जो कुछ चलता रहा है सीधा-सादा, उससे अलग हटकर कुछ करना और यह साबित करना कि जो वे अलग कर रहे हैं वह सही है, वही करेक्ट है। तो यह नहीं कहता हूँ कि वह सब, पूरा-का-पूरा ही मुझमें आ गया है। यही वजह है कि इन भूमिकाओं में जब मैं घुसता हूँ, तो ऐसा लगता है साहब कि बिल्कुल वही ऐंगर, वही विद्रोह मुझमें आ गया है। इससे और ज़्यादा अब क्या कहूँ?"

"एक बात और मैंने पूछी थी कि क्या इस तरह के चरित्रों के माध्यम से तुम्हारे निजी मन में किन्हीं आकांक्षाओं की पूर्ति होती है?"

"यह मैं नहीं कहना चाहता कि मेरी किसी विशेष आकांक्षा की पूर्ति होती है, मैं यह कहना चाहूँगा कि हरेक इन्सान के अन्दर एक ऐंगर होता है और वह

कोई-न-कोई रूप ज़रूर लेता है, चाहे वह उसकी लिखावट में हो, चाहे उसकी पेंटिंग में हो, उसके म्यूज़िक में हो। अगर वह आर्टिस्ट है, कहीं-न-कहीं उसका रूप निकलता ही है। अगर वह एक साधारण आदमी है, तो वह उस समय भी निकलेगा। वह कहीं-न-कहीं, किसी रूप में निकलेगा ज़रूर, इन्सान के अन्दर से। मैं ऐसा सोचता हूँ कि एक ऐंगर, एक दबा हुआ सप्रेस्ड गुस्सा ज़रूर है हरेक इन्सान के अन्दर। अगर सप्रेस्ड नहीं है कुछ उसके अन्दर, तो, ही इज़ ए वेरी लकी मैन। फिर उसके लिए जीवन तो बहुत साधारण हो गया है और ऐसा तो है नहीं, क्योंकि हम लोग सब देवता तो हैं नहीं।

"मैं ऐसा समझता हूँ कि जब तक यह इन्सान रहेगा उसके अन्दर कुछ-न-कुछ सप्रेस्ड रहेगा, क्योंकि इन्सान के लिए हरेक चीज़ जो है, उसके स्वभाव, उसके मन के मुताबिक़ नहीं होती है और जब वह बात नहीं होती है, तो कुछ-न-कुछ वह अपने-आप में सप्रेस्ड कर लेता है और वह एक रिवोल्ट, एक रेवोल्यूशन, एक ऐंगर, उसे आप कुछ भी कह लीजिए, इट टेक्स दैट फ़ॉर्म और वह किसी भी रूप में निकल सकता है। अगर वह कलाकार है, तो उसकी किसी कला के रूप में निकलेगा, उसकी पेंटिंग में नज़र आयेगा, उसकी ऐक्टिंग में नज़र आयेगा, उसकी लिखावट में नज़र आयेगा। और अगर वह आर्टिस्ट नहीं है, कोई साधारण आदमी है तब भी, वह किसी-न-किसी रूप में कोई फ़ॉर्म ज़रूर लेगा।

"मैं भी अपने-आपको बहुत नॉर्मल इन्सान समझता हूँ। यह मुझमें भी है, मेरे अन्दर भी एक ऐंगर है और भगवान ने मुझे इतना बढ़िया अवसर दिया है कि मैं इस चीज़ को एक्सप्रेस कर सकता हूँ, फ़िल्म के ज़रिये और मैंने उसे एक्सप्रेस किया है। इसका यह मतलब नहीं है कि इस तरह से मेरे निजी मन की किसी भी आकांक्षा की पूर्ति हो रही है। यह कोई ऐसी भावना नहीं है। मैं इसको समझता हूँ, इसको जनरलाइज़ करना चाहता हूँ कि हरेक इन्सान के अन्दर ऐसी भावना होती है। आइ कंसिडर माई सेल्फ़ वेरी फ़ॉर्चुनेट कि मैं फ़िल्मों में काम कर रहा हूँ, जहाँ कि मुझे ऐसे किरदार करने पड़ते हैं, ऐसे मौक़े दिये गये हैं कि एक ऐंगर को, एक 'रैथ' को बाहर दिखाने का मौक़ा मिले और वह मैं करता आया हूँ।"

"क्या तुमको यह नहीं लगता कि अब तुम इस तरह की भूमिकाओं की सीमाओं को पार कर चुके हो? इनमें तुमको जो देना था, दे चुके हो और अब तुम इससे अलग कुछ देना चाहते हो? क्या है वह?"

पात्र में नयापन हो, तब तो कुछ करूँ!

''हाँ, लगता तो ज़रूर है कि अब मैं ऐसी भूमिकाएँ कर रहा हूँ, जहाँ पर कि मुझसे बार-बार वही सब कुछ करवाया जाता है। गुस्सा अब एक बार दिखा दिया, तो दिखा दिया, उसको भी पूरी तरह। अब उसमें और कितने भाव डाल सकते हैं आप! यह जो हमारी हिन्दी फ़िल्म मेकिंग है, इसकी बदक़िस्मती है कि हम लोग इतनी फ़िल्में बनाते हैं और हमारे पास सिचुएशंस इतनी हैं नहीं। इसीलिए बार-बार वही सिचुएशंस आती हैं और उनमें हर बार तो हम कोई नयी चीज़, अलग हटकर नहीं ला सकते हैं।

''मैं पहले भी कहीं कह चुका हूँ कि जब आदमी को मौत का सीन करना है, तो वह कितने प्रकार से मर सकता है भला! भई, साँस छोड़कर मर जायेगा। बात करते-करते मर जायेगा। गिने-चुने मूड्स या मोड्स होते हैं। उससे बाहर तो किसी तरह कोई मर नहीं सकता और मैं इतनी बार इसे कह चुका हूँ कि आप पूछिए मत। हाँ, मैं अब यह कह सकता हूँ कि इसकी एक सीमा तक मैं पहुँच चुका हूँ। मेरा ख़याल है कि मुझे अगर अब भी तगड़ी सिचुएशंस मिलें, तो शायद उसमें कुछ और नयापन ला सकूँ, विदिन द रेंज ऑफ़ दैट ऐंग्री इमेज।

''और नया कुछ करने के लिए, तो हमेशा दिमाग़ खुला रहता है, कि कुछ नया करेंगे। वह किया है, यह मैं नहीं कह सकता हूँ, क्योंकि मैं खुद लेखक नहीं हूँ। मैं केवल सिचुएशंस को अपने मन में रख सकता हूँ कि हाँ, अगर ऐसी सिचुएशन हो, तो कुछ नया कर सकेंगे, लेकिन उसको एक रूप देना, वह मुझे अभी नहीं आया है। वह रूप केवल राइटर्स दे सकते हैं और जब तक कि राइटर्स ऐसा न लिखें या ऐसी सिचुएशन न सोचें, आइ एम अफ्रेड अनफ़ॉर्चुनेटली (मुझे अफ़सोस है कि दुर्भाग्य से) मुझे अभी ख़ामोश ही बैठे रहना पड़ेगा, क्योंकि जो मुझे ऑफ़र होता है, वही मुझे करना पड़ता है। मैं सलाह दे सकता हूँ, मैं आइडियाज़ दे सकता हूँ, पर उसको सही रूप में तो केवल राइटर्स लिख सकेंगे, क्योंकि मैं लेखक नहीं हूँ और मैंने अभी तक प्रयत्न भी नहीं किया है, लिखने का।

''वे चीज़ें जो मेरे दिमाग़ में हैं, उनको साकार करने के लिए, तो जब तक कि ऐसी कोई कहानी मेरे सामने नहीं आती है, तब तक मैं यही करता रहूँगा और मैं शायद अभी यह बता भी नहीं पाऊँगा कि वह क्या चीज़ है, जो मैं कर सकूँगा। जब तक कि कोई नयी चीज़ मेरे सामने नहीं आयेगी और मैं उसके

साथ भिड़ूँगा नहीं, तब तक मैं यह नहीं कह पाऊँगा कि मैं यह कर सका हूँ या मैं यह करना चाहता हूँ?''

''कला पर बहुत गम्भीर बातें कर लीं अब ज़रा एक रोचक बात करें। तुम्हारी जैसी लोकप्रियता आज किसी भी नये या पुराने कलाकार की नहीं है। अपने प्रशंसक और प्रशंसिकाओं के कुछ खट्टे-मीठे अनुभव सुनाओगे?''

''इतनी घटनाएँ हैं, इतनी चिट्ठियाँ हैं, इतनी चिट्ठियाँ, इतनी बातें हैं कि मैं फिर यह कहना चाहूँगा कि यह भी एक अलग चैप्टर बन सकता है और चूँकि इतनी तादाद में घटनाएँ भरी हुई हैं दिमाग़ में कि इस समय इमीजिएटली उनके बारे में सोचना भी ज़रा मुश्किल हो रहा है। फिर भी जो मीठे अनुभव हैं और फ़ॉर्चुनेटली मीठे ही अनुभव हुए हैं, अभी तक तो, वैसे एकाध खट्टे भी हुए हैं, लेकिन पहले मैं आपको एक कड़ुवा-सा अनुभव बताता हूँ।

'' 'आनन्द' रिलीज़ हो चुकी थी बम्बई में और अचानक एक दिन यह अहसास हुआ कि लोग पहचानने लगे हैं मुझे। क्योंकि लोगों का रुख़ चन्द घण्टों में बदल गया था। जिस दिन 'आनन्द' रिलीज़ हो रही थी, मैं शूटिंग के लिए निकला अपने घर से। अम्बर सिनेमा के सामने से निकल के जा रहा था, अँधेरी की तरफ़ किसी ने मुड़कर मेरी तरफ़ नहीं देखा था और उसी शाम को मैं छह-साढ़े छह बजे वहाँ से वापस लौटा, तो दो शो आनन्द के हो चुके थे और लोगों ने मुझे पहचानना शुरू कर दिया था। यह मेरे लिए एक बड़ा ही अजीब-सा अनुभव था।

''फिर बीच में कुछ ऐसी-वैसी फ़िल्में आयीं, जो कि बॉक्स ऑफ़िस पर इतनी सफल नहीं हुई कि लोगों को मेरा काम भी पसन्द नहीं आया और मुझे भी बड़ा डिससैटिस्फैक्शन (असन्तोष) था, उन फ़िल्मों से। और उसी सड़क पर, जिस सड़क पर मुझे रिकग्निशन मिला था, एक दिन मैं उसी सड़क से गुज़र रहा था। उन्हीं दिनों मेरी एक फ़िल्म रिलीज़ हुई थी, 'बंसी बिरजू', गाड़ी एक जगह रुकी, क्योंकि ट्रैफ़िक था। एक सज्जन ने मुझे देखा और पहचाना। नज़दीक आये गाड़ी के। मुझसे कहा कि खिड़की खोलो। मैंने खिड़की खोल दी। गाड़ी में पिछली सीट पर माँ और डैड भी बैठे हुए थे। उसने अपनी गर्दन खिड़की से अन्दर की। बहुत-ही लम्बी-चौड़ी गाली देकर के मुझे एड्रेस किया उन्होंने और कहा कि ऐसी फ़िल्मों में काम करके तुमने हमारा बेड़ा ग़र्क़ कर दिया है, क्योंकि हम गये थे इस फ़िल्म को देखने और हमारे पैसे बरबाद हो गये।

''मुझे बहुत बुरा लगा, क्योंकि अगर मैं अकेला होता तो शायद उसे सह लेता, लेकिन माँ और डैड पीछे बैठे थे और इस आदमी ने जो गाली दी थी, वह उन पर रिफ़्लेक्ट करती थी। इस समय मैंने चाहा कि मैं कुछ कहूँ, लेकिन माँ ने बड़े आहिस्ते से अपना हाथ मेरे कन्धे पर रखा और मुझे इंडिकेशन दिया कि इस समय मुझे शान्त रहना चाहिए और मैं चुपचाप उस बात को सह गया।

''लेकिन वह आज तक मेरे ज़ेहन में है, यह बात कि उसके पैसे बरबाद हो गये, क्योंकि पिक्चर अच्छी नहीं थी। यह तो ख़ैर सही था, क्योंकि वह पिक्चर अच्छी नहीं थी और मुझे भी बहुत बुरा लगा था ऐसी फ़िल्म में काम करने में। लेकिन मुझे बुरा इस बात का लगा कि माँ और डैड भी गाड़ी में थे और उन्हें इस चीज़ का सामना करना पड़ा।

कलकत्ता के वे अविस्मरणीय प्रशंसक

''मीठे अनुभवों में से तो बहुत-से हैं, क्योंकि फिर उसी कड़ी में और उसी सिचुएशन में, माँ और डैड ने, फैंस का प्यार, उनका एप्रीसिएशन, उनका लव भी देखा है। कलकत्ते में जो फैंस हैं मेरे, मुझे लगता है कि वे मुझे ज़रूरत से ज़्यादा ही प्यार करते हैं, क्योंकि जब भी मैं वहाँ जाता हूँ, गुरु के नाम से बुलाते हैं और मुझे ऐसा बताया गया है कि शायद उत्तम कुमार के अलावा वे किसी और को गुरु नहीं बुलाते। एक-आध बार मैं वहाँ क्रिकेट मैच खेलने गया हूँ। बहुत भारी तादाद में वे लोग क्रिकेट मैच देखने आते हैं। एक बार जब मैं बैटिंग करने जा रहा था, तो स्टेडियम की जो बाउंड्री वॉल है, उसको पार कर, तारों को फाँदते हज़ारों लोग मैदान में आ गये, ठीक वैसे ही, जैसे कि अक्सर टेस्ट मैचेज़ में जब किसी की सेंचुरी होती है तब आ जाते हैं।

''न जाने क्यों कुछ अजीब-सी बात है कलकत्ता के फैंस में। उनका प्यार जो है, वह वायलेंट नहीं है। वह इतना ज़्यादा है कि एक वायलेंट रूप कभी-कभी ले लेता है, यानी वे एक क़िस्म के फ़ैनेटिक हो जाते हैं और जगहों पर जो फैंस हैं, वे कुछ ताने कसते हैं या कुछ चीख़ते हैं या चिल्लाते हैं या कुछ अंट-संट बात करते हैं, लेकिन कलकत्ता का जो फ़ैन है, जैसा मैंने आपसे कहा, वह आपको छूना तो चाहता ही है लेकिन वह पाँव छूना चाहता है। बड़ा एंबेरेसिंग हो जाता है कई दफ़े तो, क्योंकि हज़ारों आदमी जब एक साथ टूट पड़ते हैं आप पर और सब-के-सब पाँव छूना चाहते हैं, तो काफ़ी मुसीबत हो जाती है।

''ऐसा ही कुछ माहौल था उस दिन। पुलिस आयी। उन्होंने इन लोगों को हटाने की कोशिश की, लेकिन फिर भी वे आते जा रहे थे। मेरी हालत भी काफ़ी अजीब-सी हो रही थी। पुलिस ने फिर मारना शुरू किया, हाथों से मारना शुरू किया, फिर भी वे जमे हुए थे। बहुत मुश्किल के बाद जब कुछ लोग छँट गये, तब एक शख़्स मेरा पाँव पकड़े वहाँ लेट गया। डण्डे खाता रहा, लेकिन वह हटा नहीं। वह लेट गया। डण्डे खाता रहा, वह ख़ूनो-ख़ून हो गया। लेकिन कहने लगा, साहब, मैं तो पाँव नहीं छोड़ूँगा, चाहे मैं यहाँ पर मर जाऊँ। बड़ी मुश्किल से उसे समझाना पड़ा।

''मेरा हृदय गद्‌गद हो गया, इस दृश्य को देखकर और मैं चला तो गया बैटिंग करने, लेकिन ज़्यादा देर मैं वहाँ रह नहीं सका। मुझे कुछ अजीब-सा लगने लगा। उसके बाद मैं वापस पवेलियन में आ गया। फ़ील्डिंग करने गये, तो फिर यही तमाशा शुरू हुआ। पुलिस ने फिर रोकने की कोशिश की। काफ़ी कुछ शान्ति हुई, लोगबाग रुक गये और हम लोग थोड़ी देर खेल सके। अचानक देखा कि एक लड़की तार फाँदकर भागी चली आ रही है।

''उसी समय उत्तम कुमार आये हुए थे बैटिंग करने, तो मैंने कहा कि कमाल है इस आदमी का, क्या फॉलोइंग है और क्या इसका क्रेज़ है कि देखो, लड़के-तो-लड़के, यह लड़की तक तार कूदकर आ रही है। यह एक लड़की जो थी, वह पुलिस को डॉज करती हुई, भागती हुई, पूरा मैदान पार करती हुई, उत्तम कुमार की तरफ़ जा रही थी और मैंने सोचा कि यह अब लिपट ही जायेगी उत्तम कुमार से। लेकिन वह वहाँ नहीं लिपटी। वह तो केवल एक झाँसा देने के लिए इधर से गयी थी। सीधी वह आयी मेरे पास और चरणों में गिर गयी। इससे पहले भी काफ़ी हंगामा हो चुका था और मुझे मालूम था कि इसे भी शायद लोग मारें-पीटें। तो मैंने उसको उठाया। बेचारी बेहाल थी एकदम, साँस उससे ली नहीं जा रही थी। एक बड़े ही बेहाल रूप में मैं उसे वापस बाउंड्री वॉल तक ले गया, पुलिसवाले तब तक आ गये थे। मैंने कहा, भाई, इनको ऐसे ही जाने दें। लेकिन उसके बाद मैं फिर उस मैच में क्रिकेट नहीं खेल सका।

''बहुत ही मूव हो गया मैं इस दृश्य से और मैं वापस आ गया और सोचता रहा कि यह तो एक बड़ी अजीब चीज़ थी। हालाँकि अपने मुँह से कहना बड़ा अजीब लग रहा है। लेकिन वहाँ पर बंगाली और हिन्दी फ़िल्मों के बाईस बड़े-बड़े हीरो-हीरोइन मौजूद थे। और मुझसे बड़े सीनियर और मुझसे कहीं ज़्यादा पॉपुलर लोग वहाँ थे। यह लड़की सबको छोड़कर चक्कर काटती हुई सिर्फ़ मेरे पास ही

क्यों आयी! मुझे ऐसा लगा कि मैं एक अलग एंटिटी हूँ और इतना प्यार इसने सिर्फ़ मुझे ही दिखाया, बाक़ी को क्यों नहीं दिखाया! मुझे बड़ी ऑकवर्ड फ़ीलिंग हुई और मैं फ़ील्ड छोड़कर वापस आ गया।

"मुझे याद है, कलकत्ते में ही हम लोग 'दो अनजाने' की शूटिंग कर रहे थे, बोटैनिकल गार्डेन में, और यह कोई लम्बी नहीं हाँक रहा हूँ। सचमुच प्रतिदिन वहाँ पर तीस-चालीस हज़ार आदमी शूटिंग देखने आते थे। जहाज़ से आते थे, बस से आते थे, ट्रेन से आते थे, पर आते ज़रूर थे, किसी-न-किसी तरह से। और उन्होंने पूरा बोटैनिकल गार्डेन जो है, वह एकदम ख़राब कर दिया, यानी जितने पेड़-पौधे थे सब उन्होंने बरबाद कर दिये, क्योंकि वे कभी पेड़ों पर चढ़ जाते थे, कभी उन्हें तोड़ देते थे।

ऑटोग्राफ़ के लिए तैरता आया प्रशंसक

"एक-दो दिन हम लोग बाहर ही शूटिंग करते रहे। वहाँ पर एक आइलैंड था, जिसके चारों तरफ़ एक तालाब था। हम लोगों ने सोचा कि इस आइलैंड पर जाकर शूटिंग करें, तो पानी का एक नेचुरल बैरियर बन जायेगा, जिससे क्राउड (भीड़) हमारे नज़दीक नहीं आ पायेगी और हमारी शूटिंग भी आराम से हो सकेगी।

"तो हम लोगों ने उस आइलैंड पर शूटिंग शुरू की और कम-से-कम पाँच सौ बी.एस.एफ. के जवान चारों ओर पहरे पर थे, ताकि क्राउड अन्दर न आ सके। लेकिन कुछ देर बाद मैंने देखा कि एक शख़्स पानी में कूदा और पूरा तालाब तैरकर आइलैंड पर आया। उसके मुँह में एक काग़ज़ का टुकड़ा था और उसके एक हाथ में क़लम थी। वह तैरता हुआ आया लेकिन उसने न क़लम को भीगने दिया, न काग़ज़ ही भीग सका। पुलिस उसके ऊपर इमीजिएटली झपट पड़ी, तो मैंने उनसे कहा कि भाई, छोड़ दो इसे, इसको आने दो। वह आया और मेरे पाँवों पर गिर पड़ा। उसने कहा, साहब, सिर्फ़ एक ऑटोग्राफ़ चाहिए आपका। और मैंने उसे ऑटोग्राफ़ दिया। वह इतना ख़ुश हो गया कि जब वापस पानी में कूदा, उस तरफ़ जाने के लिए, तो मुँह में जो काग़ज़ था, वह काग़ज़-वाग़ज़ सब भीग गया। उसको इसकी परवाह नहीं थी कि अब ऑटोग्राफ़ भीगे या कुछ भी हो। उसका एफ़र्ट (कोशिश) जो था कि मैं उस तरफ़ जाकर सही, सिगनेचर ले सकूँ, वह पूरा हो गया था, इतनी भीड़ में से वह पूरा तालाब तैरकर आया, उसके इस एफ़र्ट पर, बाक़ी चालीस हज़ार जनता जो बाहर थी, उन्होंने बहुत एप्लॉड (प्रशंसा) किया, यानी वह एक क़िस्म से हीरो बनकर वापस गया।

"यह एक इंसीडेंट मुझे बहुत अच्छा लगा था कि मेरी बदौलत वह शख़्स इतनी बड़ी भीड़ का हीरो बन गया था। वैसे, इंसीडेंट्स तो बहुत-से हैं। कुछ फ़ैंस अपने ख़ून से चिट्ठियाँ लिखते हैं, लेकिन यह तो अमूमन होता ही रहता है। इसमें ख़ास बात नहीं है, तरह-तरह की बातें होती रहती हैं, वह सब जाने दीजिए।"

"हाँ, यह तो सच है कि फ़ैंस की चर्चा करते रहेंगे, तो उसका कोई अन्त ही नहीं होगा। पर यह बताओ कि इस चरम लोकप्रियता के बीच, क्या कभी तुमको चरम अकेलेपन की उदासी ने घेरा है? क्या कभी ऐसा लगा है कि ये लोग जिसके पीछे दीवाने हैं, उस रुपहले पर्दे के अमिताभ से अलग, एक वैयक्तिक अमिताभ भी है, जो हर कलाकार की तरह कभी-कभी बहुत अकेले छूट जाता है!"

"यह प्रश्न बहुत सही है। मैं जानता हूँ कि जो लोग फ़ैंस हैं और जो मेरी तसवीरें देखते हैं, वे केवल उस अमिताभ को देखते हैं, जो उनके सामने पर्दे पर आता है और शायद उस अमिताभ को कभी न देख पायेंगे, जो मैं अपने-आप में महसूस करता हूँ, अपने अन्दर महसूस करता हूँ।

"मुझे पता नहीं और कलाकारों के बारे में कि क्या वे कलाकार भी ऐसा सोचते हैं अपने बारे में। लेकिन मैं तो ज़रूर सोचता हूँ कि एक-न-एक दिन यह जो एडूलेशन (अत्यन्त प्रशंसा भाव) है, यह ख़त्म हो जायेगा, क्योंकि वे लोग उस अमिताभ को जानते हैं, जो कि पर्दे पर है और इस वजह से मैं अपने-आपको अभी अकेला नहीं समझता हूँ।

"मैं जानता हूँ कि यह एक बड़ा ही शॉर्ट लिव्ड पीरियड होता है और मुझे इस बात का अहसास है, लेकिन इसके बावजूद मैं शूटिंग पर जाता हूँ, तो अब कई दफ़े सोचता हूँ कि यह मैं क्या कर रहा हूँ और इससे अलग जाकर के भी कुछ करना चाहिए और वैसे भी मेरा स्वभाव ऐसा है कि अगर आप मुझे अकेले छोड़ दीजिए, तो मैं बहुत ख़ुश रहूँगा। संगीत होना चाहिए, कुछ किताबें होनी चाहिए और मैं कई दिन अकेले रह सकता हूँ, अपने कमरे में।

प्रशंसा के बीच भी एक अकेलापन

"तो, यह बात तो सही है, जो आपने कही है कि एक अकेलापन ज़रूर महसूस होता है। लेकिन वह अकेलापन इस बात से नहीं कि आज जो मुझे यश और वाहवाही मिल रही है, जो प्रशंसा हो रही है मेरी, वह कल नहीं रहेगी। मैं जानता

हूँ कि वह कभी-न-कभी तो घट जायेगी, कभी-न-कभी ख़त्म हो जायेगी और मैं उस दिन के लिए पूरी तरह से तैयार हूँ। मेरा जो यह अकेलापन है, इसकी यह वजह नहीं है। मेरे कहने का मतलब यह है कि मैं अकेलापन स्वभाव से महसूस करता हूँ। अकेलेपन की यह भावना, शायद हर कलाकार का मुक़द्दर होती ही है।"

बेला-गुलाब के मण्डप तले : सात फेरे

रविवार 3 जून, 1973 को बम्बई की फ़िल्मी बस्ती, जुहू-विलेपार्ले स्कीम के 'मंगल' नामक बँगले में सचमुच मंगल वेला आ गयी थी। लाखों के चहेते कलाकार द्वय अमिताभ बच्चन और जया भादुड़ी के मंगल-परिणय के लिए 'मंगल' को ढेरों फूलों से सजाया गया था। द्वार के सामने खड़ी थी फूलसिंगार किये अमिताभ की प्रिय मोटरगाड़ी पोंटीऐक। चारों ओर उत्सव की गहमागहमी थी—लेकिन फ़िल्मी ढंग की नहीं वरन् निहायत सादा और अपनेपन का उष्णता भरा माहौल था। विवाह की तिथि और समय गोपन रखा गया था ताकि नितान्त निकट के घर-परिवारवाले चिर-प्रतीक्षित इन क्षणों को निजी ढंग से जी सकें (हालाँकि अख़बारों ने एक दिन पहले ख़बर छाप ही दी)।

यों अमूमन बच्चन परिवार के रहन-सहन और व्यवहार में एक क़िस्म की आधुनिकता देखी जाती है, लेकिन उस दिन बड़ा सुखद अनुभव हुआ, जब शाम को पाँच बजे द्वार पर पहुँचते ही बच्चन जी के छोटे पुत्र बंटी (अजिताभ) ने पाँव छूकर स्वागत किया। गुलाबी साफ़ा बाँधे बंटी बिल्कुल टिपिकल सरवाला लग रहे थे। भीतर देखा, चौक पूरी जा रही है। गुलाबी ज़री की भारी बनारसी साड़ी पहने श्रीमती तेजी बच्चन काफ़ी सरगर्मी से इन्तज़ाम में लगी थीं। बहुत ख़ास और आत्मीय अतिथि ही बुलाये गये थे—थोडे से। एक ओर अमिताभ को पहले पहल फ़िल्मों में लानेवाले ख़्वाजा अहमद अब्बास बैठे थे, दूसरी ओर गुलाबी पगड़ी बाँधे श्री भगवती चरण वर्मा और श्री नरेन्द्र शर्मा। सबके सिरों पर गुलाबी साफ़ों की छटा देखने लायक थी। यों सच पूछिए तो साफ़ा सबसे ज़्यादा सज रहा था श्रीमती इन्दिरा गाँधी के पुत्र संजय गाँधी के सफ़ेद सादे खादी के कुर्ते-पायजामे पर। और लीजिए वातावरण में एक साथ हज़ारहा गुलाब महक उठे—खुद हवा जैसे शहनाइयाँ बजाने लगी—अमिताभ ज़रीदार काम की रुपहली शेरवानी और सफ़ेद सिल्क का पायजामा पहने, लाल पगड़ी बाँधे सेहरा बँधाने आये और सब गुरुजनों के चरण स्पर्श कर आशीर्वाद लेने लगे।

ज़रूरी था काजल का दिठौना

अमिताभ की अपनी कोई छोटी बहन तो है नहीं, इसलिए एक मुँहबोली बहन नीरजा खेतान ने तिलक लगाया और काजल डालने की रस्म के लिए जो उसने अपनी उँगली काजल की डिबिया में लगायी कि उसकी आँखों में शरारती चमक तैर गयी। तेजी जी ने हँसकर कहा, ''तेरा नेग तुझे मुँहमाँगा मिल जायेगा, लेकिन देख कोई शरारत नहीं, छोटा-सा दिठौना लगा दे, बस।'' किसी ने कहा, ''माथे पर नहीं, कान के पीछे लगा दो।'' लेकिन अमिताभ के बालों के बीच से कान को खोज लेना आसान थोड़े ही है। टीका लगा, और बहन ने बेले की कलियों का लम्बा सेहरा अमिताभ की पगड़ी पर बाँध दिया। अब सचमुच

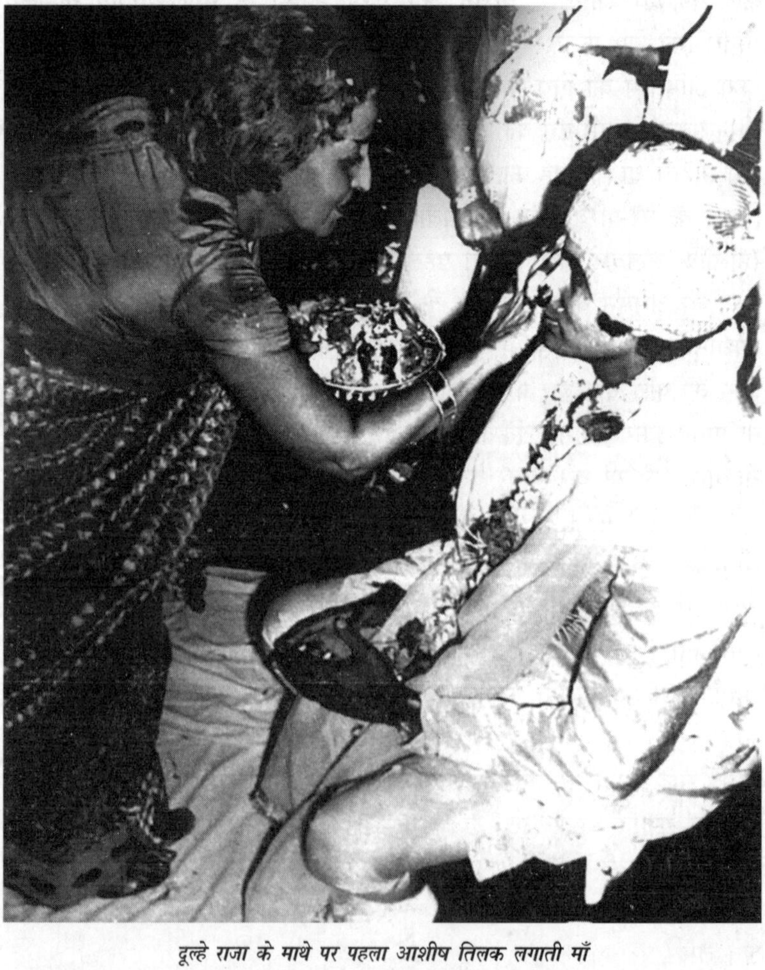

दूल्हे राजा के माथे पर पहला आशीष तिलक लगाती माँ

वर-वधू मण्डप की ओर जाते हुए

यह लगने लगा कि काजल का दिठौना शायद बहुत ज़रूरी था। फूलों का सेहरा बाँधे अमिताभ सचमुच अमित आभा वाले सुदर्शन व्यक्ति लग रहे थे। बच्चन जी ने बेटे के माथे पर तिलक लगाया और माँ ने बलैया लीं और दूल्हे राजा सजी-धजी मोटर में बैठ गये और छोटी-सी बारात का क़ाफ़िला मलाबार हिल की ओर चला।

हमारी गाड़ी में हम लोगों के साथ भगवती बाबू थे। जब बच्चन जी और तेजी जी ने इलाहाबाद में अपना विवाह किया था, तब इलाहाबाद में उस विवाह का बहुत शोर था। भगवती बाबू दैवयोग से कलकत्ते से आ गये थे और उन्होंने सबसे आगे बढ़कर बच्चन जी और तेजी जी को आशीर्वाद दिया था। बच्चन जी बहुत ख़ुश थे कि आज अमिताभ के विवाह के समय भी दैवयोग से भगवती बाबू बम्बई में मौजूद थे और बारात में शामिल थे। रास्ते में भगवती बाबू से

भारतीजी ने कहा, ''आज पुरोहिताई नरेन्द्र शर्मा करें तो बात है।'' भगवती बाबू बोले, ''हाँ, बड़ा मज़ा रहे। ऐसा करो, तुम कहना कि नरेन्द्रजी से पुरोहिताई करायी जाये और जब नरेन्द्र मन्त्र पढ़ते होंगे, तो हर मन्त्र के बाद मैं कहता चलूँगा, चलो धरो दस रुपये।''

आगे-आगे बंटी संजय गाँधी के साथ अपनी सिंगर गाड़ी ख़ासी तेज़ लिए जा रहे थे। साथ की सभी गाड़ियों को फिर वही रफ़्तार पकड़नी पड़ी, तो भगवती बाबू बोले, ''यह नहीं होना चाहिए, भई बारात जा रही है यह। बारात की गाड़ियों को तो धीरे-धीरे ख़रामा-ख़रामा चलना चाहिए।'' तो हमने बंटी की गाड़ी आगे निकल जाने दी और चूँ चरर-मरर चली जा रही भैंसागाड़ी की चाल का भगवती बाबू को बारात सुख देते हुए आहिस्ता-आहिस्ता गाड़ी आगे बढ़ने दी।

मलाबार हिल क्षेत्र में 'स्काईलार्क' के द्वार पर ही जया के पिता प्रसिद्ध पत्रकार श्री तरुण कुमार भादुड़ी सपरिवार वर-पक्ष के स्वागत के लिए मौजूद थे। जया के फ़िल्म इंस्टिट्यूट के साथी प्रसिद्ध हास्य कलाकार असरानी फूलमालाएँ डालकर हम बारातियों का स्वागत कर रहे थे। असरानी को जब भगवती बाबू का परिचय मिला, तो उन्होंने बड़ी श्रद्धा से भगवती बाबू की चरणधूलि ली।

आकाश से बरसते नन्ही-नन्ही बूँदों के फूल

श्री भादुड़ी के मित्र श्री पण्डित का यह घर बड़े कलात्मक ढंग से सजा हुआ था। विवाह मण्डप बेले की कलियों की लड़ियों के बीच-बीच में गुलाब की कलियों

महान लेखक भगवतीचरण वर्मा जी समारोह में पधारे

की लड़ी को चारों ओर लटकाकर बहुत ही ख़ूबसूरत ढंग से खुली छत पर बनाया गया था। लेकिन हल्की बूँदाबाँदी के कारण प्रारम्भ की रस्में नीचे जल्दी-जल्दी में तैयार किये गये दूसरे चौक पर की गयीं। इधर बम्बई में ख़ासी उमस भरी गर्मी पड़ रही थी। अमित-जया के विवाह के दिन उन्हीं पलों में मौसम की पहली फुहार पड़ी। जैसे आशीष देने के लिए ही आकाश नन्ही-नन्ही बूँदों के फूल बरसा रहा था। यूँ किसी ने हँसकर कहा, ''लगता है जया ने बचपन में कभी कड़ाही की खुरचन चाटी है, तभी न ब्याह पर पानी बरस रहा है।''

जया के राखीबन्द भाई गुलज़ार सपत्नीक मौजूद थे। राखी बेहद सुन्दर लग रही थीं। बिल्कुल बिना मेकअप के सादे आकर्षक शृंगार में वह फ़िल्मी पर्दे पर दिखाई देनेवाली अतीव सुन्दरी राखी से भी ज़्यादा प्रियदर्शिनी लग रही थीं। बहुत भली गिरिस्तन जैसी। गुलज़ार और राखी भीतर से जया को लाये—वरमाला की रस्म के लिए। छोटे-से कदली स्तम्भ के पास लम्बे से अमिताभ हल्का-सा मुस्कुराकर खड़े हो गये। साधारणतया काम में लायी जानेवाली हाई हील का इस समय प्रश्न ही नहीं था और रही-सही कसर पूरी कर दी थी अमिताभ के ऊँची पगड़ी पर बँधे फूलों के सेहरे ने। सेहरे को उलटकर उन्होंने सिर के पीछे की ओर डाल लिया था। लाल ज़रीदार लहँगे-ओढ़नी में सजी-सँवरी जया सचमुच बहुत प्यारी-सी 'गुड्डी' ही लग रही थीं। उनके नाज़ुक गोरे हाथ भारी-सी वरमाला लिए जितने ऊपर उठ सकते थे—उठे—लेकिन उँ हूँ अमिताभ की ऊँचाई अमित ही थी। अब? जया जैसी प्रिया के हाथों वरमाला पहनने के लिए गर्दन झुकाने

पुष्पा भारती व उनके तीनों बच्चे, वर-वधू और तेजी जी के साथ

की परवाह भला क्यों करें अमिताभ। झुकायी गर्दन-नवाया सिर और वरमाला ग्रहण करके गर्वोन्नत हो उठे।

सारी रस्मों के बीच में कोई रह-रहकर शंखध्वनि कर रहा था। हमने देखा एक वृद्धा लाल चौड़े पाड़ की साड़ी पहने, सिन्दूर माँग में भरे, बड़ा-सा टीका लगाये अपने पोपले गालों में हवा भरकर रह-रहकर शंख बजाती हैं। उनका जया को प्यार से देखना और हर्षोद्रेक से रह-रहकर छलछला आती आँखें और होंठों की कोरों पर खिल उठती मुस्कान बरबस अपनी ओर ध्यान खींचती थी। पता चला कि वह जया की दादी माँ हैं। उनके द्वारा फूँके शंखों की ध्वनि के सुर सारे वातावरण में आशीषों की बौछार कर मानो ऐलान कर रहे थे कि दो बेजोड़ कलाकारों का यह मिलन फ़िल्म जगत के इतिहास में एक सुनहला अध्याय जोड़ेगा।

बंगाली पण्डित मोशाय की गोल-गोल भाषा

अब बूँदाबाँदी थम चुकी थी, तो फेरों के लिए वर-वधू को ऊपर मण्डप में ले आया गया। वहाँ बंगाली परम्परागत विधि से वैदिक रीति से पण्डित ने विवाह की विधि प्रारम्भ की। बड़ी ख़ास बात यह थी कि विदेशी संगीत और विदेशी गाड़ियों के शौक़ीन अमिताभ पूरी गम्भीरता से अपनी खाँटी देशी विवाह विधि

जया-अमिताभ, बेला-गुलाब के मण्डप तले

का पालन कर रहे थे। उनकी ज़हीन बुद्धि जैसे आँखों में सिमट आयी थी। बहुत ग़ौर से पण्डित जी को देखते हुए वे पूरे मनोयोग से एक-एक मन्त्र को शब्दशः दोहरा रहे थे। फ़िल्मों में डॉयलॉग तुरन्त याद करके दोहरानेवाली ट्रेनिंग शायद यहाँ बड़े काम आयी। यों उस ट्रेनिंग का मज़ेदार प्रभाव भी वहाँ दिखायी दिया कि यों एकदम शुद्ध हिन्दी बोलने और समझनेवाले अमिताभ उन बंगाली पण्डित मोशाय के बोले गये संस्कृत शब्दों का बंगाली गोल-गोल उच्चारण ज्यों का त्यों दोहरा रहे थे।

बच्चन जी और तेजी जी तो बराबर वर-वधू के पीछे ही बैठे थे। बंटी बार-बार उठकर अतिथियों के बीच आ-जा रहे थे। लेकिन पूजा के बीच-बीच में भी अमिताभ की आँखें बार-बार बंटी को ही खोजती थीं। बार-बार पूछते 'बंटी कहाँ है?' तो फिर आख़िर बंटी को भी निरन्तर वहीं बैठे रहना पड़ा।

धान की रस्म और गुलज़ार भाई

अमिताभ की सबसे चुलबुली, गदबदी, शरारती साली है जया की छोटी बहन नीता। नीता मण्डप में ही डटी थी। शायद उसे जया के ख़ूबसूरत लहँगे की सँवार और हिफ़ाज़त की बहुत फ़िक्र थी। जब अमिताभ और जया अग्नि के चारों ओर फेरे देने उठे, तो जया का लहँगा सँभाले-सँभाले नीता रानी भी साथ-साथ घूमने लगीं। दो फेरे तो उन्होंने यों ले ही लिये कि तेजी जी ने कहा, "अरे पगली इस तरह से पूरे सात फेरे घूम लेगी तो अमित का तेरे ऊपर भी हक़ हो जायेगा।" पहले तो वह एकदम फक-सी पड़ गयी। पर तुरन्त समझ गयी। जया का लहँगा एकदम फटाक से छोड़ दिया और गर्दन झटकाकर बोली, "न न रे बाबा, मैं तो ऐसी गरमी के मौसम में शादी नहीं करूँगी।" और वहीं अपने सम्बन्धियों के बीच में दुबककर बैठ गयी। उसके द्वारा की गयी उलूक ध्वनि भी अलग ही सुनायी दे जाती थी। धान की रस्म के समय भाई गुलज़ार की पुकार हुई। लेकिन पता चला भाईजान पहले ही खिसक लिए हैं। आख़िर अभी थोड़े दिन पहले ही तो इतनी ख़ूबसूरत पत्नी लाये हैं। और आज मौसम की पहली फुहार...

फेरों के बाद सिन्दूर दान की रस्म के समय अमित ने नीता से कुछ इशारा किया और नीता ने बहन के शीश पर जूड़े को पिनें लगा-लगाकर करीने से बैठाया गया पल्लू ढीला किया। अमिताभ ने कुँवारी माँग शृंगार और प्रेम के चटकीले लाल सिन्दूर से भर दी और ख़ुद अपने हाथों नन्हा-सा घूँघट निकालकर, झुककर, घूँघट में से अपनी पत्नी का फूल-सा चेहरा देखा। हज़ारहा बार देखे

उस चेहरे में उन्हें उस समय कितनी निराली, कितनी अपूर्व तोषदायी छवि दीख रही थी। इसे उन सबों ने देखा होगा जो उस समय अमिताभ की छवि देख और पढ़ रहे थे।

बंटी भाभी के पाँव भी छुओ

अन्त में सिल के ऊपर से पैर रखते हुए दूध और दही से बनाये सात वृत्तों में से मेहँदी रचे बड़े नाज़ुक ख़ूबसूरत पैरों से जया ने और सधे क़दमों से अमिताभ ने सप्तपदी पूरी की। उसके बाद वर-वधू दोनों जब बड़ों के चरण स्पर्श कर रहे थे कि अचानक भाव विह्वल छोटे भाई बंटी ने झुककर अपने बड़े भाई अमिताभ के पैर छू लिए। और अमिताभ ने अपने लाड़ले भइया को बाँहों में लेकर कलेजे से लगा लिया। बहुत ही मधुर और पावन लगे वे क्षण। तेजी जी ने कहा, ''बंटी भाभी के पाँव भी छुओ।'' तो लजाते सकुचाते बंटी भाभी जया के पाँव छूने बढ़े तो जया ने झुककर उन्हें रोक लिया।

अब तक न जाने कितनी सारी रस्में पूरी करने के बाद दोनों ख़ासे थक चुके थे। दोनों वहीं पड़ी कुर्सियों पर बैठ गये। लेकिन दोनों की निगाहें अभी भी भीड़ में से गुरुजनों को ही खोज रही थीं। वहाँ से बैठे-बैठे ही जया अपनी विशिष्ट सलज्ज मुस्कान के साथ हाथ जोड़-जोड़कर एक-एक को पहचान-पहचानकर प्रणाम कर रही थीं। दूसरी ओर समधियों में खुसफुस बात चली। जया की माँ दूसरे दिन विदा कराना चाहती थीं। लेकिन क्योंकि दूसरे दिन ही अमिताभ और जया को हनीमून के लिए लन्दन चला जाना था। इसलिए तेजी जी चाहती थीं कि विदा आज ही कर दी जाये। आख़िर बात उन्हीं की ऊपर ठहरी। जब यह तय हो गया तो ख़ुशी से फूली न समाती हुई तेजी जी बाँदा से आये अपने प्रिय देवर रज्जन जी और उनकी पत्नी इन्दिरा के साथ जल्दी-जल्दी अपने घर की ओर चलीं ताकि वर-वधू के वहाँ पहुँचने से पहले ही उनका कमरा सजा दिया जाये। बोलीं, ''घर की देहरी पर बेटे और बहू की आरती उतारूँगी।''

थोड़ी ही देर बाद बच्चन जी अपने बेटे-बहू को शहनाइयों के संगीत और फूलों की महक के साथ विदा करा लाये।

और अब...

ज़ंजीर का सफल नायक अमिताभ फूलों की ज़ंजीर में बँधा था। पहली बरसात की रात गहरा रही थी, बेला आधी रात महकने लगा था और बच्चन जी की पंक्तियाँ मन में गूँज उठी थीं–

कल सुधारूँगा हुई संसार से जो भूल
कल उठाऊँगा भुजा, अन्याय के प्रतिकूल।
आज तो कह दो कि मेरा बन्द शयनागार
सुमुखि ये अभिसार के पल,
चल करें अभिसार!

शोहरत के तानेबाने

''अच्छा, अब एक अलग तरह का सवाल! जया को तुमने जब देखा और चाहा, तब उसके कलाकार रूप ने आकर्षित किया था या एक शक्ल-सूरत से निहायत भोली, लेकिन अन्दर से थोड़ी चुलबुली, कुछ-कुछ ज़िद्दी, लेकिन बेहद प्यार-भरी किशोरी ने...?''

''जया को जब देखा, तो पहले कुछ तसवीरें देखी थीं और उस समय बहुत ही भोली-भाली, छोटी-सी, प्यारी-सी, एक चुलबुली सूरत, जैसा कि आपने ही कहा है, वह दिखाई दी। फिर उसके बाद उसे पर्दे पर देखा। उसके प्रति आकर्षण बना, वह इन दोनों चीज़ों की मिलावट थी। मैं यह नहीं कहना चाहूँगा कि वह अलग था या यह अलग था। वे दोनों ही चीज़ें एक तरह से साथ-ही हो गयीं। और यह नहीं था कि पर्दे की बात पर्दे पर है और रियल लाइफ़ में बात अलग है। दोनों ही चीज़ें एक तरह से, एक ही साथ आयीं।''

मुझे लगा, अमिताभ का भारतीय संस्कारों में पला-बढ़ा, आभिजात्य मन, जया के बारे में मुझसे बात करने में थोड़ा संकोच अनुभव कर रहा है। इसलिए उस बात को आगे न बढ़ाकर चर्चा बच्चों की तरफ़ मोड़ दी।

''छुट्टी के दिन घर में, या बाहर पिकनिक पर, या सपरिवार विदेश जाने पर तुम बच्चों के साथ क्या खेलते-बोलते हो?''

''अव्वल तो बच्चों के साथ ज़्यादा वक़्त बिताने के लिए समय मिलता नहीं, एक इतवार मिलता है और आजकल तो वीडियो पर कुछ ज़्यादा ज़ोर है। बच्चों को फ़िल्में देखने का बड़ा शौक़ है। अभिषेक को किसी भी प्रकार की फ़िल्म देखने का शौक़ है। श्वेता जो है, वह मेरी फ़िल्में ख़ासतौर से देखना पसन्द नहीं करती, न जाने क्यों? कार्टून्स हों या कुछ ऐसी-वैसी कहानी हो या कोई कॉमेडी फ़िल्म हो, तो वह देख लेगी, लेकिन सीरियस फ़िल्म श्वेता नहीं देखती।

बच्चों के साथ का सुखद संसार

"और जब विदेश जाते हैं, तो उन्हें जो वहाँ के पिक्चरेस्क स्पॉट्स (दर्शनीय स्थल) हैं, कुछ वहाँ की ख़ास चीज़ें हैं, वह दिखाते हैं, जैसे अभी हम लोग डिज्नीलैंड गये। वहाँ उनके साथ बातचीत की, उनको समझाया कि यह क्या होता है। विदेश में एक समस्या और हो जाती है कि वहाँ भी वे लोग, टी.वी. के सामने जाकर जम जाते हैं और वहाँ से उनका उखाड़ना बड़ा मुश्किल हो जाता है, क्योंकि वहाँ के जो टी.वी. प्रोग्राम हैं, आपको मालूम ही होगा, बच्चों के लिए तो इतने इंटरेस्टिंग हो जाते हैं कि दिन भर आप बैठे रहिए, बाहर जाने का आपका मन नहीं करेगा।

"तो ऐसा ही माहौल रहता है बच्चों के साथ। विदेश जाते हैं, तो उन्हें समझाते हैं कि यह कंट्री कैसी है। हम लोग अब यहाँ पहुँचे हैं, यहाँ की यह ख़ासियत है। एक तरह से उनकी जनरल नॉलेज बढ़ाते रहते हैं। घर में तो अक्सर बाहर जाने का मौक़ा मिलता नहीं है, लेकिन कभी जब जाता हूँ तो, या मड आइलैंड पर जो एक छोटी-सी हमारी कुटिया है, वहाँ कभी नहाने चले गये और नहीं तो घर के अन्दर रहकर कुछ फ़िल्में दिखा दीं, कुछ तसवीरें खींच दीं। इसी तरह कुछ गेम्स खेल लिए उनके साथ, कुछ कहानियाँ सुना दीं उनको। बस इसी तरह का माहौल रहता है।"

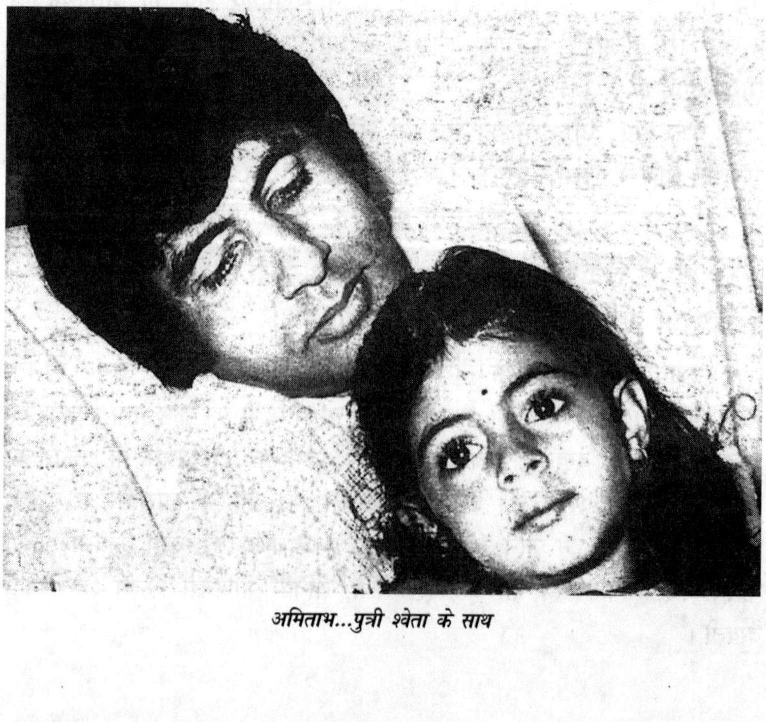

अमिताभ...पुत्री श्वेता के साथ

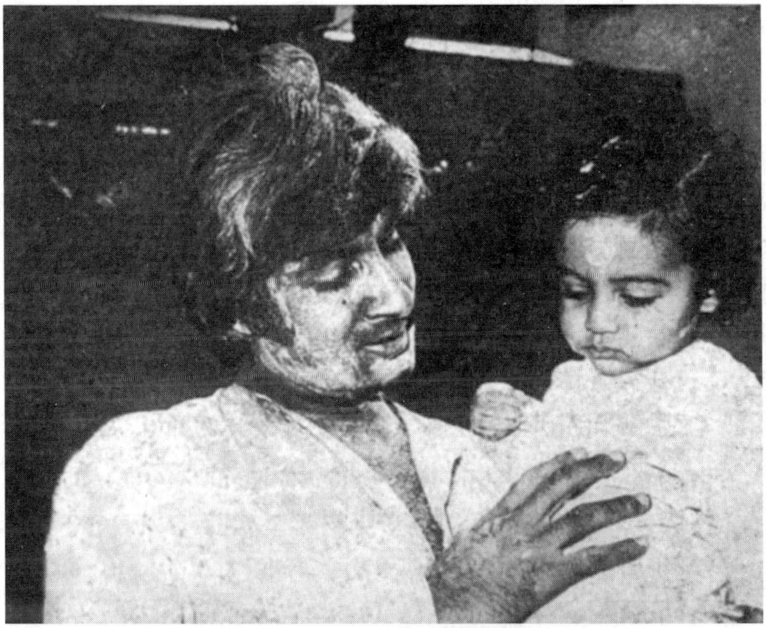

होली के रंग...पुत्र अभिषेक के संग

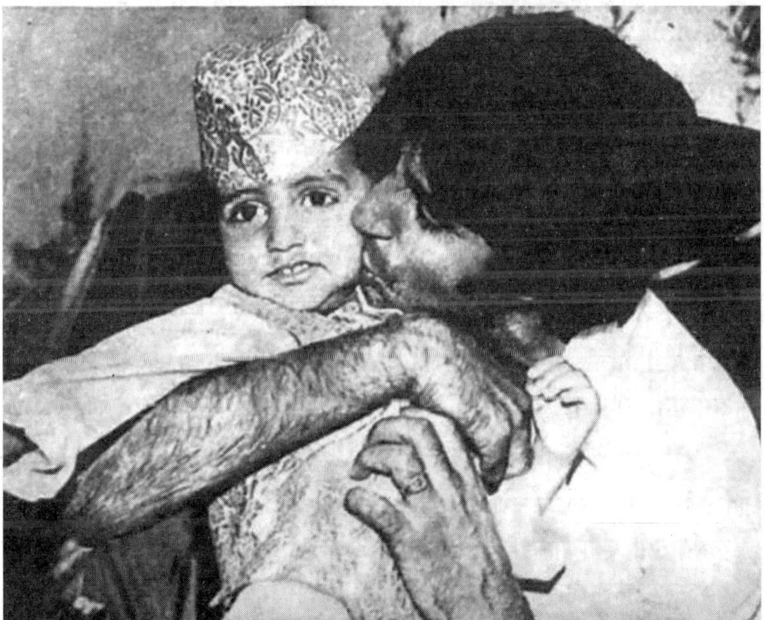

पिता अमिताभ का दुलार, पुत्र अभिषेक की पाँचवीं वर्षगाँठ पर

''अगर उम्र की घड़ी की सूइयाँ लौटानी सम्भव हों, तो तुम अपने बचपन में लौटना पसन्द करोगे या सफलतापूर्व के कैशोर्य में? या उम्र के इसी मोड़ को ज़िन्दगी भर क़ायम रखना चाहोगे?''

''अगर मैं वापस अपने स्कूल के दिनों में पहुँच सकूँ, जबकि मैं शेरवुड कॉलेज (नैनीताल) में था, तो मुझे बहुत अच्छा लगेगा, उन दिनों की याद और उन दिनों के जो एक्सपीरिएंसेस हैं, वे मुझे बार-बार हांट करते हैं और मैं चाहूँगा कि अगर मैं कभी अपनी पुरानी ज़िन्दगी फिर से जी सकूँ, तो उन सालों को फिर से जीना चाहूँगा, जो साल मैंने शेरवुड (नैनीताल) में गुज़ारे थे, क्योंकि वे मेरे लिए बड़े ही दिलचस्प थे। आज भी मुझे एक बड़ा ही नॉस्टेल्जिया (वापसी की कसक) होता है जब मैं उनके बारे में सोचता हूँ।''

''अतिशय वैभव, अति व्यस्त कार्यक्रम और कड़ी सुरक्षा के बीच कभी ये सारी सलाखें तोड़कर मन करता है कि साधारण लोगों की तरह बाज़ार में, मेलों में, भीड़-भाड़ में गुमनाम घूमें। जो मन चाहे, सो करें और कोई पहचाननेवाला न हो कि अमिताभ कौन हैं?''

''जी तो बहुत करता है कि कभी अकेले जा सकूँ और जो जी में आये वह करूँ, लेकिन अब हिन्दुस्तान में शायद यह सम्भव न हो। विदेश जब जाता हूँ, तो कभी-कभी यह सम्भव हो जाता है, ख़ासतौर से अमरीका में, क्योंकि वहाँ पर लोग हिन्दी फ़िल्म कलाकारों को ज़्यादा जानते नहीं हैं।''

''अच्छा सुनो, सफलता की अपनी एक विडम्बना होती है न! सफल होते ही कलाकार–ख़ासतौर से फ़िल्मी कलाकार के चारों ओर फ़िल्मी बाज़ार की व्यावसायिकता एक जाला बुनने लगती है। तुम पर करोड़ों रुपये लगानेवाला निर्माता, वितरक आदि-आदि! उनकी अपनी ज़रूरतें और माँगें हो सकती हैं और तुम्हारे अपने कलाकार की अपनी ज़रूरतें और माँगें! क्या ऐसे मौक़ों पर कभी तुमको लगता है कि तुम्हारी कला को ग़लत समझौते करने पड़ रहे हैं?''

''इस बारे में तो मैं आपको पहले भी बता चुका हूँ। यह बिल्कुल सही है, क्योंकि इतने सारे रुपये लग रहे हैं और लोगों की डिज़ायर्स उसमें पूरी हो रही हैं। कभी-कभी ऐसा समझौता करना ही पड़ता है।

''कला, कला होती है। हो सकता है, शुरू में यह बात मुझे अच्छी न लगी हो कि जो मुझसे करवाया जा रहा है, वह ठीक नहीं है और वह मेरे स्वभाव के अगेंस्ट है, लेकिन फिर एक तरह से एक चैलेंज भी मैं ले लेता हूँ कि जो वे मुझसे

करवा रहे हैं, आख़िरकार वह भी लोग करते हैं। भले ही वह मुझे अच्छा न लग रहा हो वह किसी और को तो अच्छा लग रहा है और उसमें उसको कुछ कला दिखाई दे रही है। उलटा लटकने में भी, कुछ तो ज़ोर लगाना ही पड़ेगा। तो उस ज़ोर के लिए ही किये देता हूँ।

हर भूमिका को चैलेंज मानता हूँ

''अजीब-अजीब स्टंट्स (कलाबाज़ियाँ) करने पड़ते हैं फ़िज़िकल स्टंट्स जो कि मुझे नहीं करने चाहिए, जो शायद मेरे स्वभाव से मैच नहीं करते हैं, लेकिन फिर एक तरह से एक चैलेंज आ जाता है सामने कि अगर दूसरा कोई कर सकता है, तो मैं क्यों नहीं कर सकता हूँ! और फिर एक बार जब उसे करने की ठान ली, तो फिर उसमें पूरा डेडिकेशन, उसमें पूरा डिवोशन, कि जो कर रहे हैं, उसको अच्छी तरह से करें।

''अगर चलती ट्रेन पर, एक डिब्बे से दूसरे डिब्बे पर कूदना है, तो सब-कुछ सोच-समझकर, नाप-तौलकर इसको कैसे किया जाता है और सबसे बेस्ट तरीक़ा क्या है इसको करने के लिए। इन सब बातों में घुस करके फिर उसको करना; यह नहीं कि बस एक पागलपन में कर दिया। कभी-कभी, जब कुछ ज़्यादा ही अटपटा हो जाता है, तो वहाँ पर थोड़ा-बहुत तो मैं विरोध करता हूँ, लेकिन आमतौर पर अपनी ही तरह उसको कवर करके, उसमें भी एक ब्यूटी ला देता हूँ, ताकि ऐसा लगे कि साहब हाँ मैं जो बोल रहा हूँ उसको जेनुईनली मीन कर रहा हूँ।

''इस तरह उसको एक चादर चढ़ाकर, उसे सामने पेश करना भी एक तरह से एक कलाकारी हो जाती है और फिर सारा वक़्त और मेरा जो सिस्टम है, वह उसी में लग जाता है कि मान लीजिए कि यह एक ख़राब चीज़ है। मुझसे कहा जाता है कि यह मेरे स्वभाव के अगेंस्ट है, यह मुझे ठीक नहीं लग रहा है, लेकिन अब यह मेरे लिए एक चैलेंज है कि मैं इस बुरी चीज़ को अपने ढंग से किस तरह पेश करूँ, ताकि वह बुरी होते हुए भी बुरी न लगे। तो समझौता तो करना पड़ता है, लेकिन फिर मैं उस समझौते को एक चैलेंज की तरह ले लेता हूँ और जैसा कि मैंने बताया फिर अपनी सारी एनर्जी से उसमें लग जाता हूँ कि इस चीज़ को, जो कि मेरे स्वभाव के अगेंस्ट है, उसको कैसे मैं लपेटकर अपने ढंग से पेश करूँ, ताकि उसमें भी लोगों को ऐसा न लगे कि यह एक बहुत ग़लत काम कर रहा है या अपने स्वभाव के ख़िलाफ़ कोई काम कर रहा है।''

''अब तुमसे एक बहुत ख़ास सवाल करना है। देखो, सफलता की एक और विडम्बना होती है और पिछले कुछ वर्षों की फ़िल्मी पत्रकारिता ने

उसे और तीखा बना दिया है। एक सफल व्यक्ति की हर छोटी-बड़ी हरकत को करोड़ों आँखें दिन-रात देखती रहती हैं। उसकी छोटी-से-छोटी फुसफुसाहट को करोड़ों कान हर वक़्त चौकन्ने होकर सुनते रहते हैं। ऐसे में उनका निजी सहज जीवन भी लाखों टेढ़े-मेढ़े, उलटे-सीधे आईनों में बिगड़-बिगड़कर प्रतिबिम्बित होता रहता है। यहाँ तक कि कभी-कभी बौखलाहट की हद तक यह शक होने लगता है कि तुम्हारा असली जीवन वह है जो तुम जी रहे हो, या वह है जो इन काने-कुबड़े आईनों में झलक रहा है। तुम इस स्थिति से निश्चित ही गुज़रे होगे। ऐसे में क्या महसूस हुआ है तुम्हें?''

''ज़्यादातर तो आपने इस प्रश्न में ख़ुद ही काफ़ी-कुछ कह दिया है और जब आपसे अभी थोड़े दिन पहले घर पर मुलाक़ात हुई थी और जब आपने इसका ज़िक्र किया था, तब भी मैंने आपको अपना व्यू-पॉइंट बता दिया था और मैं उसी व्यू-पॉइंट से चलना चाहता हूँ, क्योंकि इस विषय में मैं बहुत कुछ कहना नहीं चाहूँगा। यह एक ऐसा विषय है जिसे मैंने अपने मन में ऐसा एस्टैब्लिश कर लिया है कि इसके बारे में जितना कम कहा जाये उतना ही बेहतर है।

फ़िल्म पत्रकारिता और उसका व्यापारिक रवैया

''फ़िल्म पत्रिकाएँ, उनका अपना बिज़नेस है ही। फ़िल्म के बारे में लिखना, फ़िल्मी कलाकार के बारे में जो लिखते हैं वह, सच है या झूठ है यह उनके डिस्क्रिशन (निर्णय) पर है। उन्हें अपनी मैगज़ीन एक व्यापारी के तौर पर पेश करनी है। तो ज़ाहिर है कि वे ऐसे समाचार लिखेंगे या अपनी मैगज़ीन का प्रेज़ेंटेशन ऐसा करेंगे कि उनकी मैगज़ीन बिके, ज़्यादा लोग पढ़ें, यह उनका व्यापार है, यह उनका धन्धा है। लेकिन यह कहना कि मैं उनकी लिखावट से दब रहा हूँ या इतना प्रभावित हो जाता हूँ कि आईने में जब अपनी सूरत देखता हूँ, तो वही शक्ल देखता हूँ जो वे दिखाना चाहते हैं, यह फ़िज़ूल बात है।

''वे पत्रिकाएँ या वे पत्रकार जो मेरे बारे में बताना चाह रहे हैं, वही देखता हूँ यह बात ग़लत है। मैं जानता हूँ कि मैं क्या हूँ। मैं जानता हूँ कि सच्चाई क्या है; और कोई नहीं जानता! और जब तक वह सच्चाई मैं जानता हूँ, अपने-आप, अपने अन्दर जानता हूँ कि क्या सच है और क्या झूठ है, सारे संसार को मुझे यह बताने की ज़रूरत नहीं है कि सच्चाई क्या है या झूठ क्या है, ख़ासतौर से किसी फ़िल्मी पत्रिका के द्वारा, तो क़तई नहीं। क्योंकि जब भी मैं कुछ कहूँगा, तो एक कंट्रोवर्सी पैदा हो जायेगी। जो मैं बोलूँगा वह उनके लिए मैटीरियल होगा अगले अंक के लिए कि साहब हमने यह कहा, अमिताभ ने यह कहा।

''फिर उस जवाब पर चार-पाँच और ओपिनियन जायेंगी। अच्छा, अमिताभ ऐसा कहता है? हमने तो ऐसा कहा साहब, हमने तो ऐसा सुना है। फिर उस बात के ऊपर मैं फिर कंट्रोवर्सी दूँ या क्लैरिफ़िकेशन (सफ़ाई) दूँ, तो फिर वह एक छपने योग्य समाचार बन जाता है।

''बात दरअसल हो रही है, दो इंडिविजुअल्स में। मान लीजिए, किसी और कलाकार ने मेरे बारे में कुछ कहा। मैं उसे रिफ्यूट (प्रतिवाद) करने के लिए रिफ्यूट कर रहा हूँ। इसमें बेनिफिट किसका हो रहा है? फ़ायदा उठा रही है वह पत्रिका। क्योंकि वह तो चुपचाप बैठी जो चाहे छाप रही है और धन्धा किये जा रही है। उसके लिए तो यह बहुत फ़ायदे की बात है। यह कलाकार, इसके बारे में कह रहा है और यह कलाकार, उसके बारे में कह रहा है, लेकिन थ्रू माई मैगज़ीन। और उसे बिज़नेस मिलता जा रहा है, मैटीरियल मिलता जा रहा है। उस मैगज़ीन के फिर अपने कोई एथिक्स (नैतिकता), अपने कोई मॉरल्स (मर्यादा) नहीं रह जाते।

''होना यह चाहिए कि जब कोई ऐसी बात हो तो कलाकार अगर आपस में मिलकर बात कर लें, तो बहुत-सी बातें सॉर्ट आउट (सुलझ) हो जाती हैं। मैगज़ीन के थ्रू क्यों जाना है? लेकिन हमारी इंडस्ट्री जो है, वह दुर्भाग्य से व्यक्ति विशेषों के साथ डील करती है और इन विशिष्ट व्यक्तियों के अपने-अपने बहुत ही बढ़े-चढ़े, बहुत ही एकतरफ़ा और बहुत ही ग़लत क़िस्म के अहम् होते हैं, और उनके लिए ऐसा सोचना बड़ा अजीब हो जाता है कि साहब मैं क्यों बात करने जाऊँ या इस चीज़ को क्लैरिफाइ (सफ़ाई देने) करने को मैं उससे क्यों बात करूँ, उसने ज़रूर ऐसा कहा होगा। वे बहुत जल्दी ही बाहर की बात को मान लेते हैं, क्योंकि हम लोग सब एक इंडिविजुअल कैपेसिटी में (व्यक्ति की हैसियत से) काम कर रहे हैं और हमारा काम भी कुछ ऐसा है, इस तरह का है कि बहुत जल्दी लोग टची हो जाते हैं। मैगज़ीनवाले जो हैं, वे इस बात को अच्छी तरह समझते हैं और इस कमज़ोरी का फ़ायदा उठाते रहते हैं।

''यह एक साइको-एनालिसिस अगर उन्होंने कर रखी है फ़िल्म स्टार की, तो बहुत सही कर रखी है, यह उनका काम है क्योंकि दे हैव टू रन बिज़नेस। जब कभी भी उनका बिज़नेस कम हो जाता है या उनकी मैगज़ीन कम बिकने लगती है, तो उनके यहाँ एक क्राइसिस मीटिंग होती होगी। मुझे नहीं मालूम कि उनका तरीक़ा या उनका मीडिया क्या है, लेकिन मैं समझ सकता हूँ कि उनके यहाँ कुछ ऐसी मीटिंग्स होती होंगी कि भाई अब हमारा सेल कम हो रहा है, इसको बढ़ाने के लिए हमें क्या करना चाहिए। एडवरटाइज़मेंट कुछ बढ़ाने चाहिए, ताकि हमारी जो फ़ाइनेंशियल साइड (आर्थिक पक्ष) है, वो सही रहे।

"तो सनसनीख़ेज़ बातें देने के लिए वे कुछ कहानियाँ बनाते हैं, कुछ गढ़ते हैं, कुछ कहीं से मिल जाता है। उसमें अपना सौ-दो सौ और बढ़ा देते हैं। इस तरह वे करतब करते रहते हैं। मेरी अपनी ओपिनियन इस बारे में यह है कि मैंने इस बात को गम्भीरता से नहीं लिया। हाँ, शुरुआत में जब मैं फ़िल्म इंडस्ट्री में आया था, जबकि मुझे इतना अहसास नहीं था बातों का, मैं थोड़ा उनके ट्रैप में फँसा, पर जल्दी ही समझ गया कि उनके मन में क्या है। मैं आज कुछ भी बोलूँगा, तो उसकी क्रिटिसिज्म (आलोचना) होगी। तो इससे बेहतर यही है कि मैं न ही बोलूँ, क्योंकि कम-से-कम यह सन्तोष तो रह जाता है कि मुझे मालूम है कि क्या सही है; और किसी को पता हो या न हो, मुझे मालूम है कि क्या है सही।

'स्टार', दर्शक बनाते हैं, पत्रिकाएँ नहीं

"मुझे दुनिया में और किसी आदमी की परवाह नहीं है। वे मेरे बारे में कुछ भी सोचें, मेरे काम के बारे में, पर्दे के ऊपर जो मेरा काम आता है उसके बारे में जो मेरे दर्शक हैं, वे जब अपनी ओपिनियन चेंज कर लेंगे, इस वजह से कि उन्होंने किसी मैगज़ीन में यह पढ़ा है, उस दिन मैं समझूँगा कि फ़िल्म पत्रिका जो है, वह एक बहुत पॉवरफुल मीडियम (सशक्त माध्यम) है। किसी भी फ़िल्म मैगज़ीन ने आज तक न किसी फ़िल्म स्टार को बनाया है, न किसी स्टार को बिगाड़ा है और मैं इस ओपिनियन को मरते दम तक क़ायम रखूँगा कि कोई भी फ़िल्म पत्रकार, मिरेकल (करिश्मा) नहीं कर सकता, क्योंकि कलाकार जो है, अपने काम से पहचाना जाता है; इस वजह से नहीं पहचाना जाता है कि वह आज शाम को क्या खा रहा है या अपने घर में क्या पी रहा है या वह किससे मिलने जा रहा है या फलाँ हीरोइन के साथ क्या इश्क़ हो रहा है या यह हो रहा है या वह हो रहा है।

"दर्शक की जो ओपिनियन है, उस स्टार के बारे में, यह सब पढ़कर कभी नहीं बदलती। उनकी ओपिनियन तब बदलती है जब उनके प्रिय कलाकार की फ़िल्म नहीं चलती, जब उसका काम पर्दे पर ठीक नहीं होता। मैं फ़िल्म पत्रकार के पाँव छूने को तैयार हूँ, जिस दिन वह मुझे यह करके दिखा देगा कि उसकी लेखनी की वजह से, कि जो कुछ उसने अपनी मैगज़ीन में लिखा, उसकी वजह से मेरी फ़िल्म जो है वह बॉक्स ऑफ़िस पर नहीं चली, या मेरे दर्शक ने मेरे काम की बुराई की या उस काम को ख़राब कहा। और कहा, इस वजह से क्योंकि किसी एक फ़िल्म पत्रकार ने अपनी मैगज़ीन में लिखा कि यह कुछ गड़बड़ है।

"जिस दिन यह सम्भव होगा, मैं उस फ़िल्म पत्रकार के पाँव पकड़ लूँगा और मैं कहूँगा कि यह मीडियम जो है, यह बहुत पॉवरफुल मीडियम है। और मैं उसको कॉन्ट्रीब्यूट करूँगा। लेकिन मेरा काम, मेरा अपना है। जो मैं पर्दे पर करता हूँ उसकी ज़िम्मेदारी मैं लेता हूँ और कोई नहीं ले सकता है; न कोई डायरेक्टर ले सकता है, न कोई म्यूज़िक डायरेक्टर ले सकता है, क्योंकि कैमरे के सामने मैं स्वयं खड़ा होता हूँ। मैं वे डॉयलॉग बोलता हूँ जो किसी राइटर ने लिखे हैं। मैं वह करता हूँ, जो डायरेक्टर मुझे कहता है, करने को। मैं उस तरह से नाचता हूँ, जिस तरह से मुझे डांस डायरेक्टर नाच नचवाता है। मैं वैसे गाना गाता हूँ जिस तरह से मेरा डांस डायरेक्टर मुझे गाना गवाता है, इसलिए अन्ततोगत्वा सब-कुछ मेरे ही ऊपर है। मैं जिस तरह कैमेरे के सामने पेश होऊँगा, वही पर्दे पर जायेगा, वही दर्शक देखेंगे, उसी की प्रशंसा करेंगे। इसमें फ़िल्म पत्रकार या उसकी लेखनी या उसकी मैगज़ीन कहाँ आती है? कहीं नहीं आती।

"इसलिए मुझे अपने काम पर ज़्यादा भरोसा है, बजाय इसके कि किसी फ़िल्म मैगज़ीन का मैं भरोसा करूँ या मैं किसी क्रिटिक का भरोसा करूँ, मुझे ख़ुद मालूम है कि मैं अच्छा कर रहा हूँ या मैं बुरा कर रहा हूँ। जब मैं अच्छा परफ़ॉर्मेंस देता हूँ, तो मुझे मालूम है कि मैंने अच्छा परफ़ॉर्मेंस दिया। मैं ख़ुद अपने-आपको आँक सकता हूँ। मुझे किसी और के बताने की ज़रूरत नहीं है और मैं अपने-आपको किस तरह इम्प्रूव करना चाहता हूँ या मैं अपने-आपको किस तरह बिगाड़ना चाहता हूँ, यह भी मेरे ऊपर निर्भर है। तो फिर मैं फ़िल्म मैगज़ीन का ज़रिया क्यों पकड़ूँ? वे जो लिखते हैं वे जो हमारी तसवीर पेश करते हैं, उनको उसका पूरा अधिकार है, क्योंकि वह उनकी अपनी ओपिनियन है। वह एक इंडिविजुअल की ओपिनियन है। (वह उसकी व्यक्तिगत राय है)।

"अगर कोई एक पत्रकार ऐसा समझता है कि अमिताभ जो है, वह बड़ा घमण्डी है या वह बड़ा बदतमीज़ है या जो कुछ भी वह कहना चाहे, कह सकता है। लेकिन यह 60 करोड़ की जो आबादी है और जो पिक्चरें देखने जाते हैं, उनको तो ऐसा महसूस नहीं होता और अगर ऐसा महसूस होता, तो मेरी फ़िल्में देखने क्यों जाते! अगर वे मेरी फ़िल्में देखने जा रहे हैं और वे मुझे पसन्द करते हैं, जब वे मुझे सड़क पर मिलते हैं, बाहर जाता हूँ, तो मुझे घेरते हैं, मुझे चिट्ठियाँ लिखते हैं, तो वहाँ पर वह फ़िल्म पत्रकार कहाँ है? फिर वह क्या कर रहा है? उसने जो मेरे बारे में लिखा है वह सही है या झूठ है, उस समय मालूम पड़ता है।

"जब तक मेरे फ़ैंस, मेरे प्रशंसक, मेरी प्रशंसा कर रहे हैं, मेरी फ़िल्में देखते जा रहे हैं, तब तक मेरा काम है कि सिर्फ़ मेहनत से, लगन से अपना काम करते जाना। बाहर की जो अंट-संट बातें हैं उनमें ध्यान देने से न मेरा फ़ायदा होगा, न मेरे काम का फ़ायदा होगा। मैं सिर्फ़ वही काम करूँगा, जिसमें मेरा जो फ़ाइनल प्रोडक्ट है, उसमें बेटरमेंट हो। उसके लिए, हाँ, मैं कुछ भी करने को तैयार हूँ। मुझे अपने-आपको गिराना भी पड़े, तो मैं गिरा भी दूँगा, लेकिन फ़ाइनल प्रोडक्ट को मैं 'सफ़र' नहीं होने दूँगा। यह मैं प्रयत्न करता हूँ कि वह 'सफ़र' न हो और बाक़ी रही बातें कि लोग क्या कहते हैं, लोग क्या पढ़ते हैं? करोड़ों बातें लिखी जाती हैं, करोड़ों बातें छपती हैं। कितनी बातें याद रहती हैं? पिछले अंक में क्या छपा या प्रचलित फ़िल्म मैगज़ीन के किस अंक में क्या छपा, किसी को क्या याद रहता है! और सही मायने में मैं आपसे यह कहना चाहूँगा कि जो फ़िल्म इंडस्ट्री में ही हैं, वे ही ये सब अंट-संट पढ़ते हैं, बाक़ी लोग तो उसे एक लाइट हार्टेड तरीक़े से पढ़कर या हँसकर उसके ऊपर ताज्जुब करके भूल जाते हैं। वह उनके लिए एक तरह से, एक रिलीफ़ है या आधे घण्टे का एंटरटेनमेंट (मनोरंजन) हो गया।

"उसके बाद वास्तव में तो वे देखने जाते हैं फ़िल्म, कि फ़िल्म में क्या क़ाबिलियत है, आर्टिस्ट में क्या क़ाबिलियत है। उनको बाक़ी सब चीज़ों से क्या लेना-देना? और अपने-आपको, और मुझे ही नहीं, मैं तो कहना चाहूँगा कि जितने और कलाकार हैं, वे लोग जिनके बारे में ऐसा लिखा जाता है, उनको भी अपने-आपको इन सब चीज़ों से हमवार कर लेना चाहिए। हाँ दिस इज़ पार्ट ऑफ़ अवर बिज़नेस। हमारे बारे में ऐसी चीज़ें लिखी जायेंगी, ऐंड वी शुड बी प्रिपेयर्ड फॉर इट। लेकिन इसका यह मतलब नहीं कि, क्योंकि यह बार-बार लिखा जायेगा इसलिए हम सोचें कि हाँ साहब, हम बदल गये हैं, यह ग़लत बात है। वी आर फ़ॉलिंग ए प्रे टू दीज़ पीपुल। (हम इन लोगों के जाल में फँस रहे हैं।)

"वे चाहते हैं, उनका अगर वश चले, तो वे यही चाहेंगे कि जो वे लिख रहे हैं, वही ठीक हो जाये। यह डिस्टर्ब हो जाये मेंटली ताकि यह घबराहट में कुछ करे और फिर कुछ कहे और इस चीज़ को फिर हम लैप अप (झपट लें) कर लें और फिर छाप दें। तो यह एक बहुत ही विशस सर्किल है। इससे मैं दूर ही रहना चाहता हूँ मुझे मालूम है, मैंने इसको समझ लिया है कि जब तक मैं सफल हूँ, ये चीज़ें आती रहेंगी और ये चीज़ें तभी आ रही हैं, क्योंकि मैं सफल हूँ। अगर मैं सफल नहीं होता, तो मेरे बारे में क्यों लिखते?"

यह बोलते समय अमिताभ की आँखों में विश्वास की जो चमक थी, उनके होंठों पर आत्मविश्वास की जो मुस्कान और आवाज़ में जो खनक थी, वह सिर्फ़ देखने और सुनने की चीज़ थी।

''एक तरह से यह बहुत बड़ा प्रोत्साहन भी है। मेरे बारे में ये लोग लिख रहे हैं, इसलिए लिख रहे हैं कि मैं कुछ हूँ। अगर मैं कुछ नहीं होता, तो वे कुछ नहीं लिखते। अगर यह अंडरस्टैंडिंग, मैं समझता हूँ कि हमारे दूसरे आर्टिस्टों में, मेरे कलीग्स में आ जाये और अगर थोड़ी-सी यूनिटी आ जाये, तो इस चीज़ को हम बहुत अच्छी तरह समझ सकते हैं और अच्छी तरह से ख़त्म भी कर सकते हैं।

''मैं जानता हूँ कि हमारी इंडस्ट्री में यूनिटी बहुत कम है। मुझे बड़ा अफ़सोस होता है ऐसा कहने में। लेकिन सब इंडिविजुअल्स हैं। अलग-अलग उनके तरीक़े हैं, अपने काम करने के। उन्हें पसन्द हैं इस तरह की बातचीत, तो वे करें, मुझे नहीं पसन्द हैं, मैं इस चीज़ को कान्ट्रीब्यूट नहीं करता हूँ।

मेरी बुराई, मेरा प्रेरणास्रोत हैं

''मैं फ़िल्मी पत्रिकाओं को इंटरव्यू नहीं देता हूँ, क्योंकि मुझे ऐसा लगता है कि उसके बग़ैर मैं रह सकता हूँ और मैंने रहकर दिखा भी दिया है और कुछ बुरा भी नहीं रह रहा हूँ, इंस्पाइट ऑफ़ द फैक्ट कि इतनी कुछ बुराई रोज़ाना लिखी जाती हैं या मेरे लिए तो एक तरह से यह एक प्रेरणास्रोत हो जाता है कि वे इतनी बुराई करते हैं। मैं, और मेहनत करूँगा, और ज़ोर लगाऊँगा अपने काम में। मैं तो उसे इस लाइट में देखना चाहता हूँ। वे अपना काम कर रहे हैं और मैं भी अपना काम कर रहा हूँ। उनका काम है इस तरह की चीज़ें बनाना, इस तरह की फ़िल्म पत्रिकाएँ छापना। यह उनका धन्धा है, यह उनका बिज़नेस है। मेरा बिज़नेस है फ़िल्म में काम करना। क्योंकि जो काम मैं पर्दे पर कर रहा हूँ, उसकी प्रशंसा हो रही है, लोग उसे पसन्द कर रहे हैं। मैं अपना काम कर रहा हूँ, वे अपना काम कर रहे हैं। मुझे उनसे न कुछ लेना है, न उन्हें कुछ देना है।''

''ईश्वर करे तुम्हारा नज़रिया ऐसा ही बना रहे। अब यह बताओ कि साधारण फ़िल्मी माहौल से अलग, तुम्हारे संस्कार एक शिक्षित, साहित्यिक परिवार में हैं। तुमने देश-विदेश के सैकड़ों उपन्यास, महाकाव्य, नाटक आदि पढ़े होंगे। क्या उनमें से कोई अनूठा चरित्र ऐसा भी है, जो तुम्हारे

मन में बस गया हो और तुमने चाहा हो कि कभी उसे अपने अभिनय से साकार करो?''

''कैरेक्टर तो बहुत आते रहते हैं। शेक्सपियर के बहुत से कैरेक्टर को करने का मन चाहा है। हेमलेट बहुत फ़ेसिनेट करता है। बल्कि डैड के ट्रांसलेशन को मैं बहुत उत्सुक था कि कभी करूँ, लेकिन समझ में नहीं आ रहा कैसे होगा। अभी समय की पाबन्दी है। किस तरह टाइम निकालें, उसे प्रेज़ेंट करने के लिए! बर्नार्ड शॉ के बहुत से कैरेक्टर हैं। लेकिन एक कैरेक्टर, जो मुझे ख़ासतौर से फ़ेसिनेट करता रहा है, वह कैरेक्टर है एक साइकोलॉजिकली कॉम्प्लेक्स व्यक्ति का या तो शीज़ोफ्रेनिक (मनोग्रन्थियोंवाला जटिल चरित्र) हो या कुछ एक मेंटल डेफ़िसियेंसी हो उस कैरेक्टर में।

''मैं यह नहीं कहता कि वह टोटली पागल हो या पागलखाने में बैठा हो या इस तरह का हो, लेकिन एक उसकी ऐसी कोई कॉम्प्लेक्स मेंटल कंडीशन (जटिल मानसिक स्थिति) हो, कोई एक फ़िक्सेशन हो उस कैरेक्टर में, जिसकी वजह से वह एक अजीब-सा ह्यूमन-बीइंग (मनुष्य) बन गया है। ऐसी सिचुएशंस हमारी आम ज़िन्दगी में बहुत हैं। बहुत से कैरेक्टर हमें अपनी ज़िन्दगी में मिलते हैं, जो कि ऊपर से देखने से बड़े नॉर्मल लगते हैं, लेकिन अन्दर-ही-अन्दर उनमें कुछ ऐसा है, सबकांशस में कुछ कॉम्प्लेक्सिटी (जटिलता) है, कुछ एक फ़िक्सेशन है, जो कि ख़ास मौक़े पर या एक सिचुएशन में रिऐक्ट करे। ऐसा कैरेक्टर ज़िन्दगी में शायद दिखता हो हमें, या हमें न भी दिखता हो।

''ऐसा कोई एक कैरेक्टर अगर बने, तो मैं उसके साथ भिड़ना चाहूँगा, जिसमें कोई स्ट्रेट कैरेक्टर न हो। थोड़ा अविकसित मस्तिष्कवाला व्यक्ति हो या फिर वह स्प्लिट पर्सनालिटी (विभाजित व्यक्तित्व) हो सकता है, जिसमें एक ही नहीं, बल्कि दो-तीन पर्सनालिटीज़ हों। मुझे ऐसा लगता है कि यह एक कैरेक्टर है, जो मैं करना चाहूँगा और जो मुझे अभी तक नहीं मिला है करने के लिए। आगे देखिए, शायद ऐसी अपॉर्चुनिटी (अवसर) मिले कि कोई इस कैरेक्टर को क्रिएट कर सके या कोई उसे लिखे, ताकि मैं उसे कर सकूँ।

''अफ़सोस इस बात का हो रहा है कि ज़्यादा देर मैं बात नहीं कर सका, फिर भी काफ़ी कुछ समय मैंने ले लिया है। यह तो ख़ैर अभी हो गया है, लेकिन आगे भी अगर आप कुछ प्रश्न मुझसे पूछना चाहें, इसी क़िस्म के इंटेलीजेंट, जहाँ पर मुझे कुछ अपने-आप में प्रोवोक करना पड़े, तो मैं बहुत ही ख़ुश होऊँगा, क्योंकि आमतौर पर पुष्पाजी, जो लोग इंटरव्यू लेने आते हैं—हालाँकि अभी तो मैं इंटरव्यू देता नहीं हूँ, लेकिन एकाध मैगज़ीन जो आयी हैं बीच में,

जो कि नॉनफ़िल्मी मैगज़ीन हैं, उन्होंने मेरा इंटरव्यू लिया है—हमेशा गिने-चुने उनके प्रश्न होते हैं, वही वे पूछते हैं। कोई सही मायने में कैरेक्टर एनालिसिस (व्यक्तित्व विश्लेषण) करने की कोशिश नहीं करता कि अन्दर की बात जानने की कोशिश करें। हमेशा यही एक कमी रह जाती है। मैं अभी इस समय आपसे नहीं कह सकता हूँ कि वे चीज़ें क्या हैं, जो आपको मुझसे पूछनी चाहिए, लेकिन मैं जानता हूँ, जो भी आप पूछेंगी, तो कहीं एक तार मुझमें हिलेगा, जो कि मुझसे कहेगा कि हाँ, मैं बोलूँ। तो अगर आगे भी आपको कभी भी कोई बात जो आप मुझसे पूछना चाहें, जिससे मैं कुछ और खुल सकूँ, तो प्लीज़ आप निश्चित रूप से मुझसे पूछें, मुझे तो बड़ी ख़ुशी होगी।''

होरी खेलैं जोरा जोरी फिल्लम के छोरा छोरी

अमिताभ

प्रिय पाठको,

पिछले साल बम्बई में एक होली चली (जी हाँ, आप इसे प्रूफ़ की ग़लती में जली न समझ जायें), चली और ख़ूब चली, सुबह से शाम तक, घर से लॉन तक, शानदार मिठाई के डिब्बों से घर के बचे-खुचे सामान तक, मैं कोई कविता नहीं कर रहा हूँ, कवि का बेटा होकर भी उस अधिकार पर मैं संयम रखता हूँ। मैं तो उस होली की एक पिचकारी ही आपको मार रहा हूँ, जिसमें अगर आप फँस गये होते, तो बूढ़े से जवान और जवान से बच्चे हो गये होते। यह कुछ मनमौजी बच्चों की होली थी, माफ़ कीजिए, बड़े बच्चों की या कहूँ 'हम बच्चन की।'

बायें से रेखा, जया भादुड़ी, मंजु असरानी, अमिताभ बच्चन, असरानी, अनवर
धर्मयुग (18 मार्च, 1973) से साभार

मैंने कई जगह की होली देखी है, जलती हुई भी और चलती हुई भी, पर इस बार बम्बई में हमने जो होली चलायी, वह इलाहाबाद की धुआँधार होली और दिल्ली की आबदार होली से काफ़ी भिन्न थी, पूरी तरह से ख़ुश्क या ड्राई भी नहीं, चौंकिए नहीं, मेरा मतलब अबीर-गुलाल से है।

तो यह होली चली मेरे घर से। साथ में थे पं. राम भगत शर्मा यानी अन्नू दा अनवर अली (मुझे न जाने क्यों 'सात हिन्दुस्तानी' वाला नाम ही याद रह जाता है), मेरे उन दिनों के दोस्त जब बम्बई में हम दोनों कड़के थे, जैगुआर पर घूमा तो करते थे, पर पेट्रोल के पैसे नहीं निकलते थे। दूसरे साथी थे, असरानी, जिनकी सास कानी कहूँ, तो मंजू चिढ़ जायेंगी, क्योंकि उस होली की हमारी एक साथी मंजू बंसल अब श्रीमती मंजू असरानी बन चुकी हैं। तो हुए होली के तीन रंग। जिस चौथे रंग का मैं ज़िक्र कर रहा हूँ वह बहुत शोख़ रंग है, बहुत मासूम भी, चपल भी, जहाँ चल जायें, डाल दें एक रेखा—रेखा इस होली की चौथी हिस्सेदार थीं। और अब हिस्सेदारों का नाम बता ही रहा हूँ तो उस चुप-चुप; शर्मायी-सी खड़ी लड़की का नाम भी बता दूँ, जो होली का लुत्फ़ उठाना भी जानती है और दूसरों को उसमें शरीक करना भी। बताइए वह कौन लड़की हो सकती है। आप जान गये हैं, पर नाम मेरे मुँह से ही सुनना चाहते हैं (मैं जानता हूँ पत्रकारों ने आपको बरगलाया हुआ है), मैं तो बताता हूँ—'शबनम', 'बंसी', नहीं समझे? हाँ क्यों समझेंगे, ये नाम तो आपने फ़िल्म के पर्दे पर सुने हैं, मेरे मुँह से तो आप सुनना चाहते हैं—जया भादुड़ी। तो मेरे दर्शको, क्षमा कीजिए, मैं अभिनेता की रमक में दर्शको कह गया, आप तो पाठक के रूप में उस होली के बारे में जानने को बेकरार हैं, जिसकी मैं भूमिका ही भूमिका खड़ी कर रहा हूँ। दिल्ली रहा हूँ न, और वहाँ इतने नेताओं को देखा-सुना है कि नेतागिरी आ गयी है।

वह होली का दिन था। हम लोगों ने दो-चार दिन पहले तय किया था, कि उस दिन सारा काम स्थगित रखेंगे और कहीं मिल-बैठकर होली मनायेंगे। पर बैठना तो अब जैसे हमारी आदत में ही नहीं रह गया है। अन्नू सुबह-सुबह अपनी वैन ले आया था। थोड़ी देर में असरानी और मंजू, रेखा तथा जया भी आ गये। हम लोगों ने चाय पी और निकल पड़े, रास्ते में गाते-बजाते जा रहे थे।

सोतों को जगाया हमने

सबसे पहले हमारी वैन रुकी हृषि दा के यहाँ बान्द्रा बैंड स्टैंड पर। पता लगा हृषि दा सो रहे हैं। हम लोग धड़धड़ाते हुए उनके बेडरूम में घुस गये और वहाँ से उन्हें खींचकर टेरेस पर ले गये। पहले तो उन्हें गुलाल से रंगीन

किया और फिर हम लोगों ने शुरू कर दिया अपना हुल्लड़। उनके टेरेस पर बैठकर हम लोगों ने कई होली गायीं। सबने गाने में साथ दिया, अपनी-अपनी तरह से। बहुत दिन पहले पिताजी से एक होली सुनी थी, यहाँ उसे गाने का मज़ा आ गया।

रंग बरसे भीगे चुनरवाली, रंग बरसे...फिर होली खेले रघुबीरा अवध में... गायी गयी। हृषि दा ने होली को रिकॉर्ड किया। उन्होंने टेरेस पर वेस्टर्न म्यूज़िक छेड़ दिया और कहा, सब लोग इस पर अपने मूवमेंट्स दें, इमोशंस प्ले करें। असरानी और जया इस कार्यक्रम में बहुत सफल रहे, क्योंकि पूना फ़िल्म इंस्टीट्यूट में मूवमेंट्स क्लासेज़ होती हैं और वहाँ इन लोगों ने मूवमेंट्स देना सीख रखा था। हम लोग तो बस नाचते-उछलते रहे।

बैंड स्टैंड से हमारी होली चली निबाना की ओर, जहाँ विनोद मेहरा, नवीन निश्चल और प्रेम चोपड़ा रहते हैं। हमें डर था, ये लोग हमारे आने से पहले सावधान न हो जायें, इसलिए हम लिफ्ट से नहीं गये। सीढ़ियों से ऊपर पहुँचे। नवीन निश्चल का घर बड़े कायदे-करीने से सजा था। वहाँ हम लोगों की दाल ज़रा कम गलती नज़र आयी। हमने सोचा, इनका घर न गन्दा हो, फ़र्श पर कालीन वग़ैरह बिछे थे और हम लोग थे कि रंग और गुलाल से कम पर बात ही नहीं कर रहे थे। यहाँ नवीन की सुन्दर-सी दो साल की बच्ची को देखकर जया का बचपन अचानक वापस लौट आया। जया को यों भी बच्चों का काफ़ी शौक़ है और इस गुड़िया-सी बच्ची को पाकर तो वह बावली ही हो गयी। उसे रंगा भी और ख़ूब नचाया-झुलाया भी। बच्ची तो हमारी होली में घुल-मिल गयी, पर उसके मम्मी-डैडी हमारे रंगभरे हाथों और बेधड़क ठहाकों से संकोच ही करते रहे इसलिए हम सब पहुँचे विनोद के यहाँ। वहाँ खाने की जो चीज़ मिली, उस पर हाथ साफ़ किया। विनोद के यहाँ से निकले, तो रमेश बहल और नरेन्द्र बेदी मिल गये। उन दिनों जया रमेश बहल की 'जवानी दीवानी' में काम कर रही थी। वहाँ से हम लोग गये राजेन्द्र कुमार के यहाँ।

राजेन्द्र कुमार के यहाँ अच्छी-ख़ासी फ़ैमिली गैदरिंग थी। सबको मिठाई खिलाई जा रही थी। यह तो बाद में पता लगा कि उसमें भाँग भी मिली थी। राजेन्द्र कुमार के यहाँ एक बड़ा-सा हौज खोदा गया था, जिसमें रंग भरा था। उस दिन सबसे ज़्यादा हुल्लड़ मैंने और असरानी ने मचाया। अन्नू को सूखी होली पसन्द है। पानी में वह भीगना नहीं चाहता। राजेन्द्र कुमार के यहाँ सबको पकड़ कर हौज में डाला जा रहा था। अन्नू के तो प्राण ही खुश्क हो गये। गाता-बजाता अच्छा-ख़ासा नौजवान थोड़ी देर के लिए जाने कहाँ कौन-से बिल में ओझल हो गया। आमतौर पर रंग से नहलाये जाने या हौज में लुढ़काये जाने

पर सभी थोड़ा-बहुत बचाव करते हैं, पर असरानी ने ख़ुद ही बिना किसी की पकड़-धकड़ के हौज में डाइव लगा दी।

फिर माँगकर खाया हमने

वहाँ कुछ देर ठहरने के बाद होली शिवाजी पार्क पहुँची। वहाँ मिले डैनी और अनिल तथा रश्मि। तब तक अनिल और रश्मि के विवाह की भी घोषणा नहीं हुई थी। हम लोग उनको फागुन के मूड में छोड़कर बीच हाउस की तरफ़ बढ़े। दोपहर के तीन बजे चुके थे। हमें लग रही थी भूख। अपने ढोल-बोल, चंग-मंजीरा लेकर बीच हाउस अपार्टमेंट के लॉन में बैठ गये। कुछ लोग वहाँ आये हुए थे। उनके साथ होली खेली, कबीर बेदी और उनकी पत्नी प्रतिमा से मिले और फिर लॉन में बैठकर गाना-वाना शुरू किया। इससे पहले हम लोग सड़कों पर घूमते हुए आ रहे थे नाचते-गाते, नाचने के प्रोग्राम में जया, असरानी और रेखा ने काफ़ी हिस्सा लिया। हमारा चिरन्तन संगीत कहीं रुका ही नहीं। सड़क पर लोगों ने परेशान भी नहीं किया। असल में हम लोग इतने रँगे हुए थे कि उनके लिए पहचानना भी मुश्किल हो गया होगा। बीच हाउस तक आते-आते हम थक भी गये थे। दिल में उफन रही थी होली की लगन और पेट में भूख की अगन। लॉन में ही खड़े होकर हमने हर फ़्लैट से रीक्वेस्ट की कि हमारे लिए कुछ खाने को दो। थोड़ी देर में हमारे आगे ब्रेड, बटर, फल और मिठाइयों का ढेर लग गया, जो हम बीस-पच्चीस लोगों ने मिल-बाँट कर खाया। वहाँ से शाम के कोई पाँच बजे यह होली थमी।

तो पाठक बन्धुओ, आपने हमारी यह टोली कथा सुनी। इस साल हमारी होली कहाँ से कहाँ चले, हमें कोई ख़बर नहीं है, क्योंकि होली की ये सारी पिचकारियाँ किसी-न-किसी फ़िल्म में चल रही हैं, शूटिंग से ही फ़ुर्सत कम मिलती है और अगर इस बार ऐसी कोई होली चली, तो शायद पीछे-पीछे एक गाड़ी फ़िल्म पत्रकारों की होगी। और एक फ़िल्म्स डिवीज़न और टेलीविज़न की और फिर आपको हमारी होली का हाल जानने के लिए एक साल का इन्तज़ार नहीं करना पड़ेगा, कि कब पत्रिका का होली विशेषांक आये और हमारी होली की राजगद्दी निकले।

धर्मयुग (18 मार्च, 1973) से साभार

'गुनाहों का देवता' फ़िल्म के लिए साइकिल चलाते हुए अमिताभ बच्चन

फिर वही अपना इलाहाबाद

ट्रेन रुकते ही उछलकर प्लेटफ़ार्म पर आ जाता हूँ कि पैर ठिठक से जाते हैं। इतना आलीशान स्टेशन भवन तो तब नहीं था जब वर्षों पहले यहाँ से गया था। लगता है कहीं ग़लत स्टेशन पर उतर गया हूँ, लेकिन नहीं, स्टेशन पर गूँजती वही आवाज़ें, बोलने का वही लहजा, वही चेहरे, सब कुछ वही, हाँ यह वही है, इलाहाबाद।

इस बार शूटिंग के लिए आया हूँ। उस उपन्यास की फ़िल्म की शूटिंग जिसके अक्षर-अक्षर में यह शहर बसा है। हमारे प्रोड्यूसर सी.पी. भाटिया और निर्देशक कैलाश कपूर अलग कार से पहुँचे होंगे। मद्रास से आना था मुझे। मद्रास से बम्बई हवाई जहाज़ से, बम्बई से इलाहाबाद ट्रेन से। रास्ते भर अकेले एक गाना गुनगुनाता हुआ आया हूँ, जिसकी धुन जयदेव जी ने तैयार की है, जो इस फ़िल्म में संगीत निर्देशक हैं। धुन इतनी प्यारी है कि मैंने टेप कर अपने पास रख ली है। अजीब यह है कि एक व्यक्ति चला था, लेकिन ट्रेन से उतरते हैं, एक साथ दो व्यक्ति, चन्दर और अमिताभ बच्चन! एक इलाहाबाद के कण-कण में समाया हुआ, लाखों करोड़ों पाठकों के हृदय में घर कर चुका है दूसरा इलाहाबाद से 14-15 वर्ष पहले माँ-बाप के साथ दिल्ली चला गया था, फिर कलकत्ता और न जाने कहाँ-कहाँ!

चन्दर और अमिताभ दोनों अपने-अपने नज़रिये से कुछ ढूँढ़ने की कोशिश करते हैं, लेकिन एक ही बिन्दु पर दोनों इकट्ठे होते हैं, वही इलाहाबाद।

मैं शुक्रगुज़ार होता हूँ, अभी अमिताभ नाम के व्यक्ति की केवल चार-पाँच फ़िल्में ही रिलीज़ हुई हैं : 'सात हिन्दुस्तानी', 'आनन्द', 'रेशमा और शेरा', 'परवाना' और 'प्यार की कहानी' और शुक्रगुज़ार सचमुच इसलिए होता हूँ कि लोग अमिताभ बच्चन को अभी स्टार के रूप में नहीं पहचानते हैं, वह भी अपने ही शहर में। मैं चन्दर का चेहरा ओढ़े लोगों के बीच निकल आता हूँ, गुज़रता हूँ, घूमता हूँ...सच, बड़ा अच्छा लगता है...

'टन्न् टन्न्'

चन्दर इलाहाबाद की सड़कों पर गुज़र रहा है, कभी बुश्शर्ट-पैंट पहने होता है। कभी कुर्ता-पायजामा। लोगबाग उस पर, मुझ अमिताभ पर एक निगाह डालते हैं, चले जाते हैं। समझते हैं, यूनिवर्सिटी का फटेहाल कोई स्टूडेंट है, जो लू भरी सड़कों पर छुट्टियों के दिन काट रहा है। कोई ध्यान भी नहीं देता और चन्दर बड़े आराम से घूमता है।

शूटिंग शुरू हो गयी है। जीप पर चलता हूँ फिर एक जगह उतरकर साइकिल पकड़ लेता हूँ और कुछ दूर तक साइकिल चलाता हुआ चलता हूँ फिर उतर शूटिंग यूनिट की जीप के भीतर आ जाता हूँ। अब लोग बेचारे एक जगह खड़ी जीप के भीतर छिपे कैमरे की नज़र पर अपनी नज़र नहीं डाल पाते, जो मेरे साइकिल पर सवार होते ही मेरा पीछा शुरू करती है और कुछ देर बाद 'कट' की आवाज़ के साथ रुक जाती है।

'कट!'

सुदर्शन नाग कैमरा सँभालते हैं। लेकिन सड़क पर गुज़रते लोगों को आभास भी नहीं कि हम प्रसिद्ध उपन्यास 'गुनाहों का देवता' पर आधारित फ़िल्म 'एक था चन्दर, एक थी सुधा' की शूटिंग करने इलाहाबाद आये हैं, उसी इलाहाबाद में जहाँ चन्दर रहता था, कभी पढ़ता था, जहाँ उसकी ज़िन्दगी के क़हक़हों और आँसुओं भरे लम्हे बीते होंगे, शायद अब इतिहास के पृष्ठों में क़ैद हो गये होंगे। उन्हीं लम्हों को, चन्दर के जिये हुए एक-एक क्षण को हम दुबारा जीने, सेल्युलाइड पर उतारने आ गये हैं, हम यानी अमिताभ बच्चन जिसके बचपन के जाने कितने भूले-बिसरे क्षण यहीं इसी इलाहाबाद की मिट्टी में पनपे हैं, और जो अब ज़िन्दगी की नयी ऊँचाइयों को भोगने और जीने के लिए इलाहाबाद से बाहर चला गया है। इस मामले में चन्दर मुझसे, अमिताभ बच्चन से, सीनियर है बहुत ही सीनियर, और इसीलिए मैं, अपने अमिताभ को भूल जाता हूँ चन्दर रहता हूँ, चन्दर मुझे शुरू से पसन्द रहा है, मैंने कभी उसे किताबों के वर्क में क़ैद नहीं पाया है।

जून की तपती दोपहरी, चिलचिलाती धूप और लू के झोंके इलाहाबाद की अपनी विशेषता है। लेकिन लू के बावजूद भीड़ होने का भय था, इसलिए प्रबन्ध यह किया गया था कि एक जीप में कैमरा छिपाकर रख दिया जाता था। मैं लोकेशन से कुछ दूर जीप से उतर पड़ता और साइकिल पर सवार हो जाता। बड़े आराम से साइकिल चलाता हुआ लोगों के बीच चलता और लोकेशन से कुछ

आगे साइकिल से उतर कर जीप में पुनः आ घुसता। सारा कामकाज कुछ इस ढंग से होता कि भाई लोग भाँप भी नहीं पाते कि हो क्या रहा है?

लेकिन एक दिन नहले पर दहला लग ही गया। चौक में शूटिंग थी, घण्टाघर के पास। कैमरा एक मकान के दुमंज़िले पर था, जहाँ किसी की नज़र नहीं गयी थी। ठीक सवा तीन बजे जीप से उतरकर अपनी साइकिल पर, घण्टाघर से कुछ दूर ही, सवार हो गया। मुझे ठीक 3.20 पर घण्टाघर के नीचे से गुज़रना था। शॉट था—कैमरा घण्टाघर की सूई ५२ से फिसलता हुआ नीचे जाने वाले चन्दर पर आकर टिक जाता है और चन्दर है कि बेपरवाह जल्दी-जल्दी चला जा रहा है।

3.15 होते ही मैं साइकिल पर सवार हो उधर की तरफ़ निकला। कुछ ही दूर चला होऊँगा कि किसी ने पहचान लिया। 'अरे बाबू मोशाय, अरे वह, वह अमिताभ बच्चन है आनन्दवाला!' मेरी हालत ख़राब! लोगों की भीड़ मेरे इर्द-गिर्द जुड़ने लगी, किन्तु उनकी नज़रों की ज़द में आने से बचने के लिए मैं इधर-उधर भीड़ को काटता-छाँटता जल्दी-जल्दी साइकिल पर पैडिल मार ही रहा था कि चेन उतर गयी। अब चेन को भी इसी समय उतरना था। किसी तरह जल्दी-जल्दी चेन चढ़ाई हाथ काले किये और सचमुच उनकी आँख में धूल झोंककर दूर चला गया और वे लोग भीड़ के बीच बाबू मोशाय को ढूँढ़ते ही रह गये होंगे। बचकर चला तो गया, लेकिन शॉट फिर से किसी तरह दुबारा लेना पड़ा।

दूसरी बार का भाई लोगों की नज़रों द्वारा पकड़ा जाना बड़ा मज़ेदार था। जीप से उतरकर साइकिल पर सवार हो गया। कुछ दूर गया ही था कि बड़ी तेज़ी से पीछे से कोई साइकिल पर आया और मेरे नज़दीक पहुँचते ही साथ-साथ चलने लगा। मैंने उसे देखा, उसने मुझे और दोनों ने खीसें निपोर दीं। आगे बढ़ते रहे, फिर नज़रें मिलीं और फिर दोनों ने दाँत बाहर निकाल दिये। चलते-चलते एकाएक वह पीछे-पीछे आने वाले अपने साथियों की ओर मुड़कर चिल्लाया, ''उहै है, उहै है बे, जौन आनन्द में डाक्टर बना रहा!''

मैंने खीसें नहीं निपोरीं दाँत नहीं बाहर किये, लेकिन हँसा ज़रूर दिया। यही बोली, यही अदा तो इलाहाबाद को तमाम शहरों की भीड़ से एकदम अलग रखती है। यह बोली आज कितने दिनों बाद सुन रहा हूँ, कितना अपनापन है इसमें।

लेकिन भाई लोगों को एक जगह तो हम चकमा दे ही देते हैं, खुसरोबाग में शूटिंग करने पहुँचे। शूटिंग का सरोसामान देखते ही राह चलते, घूमनेवाले धीरे-धीरे भीड़ की शक्ल अख़्तियार करने लगे, पहले तो हम उनके छँटने की प्रतीक्षा करते रहे, फिर अपना काम शुरू कर दिया। इसी बीच एक व्यक्ति ज़ोरदार लहजे में पूछता है, 'का हो, ई सब का करत हौ?' हममें से एक शायद हमारे साथी ओंकार शरद टपक पड़ते हैं, ''फ़िल्म बनावत हैं भैया, गौरमिंट

के लिए, परिवार नियोजन पर है, तुमहूँ एहमा काम करबो?'' शायद परिवार नियोजन नाम का असर है कि बेचारा शरमाकर पीछे हट जाता है।

'कट्'

महादेवी जी का बँगला। उस समय महादेवी जी इलाहाबाद में नहीं थीं। शॉट के अनुसार उनके बँगले में मुझे साइकिल से प्रविष्ट होना है और शॉट ओ.के. हो जाता है। फिर बड़े आराम से मकान के भीतर-बाहर घूमता हूँ। बरामदे धूल और पत्तों से भर गये हैं। विचित्र है कि वही कमरे, वही आँगन बिल्कुल ठीक वैसा ही जैसा 'गुनाहों का देवता' में वर्णित है, अमिताभ उसे लोकेशन समझता है, चन्दर उसे गम्भीर तौर पर लेता है, क्योंकि यह सारी जगह जैसे उसकी परिचित है। लगता है, उपन्यास लिखते समय भारतीजी के मन में उस मकान की एक रूपरेखा रही होगी। (लेकिन सच यह है कि वह मकान उपन्यास प्रकाशित होने के कितने ही बरस बाद बना है) और सचमुच मुख्य लोकेशन के लिए हम उस मकान को ही चुन लेते हैं।

मैं उस मकान से अलविदा कर बाहर निकलता हूँ, फिर कई बार आने के लिए। आउटडोर शूटिंग में बनने वाली इस फ़िल्म के लिए फिर यहीं तो आना पड़ेगा।

लोगबाग पूछते हैं, चन्दर का रोल बड़ा क्रिटिकल है, तुम कर पाओगे? कैसा महसूस करोगे तुम अपने भीतर चन्दर को सँजोकर। चन्दर की ख़ाम-ख़यालियाँ, उसके भीतर की पीड़ा, मन की ख़ुशी, कैसे ये सब चेहरे तुम ओढ़ोगे? मैं सचमुच ख़ामोश सुनता हूँ। चन्दर का एक इमेज है मेरे मन के भीतर, और उससे परे भी एक इमेज है उसके स्वरूप के बारे में, उसके हुलिया के बारे में, और इन सब इमेजों से एकदम परे एक और चेहरा है जो सारे चेहरों को दबाता हुआ मेरे सामने आ खड़ा होता है, पैंट-बुश्शर्ट, कुर्ता-पायजामा पहने, पैरों में पेशावरी सैंडिल और उल्टे बाल किये दुबले लम्बे इस उपन्यास के लेखक का चेहरा और यह इमेज अपनी पुरअसर है, भीतर तक पैठ करने वाली है कि मैं इसे ही चन्दर की इमेज मान लेता हूँ। भगवान की दया से मेरी लम्बाई लगभग भारती जी के ही बराबर है। इस बार शॉट क्योंकि सड़क पर लेने थे, साइकिल से आते-जाते हुए बाल हवा से बिखरकर सामने आ जाते थे, किन्तु बाक़ी सब कुछ होगा वही, उसी इमेज के अनुरूप, और इसीलिए आत्मसन्तुष्टि और दावे के साथ कह सकता हूँ कि मैं चन्दर का केवल रोल अदा नहीं कर रहा हूँ, न करूँगा, बल्कि कैमरे के सामने आते समय खाली चन्दर रहूँगा। कैमरे के सामने आते समय ही वहीं बल्कि शूटिंग के समय इलाहाबाद जो व्यक्ति पहुँचेगा, वह अमिताभ बच्चन न होकर चन्दर होगा, सम्पूर्ण मन और

शरीर से वह चन्दर की ज़िन्दगी जियेगा, चन्दर की ही तरह महसूस करेगा, चन्दर की ही तरह हँसेगा। यहाँ तक कि बिना मेकअप के ही शूटिंग करूँगा, चन्दर बनाव श्रृंगार नहीं करता था, तो मैं अमिताभ बच्चन क्यों करूँगा?

'कट!'

लेकिन इस बार एक बार अपना इलाहाबाद भी फिर से जी लूँ, अगली बार तो केवल चन्दर का इलाहाबाद जीना है।

शूटिंग से खाली हुआ तो साइकिल उठायी और 17 क्लाइव रोड स्थित अपने पुराने मकान के सामने आ पहुँचा। इन 14-15 वर्षों में वही, बिल्कुल वही मकान, वही थार्नहिल रोड, वही सेंट मेरी, तथा ब्वॉयज़ हाई स्कूल जहाँ मार खायी थी, पढ़ा था, चुहलबाज़ियाँ की थीं। मेरे मकान के सामने मेरे एक दोस्त नरेश दास का मकान था, मकान अब भी वहीं मौजूद है, लेकिन दोस्त भगवान को प्यारा हो गया था। नरेश के मकान की बगल में एक बगीचा था, जहाँ हम लोग छोटा-सा तम्बू बनाकर चोर-डाकू खेलते, हॉकी की चोट का निशान अभी भी बरकरार है। चोट लगी तो छिपा गया। दो दिन तक डैड के सामने नहीं आया, किन्तु उन्हें पता चल ही गया। इतवार का दिन था, दुकानें (डिस्पेंसरी) बन्द और मैं असहाय पीड़ा से छटपटा रहा था, डैड बिगड़ भी रहे थे, लापरवाही, शैतानी के लिए डाँट भी रहे थे। आख़िर साइकिल पर बैठाया और एक डॉक्टर के यहाँ ले जाकर मरहमपट्टी करवायी।

हमारे घर के बायीं तरफ़ एक बनर्जी साहब तथा दायीं ओर मुखर्जी साहब रहते थे। मुखर्जी साहब के कम्पाउंड में महुए के कई पेड़ थे, जिनकी एक शाख हमारे अहाते में पड़ती थी। महुए को पेड़ से झरते हुए तथा ज़मीन पर बड़े-बड़े मोतियों की तरह फैलते देखना बड़ा अच्छा लगता था। मुखर्जी साहब के कम्पाउंड में एक पहलवान सरीखा आदमी रहता था और शायद महुए की शराब भी बनाया करता था। बनर्जी साहब के अहाते में एक बार साँप निकल आया था, जिसे मारने के लिए उन्हें बन्दूक़ का इस्तेमाल करना पड़ा था। अपने अहाते में नीबू के बहुत से पेड़ थे, जिन्हें अब काट दिया गया है।

घर के बगल में एक बड़ा मैदान था, जहाँ एक मैकेनिक की दुकान थी। गैराज-सा था। वह हमारी साइकिलों में हवा भरता, पंक्चर ठीक करता। वहाँ हम चार-पाँच दोस्त चुपचाप आकर इकट्ठे होते, चुपके से बीड़ी पीते, गप्पबाज़ियाँ करते। अब तो वहाँ उस मैदान में बड़े-बड़े सजीले पेड़ उगा दिये गये हैं। मुखर्जी साहब, बनर्जी साहब के अहाते के हिस्से तथा मकान के पीछे के हिस्से में अब कितनी रद्दोबदल हो गयी है, होती जा रही है।

घर के भीतर नहीं जाता, वहाँ से मुड़ कर थार्नहिल रोड की ओर चला जाता हूँ। ब्वॉयज़ हाई स्कूल जानेवाली सड़क पहले कितनी ऊँची थी, घर से स्कूल तक का फ़ासला पहले कितना लम्बा लगता था, किन्तु लगता है 13-14 वर्ष के भीतर सड़क की ऊँचाई घट गयी है, फ़ासला कम हो गया है। स्कूल के पास पहुँचते ही साइकिल से उतर पड़ता हूँ और एकटक उस बड़े मैदान को निहारता हूँ, जहाँ हम लोग छुट्टी के बाद सबको नज़र बचाकर गिल्ली-डण्डा खेला करते थे। एक बार ज्यों ही मैंने गिल्ली पर शॉट लगाया कि वह उछलकर एक दोस्त की आँख में जा लगी। चेहरा ख़ून से तरबतर हो उठा और फिर शुरू हुआ घर पर कुटम्मस का सिलसिला। यह मैदान तब भी वैसा ही था जैसा अब है, कितने खेल, मैच यहाँ खेले, कितने कप जीते!

फिर निगाह में वह पेड़ आ जाता है, जहाँ घर से लाया खाना चुपचाप निकाल कर फेंक देता था और घर पहुँचते ही मम्मी पर रौब ग़ालिब करता, 'देखा, मम्मी, जितना खाना देती हो सब तो खा लेता हूँ। फिर भी तुम्हारी निगाह में हमेशा दुबला दिखाई पड़ता हूँ' किन्तु चोरी एक दिन पकड़ ली जाती है। एक दिन आया जब स्कूल पहुँचाने आयी तो उसकी नज़र पेड़ के नीचे पड़े कई दिनों के सड़े सूखे भोजन पर पड़ी तो वह मेरी सारी कारस्तानी भाँप गयी और आकर मम्मी से शिकायत कर दी। फिर तो अच्छी पिटाई हुई घर पर!

और तभी डुट साहब का चेहरा आँखों के सामने तैर आया। एक बार क्लास में बतकही में लगे रहने के अपराध में टीचर ने क्लास से बाहर निकाल दिया। बाहर आ कर दीवाल पर कुछ लिखने लगा कि राउंड पर निकले डुट साहब ने देख लिया। आज भी उनकी केनिंग याद है। पिताजी उन पर सख़्त नाराज़ हुए थे, बच्चों को कहीं इस बेरहमी से पीटा जाता है?

मेरे साथ मेरा छोटा भाई अजिताभ भी पढ़ने आता था और मैं उसका बहुत ख़याल रखता। लू के दिनों में उसे साइकिल के पीछे के कैरियर पर बिठा कर साइकिल चलाता कि लू का झोंका मुझे लगे, उसे नहीं। एक बार हम पैदल आ रहे थे, वह बेहद थक गया था, चल नहीं पा रहा था तो उसे पीठ पर लाद कर घर तक ले आया और आज वही अजिताभ मुझे पंजा लड़ाने में हरा देता है, उसी की ज़िद और बार-बार हौसला बढ़ाने पर ही मैं फ़िल्म में आ सका।

मैं स्ट्रेची रोड की ओर मुड़ आता हूँ, वहाँ एक जमाने में हम लोग रहा करते थे। मकान के सामने ही रानी बेतिया की विशालकाय कोठी थी और कोठी के भीतर घुसने के लिए दरबान चार आने बतौर घूस लेता था। कोठी के भीतर के रहस्यमय इन्द्रजाल ने मुझे एक बार ऐसा उकसाया कि घर से चवन्नी चुराकर

दरबान साहब को सलाम ठोंकी, घूस दिया और तब अन्दर जा सका। फिर तो वहाँ रहने वाले धोबी के लड़के से दोस्ती गाँठ ली, बाहर के ख़तरे से निर्द्वन्द्व उसके साथ कोठी के अहाते के भीतर पतंग उड़ाता।

फिर वहाँ से सिविल लाइंस आ जाता हूँ। जब पहली बार मुझे एक चवन्नी जेबख़र्च के लिए मिली तो यहीं से एक पान की दुकान से चार आने का पूरा एक पैकेट चुइंगम ख़रीदा था। वह दुकान दिखलाई नहीं पड़ती। सामने पैलेस थिएटर पड़ता है, जहाँ मैंने सबसे पहली फ़िल्म लारेल हार्डी की 'दि फ्लाइंग डिशेज' देखी और देखकर ख़ूब हँसा था, जहाँ मम्मी ने 'अनारकली' नाटक में अभिनय किया था और जहाँ लन्दन से आये एक नाट्य दल द्वारा प्रस्तुत 'हैमलेट' का शो डैड के साथ देखा था।

पैलेस के सामने स्टेशनरी की एक दुकान थी, जिसे एक नागर साहब चलाते थे। बगल में यूनिवर्सल की दुकान अभी भी है। एक बार हम लोग बरसात के दिनों में बरसाती ओढ़े दुकान के भीतर गये और जब कुछ देर बाद हम सभी बाहर निकले तो हमारी जेबों में दुकान से चुराई हुई तीन-चार कॉमिक्स पड़ी थीं।

और अब, इलाहाबाद से लौटते समय हृदय के भीतर कहीं एक दर्द-सा है। इलाहाबाद की मिट्टी में वह कुछ है जो दिल्ली, कलकत्ता, मद्रास, बम्बई या जहाँ कहीं भी जाता हूँ, नहीं मिलता है। काश कि वे दिन लौट पाते, इन लोगों के साथ मिलकर बैठता, बतियाता, हँसता, ठहाके लगाता।

इसीलिए चन्दर मुझे ज़्यादा भाग्यशाली लगता है कि उसका शहर इलाहा. बाद अब एक शब्दचित्र में अमिट हो गया है। उस इलाहाबाद में मैं चन्दर बनकर ही प्रवेश पा सकता हूँ। इस बार चन्दर बनकर ही जाना है। मेरे साथ होगी वही पुरानी-सी साइकिल, वही हल्के सादे कपड़े और वही शहर इलाहाबाद, वह बिन्दु, जहाँ चन्दर और अमिताभ मिल जाते हैं।

सोचता हूँ, जब यह फ़िल्म रिलीज़ हो जायेगी, और मैं वहाँ से गुजरूँगा तो क्या कोई पहचानकर चिल्लायेगा—"अरे देख ले रे, ओ ही चन्दर जात है साईकिलाया पै।"

धर्मयुग (15 अगस्त, 1971) से साभार

राजीव गाँधी के साथ तेजी जी व अमिताभ बच्चन

बातें राजीव की, यादें अमिताभ की

सुबह के क़रीब साढ़े दस या पौने ग्यारह का समय है। अमिताभ बच्चन के घर के विशाल ड्रॉइंग रूम के सफ़ेद परदे खिंचे हुए हैं। काँच के बड़े-बड़े दरवाज़ों के बीच में लगे पतले रोशनदानों से हवा आ रही है। दरवाज़ों के पार फैले लॉन पर धूप खेल रही है। घर की चारदीवारी के बाहर जो मकान बने हैं, उनके और मेरे बीच में लम्बे घने पेड़ों की क़तार है। उन पेड़ों की झिरी में से सामने के मकान की बाल्कनी यहाँ-वहाँ से झाँकती-सी दिखाई दे रही है। जया के पिता श्री तरुण कुमार भादुड़ी भोपाल से आनेवाले थे, उन्हें लेने जया हवाई अड्डे तक गयी हुई हैं। अमिताभ नहा रहे थे। मैंने चाय के घूँट भरते हुए अचानक देखा, सामनेवाले मकान की बाल्कनी से जैसे अनगिनत सितारे झर रहे हैं या यों समझ लीजिए कि रुपहली पन्नी के बारीक़ झिलमिल कण भरभराकर बरस पड़े हैं। बेहद ख़ूबसूरत नज़ारा लगा। ज़्यादा नहीं, बस कुछ ही पलों की बात थी वह। मगर मंज़र था बड़ा दिलकश। ग़ौर से देखने पर अन्दाज़ लगा कि शायद उस बाल्कनी में टँगे पौधों को कोई फ़व्वारे से सींच रहा था और पानी की बूँदें थीं जो झर रही थीं। वातावरण में फैली धूप का उजाला और ऊँचे पेड़ों की छाँव से उपजा अँधेरा—दोनों का कुछ ऐसा सामंजस्य उस ख़ास कोण पर हो रहा था कि उस अँधेरे-उजाले के पार से झरती पानी की बूँदें झिलमिल सितारों-सी नज़र आ रही थीं।

मैं सोचने लगी, देखो कैसा संयोग है कि मैं आज अमिताभ से श्री राजीव गाँधी के बारे में बातें करने आयी हूँ। वे राजीव गाँधी जिनके जीवन में अचानक अँधेरे और उजाले का अजब घालमेल हो चुका है—माँ का बिछोह और देश का सर्वोच्च आसन! मन ने शुभकामना की कि ईश्वर करे, उनके जीवन में भी वैसी ही ख़ूबसूरत रुपहली रोशनी का अद्‌भुत मंज़र हमेशा बना रहे, जैसी रोशनी अभी कुछ पलों के लिए मैंने अचानक देखी थी।

मैं अभी यह सोच ही रही थी कि अमिताभ आ गये। अभी-अभी लिए स्नान की ताज़गी और गीले-गीले बाल, सफ़ेद-उजले कपड़े, खिला-खिला प्रसन्न बदन! देखकर बहुत सुक़ून मिला। दूसरी बार बीमार होकर जब से अमेरिका

तीनमूर्ति भवन में अमिताभ और राजीव दारासिंह के साथ

गये थे, उन्हें देखा नहीं था। देखा भी था तो गहन शोक-सन्दर्भ में, टेलीविज़न के पर्दे पर। पता नहीं था उनकी तबीयत में कितना सुधार हुआ है, अब कैसे हैं। मन में चिन्ता भी थी। पर अब जब उन्हें यों ताज़ादम देखा तो ईश्वर को धन्यवाद दिया।

ड्रॉइंग रूम के पासवाला कमरा अमिताभ ने अपने पिता श्री हरिवंश राय बच्चन के लिए बनवाया है। हम उसी कमरे में जाकर बैठे। दो-चार घरेलू बातों के बाद अमिताभ बोले, ''आप किस तरह का लेख देना चाह रही हैं, क्या शीर्षक होगा?'' मैंने कहा, ''देखो, न तो मैंने शीर्षक सोचा है, न कुछ सवाल वग़ैरह फ़्रेम किये हैं—क्योंकि वैसा करने पर तुमको उन सवालों के सीमित दायरे में बँध जाना पड़ेगा। मेरा तो मन है कि वो जिसे कहते हैं न 'गोइंग डाउन द मेमोरी लेन'—सो तुम बस अपनी यादों की वादियों में उतर जाओ, साये मैं पकड़ती चलूँगी। मुझे एकदम शुरू से सब कुछ बताते चलो। राजीव जी से तुम्हारी सबसे पहली मुलाक़ात कब, कहाँ और किस तरह हुई थी—से लेकर आज के दिन तक की बातें...''

दो वर्षीय राजीव से मुलाक़ात

अमिताभ से आप बातें कीजिए तो वे आपकी ओर जिन मर्मभेदी निगाहों से देखते हैं, वे आपको बता देती हैं कि यह आदमी वह ताक़त रखता है कि आप कुछ बोल रहे हैं, उससे अगला वाक्य वह आपके बिना बोले ही समझ रहा होता

नाना के लाड़ले : पहलगांव में 1941 में पंडित नेहरू के साथ खेल में मगन राजीव और संजय

है। मैं किस तरह से क्या चाह रही हूँ। यह बात अमिताभ पल भर में समझ गये और हलका-सा मुस्कुराकर बोले—सबसे पहले जब मिला था, वह दिन, वे बातें मुझे ख़ुद तो साफ़-साफ़ याद नहीं हैं, लेकिन उन बातों का जो घर में वर्णन सुनता हूँ, उसके आधार पर आपको बता सकता हूँ कि उनसे मेरी सबसे पहली मुलाक़ात तब हुई थी जब मैं चार साल का था और वे दो साल के थे। मेरा जन्मदिन था। माँ ने बच्चों की फ़ैंसी ड्रेस पार्टी का आयोजन किया था। दो बरस के राजीव भी कुछ रूप धरकर आये थे, शायद कपड़े की गठरी लादे धोबी बने थे। लेकिन आख़िर नन्हे-मुन्हे थे, ज़रा-सी देर में कपड़े बदलने की ज़रूरत पड़ गयी। छोटे बच्चों के साथ चेंज के कपड़े लाये ही जाते हैं। इन्दिराजी ने चेंज के जो कपड़े रखे थे, उसी गठरी में, वे भी फैंसी ड्रेसवाले ही थे। इस बार उन्हें कुर्ता, चूड़ीदार पाजामा पहनाकर और गाँधी टोपी लगाकर कांग्रेसी कार्यकर्ता बना दिया गया था। माँ बताती हैं कि ऐसे प्यारे लग रहे थे कि सबका मन जीत ले गये।

तो इलाहाबाद के उन दिनों की ऐसी ही तमाम बातें हैं जो केवल सुनी हुई हैं। लेकिन उनके साथ की जो यादें मुझे ख़ुद याद हैं, वे दिल्ली की यादें हैं। 1956 में बच्चन जी का तबादला दिल्ली हो गया था (बच्चन जी तो प्रयाग विश्वविद्यालय में पढ़ाते थे—यह तबादला नहीं था बल्कि उनका कार्यक्षेत्र ही बदल गया था)। तब राजीव के नाना पण्डित जवाहरलाल नेहरू भारत के प्रधानमन्त्री

थे और उनका निवास तीनमूर्ति भवन में था। अपनी माँ और भाई के साथ राजीव वहीं अपने नाना के घर रहते थे। हमारा घर वहाँ से क़रीब पचास गज़ की दूरी पर साउथ एवेन्यू में ही था। वहाँ पहुँचने के दो-तीन दिन बाद ही माँ हमें तीनमूर्ति भवन ले गयी थीं।

पण्डित जी के कमरे के बगल में ही इन्दू आंटी का कमरा था और उस कमरे से लगा दूसरा कमरा राजीव और संजय का था। ये दोनों रहते-सोते तो इन्दू आंटी के कमरे में ही थे। इनका अपना कमरा तो एक तरह से खेलघर समझ लीजिए। उस कमरे में दुनिया भर के ढेर सारे खिलौने रखे थे। हम दोनों भाई (यानी बंटी और मैं) जब उस कमरे में पहुँचे तो ये दोनों भाई हवाई जहाज़ के एक मॉडल से खेल रहे थे। एक क्षण के औपचारिक परिचय के बाद उन्होंने तुरन्त ही हमें अपने खेल में शरीक कर लिया। अब सोचता हूँ तो वे क्षण बहुत असामान्य और अनोखे से लगते हैं। क्योंकि आप समझ सकती हैं कि अपरिचित लोग पहली बार मिलते हैं तो अपरिचय की एक झिझक होती है, एक दूरी होती है, जिसे दूर करने में थोड़ा-सा समय तो लगता ही है। पर उस दिन के परिचय में यह असाधारणता तो ज़रूर थी कि बिना किसी झिझक, बिना किसी दूरी के राजीव ने एकदम स्वाभाविक रूप से हमें तुरन्त ही खेल में शरीक कर लिया और पट से उस मॉडल के बारे में बताने-दिखाने लगे। अपरिचय की प्रथम दूरी लाँघने में बिल्कुल कोई वक़्त ही नहीं लगा और हम खेल में मगन हो गये। फिर तो यह सिलसिला जो चल निकला तो ख़ूब ही चल निकला। उस ज़माने में मुझे भी चाबी और बैटरीवाले खिलौनों का शौक़ था और राजीव के पास तो ऐसे खिलौनों का भण्डार ही था। वह तो खिलौनों के पुर्ज़ों को ख़ुद अपने हाथ से तोड़ता-जोड़ता रहता था। हमारा परिचय कब गहरी दोस्ती में बदल गया, हमें पता भी नहीं चला।

तीनमूर्ति में वे धमाचौकड़ियाँ

राजीव और संजय दून स्कूल में पढ़ते थे और हम दोनों भाई नैनीताल में पढ़ते थे। उनके स्कूल की छुट्टियाँ सर्दियों में होती थीं और हमारी भी तभी होती थीं। छुट्टियों में वे दोनों भी दिल्ली आते थे और हम दोनों भी। और बस, फिर शुरू हो जाता था हमारा खेलकूद का सिलसिला। उस उम्र में दोस्त तो अक्सर स्कूल से ही बनते हैं न, तो स्कूली दोस्त तो इनके दिल्ली में थे नहीं, और ये लोग बाहर भी बहुत कम आते-जाते थे। मेरी स्थिति और स्वभाव भी ऐसे ही थे, सो बस, हम चारों की आपस में ख़ूब पटने लगी। मेरा और बंटी का हाल यह था

तीनमूर्ति में राजीव की वर्षगाँठ की दावत : (बायें से) संजय, इन्दिराजी, तेजी जी, अजिताभ और (बैठे हुए) राजीव और अमिताभ

कि सुबह हुई कि हम तीनमूर्ति भवन में दाख़िल और फिर वहाँ से आने का नाम नहीं! हमारा प्रतिदिन का रुटीन ही यही था। एक बार तो मुझे याद है इन्दू आंटी से डाँट भी पड़ गयी थी। वे बोली थीं कि देखो, तुम दोनों दोपहर को मत आया करो। तुम लोगों की छुट्टियाँ हैं, सुबह-शाम भले ही कितना ही खेलो, मौज करो, लेकिन बच्चों के लिए दोपहर का वक़्त सोने का होता है। राजीव और संजय को और तुम दोनों को भी दोपहर में सोना चाहिए। आराम करना चाहिए।

असल में राजीव के पास एक से बढ़कर एक नवीनतम डिज़ाइनों के अनोखे खिलौने होते थे, जैसे हमने कभी देखे भी नहीं थे। सो उनसे खेलने का लोभ तो होता ही था। खिलौनों के अलावा भी उन लोगों के पास और बहुत-सी चीज़ें होती थीं। मसलन, मुझे याद है, शायद चीन के उप-प्रधानमन्त्री पण्डित नेहरू से मिलने आये थे। उन्होंने एक बहुत बढ़िया रेडियोग्राम उपहार में दिया था। पण्डित जी ने उसे राजीव-संजय के कमरे में रखवा दिया था। ग्रुंडिंग का नाम आज तो जाना-पहचाना हो गया है, लेकिन उस ज़माने में वह नायाब माना जाता था। बस, वह रेडियोग्राम हमें मिलना था कि अब हर समय म्यूज़िक-ही-म्यूज़िक की धुन हमारे सर पर सवार हो गयी। हम लोग सुबह से शाम तक रेकॉर्ड ही बजाते

रहते थे। एक दिन तो हम लोगों ने हद ही कर दी थी। बहुत ज़ोर-ज़ोर से म्यूज़िक लगाया हुआ था। बगल के कमरे में पण्डित नेहरू काम कर रहे थे। अचानक वे आये और बोले, 'यह क्या धमाचौकड़ी मचा रखी है? जानते नहीं हो मैं ज़रूरी काम कर रहा हूँ? बन्द करो यह सब।' हम लोग डर गये, लेकिन बस पल भर को ही, क्योंकि डाँटने के बाद पण्डित जी अपनी भावभंगिमा से यह जता देते थे कि मानो वे तो यों ही मज़ाक़िया तौर पर डाँट रहे थे।

राजीव और संजय को अपने नाना का प्यार और दुलार बहुत ही ज़्यादा मिला हुआ था। मगर पण्डित जी का दिया एक नियम था जो उन्हें पूरी सख़्ती से पालना होता था। नियम यह था कि वे लोग कुछ भी कर रहे हों, कहीं भी हों, सब कामकाज, खेलकूद, मौज-मज़ा छोड़-छाड़कर डेढ़ बजे उन्हें लंच टेबल पर पहुँचना ही होगा। नाना खाना अपने बच्चों के साथ ही खाते थे। किसी दिन, मान लीजिए, पण्डित जी टेबल पर पहुँच गये हैं और राजीव-संजय को एक मिनट की भी देर हो गयी है, तो वे दोनों किस तरह सहमे-सहमे सिमटते और दुबकते हुए जाते थे, मैं ये दृश्य आज तक भूला नहीं हूँ।

पण्डित जी की बात चल रही है तो मुझे एक बात याद आ रही है, जो मेरे ख़याल से बहुत अनोखी है। देखिए, आप कहीं भी जाइए, आप पायेंगी कि जानवर पालने के शौक़ीन लोग अपने पालतू जानवरों के नाम अंग्रेज़ी में रखते हैं। ख़ासतौर से कुत्तों के तो आप अंग्रेज़ी नाम ही पायेंगी। लेकिन एक यह घर ही मैंने ऐसा देखा था जहाँ जानवरों के नाम भी बड़े प्यार से हिन्दी में रखे जाते थे। पण्डित जी बहुत ख़ूबसूरत पैंडाज़ रखते थे; उन सबके हिन्दी नाम थे। राजीव को भी कुत्ते पालने का बहुत शौक़ है। बचपन से ही उनके पास दो कुत्ते थे, जो अभी कुछ ही समय पहले यहाँ सफ़दरजंग में आकर ही उम्र पूरी कर गये थे। उनमें से एक का नाम था मधु और दूसरा था पेपी (शायद पपीते से)।

हिन्दी नामों की बात चली तो मुझे स्वयं राजीव के नामकरण की बात याद आयी, जिसे सुनकर अमिताभ भी ख़ुश हुए, पाठकों को भी बता दूँ। राजीव जी का जन्म बम्बई में डॉ. शिरोडकर के नर्सिंग होम में हुआ था। उन दिनों पण्डित नेहरू जेल में थे। उन्होंने जेल से ही इन्दू जी को पत्र लिखा जिसमें धेवते का नाम सुझाया था राजीव रत्न। इसलिए कि राजीव का अर्थ है कमल यानी कमला नेहरू और रत्न यानी जवाहर। कमला और जवाहर के लाड़ले धेवते हुए राजीव रत्न गाँधी।

पालतू जानवरों की बात बताते हुए अमिताभ ने बताया कि घर में एक पालतू नेवला था। एक बार खाने की मेज़ पर पता नहीं लेडी माउंटबेटन थीं या शायद उनकी बेटी थी—कि वह नेवला घूमता-घामता वहाँ पहुँच गया और मेज़ के नीचे से लेडी के पाँवों पर चढ़ने लगा। अब अंग्रेज़ी एटीकेट होते हैं बहुत

संयत और शालीन। बेचारी न उसे हटा सकें न चौंक-चिहुँक कर झटक-पटक कर सकें। उनकी उस दिन बड़ी खस्ता हालत हुई थी और लम्बे अरसे तक नेवले की उस शरारत के चर्चे होते रहे थे।

राजीव जी के बचपन की बातों में खोये-खोये अमिताभ पण्डित नेहरू की यादों में तैर-उतरा रहे थे, बोले—कितनी भी व्यस्तता हो, पर पण्डित जी राजीव के कमरे में आकर कई बार देख-झाँक ज़रूर जाते थे कि हम लोगों के बीच क्या चल रहा है। फिर अमिताभ ने बताया—पण्डित जी छब्बीस जनवरी की परेड में हम लोगों को बड़े शौक़ से ले जाया करते थे। इलाहाबाद में छब्बीस जनवरी इतने बड़े पैमाने पर होती नहीं थी। हमने पहली बार जाना था कि यह समारोह कितना भव्य होता है। परेड के लिए जो लोकनृत्यों की टोलियाँ आती थीं, उनमें से कुछ समूहों को इन्दिराजी तीनमूर्ति भी बुलाती थीं। तब तीनमूर्ति के लॉन पर पण्डाल लगाकर जो नृत्य होते थे, उन्हें हम सब घर के लोग पण्डित जी के चारों ओर बैठकर देखते थे। उन सब कार्यक्रमों के दौरान पण्डित जी बहुत ही ख़ुश रहते थे।

अमिताभ ने बहुत भरे-भरे दिल और डूबी आवाज़ में कहा—सचमुच वे दिन हमारी ज़िन्दगी के शायद सबसे ख़ूबसूरत दिन थे। हम धीरे-धीरे बड़े होते जा रहे थे। मैकेनिकल खिलौनों और म्यूज़िक के अलावा और भी चीज़ों की ओर ध्यान जाता था। मसलन मुझे याद है, शायद चेकोस्लोवाकिया से कोई डेलिगेशन आया था। वे लोग राजीव-संजय के लिए फटफटिया साइकिल लाये थे। शायद मोपेड थी। उसका मिलना था कि हम लोग घर के कमरे से जो बाहर निकलते कि सारा दिन वह साइकिल और हम। हर समय हम उसी में लगे रहते। एक

राजीव के जन्मदिन पर 1 सफ़दरजंग रोड में बच्चन जी और तेजी जी राजीव और सोनिया के साथ

जन सीखता होता, बाक़ी तीन यों ही उसके पीछे-पीछे भागते रहते। मुझे याद है, राजीव ही सबसे पहले सीख गये थे। तीनमूर्ति में दूर-दूर तक खुली ज़मीन थी ही, सो बस, ख़ूब ज़ोरों से साइकिलिंग होती थी। उसे सीखने में जो थ्रिल मिला था, उसका स्वाद आज तक याद है।

बर्र के छत्ते में से निकलने का रोमांच

और हाँ, उन्हीं दिनों उनके पास सूरज की रोशनी से चार्ज होनेवाला एक सोलर रेडियो भी आया था। तीनमूर्ति के एक बरामदे में ख़ूब धूप आती है। हम चारों का अड्डा अब उस बरामदे में जमने लगा था। कई दिन की लगातार जी-तोड़ कोशिशों से आख़िर राजीव ने सूर्य के ज़रिये वह रेडियो चलाकर हम सबको चमत्कृत कर ही दिया था। उसमें से आवाज़ें सुनायी दीं तो हमें इतनी बड़ी उपलब्धि लगी थी कि मानो रेडियो का सारा कमाल हमारा ही करिश्मा था। राजीव तो ख़ुश थे ही। राजीव को इस तरह के कामों का बहुत शौक़ था, जिसमें अपने हाथ से कुछ न बनाना-करना होता था, कुछ दिमाग़ लगता था, कुछ मेहनत लगती थी। राजीव की अपेक्षा संजय ज़्यादा फ़िज़िकल था। उसे उछल-कूद ज़्यादा पसन्द थी। ब्राइट भी वह बहुत था। राजीव हमेशा से ही गम्भीर और रिज़र्व रहे थे। ये बातें जो मैं आपको बता रहा हूँ, ये क़रीब 1956, 57, 58 के दौरान की बातें हैं। तब वे शायद सातवीं या आठवीं क्लास में पढ़ते होंगे। यद्यपि वे संजय की तरह चंचल और नटखट नहीं थे, फिर भी उनमें साहस और निडरता का माद्दा ग़ज़ब का था। एक दिन का वाक़या मुझे अक्सर याद आता है। तीनमूर्ति भवन में पीछे, दाहिनी ओर एक पुराना खँडहर-सा है। पता नहीं क्यों, उसे ज्यों-का-त्यों छोड़ दिया गया है। न तो उसे तुड़वाया गया है, न ही सुधरवाया गया है। बस, हमेशा से वह वैसा ही पड़ा है। एक बार हम चारों खेलते-खेलते उसमें घुस गये। कभी सीढ़ियाँ चढ़ते, कभी कोई अँधेरा बरामदा-सा पार करके दूसरी ओर निकल जाते। कभी इधर से कूदकर उधर से फाँदकर अचानक एक ऐसी जगह पर पहुँच गये, जहाँ से बाहर निकलने का सिर्फ़ एक ही रास्ता था; क्योंकि जहाँ से घुसकर आये थे, वहाँ का एक पत्थर लुढ़क गया था और वह रास्ता बन्द हो गया था। अब जो सामनेवाला एकमात्र रास्ता था, उसके बीचोबीच एक बड़ा-सा बर्र का छत्ता लटका हुआ था। छत्ता देखते ही हम सबके होश-हवास गुम। अब क्या करें? इन्हें छेड़ा कि शामत आ जायेगी, यह हमें मालूम था। पर बिना उन्हें छुए हम वहाँ से निकल भी नहीं सकते थे। बड़ी देर तक हम चारों वहाँ हैरान-परेशान बैठे रहे। डाँट पड़ने के डर से वहाँ से किसी को आवाज़ भी नहीं लगा सकते थे।

कुछ समझ में नहीं आ रहा था कि क्या किया जाये। आख़िर राजीव ही बोले, 'एक काम करते हैं। जितनी ज़्यादा-से-ज़्यादा जगह मिल सकती है उतनी दूरी से, तेज़ी से दौड़ते हुए पूरी फ़ोर्स के साथ इस छत्ते को तोड़ते हुए हम फ़ुर्ती से निकल जायेंगे तो कुछ नहीं होगा। बस यही ध्यान रखना होगा कि पूरी फ़ोर्स लगे और बेहद फ़ुर्ती दिखाई जाये।' हम तीनों बोले, 'मगर बरइयाँ काटेंगी ज़रूर', राजीव ने कहा, 'पहली बार तो ऐसा होगा नहीं; दूसरे अगर थोड़ा काट भी लिया तो देखा जायेगा।' आख़िर हमें उसकी बात माननी ही पड़ी। वही सबसे आगे तेज़ी से झपटा और पीछे-पीछे हम तीनों। और लीजिए, सचमुच वह हमें साफ़ निकाल लाया। हम इतनी तेज़ी और फ़ुर्ती से निकले थे के बर्रों को हमसे चिपकने का समय ही नहीं मिला। पीछे भनभनाती रह गयीं।

इस घटना की बात सुनकर मैंने मन-ही-मन प्रार्थना की कि ईश्वर करे देश में व्याप्त भ्रष्टाचार और अकर्मण्यता के छत्ते को भी श्री राजीव गाँधी अपनी उसी ताक़त और तेज़ी से तोड़ डालें'; और हमारे प्यारे देश को उसी तरह साफ़ बचा ले जायें जैसे उस दिन अमित, संजय और बंटी को बचा लाये थे।

अमिताभ तो उन दिनों की यादों में सचमुच खो गये थे। उन्होंने जिस तरह बताया कि उन दिनों राजीव के पास एक नीली स्टेशन-वैगन हुआ करती थी, तो उनके बताने-कहने के ढंग से साफ़ झलक रहा था मानो उस नीले रंग का सही शेड तक उन्हें इस समय साफ़ याद आ रहा है। बोले—उस नीली स्टेशन-वैगन में इतवार की छुट्टी के दिन हम सब लोग यानी माँ, इन्दू आंटी, राजीव, संजय, मैं और बंटी इकट्ठे पिकनिक के लिए जाया करते थे, कभी यहाँ, कभी वहाँ। हाँ, तुग़लकाबाद अक्सर जाया करते थे। वहाँ हम लोग सारे दिन खुले में खेलते, खाते, हँसते, बोलते, गाते, बजाते थे। इन पिकनिकों पर इन्दू आंटी हम लोगों को तरह-तरह के वर्ड गेम्स, ग्रुप गेम्स खिलाती थीं। वे खेल अधिक कूद-फाँद के नहीं होते थे, पर इंटेलिजेंट गेम्स हुआ करते थे। बहुत मज़ा आता था इन पिकनिकों पर। और अगर कभी ऐसा होता कि हम बाहर नहीं जा सकते थे तो हम लोगों को इन्दू आंटी ने ही एक तरक़ीब सुझायी थी कि छुट्टी के दिन तुम्हें घर नहीं बैठना है न; तो ऐसा करते हैं कि तीनमूर्ति में जो इतनी सारी ज़मीन पड़ी है यहीं के एक दूरवाले कोने में हम लोग एक तम्बू लगायेंगे; वहाँ उस तम्बू में पकायेंगे, खायेंगे, खेलेंगे, गायेंगे, नाचेंगे; बस, ऐसा ही महसूस होगा जैसे घर से दूर कहीं पिकनिक मना रहे हैं; पूरा मज़ा करके शाम ढले कमरों में लौट आयेंगे। बस, इस तरक़ीब के बाद तो हमारा कोई भी इतवार बिना पिकनिक के नहीं गुज़रता था। वैसे कभी कोई अच्छी विदेशी फ़िल्म आयी तो इन्दू आंटी हम लोगों को फ़िल्म दिखाने राष्ट्रपति भवन ले जाती थीं।

वह विशालकाय ऑमलेट

मैंने पूछा, तुम लोग कभी आपस में लड़ते-झगड़ते नहीं थे क्या? और आपसी ईर्ष्या द्वेष? तो अमिताभ बोले—नहीं, लड़ाई-झगड़े या डिस्कॉर्ड जैसी बात हमारे बीच कभी नहीं आयी। हाँ, यह ज़रूर था कि हम दोनों यानी मैं और राजीव दोनों छोटों को अक्सर छेड़ा-चिढ़ाया करते थे। कभी उनकी लेगपुलिंग (खिंचाई) कर डालते थे और कभी मौक़ा पाकर वे दोनों भी हमें छकाया करते थे। अमिताभ के चेहरे पर अचानक एक बड़ी ममताभरी चमक आयी और हँसकर बोले—एक मज़ेदार वाक़या याद आ रहा है। एक दिन मैं और राजीव तीनमूर्ति के लॉन पर नीचे कुछ खेल रहे थे। शायद हमने संजय और बंटी को अपने उस खेल में शामिल नहीं किया था और वे दोनों ऊपर की मंज़िल की बाल्कनी में अकेले खड़े बाहर की ओर देख रहे थे। उन्हें वहाँ देखकर हमने नीचे से आवाज़ लगायी, 'भई, ज़रा कुछ खाने-पीने को भेजो।' संजय बोला, 'क्या पीना है?' राजीव ने कहा, 'पानी। लेकिन बहुत ठण्डा पानी चाहिए।' संजय बोला, 'ठीक! अब खाओगे क्या?' राजीव ने कहा, 'अण्डे चल जायेंगे।' हम अपने खेल में लगे थे ही। देखते क्या हैं, थोड़ी देर बाद एक नौकर बाल्टी लिए हुए आया और बोला, संजय साहब ने ठण्डा पानी भेजा है। हमने देखा, बाल्टी में पानी तो नाममात्र को ज़रा-सा ही था और बर्फ़ ढेरों-ढेर पड़ी थी। अभी हम पानी देख ही रहे थे कि भीतर से दो नौकर एक बहुत ही बड़ी ट्रे पकड़े चले आ रहे थे। उसमें देखा तो एक विशालकाय ऑमलेट चला आ रहा है। बाद में पता चला कि उस दिन घर में जितने, तीस-चालीस अण्डे पड़े थे, उन सबको तोड़कर खुद संजय ने किचन में खड़े होकर अपने हाथों से ऑमलेट बनाया था; और फ्रिज में जितनी भी तरह की चटनियाँ, सॉस और जैम पड़े थे, सब उस ऑमलेट पर डाल दिये थे। पीने को पानी माँगा था और खाने को अण्डे—सो पानी और अण्डों को देखकर हम लोगों का जो हाल हुआ कि पूछिए मत। हम दोनों के चेहरों की रंगत और खिसियाहट देखकर वे दोनों जो हँसे कि हँसते-हँसते उनके पेट में बल पड़ गये और उनकी सारी शाम की पूरी बोरडम दूर हो गयी। और हम बोर हो गये। वह ऑमलेट और ठण्डा पानी अक्सर बहुत याद आता है। उन दिनों तीनमूर्ति की किचन-इंचार्ज मिसेज़ वकील थीं। उस दिन उनकी हालत भी बस देखने लायक ही थी। वे बेचारी हम चारों से यों ही ख़ासी परेशान रहती थीं। वहाँ का कोल्ड स्टोरेज ऐसा है कि समझ लीजिए एक छोटे कमरे जितना बड़ा फ्रिज है। हम चारों उसमें घुसे कि बेचारी की हालत खस्ता हो जाती। यह मत छूना, वह मत गिराना, उसे खोलना मत, यह खाना

बच्चन जी के घर में श्रीमती तेजी बच्चन की वर्षगाँठ पर : (बायें से) सोनिया, प्रियंका (नीचे बैठी हुई) तेजी जी, बच्चन जी, इन्दिराजी, राजीव और राहुल

मत—जैसी बातें कहते-कहते उनका मुँह थक जाता होगा। हम जिस दिन उसमें घुस जाते कि अशोकवाटिका में घुसे हनुमान बन जाते। एक दिन तो संजय महाशय पता नहीं कैसे उसमें काफ़ी देर के लिए बन्द ही हो गये थे। हम सब तो उन्हें खोजने में परेशान हो रहे थे और वे महाशय अन्दर बैठे-बैठे ठाठ से चॉकलेट पर चॉकलेट उड़ा रहे थे।

रही ईर्ष्या और द्वेष की बात, वह हमारे बीच कभी नहीं रही। होड़ाहोड़ी भी नहीं होती थी। इसकी शायद दो वजहें हो सकती हैं। एक तो हम लोगों के स्कूल अलग-अलग थे; दूसरे हमारी दोस्ती हमारे बड़ों के माध्यम से हुई थी, इसलिए हमारे आपस के सम्बन्धों में भी एक ख़ास तरह की डिगनिटी शामिल थी। हम दोनों ने ही कभी उम्र के फ़र्क़ को महत्त्व नहीं दिया। हमेशा से ही एक-दूसरे के प्रति चरम आत्मीयता के साथ एक शालीन आदर भावना भी रही है। यही कारण है कि कभी हमने एक-दूसरे के पाँव-पर-पाँव नहीं धरा। आज हम एक-दूसरे को प्यार भी करते हैं और एक-दूसरे की इज़्ज़त भी करते हैं। अब देखिए, पहले तो उनकी पोज़ीशन प्रधानमन्त्री के धेवते की थी, फिर वे थे प्रधानमन्त्री के बेटे; लेकिन उनका रुतबा कभी आड़े नहीं आया। अब इधर एक ज़माना आ गया जब पब्लिक मुझे पहचानने लगी। तब राजीव के मन में मेरे प्रति कोई दूरी नहीं आयी। मैं कैसे भूल सकता हूँ वह दिन, जब एशियाड के मौक़े पर ख़ुद राजीव ने भीड़ को अपने हाथों से रोका था और मेरे लिए रास्ता ख़ुद खड़े होकर बनाया था? कैसे भूलूँगा, जब मुझसे बोले थे कि देखो अमित, बाक्सिंग के लिए गोल्ड मैडल दिलाने के लिए वे लोग मेरे पास आयेंगे, पर मैं चाहता हूँ कि यह मैडल

तुम जाकर दो? और सचमुच जब आयोजक उनके पास आये तो उन्होंने कहा, मुझे नहीं, आप अमिताभ जी को ले जाइए।

असल में एक बात और आपको बताऊँ कि राजीव को मुझ पर गर्व है। गर्व इस बात का कि वे जानते हैं कि आज जनता के बीच में मेरी जो भी जगह बनी है, वह मेरी अपने आप, अपनी मेहनत से बनायी हुई जगह है। जब आप कैमरे के सामने होते हैं, उस समय किसी की सिफ़ारिश या पहचान काम नहीं आती, आपको अपने काम से ख़ुद प्रमाणित करना होता है। और इस तरह की सेल्फ़मेड पोज़ीशन के प्रति राजीव के मन में हमेशा बहुत क़द्र होती है। (यह शायद राजीव जी के चरित्र का एक विशिष्ट गुण है। भारत बिना किसी विदेशी ताक़त का सहारा लिए ख़ुद अपने पाँवों पर खड़ा होकर अपनी मेहनत के बल पर अपना विकास करे और दुनिया की सर्वोच्च ताक़त बने—भारत के इस सेल्फ़मेड रूप का सपना श्रीमती इन्दिरा गाँधी ने देखा था। प्रधानमन्त्री श्री राजीव गाँधी अपने इस विशिष्ट चारित्रिक गुण के कारण इस सपने को ज़रूर ही वास्तविकता में बदल सकेंगे, इसका विश्वास भी बनता है)।

अमिताभ ने बताया—संजय और राजीव को घुड़सवारी और तैराकी का भी बहुत शौक़ था। मैं नैनीताल में पढ़ रहा था। वहाँ मैंने भी घुड़सवारी सीखी थी और मुझे भी उसका शौक़ था। इसलिए उनके साथ मैं भी प्रेसीडेंट्स बॉडीगार्ड्स के राइडिंग स्कूल में जाता था। सुबह-सुबह हम ख़ूब घुड़सवारी करते थे। फिर घण्टों तैरकर तीनमूर्ति जाकर खाने की मेज़ पर टूट पड़ते थे। उफ़, क्या ग़ज़ब की भूख लगती थी उन दिनों! बहुत खाते थे हम लोग। उन दिनों राजीव मिठाई बहुत खाते थे। उन्हें मिठाइयाँ हमेशा से बहुत पसन्द हैं। अंग्रेज़ी मिठाइयाँ भी और हिन्दुस्तानी मिठाइयाँ भी! ख़ासतौर से देशी मिठाइयाँ!

पुर्ज़ा-पुर्ज़ा समझने की सनक

और हाँ, उन दिनों की एक बात बताना मैं आपको भूल ही गया। मैंने बताया था न कि राजीव में बचपन से ही एक ख़ास आदत थी—हर नये आये खिलौने को पुर्ज़े-पुर्ज़े अलग कर डालना और फिर पूरे ध्यान से एक-एक टुकड़ा, एक-एक पुर्ज़ा जोड़-जोड़कर खिलौने को जैसे-का-तैसा बना देना। इस प्रक्रिया में राजीव को बड़ा मज़ा आता था। यह छूत मुझे भी लग गयी। मुझे याद है, शायद उनसठ या सन् साठ की बात है। बाबूजी (डॉ. बच्चन) विदेश गये थे। वहाँ से हमारे लिए एक ट्रांज़िस्टर और टेपरेकॉर्डर लाये थे। घर में ऐसी चीज़ पहली बार आयी थी। मैंने भी अपने मित्र की देखादेखी दोनों चीज़ों को खोल

डाला। बड़ा मज़ा आया। जो कुछ राजीव को करते देखता था, आज स्वतन्त्र रूप से खुद कर रहा था। बड़ा थ्रिल था। लेकिन सारा मज़ा धरा-का-धरा रह गया। जब मैंने पाया कि उन चीज़ों को वापस असेंबल करना मेरे बूते की बात नहीं है। लाख माथापच्ची की, लेकिन मुझसे नहीं होना था, नहीं हुआ! लाज़मी था कि माँ और बाबूजी की डाँट पड़ती, सो वह भी पड़ी और ख़ूब पड़ी। आख़िर मैं राजीव के पास गया कि चल भइया, अब तू ही मदद कर सकता है। तो वह हँसा और बोला, 'फ़िक्र मत करो, ज़रा-सी देर में सब ठीक हो जायेगा।' और तुरन्त मेरे साथ मेरे घर आया और फटाफट दोनों चीज़ें फिर पहले जैसी नयी-निकोर बना दीं।

राजीव को यह मैकेनिकल सेंस अपने पिता से विरासत में मिला है। मुझे याद है, हमारे पास एक बड़ा-सा कैबिनेटवाला रेडियोग्राम था। लेकिन वह बेकार पड़ा था, क्योंकि दिल्ली में डी.सी. बिजली थी और वह ए.सी. पर चलनेवाला था। आज तो कन्वर्टर आम बात हो गये हैं, पर तब उनका चलन नहीं था। मैंने अपने रेडियोग्राम की बात राजीव को बतायी तो वे बोले, 'चलो, ऐसा करते हैं कि पापा के पास चलते हैं। उनके पास एक मशीन है जो उन्होंने खुद बनायी है। उससे शायद तुम्हारा रेडियोग्राम चालू हो जायेगा। उनसे वह मशीन माँग लाते हैं।' उस दिन हम दोनों फ़ीरोज़ अंकल के घर गये थे। वाह! क्या करीने से सजाया हुआ उनका कमरा था। हर चीज़ एकदम ठीक क़ायदे से ठीक जगह पर रखी हुई, बेहद साफ़ और चारों ओर से टपकता हुआ विशिष्ट आभिजात्य! आप आज अगर राजीव का कमरा देखें तो पायेंगी कि वहाँ भी ठीक वैसा ही माहौल है। हर चीज़ बिल्कुल करीने से, सही जगह पर साफ़-सुथरे ढंग से रखी मिलेगी। कहीं कोई कन्फ़्यूज़न नहीं! हाँ तो, फ़ीरोज़ अंकल हमारी समस्या सुनकर हँसे और अपने बेटे के मित्र की मदद के लिए बड़े शौक़ से खुद ही चलने को तैयार हो गये। अब समस्या थी उस मशीन की। कोई छोटी-सी मशीन तो थी नहीं कि हाथ में उठाओ, गाड़ी में सीट पर रख दो और चल दो। वह थी रेडियोग्राम से भी बड़ी और भारी-भरकम ढंपलाट मशीन। ख़ैर साहब, किसी तरह बड़ी-बड़ी तरक़ीबों से लाद-लूद कर वह मशीन मेरे घर लायी गयी और काफ़ी देर की कारीगरी के बाद आख़िर अंकल ने हमारा रेडियोग्राम चालू कर ही दिया। ओफ़, उस दिन घण्टों तक क्या शोर मचा हुआ था! क्या ज़ोरदार घर्र-घर्र करती थी उनकी मशीन! यह मशीन-प्रेम राजीव को उन्हीं से मिला है। आज दुनिया के किसी भी कोने पर, कहीं भी कोई ऐसा काम हो रहा है जो इलेक्ट्रॉनिक्स की दिशा में नया हो रहा है, तो उसकी पूरी जानकारी राजीव को होगी। फ़ीरोज़ अंकल भले ही कोई टेक्निकल विज़ार्ड नहीं होंगे, लेकिन वे

जिस चीज़ को भी काम में लाते थे, उसके पुर्ज़े-पुर्ज़े को समझ लेना चाहते थे, राजीव की बेसिक नेचर भी यही है। वे भी जो कुछ भी करते हैं, उसे पूरी तरह पुर्ज़ा-पुर्ज़ा समझकर एक ख़ास सिस्टम के साथ करते हैं। जब तक संजय था, उन्होंने कभी राजनीति में आने की बात सोची भी नहीं थी। संजय की अकाल मृत्यु के बाद अपनी माँ का हाथ बँटाने की अपनी ज़िम्मेदारी को समझकर उन्होंने यह बोझ उठाया था। फिर एक बार ज़िम्मेदारी ले ली तो राजीव को पुर्ज़ा-पुर्ज़ा जोड़ लेना भी खूब आता है। मुझे तो पूरा विश्वास है कि अब भारत का स्वर्णिम भविष्य हमारे ठीक सामने है।

अपने मित्र की ठोस सम्भावनाओं के प्रति पूर्ण आस्था व्यक्त करते-करते अमिताभ बोले—अरे, बातें करते-करते देखिए बचपन तो बीत चला, आइए अब आपको कैशोर्य की बातें बतायें।

राजीव को विलायत भेजे वे अनोखे टेप

हम बड़े होने लगे थे। मैंने सीनियर कैम्ब्रिज कर लिया था। मैं दिल्ली के एक कॉलेज में पढ़ रहा था और राजीव आगे पढ़ने के लिए विलायत चले गये थे। विलायत से वे मुझे बराबर ख़त लिखते रहते थे। हम इतने ख़त लिखते थे कि भौगोलिक दूरी ज़्यादा महसूस नहीं होती थी। राजीव शायद मेरे पास ही इतने रैग्युलरली ख़त भेजते थे, क्योंकि अक्सर इन्दू आंटी माँ से पूछा करती थीं कि, 'राजीव कैसा है? अमित के पास तो ख़त ज़रूर आते होंगे। मुझे तो उसने बहुत दिनों से कुछ लिखा ही नहीं।' राजीव के ख़तों में तमाम तरह की बातें होती थीं। विलायती जीवन की बातें, वहाँ के फ़ैशन, ड्रेसेज़, म्यूज़िक, लोगों, जगहों वग़ैरह की बातें। इन सब बातों की जानकारी में मेरी भी बड़ी रुचि थी, सो उसके ख़तों का हमेशा इन्तज़ार बना रहता था। एक बार तो, मुझे याद है, राजीव का एक ख़त पढ़कर मैं ख़ासा चकरा गया था। उसने लिखा था कि कुछ दिनों से वह कोई कामकाज ढूँढ़ लेने के चक्कर में है ताकि कुछ पैसा कमा सके, क्योंकि वहाँ का रहन-सहन इतना महँगा है कि पैसे की तंगी हमेशा ही बनी रहती है; और यह कि उसने बाज़ार में एक बड़ा बढ़िया टेपरेकॉर्डर देखा है, जिसे वह ख़रीदना चाहता है, पर उतने पैसे हैं नहीं। अब मुझे यह तो याद नहीं है कि उसके लिए कितनी रक़म चाहिए थी; पर राजीव के अनुसार यदि वे उतनी रक़म अतिरिक्त काम करके कमा सके तब तो टेपरेकॉर्डर ले लेंगे, यदि उतने पैसों से कम ही जमा कर पायेंगे तो एक कार ख़रीदने की सोच रहे हैं। मैं चक्कर में पड़ गया कि ऐसा कैसा टेपरेकॉर्डर होगा जो मोटरकार से भी महँगा मिलता है। बाद में

राजीव से पता चला कि सचमुच वहाँ सैकंड हैंड मोटरें बड़े सस्ते दामों में मिल जाती हैं। यह सुनकर तब मैं सचमुच बड़ा हैरान हुआ था।

हम लोग ख़त ही नहीं, एक-दूसरे को टेप की रीलें भी भरकर भेजा करते थे। उन दिनों कैसेट तो होते नहीं थे, रील पर ही टेप चलते थे। एक बार तो मैंने अपना पूरा दिन किस तरह बिताया, इसका ड्रामा-सा ही बनाकर भेज दिया था। मसलन मुझे बताना था कि फलाँ दोस्त का इन्तज़ार है तो मैंने टेप में कहा—देखो न, कमबख़्त अभी तक नहीं आया है। मैं यहाँ बोर हो रहा हूँ। अरे, अरे, देखो, शायद वह आ रहा है। धत् तेरे की, यह तो कोई और निकला। सुनो, वह देखो, सामने के पेड़ पर एक नीलकण्ठ आकर बैठ गया है। कैसे गर्दन घुमा-घुमाकर इधर-उधर देख रहा है। अख़्वाह, आइए, आइए महाशय। लो भई प्रकट हो गये हैं जनाब। ऐं, यह तो शायद फलाँ की गाड़ी का-सा हॉर्न है। वह भी आ रहा है क्या...वग़ैरह-वग़ैरह। पूरे दिन का इसी तरह आँखों देखा हाल या ड्रामा जैसा हमने टेप में भरकर भेजा था। एक बार तो बड़ी गड़बड़ भी हो गयी थी। एक टेप में हम कई दोस्तों ने मिलकर ब्वायिश टॉक्स (किशोर सुलभ बातें) भरकर भेज दी थीं। राजीव वहाँ सुनने बैठा तो उस समय वहाँ पर बैठे थे टिक्की कौल अंकल। आंटी और उनकी बेटी भी वहीं थी। जो टेप बजा और वे बातें शुरू हुईं तो राजीव खुद तो सकपकाया ही, वह लड़की बेचारी बहुत ऑकवर्ड फ़ील करने लगी। राजीव उस बार जब आया तो ताक़ीद कर गया था कि यार, भेजते समय यह ज़रूर बता दिया करो कि टेप में है क्या।

राजीव छुट्टियों में जब भी आता, हम सबके लिए कुछ-न-कुछ उपहार ज़रूर लाता था। मुझे याद है, मेरी ज़िन्दगी की सबसे पहली जींस उसी ने मुझे लाकर दी थी। आज तो जींस सारी दुनिया में छायी हुई हैं, लेकिन उस ज़माने में तो बड़ी अनोखी चीज़ थी। मैंने उसे इतना पहना, इतना पहना, कि पूछिए मत। कई बरस तक मैंने उसे लगभग रोज़ ही पहना था। वह बदरंग हो गयी, फटने-फटने को हो गयी, पर मैं उसे छोड़ने को तैयार ही नहीं था।

राजीव की छुट्टियों की बात पर याद आ रहा है। एक बार वे आये हुए थे और हम लोग पता नहीं, किस बात पर उस पार्टी को याद कर रहे थे जो तीनमूर्ति भवन में पण्डित नेहरू के जन्मदिन पर हुई थी। उस दिन भी फैंसी ड्रेस का आयोजन था और इन्दू आंटी ने मेरे पहनने के लिए एक कांटीनेंटल ज्यार्जियन ड्रेस बनवाकर भेजी थी। बातें करते-करते याद आया कि उस दिन की बड़ों की मिक्स्ड पार्टी में हम पहली बार शामिल हुए थे। फिर सोचा कि क्यों न हम लोग भी मिक्स्ड पार्टी करें, सब लड़के-लड़कियाँ एक साथ इकट्ठे हों। इन्दू आंटी से पूछा गया तो उन्होंने अपनी सहर्ष इजाज़त ही नहीं दी, बल्कि खुद

अपनी देखरेख में उस पार्टी की तैयारियाँ भी कीं। हमारी पहली मिक्स्ड पार्टी थी। हम सभी के मन में बहुत थ्रिल था। थोड़ी-थोड़ी घबराहट भी थी। राजीव लेकिन बिल्कुल परेशान नहीं थे, शायद इसलिए कि वे विलायत में यह सब देख ही चुके थे। पर हिन्दुस्तान में तब लड़के-लड़कियों का एक साथ मिलना-जुलना इतना प्रचलित नहीं था। हमारे लिए तो यह एक ख़ास अवसर था। मैं ज़रा नर्वस भी था। मुझे याद है, उस दिन इन्दू आंटी पूरी शाम हम लोगों के साथ रही थीं। खाने-पीने, हँसने-बोलने, म्यूज़िक-गेम्स सभी में साथ थीं। साथ ही उन्हें यह ध्यान भी था कि यंगस्टर्स को कभी-कभी अकेले भी छोड़ देना चाहिए, सो बीच-बीच में थोड़ी देर के लिए चली भी जाती थीं। अनुशासन और फ्रीडम का बड़ा सुन्दर सामंजस्य कर लेती थीं वे।

तेज़ कारों और हवाई उड़ानों का दौर

मैंने पूछा, तुम्हारे ग्रुप की लड़कियाँ तो राजीव की ओर ख़ास खिंच जाती होंगी, तो अमिताभ ने बताया—यह बात सच है कि उस ज़माने में हमारे बीच में ही क्या, सारे देश का ही नम्बर वन पिक तो राजीव ही रहे होंगे। उनके जैसा बेहद ख़ूबसूरत नौजवान, जो इतनी अच्छी पोज़ीशन भी रखता हो, भला और कौन था? लेकिन आप हैरान होंगी जानकर कि कभी मज़ाक़ में भी राजीव ने अपनी स्थिति का कोई फ़ायदा नहीं उठाया, और न कभी किसी को अपने साथ खिलवाड़ करने का मौक़ा ही दिया। ऐसी स्थितियों को वे बड़ी ख़ूबसूरती से काट दिया करते थे। उनमें हलकापन या छिछोरापन तो नाममात्र को भी कभी रहा ही नहीं। वे तो बड़ी गम्भीर वैल्यूज़ वाले व्यक्ति रहे हैं हमेशा से ही।

मित्रों की पार्टी की बात बताते हुए अमिताभ ने एक और मज़ेदार घटना सुनायी। बोले—एक बार ऐसी ही एक मिली-जुली पार्टी के लिए हम एक दोस्त के घर में जमा हुए थे। वहाँ राजीव के दून स्कूल के कई दोस्त आये थे। पार्टी ख़त्म हुई और शाम ढलते ही लड़कियाँ तो सब अपने-अपने घर लौट गयीं, हम कुछ लड़के वहाँ अभी भी डटे हुए थे। मौज-मौज में योजना बनी कि अभी दून स्कूल चला जाये। उस दिन पण्डित नेहरू कहीं विदेश में थे और इन्दिराजी भी दिल्ली से बाहर गयी हुई थीं। राजीव-संजय एमी कृष्णा के सिपुर्द थे। रात के दस बजे थे। ज़ाहिर है, वहाँ से परमिशन माँगी जाती तो इनकार ही मिलता। तो यह तय किया गया कि मैं अपनी माँ को फ़ोन करूँ। मैंने अपने घर पर माँ को फ़ोन किया और सारी बात बताकर कहा, 'माँ, तुम किसी तरह कवर कर लेना। भले ही कह देना कि राजीव-संजय वहाँ तुम्हारे पास ही रात को रह रहे

हैं, प्लीज़। दून स्कूल तक जाने की हमें परमिशन दे दो। हम प्रॉमिस करते हैं, सुबह होते ही वापस आ जायेंगे।'

तो साहब, रात के दस बजे हम दोस्त चल पड़े, दून स्कूल पर धावा बोलने। राजीव की स्टेशन-वैगन में ही हम सब घुसे। छह की जगह बारह-तेरह लड़के लदर-फदर बैठ गये। एक बरस पहले ही राजीव वहाँ से पास करके निकले थे, पहचानते तो सब थे ही। सो पीछे के दरवाज़े से होस्टल में घुसा गया और डॉरमेंट्री में लड़कों को पानी छिड़ककर, कान में सीटी बजाकर, अलार्म बजाकर, बिगुल बजाकर, डिब्बे पीटकर जैसे बना सबको उठाया गया। किचन खुलवाकर जो कुछ मिला, ख़ूब खाया-पिया गया। उस रात जो हंगामा किया वहाँ हम लोगों ने, वह आज तक याद आता है। बेहद मज़ा आया था। सारी रात ऊधमबाज़ी होती रही और सुबह होते ही देहरादून शहर घूमा गया। देहरादून से एक और दोस्त ने अपनी गाड़ी निकाली और हम दो गाड़ियों में आधे-आधे बँट गये। अब यह तय हुआ कि वापस दिल्ली तक दोनों गाड़ियों में रेस होगी। सभी का उत्साह और उमंग सातवें आसमान पर थे। क्या शानदार रेस थी उस दिन की! राजीव ही जीते थे। आपको पता है, राजीव गाड़ी बेहद तेज़ चलाते हैं! यों भी तेज़ ही चलाते थे, पर विलायत में रह लेने के बाद तो बहुत ही तेज़ चलाने लगे थे। उनकी गाड़ी जिस ड्राइवर के ज़िम्मे रहती थी, उसका नाम था देसराज। राजीव दोस्तों के साथ हों और गाड़ी निकालने को कहा जाये तो बेचारे देसराज के चेहरे पर हवाइयाँ उड़ने लगती थीं। उसके लिए तो नाइटमेयर (दुःस्वप्न) जैसा होता था वह सब; क्योंकि राजीव उसे तो एक ओर बैठा देते थे और ख़ुद गाड़ी चलाते थे। क्या बताऊँ आपको कि कैसे-कैसे स्टंट करते थे। गाड़ी इतनी स्किड करते थे और इतने शार्प और तेज़ टर्न लेते थे कि सचमुच कभी-कभी बहुत डर लगता था। पर टेक्निकली उनकी इतनी साउंड नॉलेज होती थी कि वे हमें समझाते चलते थे कि ऐसा करने पर भी गाड़ी कंट्रोल में कैसे रहती है। सारी प्रक्रिया वे इतनी बारीक़ी से समझाते थे कि हम मन-ही-मन निश्चिन्त रहते थे कि स्टीयरिंग जब तक राजीव के हाथ में है, कोई दुर्घटना तो हो ही नहीं सकती। गाड़ी चलाने में महारत राजीव ने विदेश में ही हासिल की थी।

कार के अलावा राजीव ने बचपन से ही सोच रखा था कि बड़े होकर हवाई जहाज़ चलाना सीखेंगे। हम लोग स्विमिंग और राइडिंग के लिए तो जाया ही करते थे। उन्हीं दिनों दिल्ली फ़्लाइंग क्लब में हम ग्लाइडिंग भी किया करते थे। धीरे-धीरे राजीव नियमित फ़्लाइंग में चले गये और मैं कलकत्ता नौकरी पर चला गया। फ़्लाइंग की पक्की नौकरी मिलने के लिए ज़रूरी होता है कि एक निश्चित संख्या के घण्टों की उड़ान का आपको अनुभव होना चाहिए। सो जिन

दिनों वे घण्टे भरने के लिए राजीव आसमान में हवाई जहाज़ ले जाया करते थे, उन दिनों अगर मैं दिल्ली में होता था तो हम दोनों साथ ही जाया करते थे। जब पायलट अकेले अभ्यास करने को उड़ता है तो बैलेंसिंग के लिए साथ की सीट पर एक रेत का थैला रख लिया जाता है, जिसे बैलास्ट कहते हैं। तो मैं राजीव के साथ बैलास्ट बनकर जाता था। उनके घण्टे रजिस्टर होते रहते थे और मैं मौज से हवाई सैर करता रहता था। राजीव की तो ख़ैर, किसी भी मशीनरी को बिल्कुल ठीक से हैंडल करने की आदत बड़ी पुरानी है, लेकिन हवाई जहाज़ तो वे बहुत ही बढ़िया उड़ाते हैं। वे ग़ज़ब के दक्ष और सेफ़ फ़्लायर हैं। इधर तो मेरा आना-जाना हवाई जहाज़ों के माध्यम से ही होता रहता है; और बहुत बार यहाँ-वहाँ जाना पड़ता है तब जब भी फ़्लाइट पर राजीव के पुराने साथियों में से कोई पायलट या कैप्टन मिलते हैं तो हमेशा कहते हैं, 'इंडियन एयरलाइन्स का सबसे बढ़िया पायलट राजनीति ने हमसे छीन लिया है।' राजीव ने 1980 में इंडियन एयरलाइंस छोड़ दी थी। उससे पहले मुझे मान लीजिए, बम्बई से दिल्ली या जयपुर या बंगलौर या मद्रास आदि कहीं जाना होता था, तो राजीव हमेशा कहते थे कि ऐसी फ़्लाइट पर बुकिंग कराना जिसे मैं चला रहा होऊँ। बहुत बार हम लोग इस तरह की उड़ानों पर साथ रहे हैं।

राजीव जी की विदेश की बातें बताने के दौरान ही अमिताभ ने बताया—राजीव की सोनिया से मुलाक़ात कैम्ब्रिज में ही हुई थी। राजीव एक बार छुट्टियों में जब हिन्दुस्तान आये तो अपने वहाँ के कुछ मित्रों के चित्र दिखा रहे थे। पर सोनिया का चित्र उन्होंने कई बार दिखाया था और हमेशा पूछा था कि कैसी लगी यह। तभी मैं मन-ही-मन समझ तो गया था कि ज़रूर कोई ख़ास बात है, पर चूँकि उन्होंने पक्का कुछ बताया नहीं था, इसलिए हम कुछ कह नहीं सकते थे। पता तो तब चला जब राजीव ने माँ से कहा कि इटली से मेरी एक मित्र आ रही है, भारत घूमना चाहती है; उसे मैं आप लोगों के साथ ठहराना चाहता हूँ; सम्भव होगा क्या? तब भी उसने हमें यह नहीं बताया था कि वह उससे शादी का इरादा रखता है।

सोनिया की प्रतीक्षा में रात्रि-जागरण

ख़ैर, हमारे घर तो एकदम से सबकी व्यस्तता बढ़ गयी। डैड ने तुरन्त ही सारे घर की रँगाई-पुताई करायी। एक कमरा ख़ासतौर से ठीक करवाया गया। एक अतिरिक्त गीज़र मँगवाया गया, वग़ैरह-वग़ैरह। हमने देखा, डैड ही सबसे ज़्यादा उत्साहित थे। मानो उनके घर में उनकी बहू ही आनेवाली हो।

जिस दिन सोनिया आनेवाली थीं, उस दिन तो राजीव बहुत ही नर्वस थे। फ़्लाइट शायद अलस्सुबह तीन-साढ़े तीन बजे आनी थी। राजीव ने मुझसे कहा, 'अमित, तुम रात को वहाँ मेरे घर ही आकर सो जाना; सुबह-सुबह यहाँ घरवालों को डिस्टर्ब करने से क्या फ़ायदा?' मैंने कहा, 'ठीक है।' मैं तथा एक-दो और दोस्त, हम सब वहीं 1, सफ़दरजंग चले गये। असल बात तो यह थी राजीव ने

फूलों का शृंगार : बच्चन जी के घर 'मेहँदी' की रस्म के अवसर पर अपनी माँ और इन्दिराजी के साथ सोनिया, माँ-बेटी की गुफ़्तगू में पीछे खड़े राजीव भी हिस्सा ले रहे हैं।

मारे नर्वसनेस के ही हम सबको इकट्ठा कर लिया था। अब सब मिल बैठे तो डर था कि कहीं आँख लग गयी और आधी रात को कोई उठ न सका तो गड़बड़ हो जायेगी। इसलिए निश्चय किया गया कि सब मिलकर सारी रात जागेंगे—कोई सोयेगा ही नहीं। जैसे-तैसे करके वह समय कटा और हम लोग काफ़ी पहले से, आधी रात को ही हवाई अड्डे पहुँच गये। सोनिया आयीं। अभी भोर फूटी ही थी। राजीव बोले, 'घर चलने से पहले चलो, इन्हें दिल्ली घुमाते हैं।' और हम लोग तीन-चार घण्टों तक दिल्ली की सड़कों पर गाड़ी घुमाते रहे और क़रीब नौ बजे घर पहुँचे। यह तो बाद में पता चला कि राजीव ने ऐसा इसलिए किया था कि घर पर माँ और डैड को जल्दी उठाने का कष्ट न दिया जाये। ग़ज़ब का कंसीडरेट शख़्स है यह राजीव गाँधी!

यद्यपि सोनिया इस बात से थोड़ा अटपटा महसूस ज़रूर कर रही थीं कि राजीव ने उन्हें अपने घर पर न ठहराकर एक मित्र के घर ठहराया है तथा राजीव ज़्यादा समय उनके साथ, उनके पास भी नहीं रह पाते। पर राजीव इस बात के लिए बहुत सतर्क थे कहीं किसी प्रकार की भनक लोगों को न पड़े। फ़िज़ूल की बातें न बनने लगें, अफ़वाहों को उड़ते भला कितनी देर लगती है। राजीव को अपने परिवार की मान-मर्यादा का बहुत ख़याल था। साथ ही सोनिया के लिए भी वे बेहद प्रोटेक्टिव थे। सोनिया के मन को किसी प्रकार की कोई ठेस न लगे, उन्हें कोई असुविधा न हो, कहीं कोई कमी न रह जाये—इसकी भी उन्हें बहुत चिन्ता लगी रहती थी। असल में वे चाहते थे कि सोनिया पहले भारत को अच्छी तरह से देख लें; यहाँ के लोगों को, यहाँ के पूरे परिवेश और परिस्थितियों को अच्छी तरह से समझ लें; और तब शादी के लिए तैयार हों। तभी घरवालों तथा मित्रों को अपनी इच्छा से अवगत करायें।

सोनिया नवम्बर में आयी थीं। जनवरी तक उन्होंने तय कर लिया कि उन्हें भारत में रहना है, राजीव से विवाह करना है। बस, फिर क्या था, राजीव के मन की मुराद पूरी हुई। वहीं 13, विलिंग्डन क्रीसेंट के हमारे घर में ही मेहँदी की रस्म हुई। ऊपर से नीचे तक फूलों के गहनों से सजी, घाघरा पहने सोनिया बहुत ही सुन्दर लग रही थीं। माँ ने घर में ही झूला डलवा दिया था। पूरी कश्मीरी रीति-रस्म के अनुसार सगाई हुई। और उस दिन से सोनिया ने मेरे साथ भाई का जो रिश्ता क़ायम किया है, वह जीवन भर क़ायम रहेगा। आपको मालूम ही है कि अपनी उस भयानक दुर्घटना के बाद जब मैं ब्रीच कैंडी अस्पताल में था तो डॉक्टरों के मना करने पर भी सोनिया और रमोला की राखियाँ अपने हाथ पर बँधी रहने दी थीं। रक्षाबन्धन के दिन सोनिया की राखी मेरे लिए सबसे मूल्यवान चीज़ होती है!

फिर फ़रवरी में एक बड़े सादे से समारोह में सफ़दरजंग रोड पर शादी हुई। दुल्हन हमारे घर से ही विदा होकर गयी थी। सोनिया हमारे घर की बहन-बेटी हैं।

शादी होने से पहले के वे तीन महीने भी क्या मज़ेदार बीते थे। हम सब दोस्तों का बस एक ही सिरदर्द था—प्रेस और फ़ोटोग्राफ़र। राजीव क़तई नहीं चाहते थे कि सोनिया का कहीं कोई ज़िक्र हो। कोई फ़ोटो खिंचे। एक बार तो एक फ़ोटोग्राफ़र ने हमारे घर के गेट के आगे एक बड़ा-सा पत्थर रख दिया और ख़ुद बाउंड्रीवॉल से लगे नाले के अन्दर छिपकर बैठ गया—ताकि गाड़ी आने पर हम जितनी देर में पत्थर को हटायेंगे, वह फ़ोटो ले लेगा। उस दिन तो ख़ैर, हमने झपटकर उसका कैमरा छीना, रील नष्ट की। लेकिन फिर घूमने जाने से पहले हम रोज़ नयी योजना बना लिया करते थे फ़ोटोग्राफ़र से बचने की। एकाध बार तो हमने अपनी एक सहेली को, जिसके बाल सोनिया की तरह ही कटे हुए थे और जो कुछ-कुछ विदेशी जैसी भी लगती थी, गाड़ी में आगे भेजकर सोनिया को पीछे की ओर से घर में घुसाया था। हमारी और प्रेस की बड़ी लुकाछिपी चली थी उन दिनों, आख़िर जीते हमी लोग थे। सोनिया को बराबर घुमाने-फिराने भी ले जाते थे और अवांछित लोगों की नज़र में भी नहीं पड़ते थे। बड़े मज़ेदार अनुभव हैं उन दिनों के, सोनिया तो कभी भी ख़बरों की सुर्ख़ी बनना पसन्द ही नहीं करतीं। वे बहुत परफ़ेक्ट हाउसवाइफ़ हैं।

ख़ुद राजीव को भी झूठे प्रदर्शन और फ़ालतू नारेबाज़ी से बड़ी नफ़रत है। अभी उन दिनों जब वे अमेठी का चुनाव जीतकर आये थे, तब की बात है। हमेशा की ही तरह मैं उन्हें लेने एयरपोर्ट गया हुआ था। उस दिन मैं अपनी बड़ी गाड़ी ले गया था। देखते ही बोले—'नहीं अमित, इसमें नहीं, छोटी गाड़ी में ही चलेंगे।' और हवाई अड्डे की नारेबाज़ी—जय-जयकार, हार-फूलों से पीछा छुड़ाकर हम दूसरे दोस्त की ऐंबेसडर में घर की ओर चले। रास्ते में राजीव का ऑफ़िस पड़ता था। उन्होंने देखा, पार्किंग प्लेस में कुछ गाड़ियाँ बड़ी बेतरतीबी से खड़ी हैं। साथ ही देखा कि कुछ लोग, जिन्हें इस समय अपनी काम की मेज़ पर होना चाहिए था, बाहर मटरगश्ती कर रहे हैं। राजीव एकदम झुँझला गये। गाड़ी रुकवायी और जिस मित्र की गाड़ी थी उसे समझाया कि ज़रा जाकर इन लोगों को इस तरह डाँटो-फटकारो, इस तरह समझाओ; और ख़ुद ड्राइव करके घर पहुँचे। असल बात यह है कि राजीव बहुत ही कट्टर रूप से नो-नॉनसेंस-मैन हैं। उन्हें फ़िज़ूल में वक़्त की बरबादी और झूठी चापलूसी तथा दिखावे से बहुत चिढ़ है। मुझे पूरा विश्वास है कि वे इस सफ़ाई से देश को सँभाल ले जायेंगे कि दुनिया दंग रह जायेगी।

अन्दरूनी ताक़त के गवाह वे क्षण

राजीव को एयरपोर्ट पर लाने जाने की बात पर मुझे ख़याल आ रहा है कि देखिए कैसी अजीब-सी बात रही है—राजीव अपने परिवार में किसी के भी अन्त समय पर किसी के साथ नहीं थे। अपने पिता श्री फ़ीरोज़ गाँधी के देहावसान के समय वे दून स्कूल में थे। पण्डित नेहरू का स्वर्गवास हुआ तब भी दून स्कूल में थे। संजय की प्राणान्तक दुर्घटना के समय इटली में थे और अब माँ गयीं तो कलकत्ता में थे। और अजीब-सी बात रही है कि

रह गये हैं सिर्फ़ कदमों के निशान

हर बार मैं ही उन्हें एयरपोर्ट से लाया हूँ। संजय के वक़्त भी मैं उन्हें लाया था और अब कलकत्ता से आये, तब भी मैं ही उन्हें लेकर आया। इस बार तो हद ही हो गयी। हम ऑल इंडिया इंस्टीट्यूट से अभी मुश्किल से दस-पन्द्रह गज़ दूर ही होंगे कि राजीव बोले, 'अमित, इस बार कलकत्ता में फलाँ डॉक्टर से भेंट हुई। उससे तुम्हारी बीमारी के बारे में बहुत-सी बातें हुईं। वह कह रहा था...' मैंने ही कहा था, 'मेरे दोस्त! प्लीज़ इस समय यह सब बातें छोड़ो।' कितना बड़ा है इस आदमी का दिल और कितना धीरज है उसमें! ख़ैर, छोड़िए इस बात को। हाँ तो मैं आपको बता रहा था कि राजीव देश की बागडोर बहुत शान से सँभालेंगे।

साथ ही ख़ूबसूरती की बात तो यह है कि वे अपने पारिवारिक जीवन को भी बड़ी सहजता से सँभालकर साथ-साथ ले चलना भी ख़ूब जानते हैं। अभी मैं उसी दिन रात के खाने पर उनके साथ था। उन्हें प्रधानमन्त्री बने अभी तीन-चार दिन हुए थे कि रात के क़रीब दस बजे वे ख़ुद अपने हाथों में ढेर सारी फ़ाइलें उठाये हुए आये और डाइनिंग टेबल पर ही रखकर काम में मशगूल हो गये। सोनिया चिन्तित थीं कि सारा दिन निकल गया, ठीक से कुछ खाया-पिया नहीं है। राजीव फ़ाइलें देख रहे थे और सोनिया बीच-बीच में उन्हें कुछ खिलाती चल रही थीं। ऐसे आलम में भी राजीव को यह ध्यान था कि टेबल पर साथ में मैं भी खाना खा रहा था—सो बीच-बीच में कहते चलते थे—यह तो खाकर देखो; वह तो तुमने चखा ही नहीं; इसे इस तरह खाओ, बडा मज़ेदार लगेगा, वग़ैरह। ऐसे में बीच में उनका पुत्र राहुल अपनी कोई समस्या लेकर आया तो उसे भी नज़रअन्दाज़ नहीं किया। सब छोड़-छाड़कर उठे। उसके साथ उसके कमरे तक गये और उसे आश्वस्त करके आये; और फिर अपने काम में लग गये। मेरे कहने का मतलब है कि घर-परिवार और बाहरी

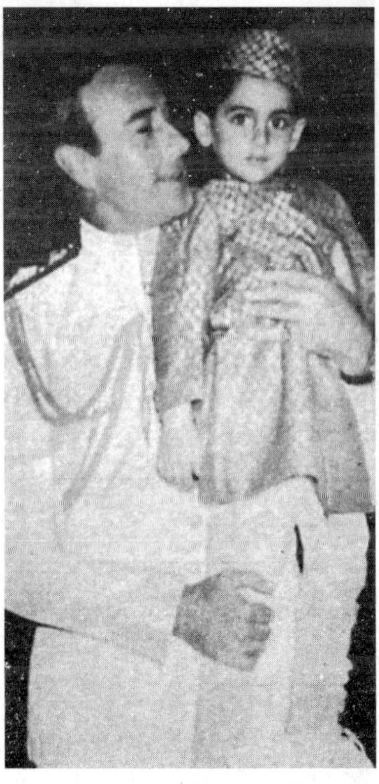

बड़ा होके देश का सिपाही बनूँगा : नन्हे राजीव लॉर्ड माउंटबेटन की गोद में, नवम्बर 1948 में

हैंडसम! नवयुवक राजीव छोटे भाई संजय के साथ

ज़िम्मेदारियाँ सबको पूरी समझदारी और ध्यान से निभाना राजीव ख़ूब जानते हैं। अपनी ज़िम्मेदारियों के प्रति तो इतने तत्पर रहते हैं कि, आपको सबसे ताज़ा बात बताऊँ! उस दिन श्रीमती गाँधी की पार्थिव देह तीनमूर्ति भवन में लाकर रखी ही गयी थी कि कुछ ही देर बाद एक व्यक्ति ने ख़बर दी कि शहर में दंगे शुरू हो गये हैं। मैं वहीं बैठा था। तुरन्त मुझसे बोले, 'शैल वी गो टु दैट स्पॉट इमीजिएटली?' और तुरन्त वहाँ जाने को उठ खड़े हुए। बड़ी मुश्किल से उन्हें रोका गया कि बिना पूरे इन्तज़ाम के आपका वहाँ जाना मुनासिब नहीं है।

संकट की घड़ी में किस तरह गम्भीर और संजीदा रहा जा सकता है, इसका अद्‌भुत उदाहरण उनके रूप में सारा देश अभी देख ही चुका है। माँ की मृत देह अभी घर में ही है और रात को एक से चार बजे तक राजीव गाँधी दंगाग्रस्त क्षेत्रों का दौरा कर रहे हैं; शान्ति स्थापना करवाने के कामों में चुस्ती और मुस्तैदी से आदेश दे रहे हैं; इन्तज़ाम करवा रहे हैं। कैसा कर्मठ और कर्तव्यशील प्रधानमन्त्री मिला है हमें, जिसने सबसे पहली बात जो की वह यह थी कि सभी राज्यों के मुख्यमन्त्रियों को आदेश दिये कि श्रद्धांजलि तो दे ली, अब आप अपने-अपने राज्यों में लौट जायें और अमन-चैन की स्थिति बनाये रखने के लिए सारे इन्तज़ाम करें!

दुनिया के किस देश का ऐसा व्यक्ति होगा जिसके अभी आँसू सूखने की बात तो छोड़िए, आँसू बहाने का अवसर भी जिसे नहीं मिला; अपनी इतनी पर्सनल ट्रेजेडी पर उदास होने का समय भी नहीं मिला कि उसके कन्धों पर इतने बड़े देश की ज़िम्मेदारी आ गयी और वह बिना एक क्षण नष्ट किये उस ज़िम्मेदारी को पूरा करने की दिशा में सधे क़दमों से चल भी पड़ा, तत्क्षण! ऐसे ही क्षण किसी की अन्दरूनी ताक़त का, भीतरी फ़ोर्स का, आईना होते हैं।

लेकिन कुछ लोगों का चीज़ों को देखने का नज़रिया भी अजीब होता है। अब उनकी यह शिकायत है कि इतने युवा व्यक्ति को भला प्रशासन का क्या अनुभव होगा! उन पर इतनी बडी ज़िम्मेदारी कैसे सौंपी जाये! अभी तो यह भी नहीं मालूम कि उनके काम करने का ढंग क्या है! उन्होंने देश के लिए कोई नीतियाँ निर्धारित की भी हैं या नहीं?

बड़ी अजीब बात है। सच बात तो यह है कि यही चीज़ें राजीव के पक्ष में हैं, यही बातें उनका प्लस पॉइंट हैं। वे युवा हैं, नया सोचने की शक्ति रखते हैं। परिस्थितियों को देखते हुए तुरन्त निर्णय लेने की क्षमता उनमें है। बँधे-बँधाये साँचों से अलग अपनी नयी नीतियाँ निर्धारित करने की सम्भावना रखते हैं। वे निश्चित साँचों में ढले हुए, चुके हुए जर्जर व्यक्ति नहीं हैं। जिन लोगों की कार्य-पद्धति, पसन्दगी या नापसन्दगी और नीति-कौशल निश्चित हो चुका है,

जिनके अगले मूव को सब लोग जान सकते हैं, उनकी शक्ति और उनकी कमज़ोरियों, दोनों का लोग अन्दाज़ लगा लेते हैं और उसी के अनुसार विरोधी उनके मार्ग में रोड़े भी अटका सकते हैं। लेकिन यहाँ तो राजीव जी के पास बिल्कुल नयी ज़मीन है, नयी सम्भावनाएँ हैं, नयी दिशाएँ हैं, नये सपने हैं, और मुझे मालूम है, बिगड़ी मशीनों को पुर्ज़ा-पुर्ज़ा खोल लेने और फिर उन्हें पुर्ज़ा-पुर्ज़ा जोड़कर दुरुस्त कर देने की उनकी आदत पुरानी है।

● ● ●

गहरे दोस्त, अमिताभ और राजीव गाँधी

और यह गहरे दोस्त! और वह ख़ूबसूरत यादें!!

इस सबका अन्त कितना भयंकर, असहनीय पीड़ादायक अध्याय होगा अमिताभ की जीवन गाथा का—यह कल्पना भी नहीं की जा सकती। किसने सोचा होगा कि यूँ अचानक बातें और यादें नहीं अमिताभ के लिए तो आसमान लहूलुहान हो जायेगा, धरती डोलने लगेगी।

जिनके घर और परिवार के बीच अमिताभ बच्चन ने अपने जीवन के सबसे सुखद और चिर-स्मरणीय दिन जिये थे—उसी के सबसे महत्त्वपूर्ण सदस्य इन्दिरा गाँधी और राजीव गाँधी के जीवन का अन्त जिस ख़ौफ़नाक तरीक़े से हुआ, उसे झेलना अमिताभ जैसे सुकोमल-हृदय भावप्रवण व्यक्ति के लिए कितना भयावह और पीड़ादायक रहा होगा इसकी कल्पना तक नहीं की जा सकती। देश की एक नितान्त साधारण व्यक्ति हूँ मैं। स्वयं मैंने भी जब राजीव जी की नृशंस हत्या

का समाचार सुना तो मेरे प्राण किस तरह बिलबिला उठे थे, उसकी याद अब तक झकझोर देती है।

21 मई, 1991 की रात दस बज कर बीस मिनट पर राजीव गाँधी की नृशंस हत्या की गयी थी। उस समय मेरी तरह देश के तमाम सामान्य लोग रात को नींद में सो रहे होंगे। किसी को क्या मालूम था कि देश की धरती और आकाश लहूलुहान हो उठे हैं। सर्वप्रिय प्रधानमन्त्री राजीव गाँधी की देह के चीथड़े हो चुके हैं।

उसी 21 मई को रात को साढ़े ग्यारह बजे के क़रीब फ़ोन की घण्टी बजी। चौंक कर फ़ोन उठाया। उधर से आवाज़ सुनाई दी—"हम बी.बी.सी. लन्दन से बोल रहे हैं सीधा प्रसारण हो रहा है, तुरन्त आपका बाइट चाहिए। मैं? मेरा बाइट? मैंने समझा कोई मज़ाक़ कर रहा है। फ़ोन रखने को हुई कि आवाज़ सुनाई दी अभी घण्टा भर पहले समाचार मिला है भारत में राजीव गाँधी की हत्या...झल्लाई आवाज़ बोली आपकी आवाज़ रिकार्ड हो रही है—तुरन्त प्रतिक्रिया दीजिए। बोलिए...

● आपने कभी पत्थर पिघलते देखा है? मैंने देखा है—पत्थर बन चुका मेरा हृदय पिंड! और मेरी काँपती आवाज़ का पिघलना!! अब तक घर के बाक़ी सब लोग उठ चुके थे—सबकी नींदें उड़ चुकी थीं। होश हवास गुम!

सुबह-सुबह धर्मयुग सम्पादक गणेश मन्त्री का फ़ोन आया—लेख चाहिए। —अगला अंक छपने की प्रक्रिया में है—आज ही भेज दीजिए।

क्षमा माँग ली—फ़िलहाल तो सम्भव ही नहीं—मेरे वश की बात नहीं। पर उनका इसरार चलता रहा और उन्होंने ही सुझाया कि आपने इतने सारे देशों की यात्राएँ उनके साथ की हैं—उस दौरान इतने क़रीब से उन्हें जाना है—वही कुछ लिख दीजिए। 'वायदा नहीं' पर कोशिश करती हूँ, कह दिया और जो बन पड़ा वह यहाँ प्रस्तुत है—पतझर की हवा...

पतझर की हवा...

• पुष्पा भारती

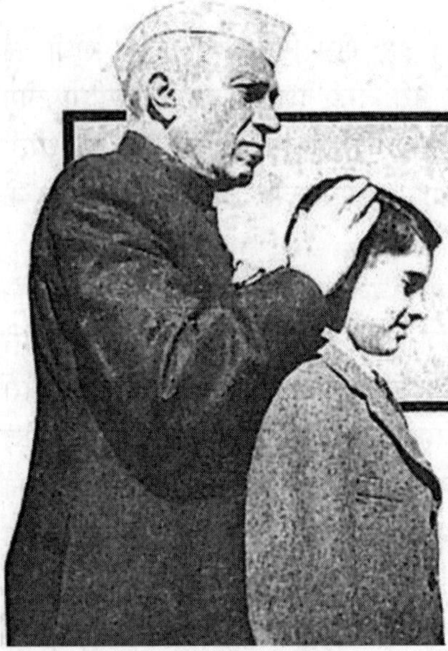

आशीर्वाद की सुवास-सा वह स्पर्श...
नाना नेहरू के संग राजीव

21 मई की रात में साढ़े ग्यारह बजे के क़रीब फ़ोन की घण्टी बजी और रिसीवर उठाने पर उधर से जो बात सुनायी गयी उसे सुनकर ऐसा लगा जैसे किसी ने सीसा पिघलाकर कान में डाल दिया हो। मन पर लगे सदमे के बारे में तो क्या कहा जाये, सारा शरीर भी अजब तरीक़े से सुन्न होता-सा लगने लगा था। हमारे परिवार ने ही नहीं शायद हिन्दुस्तान के हर परिवार ने इतिहास के इस क्रूर आघात को अपने ऊपर पारिवारिक स्तर पर ही झेला था। कैसे भी और कितने भी वैचारिक मतभेद हों पर राजीव जी का यों विगत होना सभी को हिला गया है। वक़्त साँय-साँय करता ठहर सा गया है।

जब से सुना कि उनका चेहरा इतना क्षत-विक्षत हो गया है कि उसे पहचाना भी नहीं जा सकता; कि यह वही सुदर्शन चेहरा था जिस पर भारत ही नहीं, सारे संसार के लोग रीझ चुके थे। और फिर मुझे याद आती रही वह शाम जब ऑस्ट्रेलिया में एक छोटे से राजकीय समारोह में राजीव जी भाषण देने खड़े हुए थे। तब महिलाओं के बीच से बेसाख़्ता आवाज़ें आ रही थी, 'ओह सो चार्मिंग... सो हैंडसम...सो इंप्रेसिव...' आवाज़े कुछ इतनी मुखर थीं कि निश्चित ही राजीव जी के कानों तक पहुँच ही रही थीं। भाषण आदि के बाद जब चाय, कॉफ़ी तथा अन्य पेय पदार्थों का दौर चल रहा था तो मैं राजीव जी के पास गयी। उन्हें प्रणाम करने के बाद बोली, ''आज महिलाओं की ओर से आनेवाली आवाज़ों को सुन कर मुझे अपनी बेटी याद आ रही है।'' एक पल को वह मेरी बात समझे

नहीं पर ज्यों ही मैंने याद दिलाया कि टीवी पर आपको देखते ही वह 'हाय हैंडसम' कहकर बुलाती है न, तो उनकी आँखों में जो चमक आयी उसने बता दिया कि वह बात उन्हें याद थी।

अक्तूबर, 1986 में राजीव जी ने ऑस्ट्रेलिया की यात्रा की थी उसी समय मद्रास में ऑस्ट्रेलिया और भारत के बीच टेस्ट मैच खेला जा रहा था जिसका परिणाम टेस्ट टाइ के रूप में हुआ था। राजीव जी ने वहाँ अपनी प्रेस कॉन्फ्रेंस की शुरुआत ही इस वाक्य से की थी कि हमारे दोनों देशों की दोस्ती का प्रतीक है यह टेस्ट परिणाम। और पत्रकारों की ओर मुखातिब होकर बोले थे इस समय बैटिंग मुझे करनी है मैं जानता हूँ एक से एक बाउंसर, गुगली और सीमर हैं आपके पास—आप मुझे कैच करना चाहेंगे और मैं पूरी कोशिश करूँगा कि मेरा विकेट न गिरने पाये—तो आइए शुरू करें अपना खेल! पत्रकारों से प्रश्न आमन्त्रित करने का क्या नायाब तरीक़ा खोज निकाला था राजीव ने। उपस्थित पत्रकार वाह-वाह कर उठे थे और राजीव गाँधी थे कि बस मुस्कराये जा रहे थे।

वहाँ सिडनी में शाम को एक प्रोग्राम था जिसमें ऑस्ट्रेलिया के दूरदराज़ कोनों से तमाम भारतीय राजीव को सुनने और देखने आये थे। रोली-अक्षत, दीप, फूल से उनका स्वागत हुआ था लेकिन वहाँ से जब वे जा रहे थे तो कुछ बहके-भटके भारतीय भाई अपने हाथों में नारे लिखी पट्टियाँ लेकर 'राजाव गाँधी मुर्दाबाद' के नारे लगा रहे थे। पुलिस ने उन सबको इकट्ठा करके एक ओर घेर रखा था। वे उस धेरे में से ही चिल्ला-चिल्लाकर राजीव विरोधी नारे लगा रहे थे। लेकिन हम लोगों ने बड़ी हैरानी से देखा था उस दिन कि जब राजीव जी की कार उनकी ओर से गुज़री तो वे उचक-उचककर सोनिया जी और राजीव जी को देख रहे थे और अपने नारे वग़ैरह भूल कर मन्त्रमुग्ध से उन्हें बस देखे जा रहे थे। राजीव जी ने हाथ हिला कर उनका अभिवादन किया। तो वे सभी उसी तरह उमग कर हाथ हिलाहिला कर जवाब दे रहे थे—सामने से गाड़ी गुज़र कर चली गयी तो जैसे अचानक उन्हें याद आया और फिर वह ज़ोर-ज़ोर से विरोधी नारे लगाने लगे—ऐसा ही ग़ज़ब का जादू था उस सुदर्शन चेहरे का!

कैसे अभागे हैं हम कि उनके उस भोले चेहरे के अन्तिम दर्शन भी नहीं कर सकते—सारा क्षत-विक्षत पार्थिव शरीर पूरी तरह तिरंगे में लिपटा रखा है तीन मूर्ति भवन में।

जब से सुना है कि वे तीन मूर्ति भवन में हैं मुझे याद आ रहा है वह दिन जब सन् '84 के चुनाव होनेवाले थे और मैं अमिताभ बच्चन के घर पर बैठी उनसे तीन मूर्ति भवन में राजीव जी के साथ बीते उनके बचपन के दिनों की

बातें सुन रही थी। राजीव और संजय दून स्कूल में पढ़ते थे तथा अमिताभ और अजिताभ नैनीताल में। लेकिन छुट्टियाँ चारों इकट्ठे बिताते थे। तीन मूर्ति भवन में जहाँ राजीव जी अपने नाना पण्डित जवाहर लाल नेहरू के साथ रहते थे, राजीव के पास तमाम तरह के चाभी और बैटरीवाले खिलौने थे जिनके पुर्जों को वह तोड़ते-जोड़ते रहते थे। अमिताभ को भी यही सब करने में बड़ा मज़ा आता था। तीन मूर्ति भवन के एक बरामदे में धूप बहुत आती है वहाँ चारों ने बड़ी मेहनत से एक रेडियो बनाया था जिसे सोलर एनर्जी से चलाने की कोशिशें की जा रही थीं। कई दिनों की मेहनत के बाद एक दिन जब राजीव ने उसमें से सूर्य के ज़रिये खर-खर आवाज़ें निकाल लीं तो चारों इतने ख़ुश हुए थे मानो रेडियो के आविष्कार का करिश्मा उन्हीं चारों ने क़िया है।

उस दिन अमिताभ ने तीन मूर्ति भवन का एक और वाक़या सुनाया था। तीन मूर्ति में एक ओर एक छोटा-सा खण्डहर है। पता नहीं क्यों, न कभी उसे तुड़वाया गया है, न ही सुधरवाया गया है। उसे बस यों ही छोड़ दिया गया है। इन्दिरा जी ने इन चारों से उस ओर न जाने की हिदायत भी की हुई थी। मगर एक दिन ये चारों खेलते-खेलते वहाँ घुस गये। संजय सबसे निडर था उसी की अगुवाई में ये चारों कई सीढ़ियाँ चढ़ते, कई बरामदे पार करते हुए एक टूटी-फूटी मुँडेर जैसी दीवार को फाँद कर दूसरी ओर कूद गये। पर इस कूदा-फाँदी में एक बड़ा-सा पत्थर नीचे लुढ़क गया और ये लोग जिस छत पर पहुँच चुके थे उससे नीचे उतरने का कोई रास्ता बचा ही नहीं था। कुछ समझ में नहीं आ रहा था कि क्या करें। वहाँ से किसी को सहायता के लिए पुकार भी नहीं सकते थे। इन्दिरा जी की डाँट पड़ने का ख़तरा था। सामने एक रास्ता दूसरी ओर को निकलता-सा दीख ज़रूर रहा था पर वहाँ बीचोबीच एक बड़ा-सा बर्र का छत्ता लटका हुआ था। उसे तोड़ कर उस पार जाने में ख़तरा ही ख़तरा था। पसोपेश में बड़ी देर हो गयी। आख़िर राजीव ने ही कहा कि यह छत्ता तोड़ना ही पड़ेगा। उन्होंने सुझाया कि ख़ूब दूर से बेहद फोर्स के साथ दौड़ते हुए आओ और एक झटके से छत्ता तोड़ते हुए निकल जाओ। इतनी तेज़ी से निकलना होगा कि बर्र समझ ही न पायें कि यह हुआ क्या और पीछे से भनभनाती रह जायें—इस प्रक्रिया में थोड़े बहुत डंक तो खाने पड़ेंगे ही पर रास्ता सिर्फ़ यही है। तेज़ी से भाग कर छत्त तोड़ने की रिस्क स्वयं राजीव ने ली और सबको उस मुसीबत से निकाल कर ले आये।

ख़तरों से जूझते समय अपना संयम बनाये रखना, इस बात में बेमिसाल थे राजीव जी। मुझे जापान की वह शाम भी याद आती रही जब वहाँ के प्रधानमन्त्री नाकासोने ने राजीव जी का भावभीना स्वागत किया था। वे बोले थे,

''आज आपका और श्रीमती सोनिया गाँधी का आपके दल के साथ यहाँ स्वागत करते हुए मैं प्रसन्न ही नहीं गौरवान्वित भी हो रहा हूँ। पिछले साल मई 1984 में मैं आपसे भारत में मिला था। तब तेईस बरस बाद कोई जापानी प्रधानमन्त्री वहाँ पहुँचा था। श्रीमती इन्दिरा गाँधी ने वायदा किया था कि शीघ्र ही वे भी जापान आयेंगी। हम उनकी राह ही देख रहे थे कि सारे संसार को स्तब्ध कर डालनेवाली ख़बर आयी कि वे नहीं रहीं। मैं तुरन्त भारत भागा था और उनके अन्तिम संस्कार में भाग लिया था। उनका अग्नि संस्कार देखते समय मैं उस भेंट के एक-एक पल को याद कर रहा था जब अभी पाँच ही महीने पहले मैं उनसे मिला था। याद करते-करते वहीं एक हाइकू लिखा था–

राजनीति के मंच पर माँ के सबक

ओकुरा गे नो
हितोत्सुगी का नाशी
आकी नो हाना।
(चेहरे के इर्द-गिर्द लहराती
एक छटपटाती लट मन में दुख बन कर पिराती है
पतझड़ के हवा एक झोंके से आती, चली जाती है।)

''वैसी भयंकर ट्रेजेडी के बीच आपने जिस धीर गम्भीरता से अपनी पारिवारिक मुसीबत को झेला वह देखकर मैं बेहद प्रभावित हुआ था। भारत का तो विश्वास थिराया ही होगा। दिल्ली आये सभी बाहरी लोगों के मन में विश्वास

जागा था। तब से अब तक जितनी बार भी हम मिले हैं, हर बार आपके प्रति मेरी आदर भावना बढ़ती हो गयी है।

"आपने भारत का प्रधानमन्त्री बनने के बाद से ही सारे अन्तरराष्ट्रीय जगत में शान्ति और सुरक्षा के लिए जो कार्य करना शुरू किया है उससे भारत की छवि और भी उज्ज्वल हुई है।"

जापान के प्रधानमन्त्री ने यह बात कही थी। आज भी सारे संसार के शीर्षस्थ शासनाध्यक्षों और नेताओं की भावभीनी श्रद्धांजलियाँ आ रही हैं। भूरि-भूरि प्रशंसाएँ हो रही हैं भारत के इस लाड़ले सपूत की। सारा संसार स्तब्ध है उनके इस तरह उठ जाने पर।

और मुझे नाकासोने का हाइकू वैसे ही सन्दर्भ में एक बार फिर दोहराना पड़ रहा है–

चेहरे के इर्द-गिर्द लहराती
एक छटपटाती लट मन में दुख बन कर पिराती है
पतझड़ की हवा एक झोंके से आती, चली जाती है।

धर्मयुग (1 जून, 1985) से साभार

एक मृत्युंजयी शाम की कविता

24 जुलाई 1982 की रात के बाद, बहुत दिनों तक सुबह नहीं हुई। सिर्फ़ एक नीम ख़ामोशी। मानो 'नीला आसमाँ सो गया।' ब्राह्म मुहूर्त के आकाश में खिल उठते रंगों का कोई प्रतिबिम्ब कहीं दीख नहीं रहा था। चारों ओर सिर्फ़ एक सफ़ेदी—मौत की सफ़ेदी। उस दिन से कथा अमिताभ की थी और व्यथा मेरी और आप सबकी!

किसी स्वजन की बीमारी तो फिर भी साध्य होती है। कुछ न भी बन पड़े, तो भी मरीज़ के पास बैठकर उसे सान्त्वना देते पलों का एक सुख होता है। पर, यहाँ तो पहली बार महसूस किया था कि मनोदशा तो स्वजन की थी, पर परिस्थिति परायों की। सारे हिन्दुस्तान में कितनी ही हथेलियों ने अमित के बिस्तर के पास बैठ उसके बालों में हाथ फिराने की तीव्र इच्छा को दबाया होगा, कितनी ही ममताओं ने मुन्ना का सर अपनी गोद में लेकर उसे छाँव देने की इच्छा को मारा होगा, कितने ही भाइयों ने रात-दिन जाग-जाग, बिना नहाये-खाये केवल दौड़-भाग और तीमारदारी में, हर पल लग जाने की अपनी सामर्थ्य को व्यर्थ होते महसूस किया होगा, हज़ारों, लाखों, करोड़ों होंठ वेदना और भावना के हहराते पछाड़ खाते अकल्पनीय प्रवाह को इन दिनों चुपचाप पीते रहे हैं—मजबूर, निस्सहाय!

सारी बम्बई सन्न पड़ी हुई थी। हर घर में चिराग जल तो रहे थे, मगर उनमें जैसे रोशनी नहीं थी। लोग साँसें ले तो रहे थे, मगर जैसे नीम बेहोशी में। सब कुछ केवल यन्त्रवत हो रहा था, क्योंकि सबका दिल तो अमिताभ के सीने में धड़क रहा था। ख़तरे के बाहर अभी गया कि नहीं? लड़ाई

तेजी जी को दिलासा देतीं प्रधानमन्त्री इन्दिरा गाँधी, साथ में सोनिया गाँधी

खींच तो ले जायेगा न? लन्दन के डॉक्टर क्या कहते हैं? जो दवाएँ चाहिए थीं, वे मिलीं या नहीं? बस ऐसे ही हज़ारों सवाल लोगों की चर्चा के विषय बने हुए थे। स्कूल-कॉलेजों में बच्चों का पढ़ाई में मन नहीं लग रहा था, अध्यापकों से पढ़ाते बन नहीं रहा था। कल-कारख़ानों में लोग ख़ुद मशीन बन गये थे। दफ़्तरों में सारा कामकाज ठप, किसी का किसी बात, किसी काम में मन नहीं लगता था। हर दिल दुआ कर रहा था—हे भगवान अमिताभ ठीक हो जाये—भले ही फ़िल्मों में काम करे या न करे, पर ठीक हो जाये! क्योंकि इस बीमारी के दौरान अमिताभ सिर्फ़ एक नाम, एक व्यक्ति, एक कलाकार मात्र नहीं रह गया था, वरन् वह तो सारे देश का चिन्ताकुल हृदय, प्रार्थनाबद्ध अंजलि, दुआओं में उठा हाथ, अख़बारों की सुर्ख़ियाँ, आकाशवाणी का समाचार बन चुका था। सच तो यह है कि फ़िल्मों और पत्रिकाओं में निरन्तर तरह-तरह की चर्चाओं और प्रसिद्धि के बावजूद पहले कभी यह प्रकट नहीं हुआ था कि अमिताभ सारे देश के आबाल-वृद्ध नारी-पुरुष सबके दिल में इतना गहरा पैठ चुका है, जितना कि शायद आज

तक कभी कोई नहीं पैठा था। अपने घर-परिवार का यह दुबला, तीखे नयन-नक्श और शरारती आँखोंवाला छरहरा छोरा सहसा इतना विशाल और विराट होता गया कि महीने भर के भीतर-भीतर अमिताभ एक असीम, विस्तृत, अमूर्त वेदना बन गया।

आस्था का कमाल

महीना भर, हाँ, आज 31 अगस्त को पूरा महीना हो गया है अमिताभ को बंगलौर से बम्बई के ब्रीच कैंडी अस्पताल में आये हुए। धीरे-धीरे तबीयत में सुधार की ख़बरें मिलती रही थीं, लेकिन आज सुबह यानी 31 अगस्त की सुबह, जब तेजी भाभी का फ़ोन आया कि "शाम को अस्पताल आओ, शायद मुन्ना से मिल सको", तो मन पर से चिन्ता की एक बेहद विशाल चट्टान हटी थी और जैसे पहली बार खुलकर साँस ली और हम शाम को ही ब्रीच कैंडी अस्पताल गये।

दूसरी मंज़िल पर पहुँचते ही सबसे पहले जया मिली। छोटी-सी यूँ ही है। महीने भर की थकान से तो जैसे एकदम सिकुड़-सी गयी है। गले लग गयी—हँसती-मुस्कुराती। दिल से यही दुआ निकली—'ईश्वर करे तुम्हारी यह भोली हँसी हमेशा-हमेशा के लिए बरकरार रहे। तुम्हारा सुहाग बना रहे।'

मेरे हाथ में एक छोटी-सी टोकरी में बेला की कलियाँ थीं। ऊपर ढँका रुमाल कोने से उठाकर जया ने झाँका और बेला की कलियों जैसे ही उसके सफ़ेद दाँत चमक उठे, "अहा, ये तो मुझे बहुत पसन्द हैं," और तुरन्त उसके चेहरे पर गहरी उदासी गँडरा गयी, "अमितजी को भी ये फूल बेहद पसन्द हैं।

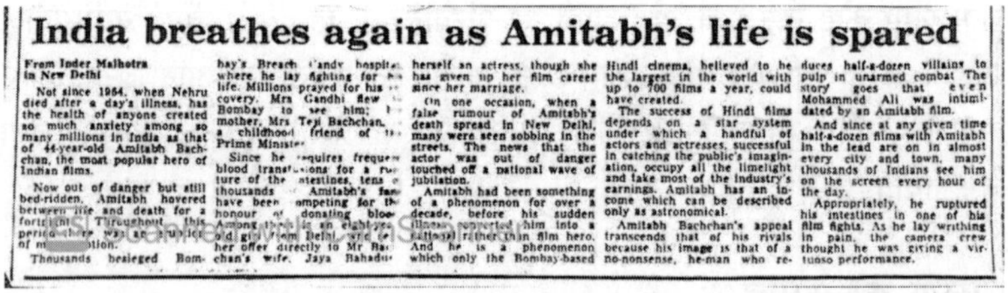

India breathes again as Amitabh's life is spared

From Inder Malhotra
in New Delhi

Not since 1964, when Nehru died after a day's illness, has the health of anyone created so much anxiety among so many millions in India as that of 44-year-old Amitabh Bachchan, the most popular hero of Indian films.

Now out of danger but still bed-ridden, Amitabh hovered between life and death for a fortnight. Throughout this period there was an [illegible] of m[illegible]tion.

Thousands besieged Bombay's Breach Candy hospital where he lay fighting for his life. Millions prayed for his recovery. Mrs Gandhi flew to Bombay to see him; his mother, Mrs Teji Bachchan, is a childhood friend of the Prime Minister.

Since he requires frequent blood transfusions for a rupture of the intestines, tens of thousands of Amitabh's fans have been competing for the honour of donating blood. Among them is an eight-year-old girl from Delhi who [illegible] her offer directly to Mr Bachchan's wife, Jaya Bahaduri, herself an actress, though she has given up her film career since her marriage.

On one occasion, when a false rumour of Amitabh's death spread in New Delhi, many were seen sobbing in the streets. The news that the actor was out of danger touched off a national wave of jubilation.

Amitabh had been something of a phenomenon for over a decade, before his sudden illness converted him into a national rather than film hero. And he is a phenomenon which only the Bombay-based Hindi cinema, believed to be the largest in the world with up to 700 films a year, could have created.

The success of Hindi films depends on a star system under which a handful of actors and actresses, successful in catching the public's imagination, occupy all the limelight and take most of the industry's earnings. Amitabh has an income which can be described only as astronomical.

Amitabh Bachchan's appeal transcends that of his rivals because his image is that of a no-nonsense, he-man who reduces half-a-dozen villains to pulp in unarmed combat. The story goes that even Mohammed Ali was intimidated by an Amitabh film.

And since at any given time half-a-dozen films with Amitabh in the lead are on in almost every city and town, many thousands of Indians see him on the screen every hour of the day.

Appropriately, he ruptured his intestines in one of his film fights. As he lay writhing in pain, the camera crew thought he was giving a virtuoso performance.

पर उनके पास तो रख ही नहीं सकते। डॉक्टर 'अलाउ' नहीं करते!'' उसे हमने दिलासा दी, ''उदास क्यों होती है पगली! तू तो सावित्री है। अपने सत्यवान को वापस ले आयी है। वह दिन भी दूर नहीं, जब कमरे में अनगिनत फूल सजाने लगोगी!''

भीतर गये, एक बहुत छोटा-सा कमरा नं. 220। कोने में एक कुर्सी पर शान्त बैठे थे बच्चन जी। बगल में पलँग पर नीले बूटोंवाली महीन साड़ी पहने तेजस्विनी तेजी बच्चन! तेजी जी के चेहरे पर एक विशिष्ट गरिमा और तेज़ तो हमेशा से ही है, लेकिन इस समय तो यह माँ अपना सारा तेज़ उस चित्र में से खींचती लग रही थी, जो उसके सिर के ठीक ऊपर दीवार पर टँगा था। सारे कमरे में कहीं कोई सजावट का सामान नहीं था। दो अस्पताली पलँग, एक इस्पाती मेज़-कुर्सी, एक स्टूल बस! लेकिन हाँ, उनके पीछे की दीवार नंगी नहीं थी, उस पर एक चित्र टँगा था—हनुमानजी का! द्रोणगिरि हाथ पर उठाये हनुमानजी! तेजी जी के उपास्य देव हनुमानजी जैसे उन पर आशीष बरसा रहे थे और उन आशीषों से अभय प्राप्त कर तेजी का मुखमण्डल तेज़ से प्रदीप्त था! मैंने मन-ही-मन प्रणाम किया उस माँ को, जिसकी कोख का जाया आज हिन्दुस्तान के हर घर का लाड़ला बन चुका है।

जीवन और मृत्यु की इस आँख-मिचौनी को दयनीय और निरीह बनकर नहीं, वरन् जीवन और मृत्यु के इस युद्ध को बड़ी शान्ति और बहादुरी के साथ झेला है बच्चन परिवार ने। बंगलौर में जिस दिन डॉक्टरों ने जवाब दे दिया था और यह कह दिया था कि इनके पिता और बच्चों को बुला लिया जाये, तो तेजी जी ने पूरे साहस के साथ कहा था, ''नहीं, किसी को बुलाने की ज़रूरत नहीं है, सारी ज़िम्मेदारी मैं लेती हूँ।'' डॉक्टरों ने कहा, ''लेकिन शरीर पर कोई प्रतिक्रिया नहीं हो रही,'' तो बोलीं, ''आप अपनी कोशिशें जारी रखिए।'' उनके मुँह से अनायास निकला, ''देखिए साढ़े पाँच बजे तक कुछ-न-कुछ शायद हो।'' और बस सीधी अपने कमरे में गयीं और हर समय अपने साथ अपने इष्टदेव हनुमानजी की मूर्ति रखती हैं, उससे लड़ने लगीं, ''प्रभु मैंने तो अपनी पूरी आस्था और श्रद्धा से तुम्हें पुकारा है। अरे, मेरी नहीं, तो अपनी लाज का तो कुछ ख़याल

24 सितम्बर, 1982 को घर लौटने के पहले ब्रीचकैंडी अस्पताल से विदा देती प्रफुल्लित प्रज्ञा भारती, साथ में बेटी श्वेता और माँ

करो! मेरा बच्चा मेरे जीते जी मुझसे कैसे छीन लोगे तुम? मेरे परिवार से तुम्हें कोई चाहिए ही, तो मुझे उठा लो प्रभु! मेरे बच्चे का अनिष्ट नहीं होना चाहिए।'' उनसे मिन्नतें कीं, उनसे लड़ीं और अस्पताल जाकर अमिताभ के कमरे में ही बैठकर अखण्ड जाप करने बैठ गयीं। उनकी तो एक आस एक विश्वास बस हनुमान चालीसा है, उसी का पाठ करने बैठ गयीं—करती गयीं, करती गयीं। और आप चाहें तो चमत्कार कह लें—उन्हें ख़ुद को भी जैसे होश आया साढ़े पाँच बजे और डॉक्टरों ने भी देखा कि साढ़े पाँच बजे से अमिताभ के बेहोश शरीर पर दवाओं का असर दीखने लगा। तेजी जी मन-ही-मन बोलीं, 'लाय संजीवन अमिताभ जियाये, श्री रघुबीर हरष उर लाये।'

अमिताभ : अदब और साहस की प्रतिमूर्ति

अभी ये बातें हो ही रही थीं कि जया एक व्हील चेयर लिए कमरे में दाख़िल हुई। कल रात पहली बार इसी चेयर पर नर्स अमिताभ को दस मिनट के लिए इस कमरे में लायी थी। आज चेयर पहले आ गयी है, तो क्या अमिताभ ख़ुद चलकर आ रहा है? एक क्षण को सब सुख में डूब गये, पर धड़कते दिलों में चिन्ता भी डोलने लगी—क्या अभी इतनी दूर स्वयं चलकर आना ठीक होगा? तेजी जी ने कहा, ''उसे मना कर दो, कहो हम ही वहाँ आये जाते हैं।'' पर जया बोली, ''माँ आप तो जानती ही हैं कि जो उन्हें करना है, वह तो करेंगे ही, सुनेंगे थोड़े ही।'' और बस हम सब सन्न-से अपनी-अपनी जगह पर खड़े हो गये—दीवारों

मृत्युंजयी अमिताभ का अपार भीड़ द्वारा स्वागत

से चिपके-से, चुपचाप! बच्चन जी, तेजी जी, भारतीजी और मैं! और कमरे के दरवाज़े पर प्रतीक्षा की मुद्रा में जया!

जब कुछ पल यों ही बीत गये, तो बच्चन जी अपने कोने में चलकर दरवाज़े तक गये और बाहर निकलकर खड़े हो गये—चिन्तित मुद्रा में, सामने देखते हुए! मैंने देखा कभी वे अपना बायाँ हाथ उँगलियाँ समेटकर सीधा तान लेते हैं, कभी दाहिना हाथ 'ठहरो' की मुद्रा में उठाते हैं। कभी ऐसे करते, जैसे कह रहे हों कि परे हो जाओ! मुँह पर उदासी, शून्यता, केवल हाथों में हरकत। मुझसे नहीं रहा गया। मैंने भी उनके पास जाकर उधर ही देखा, तो पाया गलियारे में से नर्सों, वार्ड ब्वॉयज़ और डॉक्टरों के बीच में से एक बेहद पतला, लेकिन सबकी लम्बाइयों को छोटा बनाता व्यक्ति बेहद धीरे-धीरे चला आ रहा है—खुद अपने आपको सँभालता हुआ। यों लग रहा था कि दूर गलियारे से एक अमूर्त व्यापकता सिमटकर अमिताभ बनी चली आ रही है! हर हाथ सहारा देने की मुद्रा में तत्पर, लेकिन अमिताभ किसी का सहारा ले नहीं रहा है—खुद एक-एक क़दम तौल-तौल कर रख रहा है, बेहद धीरे-धीरे सँभल-सँभलकर, इस ओर बढ़ता आ रहा है। और मुझे बेसाख़्ता याद आ रही हैं रॉबर्ट फास्ट की वे पंक्तियाँ, जो पं. नेहरू अपने दफ़्तर की मेज़ के काँच के नीचे रखते थे—(आई हैव प्रामिसेज़ टु कीप, ऐंड माइल्स टु गो बिफ़ोर आई स्लीप) हाँ अभी तो अमिताभ को मीलों-मीलों-मीलों दूर जाना है। और वह जायेगा ज़रूर! इन डगमग क़दमों में फिर बिजली की सी फुर्ती भर जायेगी। फिर जंग को जीतने की ताक़त आ जायेगी।

घर पहुँचने पर कार से उतरते ही प्रतीक्षारत पिता को रोते देखते ही हृदय से लगा लिया

बच्चन जी के हाथों की पुलिसमैनी मुद्रा का रहस्य भी अब समझ में आया। उधर अमिताभ के क़दम डगमगाते होंगे कि इधर इनका हाथ उसे सँभलने का निर्देश देता होगा! बच्चन जी को शायद ख़ुद भी नहीं मालूम होगा कि उनका हाथ इस तरह के इशारे कर रहा था, जैसे शायद उन्होंने तब किये होंगे, जब नन्हा अमिताभ पहली बार अपने डगमग क़दमों से धरती पर चला होगा—ठुमुक चलत रामचन्द्र! तब तो माता-पिता सिहा कर देख रहे होंगे। जब वह लड़खड़ाकर गिरा होगा, तो खिलखिलाकर हँसे भी होंगे। मगर आज बच्चन जी का हाथ तो ज़रूर चल रहा था, पर नज़र कहीं शून्य में अपलक देखती-सी लग रही थी।

कई लम्बे-तन खिंचकर बेहद लम्बे हुए क्षणों के बाद अमिताभ गलियारा पार करके कमरे में आया। उसके इस प्रयास की सफलता पर सब बेहद ख़ुश हुए। कितना हिम्मती है, यह शेरदिल नौजवान! भारतीजी ने दोनों हाथों से उसका माथा थामकर चूम लिया और सौम्य संस्कारी अमिताभ उनके चरण छूने को झुकने लगा। क्या ग़ज़ब के संस्कार दिये हैं इस बच्चे को माता-पिता ने! उसके पेट पर अभी पट्टियाँ बँधी हैं। उसे यों झुकता देख सबके प्राण मुँह में आने लगे।

भारतीजी का चेहरा एकदम सफ़ेद पड़ गया। वे ख़ुद को अपराधी-सा महसूस करने लगे। करें तो क्या करें, अमिताभ को बाँहों से पकड़ भी सकते हैं या नहीं। कहीं उसका कुछ दुख न जाये। शब्दों से ही बरज रहे हैं, पर उसे तो पैर छूने ही हैं—वह और झुकने लगा। झुकना कहीं सहनशक्ति की सीमा न लाँघ जाये, कुछ अनर्थ न हो जाये इसलिए हकबकाये भारतीजी ने ख़ुद ही अपना पैर ऊपर उठा दिया। एक पैर पर उटंगे खड़े भारतीजी! अमिताभ ने पैर छू लिया, तो हम सबने राहत की साँस ली कि चलो बात बन गयी। लेकिन नहीं, अमिताभ तो दूसरे पैर की तरफ़ इशारा करता है कि वह भी छूना है, फिर पैर उठाया गया, ताकि उसे जल्दी छुट्टी मिले और वह बैठ जाये। पर नहीं, इतनी ही औपचारिकता निभाने की बात होती तब न! पता नहीं क्या उसके मन में आ रहा था कि वही प्रक्रिया मेरे साथ भी दोहरायी गयी! उसके इस तरह क़दमों में झुकने ने हम दोनों को कहीं बहुत छोटा बना दिया और उसे आसमान चीरती ऊँचाइयों पर पहुँचा दिया। हम समझ गये कि यह हमारे पैर नहीं छुए जा रहे हैं, यह तो हमारे माध्यम से हिन्दुस्तान के हर उस आम आदमी के पैर छूकर कृतज्ञता अर्पित की जा रही है, जिसने अमिताभ की मृत्यु से इस लड़ाई में अपना साथ दिया है—उसे दुआएँ दी हैं, मन्दिरों में, मस्जिदों में, गिरजाघरों में, अपने अन्तरंग एकान्त क्षणों में!

सामने उसके लिए व्हील चेयर रखी थी, पर उस पर न बैठकर वह दीवार से लगे लोहे के स्प्रिंगवाले ऊँचे पलँग पर बैठा, क्योंकि कुर्सी पर बैठने के लिए उसे ज़्यादा झुकना पड़ता। पर उस पलँग पर बैठने में उसे कितनी तकलीफ़ हो

इतने लम्बे समय तक अनवरत अथक सेवा करने वाली पुत्रवधू जया और मृत्युंजयी पुत्र को तिलक लगाने को आतुर माँ तेजी जी

रही थी, जो देखी नहीं जा रही थी। कुछ पलों तक उसने दाँत भींचकर, आँख मूँदकर उस दर्द को सहा। फिर धीरे-से सिर ऊपर उठाकर मुस्कराया। उफ़ रे, उसकी वह मुस्कान! इस ज़िन्दगी में कभी भुलायी नहीं जा सकेगी। उसका चेहरा एकदम दुबला हो गया है, गालों और ठुड्डी ने मिलकर जैसे एक तिकोन बनाया है, जिस पर कच्चे-पक्के बालों की छोटी-सी दाढ़ी उग आयी है। आँखों के कोटर में से चमकती हुई आँखें और भी डबर-डबर बड़ी लगने लगी हैं और उनमें से तेज़ बाहर फूटा पड़ रहा है। जिस ओर उसकी निगाह उठती थी, लगता था उधर रोशनी ज़्यादा तेज़ हो गयी है।

याद पुरानी कहानी की

शायद बच्चे के द्वारा अपने मित्र को इस हालत में भी इतना आदर देते देख बच्चन जी की आँखें भर आयी थीं। अमिताभ ने शिकायती निगाहों से उनकी ओर देखा, तो आँसू जबरन अन्दर-ही-अन्दर सुखाते-पीते हुए बच्चन जी अपने होंठों पर ज़बरदस्ती मुस्कान खींच लाये, तो अमिताभ बोला—''आ... प... चिन... ता... म... त... किया... की... जि... ए'' एक-एक शब्द रुक-रुक कर बिना उतार-चढ़ाव के इतने धीरे-धीरे अमिताभ बोल रहा था कि मुझे ख़ुद अपना गला रुँधता-सा लगने लगा। बच्चन जी उसी ओढ़ी हुई हँसी को हँसते हुए बोले, ''देखो भई चिन्तित तो हम रहेंगे ही।'' तो बोला, ''नहीं अपनी चिन्ता मुझे दे दीजिए। मैं उसे ठोंक-पीट कर ठीक करके आपको वापस कर दूँगा।'' वह इतने

हर पल सामने मँडराती मृत्यु से जूझ कर अपने प्यारे परिवार के बीच सुरक्षित निश्चिन्त और शान्त मृत्युंजयी अमिताभ

धीरे बोल रहा था कि गज़ भर की दूरी पर बैठे व्यक्ति को भी सुनने में मुश्किल हो। मैं तो एकदम क़रीब बैठी थी, इसलिए उसकी एक-एक बात साफ़ सुन पा रही थी। बच्चन जी से बोला, ''आपकी सुनायी वह बालकृष्णवाली कहानी याद आ रही है।'' मुझसे बोला, ''आपने तो पढ़ा होगा बालकृष्ण को?'' किसी को समझ में नहीं आ रहा था कि किस बालकृष्ण की, किस कहानी की बात कर रहा है, तो तेजी जी बोलीं, ''मुन्ना तुम्हें इतना बोलना नहीं चाहिए। बच्चन तू सुना दे न, किस कहानी की बात कर रहा है यह, तूने कौन-सी कहानी सुनायी थी इसे?'' बच्चन जी ने फिर उसकी ओर प्रश्नसूचक दृष्टि से देखा, तो बोला, ''वहाँ मेरे कमरे में कितनी सारी मूर्तियाँ और तसवीरें देवी-देवताओं की लगी हैं, आज हवा से एक तसवीर गिर पड़ी तो''...अब बच्चन जी को याद आ गया कि बात स्व. बालकृष्ण भट्ट की है, हिन्दी के प्रख्यात गद्य लेखक।

भट्टजी ने अपनी जीवनी में अपनी पत्नी का ज़िक्र करते हुए लिखा है कि वे बड़ी भक्तिन थीं। घण्टों पूजा करती रहती थीं। भगवान की अनेक मूर्तियाँ रखी थीं, उनके पूजाघर में। वे प्रतिदिन एक-एक मूर्ति को नहलातीं, कपड़े पहनातीं, शृंगार करतीं। एक दिन एक मूर्ति को वह नहला-धुलाकर, कपड़े पहनाकर शृंगार करके जैसे ही खड़ा करतीं, वह गिर पड़ती—फिर बेचारी दोबारा नहलातीं—वह फिर लुढ़क जाती। कई बार ऐसा हो गया, तो वे झल्लाकर बोलीं, ''लँगड़ियऊ सीधे ठाड़ रहौ। का बार-बार गिरे पड़त हौ, सीधे ठाड़े रहौ नाहिं, तो उठाइके पटक देब!'' बच्चन जी सुना ही रहे थे कि उन्हीं के सुर में सुर मिलाकर अमिताभ बोला, ''तु हूं नीके व्है के बैठे रहो, नहिं तौ अबहिन उठाइ के पटक देब!'' सब हँस पड़े।

बच्चन जी जब बालकृष्ण भट्ट का यह संस्मरण सुना रहे थे तो उनकी आवाज़ में जो उतार-चढ़ाव था, बात करने का जो लहजा था ठीक यही स्वर, यही लहजा अमिताभ ने बख़ूबी नक़ल कर लिया है। ''अपनी कितनी ही फ़िल्मों में उसने भगवान से बातें की हैं, वह ठीक ऐसे ही बोलता है,'' जब यह मैंने कहा, तो बोला, ''हमारा हमारे पास कुछ नहीं है इन्हीं का दिया हुआ है। चाहे गाना हो, चाहे अदायगी हो।'' मैंने बीच में टोका। ''चाहे कविता हो'' (मुझे पहले ही पता चल चुका था कि दो दिन पहले ही अपनी रोग शय्या पर उसने एक कविता लिखी है), तो मुस्कराकर बोला, ''अच्छा उस कविता का पता चल गया आपको! लेकिन हमें कहाँ कविता लिखनी आती है। हमने तो यों ही कुछ लाइनें लिख दीं, पर उन्हें कविता बना दिया है डॉ. हरिवंश राय बच्चन के अनुवाद ने। मामूली-सी चीज़ को अनुवाद से क्या बना दिया है, ग्रेटनेस

देखिएगा मेरे बाबूजी की। मैं अपनी कविता आपको इसीलिए सुनाऊँगा कि आप अनुवाद की ग्रेटनेस देखें।'' बंटी को बुलाकर इंटेंसिव केयर यूनिट के कमरे से पैड लाने को बोला। पैड आया, तो मुझसे बोला, ''उधर मेरा कमरा है न, वहाँ से बाहर देखें, तो सिवाय समुद्र और चट्टानों के और कुछ नहीं दीखता, और अन्दर वही, जैसा आप जानती हैं—अस्पताल का कमरा, लोहे का पलँग—सफ़ेद चद्दरें। वही बस लिख दिया है मैंने!'' और उसने धीरे-धीरे एक-एक शब्द तौल-तौल कर अपनी कविता पढ़कर सुनायी। बच्चन जी से बोला, ''अब इन्हें आप अपना अनुवाद सुनाइए। ज़रा ज़ोर से पढ़िएगा।'' बच्चन जी ने जब अनुवाद सुनाया, तो सबके मुँह से बरबस वाह निकल पड़ी और अमिताभ के मुँह पर अपरिमित गर्व और सन्तोष तैर गया, ''देखा, यह हुई न कविता! मेरी इन लाइनों को जो फाड़कर कचरे में फेंक देने लायक हैं, बच्चन जी ने कविता बना दिया है।'' भारतीजी बोले, ''सच बात है एक-एक शब्द इतना चुन-चुनकर रखा है कि कविता को गहरे में कहीं जाकर सारी परम्परा से जोड़ता है। एक छोटे-से शब्द को ही देखो, बच्चन जी 'डराते' बादल भी लिख सकते थे, पर उन्होंने लिखा है—'डरपाते' और यह डरपाते शब्द एकदम से तुलसी से जोड़ देता है 'घन घमण्ड नभ गरजत घोरा, प्रियाहीन डरपत मन मोरा'।'' बच्चन जी ने स्वीकृति में सिर हिलाया और 'जलधि तरंगों की क्रीड़ा' इस शब्दावली के प्रसंग में जयशंकर प्रसाद को याद करते हुए एकाएक रुँधे गले से बोले, ''असल में अमिताभ की 'एगोनी' (पीड़ा) से हमने ख़ुद को आइडेंटिफाई कर लिया था। उन्हें जब पहिली बार हमने यहाँ बिस्तर पर देखा, तो हमारे मन में यही उठा कि आइ शुड हैव बीन हियर। व्हाई ही? व्हाई ही?'' कहते-कहते जो उनका गला रुँधा, तो आवाज़ एकदम 'चोक' (रुँध) हो गयी। गीली आँखें एकाएक एकदम सूख गयीं, और फटी-फटी आँखों से वे अपने ही हाथों से अपना गला सहलाने लगे। मैं एकदम से घबरा गयी। कलेजे की हूक और घुटन की बात मैंने पढ़ी और सुनी थी, पर कभी किसी को इस तरह घुटते देखा नहीं था, कितनी तकलीफ़ थी उस क्षण बच्चन जी को! कोई आवाज़ नहीं, केवल घुटती-सी साँसों के बीच-बीच में एक हल्का-सा हिक-हिक-सा शब्द सुनायी दे रहा था। मुझे वहीं बैठे याद आया कलेजे की ऐसी हूक की बात बच्चन जी ने 'क्या भूलूँ क्या याद करूँ' में लिखी है। घर आने पर देखा, तो पृष्ठ 218 पर बोधा की पंक्तियाँ मिलीं—

उर तै उठि आवै, गरे तै फिरै, मन की मन ही में सिरबो करै।
सहते ही बनै, कहते न बनै, मन ही मन पीर परैबो करै।

Breach Candy Hospital
ICU Room No 1. - Bombay

29 th ~~September~~ August 1982

OUTSIDE - INSIDE

Outside -

Black
Granite ugly rocks,
Turbulent and laden sea -
Dark frightening clouds hovering above -

Inside -

Whiteness, purity
Clean sheets, Soft pillows -
Gentle care, Soft words,
Solitude
and my agony -

बाहर - भीतर —

बाहर -
ऊपर मँडराते, डरपाते,
अँधियाला छाते-से बादल।
नीचे
काली, कठोर, भद्दी चट्टानों पर
उच्छल, मटमैली जलधि-तरंगों की क्रीड़

भीतर -
सब उज्ज्वल, शुद्ध, साफ़,
चादर सफ़ेद, कोमल तकिए,
ममतामय सारी देख-रेख
औ' मेरी एकाकी पीड़ा।

अनुवादक -

घर के प्रांगण में स्थित मन्दिर में कृतज्ञ श्रद्धा अर्पण

और हँसी बिखर गयी

बच्चन जी भी बस सह ही रहे थे। अमिताभ क्षण की कोमल गहराई को बख़ूबी समझ रहा था। ख़ुद अपनी पीड़ा से गुज़रते हुए भी वह पिता को पीड़ा से उबारने के लिए बेचैन हो उठा और बात फिर अनुवाद की ग्रेटनेस पर ले आया। बच्चन जी से बोला, "वाह साहब, आपका अनुवाद बड़ा ग्रेट है।" बच्चन जी सँभले और बोले, "नहीं भाई, तुम्हारी कविता ही ग्रेट है।" तो मैं बोली, "अनुवाद तो है ही बढ़िया, पर उस ग्रेटनेस के बीज तो तुम्हारी कविता में थे ही न! बीज तुम्हारे, फूल बच्चन जी के!" तो वह उस मुद्रा में मुस्कराया, जिसमें अक्सर शायर दाद मिलने पर सलाम करते हैं; तब जया एकदम खिलखिलाकर हँस पड़ी। कमरे में पहली बार हँसी खनकी, तो वातावरण हल्का-सा हुआ और अमिताभ ने इशारे से जया को पास बुलाया और कान में कुछ कहा। जया बहुत आहिस्ते-आहिस्ते सँभालकर 'केयरफ़ुल' हाथों से उसके कन्धे, उसके हाथ, उसकी पीठ दबाने लगी। हम लोगों की तरफ़ शरारत से देखता हुआ अमिताभ बोला, "पत्नियों को काम में लगाये रखना चाहिए, तो वे ठीक रहती हैं। सो मैंने इन्हें काम में लगा दिया है।"

थोड़ी देर में अमिताभ पलँग से उठा और इंच-इंच झुकता हुआ कुर्सी पर बैठने की कोशिश करने लगा। पट्टियों बँधे पेट में अब भी झुकने से असह्य दर्द हो रहा था, लेकिन फिर भी उसके मुँह से न उफ़ थी, न कराह! रमोला

तेजी जी के साथ अमिताभ बच्चन

उसकी परिचर्या में थीं और बंटी अस्पताल के कागज़ों की एक फ़ाइल लिए हुए धीमे-धीमे कुछ कह रहे थे। हम लोगों नें अब विदा लेनी चाही। शाम पूरी तरह घिर आयी थी और गलियारे में लोगों की आवाजाही बढ़ रही थी। तेजी भाभी साथ-साथ नीचे तक आयीं और फिर वहीं खड़े होकर बातों का एक और दौर शुरू हो गया। उनके पास छोटी-छोटी हज़ारों यादें थीं, इन दिनों की। मसलन अचानक तस्वीह फेरते हुए हज से लौटी हुई वह बुढ़िया, जो चिल्ला रही थी—''कहाँ है मेरा बेटा अमिताभ! मैं उसके लिए दुआ करूँगी! मेरा बेटा!'' पंजाब से पैदल चलकर आनेवाला एक ग्रामीण युवक, अजमेर के दरगाह शरीफ़ के बड़े पीर का आशीर्वाद भरा पत्र, सोनिया गाँधी की भेजी हुई वह राखी, जिसे नर्स के मना करने के बावजूद अमिताभ रोग शैया पर कई दिनों तक बाँधे रहा। इन्दिराजी के आने पर अमिताभ का कागज़ पर लिखना—'आइ कैन नौट स्पीक' और इन्दिराजी का माथे पर हाथ फेरते हुए कहना, ''बट आइ कैन स्पीक। यू विल आल्सो स्पीक, माइ चाइल्ड!'' और उस पिता का पत्र, जिसका अमिताभ नाम का बच्चा, बीमारी की ख़बर सुनकर स्वयं बीमार बनकर बिस्तर पर पड़ा रहा और पिता की बच्चन जी से प्रार्थना कि एक ख़त लिख दें कि अमिताभ अब ठीक है, ताकि वह बिस्तर से उठ जाये! और ऐसी ही कितनी-कितनी बातें!

और उन बातों के दौरान मैं सोच रही हूँ कि कैसा है हमारे घर-परिवार का यह शरारती छोरा, जो अभी-अभी पलँग पर बैठा कविता और लतीफ़े सुना रहा

था और अभी-अभी फिर देश और काल में अमूर्त व्यापक और विशाल होकर फैलने लगा है!

और चलते-चलते ज़ेहन पर फिर छा जाती है उसकी वह कविता, जो रोग शय्या से खिड़की के बाहर फैले विराट समुद्र, नीले आसमान और अनगढ़ पत्थरों को देखते हुए उसने लिखी थी! वह जो काव्यानुभव हम वहाँ से लाये, हम उसी निस्संग भाव से आपको पेश कर रहे हैं—क्योंकि हम जानते हैं कि अमिताभ जितना हमारा है, उतना ही आप सबका!

बुद्धिजीवियों के शहर में एक हृदयजीवी

थकान की भावना भी कितनी सापेक्ष होती है, यह उस दिन अमिताभ को देखकर जाना। बहुत बीमार होकर इलाज के लिए अमेरिका गये थे; वहाँ से लौटे तो अचानक दिलोदिमाग़ ही नहीं, पूरे-के-पूरे वजूद को हिला डालनेवाला शोक का पहाड़ फूट पड़ा—इन्दिरा गाँधी की अकस्मात मौत! अभी उस धक्के से उबर भी नहीं पाये थे कि आदेश मिला कि चुनाव लड़ना है—इलाहाबाद से। माँ के शव को साथ-साथ काँधा देने तक ही दोस्ती सीमित नहीं थी न, सो बस प्राणपण से उतर गये मैदान में—मित्र के हाथ मज़बूत करने के लिए। बिना किन्हीं पूर्व तैयारियों के अमिताभ चुनाव जैसे पोर-पोर थका डालनेवाले अभियान में जुट गये। लेकिन कमाल तो देखिए, लगभग दो महीने पहले जैसा उन्हें देखा था, वैसे-के-वैसे आज नज़र आये। बल्कि कहूँगी कि उस दिन की अपेक्षा ज़रा ज़्यादा ही रौनक थी—उनकी भावप्रवण आँखों में, ज़रा ज़्यादा ही तेज़ था—भोले-भाले भावुक चेहरे पर। चुनाव ने कहीं कोई थकान नहीं छोड़ी थी, कहीं कोई अलस भाव नहीं।

मैंने जब इलाहाबाद की बात छेड़ी तो बोले—ओह इलाहाबाद! आपसे सच कहूँ। मैं यहाँ आपके सामने बैठा हूँ। इलाहाबाद से बाहर की दुनिया के कामकाजों में भी लगा हूँ, पर वह शायद किसी मशीनी पद्धति से ख़ुद-ब-ख़ुद होता चल रहा है। क्योंकि मेरा मन तो अभी भी वहीं इलाहाबाद में है। इलाहाबाद के गाँवों, वहाँ की ग़रीबी, पिछड़ेपन वग़ैरह के बारे में केवल किताबों में पढ़ा था, नेताओं के भाषणों में सुना था या बड़े-बूढ़ों की बातों से जाना था। लेकिन चुनाव के कारण जब सचमुच उन गाँवों में गया तो मैंने पहली बार असली हालात ख़ुद देखे और जाना कि अरे मैं तो बिल्कुल अनजान था। बहुत सीमित था मेरा ज्ञान! आपको मैं बयान नहीं कर सकता हूँ कि मैं भीतर से हिल गया हूँ; ख़ुद बड़ा ग़रीब हो गया हूँ। चुनाव लड़ने का मेरा अनुभव टोटली इमोशनल अनुभव रहा है। बुद्धिजीवियों के उस नगर में मैं चुनाव लड़ने गया था। वह नगर मेरा है, मेरा अपना। मेरा अपना जन्मस्थान। लेकिन भइया मैं बुद्धिजीवी नहीं—मैं तो

हृदयजीवी हूँ। और मेरा हृदय जानता है कि चुनाव लड़ने के बहाने जो असली इलाहाबाद मैंने देख लिया है उसको देखने के बाद...मैं तभी वहीं जान गया था कि अगर चुनाव में हार भी गया तो भी यहाँ फिर-फिर आकर अपनी पर्सनल कैपेसिटी में जो भी कर सकूँगा, करूँगा ज़रूर। अब जब जीत गया हूँ तब तो निश्चित ही मैं अपनी ताक़त-भर कुछ भी कर सकने में कोई कोर-कसर रखूँगा नहीं।

चुनावी अभियानों से दूर पड़े वे गाँव

मैं कैसे भूल सकता हूँ उस सत्तर बरस की बुढ़िया को, जो मैली-गन्दी चीकट धोती पहने थी। उसकी धोती शायद न कभी बदली गयी होगी, न धुली होगी। शायद वही एक धोती होगी उसके पास। हमें पाँच कपड़ों में भी सर्दी लगे, पर वही सर्दी शायद इनसे डरकर भाग जाती होगी। कैसे गिरती-पड़ती वह भीड़ को चीरकर मेरे पास तक आयी थी और मुझसे सिर्फ़ इतना बोल सकी थी, 'बिटुवा, हम बहुत ग़रीब मनई आंय। हमरा धियान रख्यो।' कैसे भूल सकता हूँ उस कृशकाय बूढ़े को, जो पता नहीं कितने घण्टों से सड़क के किनारे खड़ा अपने हाथ में एक बेले का फूल लिए मेरी प्रतीक्षा कर रहा था। उसका फूल भी उसकी मुट्ठी में ही मुरझा चला था। उस फूल को मुझे देकर कितने सन्तोष से भर उठा था वह! बोला था, 'ऐहिका अपने पासै रख्यो, ई तोहका जरूर जितइहै।'

ग़रीबी क्या होती है, यह मैंने उन दूरदराज़ गाँवों में जाकर देखा है जहाँ चुनाव मैदान के असली लड़ाके कभी जाते ही नहीं थे। मुझसे भी वहाँ के लोकल जानकारों ने कहा कि भई वहाँ जाकर समय नष्ट करने से क्या फ़ायदा, वहाँ ज़्यादा वोट नहीं हैं। यानी कि ज़रूरत, ग़रीबी, कर्तव्य, सेवा-प्रेम सबकी राहें वहीं जाकर ख़त्म होती हैं, जहाँ वोट-बैंक होते हैं।

मैंने वहाँ देखा कि अधिकतर गाँवों में सिर्फ़ एक सड़क है। सड़क के अन्दर सड़क-दर-सड़क कहीं नहीं है, यानी लिंक रोड कोई है ही नहीं। परिणामतः सड़क किनारे के पासवाले गाँवों में थोड़ी खुशहाली आयी है, क्योंकि वहाँ से वोट मिल सकते हैं। लिंक रोड न होने के कारण भीतरी गाँवों में जीप, कार, मोटरसाइकिल या स्कूटर जाने कठिन हैं। अब बैलगाड़ी या स्कूटर जाने कठिन हैं। अब बैलगाड़ी या साइकिल पर कष्ट उठाकर तो कार्यकर्ता महाशय जायेंगे नहीं। सो वे गाँव प्रगति से अनजाने हैं। मैं ऐसे-ऐसे गाँवों में भी गया जहाँ साइकिल तक नहीं जा सकती, केवल पैदल-ही-पैदल चलकर जाया जा सकता है। वहाँ मैंने देखा कि ग़रीबी किसे कहते हैं।

पर एक बात आपको बताऊँ, मैं देखकर हैरान हो गया कि ऐसे दूरदराज़ गाँव जो सामान्य जीवन से बिल्कुल कटे हुए हैं, वहाँ भी एक नाम पहुँचा हुआ है—इन्दिरा गाँधी का। वह जो एक दो हड्डी की औरत थी, कैसे उसने अपना रिश्ता इन बेनाम लोगों से जोड़ लिया था वे बेचारे तो जानते भी नहीं थे कि मैं कौन हूँ। उन्होंने कभी फ़िल्म देखी ही नहीं। वे क्या जानें कौन है अमिताभ बच्चन। वे तो सिर्फ़ यह जानते थे कि मैं कांग्रेसी हूँ। मुझे अपने बीच पाकर कैसे बैन ले-लेकर हिलकारी मार रो पड़ी थीं तमाम औरतें—

हत्यारों ने हमारी माँ को मार डाला; हम अनाथ हो गये। जानती हैं आप, उन अनाथों में इन्दिरा गाँधी जी के माता-पिता की उम्र के लोग भी थे। कौन थीं वे इन सबकी? कैसे बन गयी थीं इतनी अपनी? मुझे बहुत बल मिला था, बहुत प्रेरणा मिली थी कि उनके नाम की डोर थामकर मैं भी इन भोले-भाले ग्रामीणों के मन में उतर सकता हूँ; इनमें विश्वास जगा सकता हूँ; इनमें भी हँसने की चाहत जगा सकता हूँ।

एक और बात बताऊँ, इन सीधे-सादे लोगों की डिमांड्स भी इतनी छोटी-छोटी होती हैं कि सुनकर तरस आता है। हाय, ये इतना कम माँगते हैं और लानत है हम पर कि हम उतना भी नहीं दे पाते। मसलन एक गाँव में जब मैं गया तो वहाँ के लोगों ने सिर्फ़ एक बंबा (पानी का नल) माँगा। मुझे शर्म आने लगी कि मेरे घर में हर कमरे में वॉशबेसिन लगा है, जब चाहूँ नल घुमाऊँ और पानी हाज़िर है। और ये बेचारे पूरे-के-पूरे गाँव के लिए सिर्फ़ एक नल चाहते हैं। वह एक नल तक इन्हें सैंतीस साल की आज़ादी में भी मयस्सर नहीं हुआ है। क्या करें ये इस आज़ादी का!

गली-मोहल्लों की जागरूकता

इसी तरह एक दूसरे गाँव में पता लगा कि बिजली के खम्भे तो लगे हैं, पर कनेक्शन हैं ही नहीं। स्कीम बनी होगी, हुक्म मिला होगा और खम्भे गाड़ दिये गये होंगे। कनेक्शन लगने तक ग्रांट के पैसे बीच में कहीं साफ़ हो गये होंगे। एक खेत में बिजली का खम्भा गिरा पड़ा था। न उसे कोई उठानेवाला है न देखनेवाला। कहीं खम्भों में तार लग गये हैं तो कनेक्शन के अभाव में चोर तार ही चुरा भागे हैं। ज्ञान-विज्ञान का सपना हमारा ऐसा है कि बड़े-से-बड़े देश से टक्कर लेनी है। पर हालत यह है कि हमारे गाँवों की बहुत बड़ी आबादी दीये की टिमटिमाती धुँधियाती रोशनी में अँधेरे और उजाले के फ़र्क को समझ पाने की तलाश में ही भटक रही है।

मैंने तभी सोच लिया था कि इलाहाबाद में दूरदराज़ गाँव में बिजली और पानी मुहैया कराने की ठान लूँगा। सबसे पहले तो यह जाँच करूँगा कि

आख़िर वह कौन-सा तन्त्र है जो सरकारी अनुदानों का सही उपयोग नहीं होने देता है। प्लान बनते हैं, फ़ंड ग्रांट होते हैं, पर काम कुछ नहीं होता। मैं खोजूँगा कि पूरी-की-पूरी मशीनरी में कौन ऐसे लोग हैं जो सरकार के पैसों को देश की जनता तक पहुँचने ही नहीं देते, बीच ही में बन्दर-बाँट करके खा जाते हैं। फिर उस मशीनरी की कार्यप्रणाली को ऐसा चुस्त बनाऊँगा कि पैसे का सही इस्तेमाल होने लगे। सरकारी अनुदानों का सही इस्तेमाल किया गया होता तो सैंतीस बरस में आज हिन्दुस्तान का हर गाँव, हर घर रोशन होता, हर गली-मोहल्ला भरपूर पानी प्राप्त किये हुए होता। हमारे देश की-सी हवा, पानी, धूप और चाँदनी भला और कहाँ? यहाँ का बाशिन्दा पानी के लिए तड़पे, रोशनी के लिए आँखें मले, यह तो बड़े शर्म की बात है। मैं सबसे पहला काम यहीं से शुरू करने का इरादा रखता हूँ।

बिल्कुल इंटीरियर गाँवों की बात छोड़कर अगर क़स्बे की बात बताऊँ तो मैंने वहाँ देखा कि छोटे-छोटे क़स्बे तक का हर आदमी जाग्रत है, हर शख़्स

नॉलिजेबल है। आपको लगेगा, यहाँ तो राजनीतिज्ञ बसते हैं। रोज़ सुबह नियम से अख़बार पूरा-का-पूरा पढ़ेंगे, और सुबह-शाम पड़ोसी से सिर्फ़ राजनीति की बात करेंगे; जैसे मानो बिल्कुल प्रोफ़ेशनल राजनीतिज्ञ हों। स्कूलों में भी देखिए तो सात-सात, आठ-आठ बरस के लड़के राजनीतिक विषयों पर धड़ाधड़ भाषण करेंगे और उनके इस कमाल पर अध्यापक बड़ा फ़ख्र करेंगे। मैं यह नहीं चाहता कि राजनीति ही ओढ़ते-बिछाते, खाते-पीते रहो। तुम्हारे राजनीतिक जवाब में सिर्फ़ दिल्ली और लखनऊ की ही आलोचना-प्रत्यालोचना होती है। अपने शहर, अपने गाँव-मोहल्ले की नीति, राजनीति, कर्मनीति, किसी भी नीति की ओर किसी का ध्यान ही नहीं जाता। ठोस काम कुछ किये नहीं जाते, सिर्फ़ गालों में ज़ुबान पीटी जाती रहती है।

मसलन मैं एक मोहल्ले में गया तो लोगों ने शिकायत की कि देखिए पिछले छह-सात साल से सड़क के बीचोबीच यह खड्डा बना हुआ है। गाड़ियों, सवारियों, पैदल चलनेवालों सभी को कितनी तकलीफ़ होती है, लेकिन कोई देखवइया-पुछवइया नहीं है। खड्डा बरसों से जहाँ का तहाँ बना है। मुझसे नहीं रहा गया। मैंने कहा, 'भइया, तुम जवान लोग हो। मिलकर ठान लो तो मुश्किल से एक शाम का काम है। कर डालो।' तो तुरन्त तने सिर और तन गये और बोले, 'वाह साहब वाह, हम क्यों करें। हम क्या राज-मज़दूर हैं, हम क्यों मजूरी करें? सड़क की मरम्मत सरकार का काम है। हमसे टैक्स लिया जाता है।' बात उनकी ठीक है। राजनीति वे जानते हैं कि टैक्स लिया जाता है। लेकिन यह बात भी ग़ौर करने की है कि 'हम क्या राज-मज़दूर हैं'—गोया राज-मज़दूर कोई तिरस्कार योग्य चीज़ होते हैं।

ख़ून देने को तैयार जोशीला युवा वर्ग

मेरा मन है कि अपने क्षेत्र के युवकों में कार्यशीलता जगा सकूँ। उन्हें विश्वास दिला सकूँ कि राज-मजूरी करने से कोई व्यक्ति छोटा नहीं बनता। उन्हें बता सकूँ कि बात-बात में सरकार का मुँह देखने, सरकार की आलोचना करने और खुद हाथ-पर-हाथ धरे बैठने के बजाय अगर हम खुद थोड़े हाथ-पैर हिलाकर आपस में गली-मोहल्ले की समस्या सुलझा सकते हैं, तो हमें पीछे नहीं हटना चाहिए। मसलन उक्त खड्डेवाली जैसी बात होगी तो मैं ख़ुद फावड़ा उठाकर आगे आऊँगा। गली की गन्दगी दूर करनी होगी तो पहली झाड़ू खुद उठाऊँगा। मुझे विश्वास है कि मेरे युवा साथी ख़ूब साथ देंगे। सरकारी कर्मचारियों का आलसपन तो हम झकझोरेंगे ही, पर ख़ुद भी सब मिलकर कुछ-न-कुछ ठोस करते चलेंगे।

मेरा मन बहुत दुखी है, अपने प्रदेश के युवावर्ग की बेरोज़गार स्थिति से। आपने कल राजीव जी का भाषण सुना होगा। देखिए कितनी अच्छी बात कही है उन्होंने कि वे शिक्षा को मात्र डिग्रियों तक ही सीमित नहीं रखेंगे; वोकेशनल शिक्षा पर ज़ोर देंगे। नौकरी पाने के लिए डिग्री उतनी ज़रूरी नहीं होगी जितना तकनीकी ज्ञान। हो सकता है इस दिशा में कुछ प्रैक्टिकल कठिनाइयाँ आयें, पर बात तो कितने पते की है। किसी प्रधानमन्त्री ने पहली बार सोचा तो है इस तरह। जो कठिनाइयाँ आयेंगी उनके हल भी सोच लिये जायेंगे। यह ज़रूर है कि राजीव जी की सुझायी लाइन पर यदि शिक्षा-प्रणाली में परिवर्तन लाये जायेंगे, तो ज़रूर ही बेरोज़गारी की समस्या काफ़ी कुछ हद तक दूर हो सकती है। पर तब तक क्या किया जाये? मेरा पूरा ध्यान इस ओर है कि बेरोज़गारी के लिए कुछ करना है। आपको पता है न कि स्वर्गीय लालबहादुर शास्त्री ने इलाहाबाद में एक इंडस्ट्रियल बेल्ट बनायी थी। तब आई.आई.टी. खुला था, टेलीफ़ोन फ़ैक्टरी लगी थी, और भी कई काम हुए थे। पर उनकी मृत्यु के बाद सब काम ठप पड़ गया। मैं चाहता हूँ कि उनके कामों को आगे बढ़ाऊँ। वहाँ का यूथ काम करने को तैयार है, बस उसे ऑक्यूपाई करना है। उन युवाओं के उत्साह की बात भी आपको क्या बताऊँ। यह तो बीसियों बार किया गया कि मेरी मीटिंग हो रही है कि भीड़ में से कोई युवक अचानक आयेगा, खचाक से ब्लेड से अपना अँगूठा चीरेगा और अपने ख़ून से मेरे माथे पर तिलक लगा देगा। लेकिन एक दिन

चुनाव के दौरे पर अमिताभ

तो मैं अवाक् रह गया। मेरे देखते-देखते एक युवक ने अपनी पाँचों उँगलियाँ खच-खच-खच चीरीं और एक चीरा हथेली पर भी लगाया और मेरी छाती पर पूरे पंजे का निशान लगा दिया और बोला, 'कांग्रेस-आई का यह निशान है न! लीजिए हमारा ख़ून आपके लिए हाज़िर है। हम आपके लिए कुछ भी कर सकते हैं। कहिए हमें क्या करना है?'

कैसे-कैसे तीक्ष्ण बुद्धि और भावुक मन वाले हैं वहाँ के युवक-युवतियाँ। हमारी मीटिंगों में छोटे-छोटे बच्चे तक खुद स्वागत कविताएँ बनाकर गाते थे। देशभक्ति के गाने गाते थे। इन्दिरा गाँधी की जय-जयकार के गाने गाते थे। कला और साहित्य तो वहाँ क़दम-क़दम पर बिखरा पड़ा है। उसे सही ढंग से चैनेलाइज़ करना होगा। मेरा मन है कि अपने बाबूजी (डॉ. हरिवंश राय बच्चन) तथा अन्य बड़े साहित्यकारों के नाम पर एक ट्रस्ट खोलकर नयी उभरती प्रतिभाओं का सही मूल्यांकन किया जाये, उन्हें पुरस्कृत किया जाये।

इलाहाबाद यूनिवर्सिटी, जो सारे भारत का सिरमौर थी, आज बड़ी ख़राब और खस्ता हालत में है। कहीं-कहीं से तो एकदम जीर्ण-शीर्ण हो गयी है। मुझसे कहा गया है कि इसे केन्द्र के अधीन देने की कोशिश करूँ, क्योंकि स्टेट गवर्नमेंट के पास इतना धन नहीं है कि यूनिवर्सिटी की हालत को सुधरवाया जा सके। मैं देखूँगा कि इस दिशा में क्या किया जा सकता है। (बाद में आयी यू.एन.आई. की रिपोर्ट के अनुसार, अमिताभ बच्चन इलाहाबाद विश्वविद्यालय को विश्वविद्यालय अनुदान आयोग से 4 करोड़ रुपये और उ.प्र. राज्य सरकार से 2 करोड़ रुपयों का अनुदान दिलाने में सफल हुए हैं। इलाहाबाद विश्वविद्यालय को केन्द्रीय विश्वविद्यालय बनाने के बारे में उन्होंने प्रधानमन्त्री राजीव गाँधी से बात की है।)

यूनिवर्सिटी की बात पर याद आया कि देखिए आप लोगों के ज़माने की तो ख़ैर बात ही और थी, हमारे ज़माने में भी स्टूडेंट यूनियन की हालत आज से बेहतर थी। मेरे पिता तो वहाँ पढ़ाते ही थे—मैं जानता हूँ कि यूनियन के इलेक्शन इतने राजनीतिपरक कभी नहीं होते थे। अब तो वहाँ के इलेक्शन में लाखों-लाख रुपये झोंकने के लिए लोग मौक़ा तलाशते रहते हैं, ताकि जिन्हें मदद दे रहे हैं, वे विद्यार्थी और उनकी यूनियन उनके पैसे के इशारों पर नाचें। यूनियन निहित स्वार्थवालों के लिए मसलमैन तैयार करने का माध्यम बन जाती है। बड़े-बड़े खेल खेले जाते हैं। बरस-दर-बरस यही होता चल रहा है। ये सब जाले साफ़ करने होंगे। यूनियन को उसकी गरिमा वापस दिलानी होगी। विद्यार्थियों में अनुशासन लाना होगा और उनके संसार से राजनीति की दख़लन्दाज़ी ख़त्म करना होगी।

मुझे नहीं चाहिए ऐसे वोट!

अपने हाईकोर्ट के लिए भी प्रसिद्ध है न इलाहाबाद। उसके बारे में भी राजनीति हो रही है। कुछ लोग—शायद चरण सिंह आदि लोग—चाहते हैं कि हाईकोर्ट को इलाहाबाद से हटाकर मेरठ ले जाया जाये। वही पूरब और पश्चिम के बँटवारे की राजनीति। किसी राजनीति की कठपुतली बनकर हाईकोर्ट की शान में कोई खरोंच न आये, यह ध्यान देना होगा। तमाम काम हैं—ए.जी. ऑफ़िस है, पेंशन ऑफ़िस वग़ैरह हैं—सबकी हालतों में सुधार की ज़रूरत है। जिस एक और बड़े सुधार की ज़रूरत है, वह है अपने प्यारे इलाहाबाद से जाति-पाँति के भेदभाव के नासूर को काटकर फेंकना। आप सुनकर अचरज करेंगी कि बेपढ़े-लिखे, कमअक्ल लोगों की बात ही नहीं कह रहा, गाँव-गली-कूचे की नहीं कह रहा, मैं तो कह रहा हूँ अपने उसी महिमामय हाईकोर्ट की बात। मैं भीतर से काँप गया था उस दिन जब वहाँ वकील साहब अपनी समझ से बड़ी बुद्धिमानी की बात बोले थे कि देखिए मैं तो कायस्थ होने के नाते आपके साथ हूँ ही, मगर आप ऐसा करियेगा कि फलाँ-फलाँ एडवोकेट के साथ-साथ मूव कीजिएगा; वह ब्राह्मण है, उसके साथ चलेंगे तो ब्राह्मण वोट भी आपको मिल सकेंगे। मेरा मन हो रहा था कि हज़ार ज़ुबानों से एक साथ चिल्लाऊँ—नहीं भाई, नहीं चाहिए मुझे ऐसे वोट। काश, हमारे देश में से यह जाति-पाँति का भेदभाव किसी तरह से ख़त्म हो सके।

चुनाव में जीत के बाद अमिताभ का अपार भीड़ द्वारा स्वागत

अपने मन की एक और सच्ची बात कहूँ आपसे? देखिए फ़िल्मों और फ़िल्मवालों की कितनी आलोचना की जाती है। कहते हैं, फ़िल्मवाले हिंसा सिखाते हैं, मारपीट सिखाते हैं, व्यभिचार-भ्रष्टाचार फैलाते हैं, क्राइम को बढ़ावा देते हैं। किस क़दर बेबुनियाद हैं ये बातें! फ़िल्म में जहाँ भी फ़ालतू मारपीट या हिंसा दिखायी जाती है वहाँ हमेशा उसका परिणाम बुरा ही बताया जाता है, ताकि लोग आगाह हो सकें। फ़िल्मों में जहाँ सेक्स होगा, हमेशा उसे सामाजिक बुराई के रूप में ही पेश किया जाता है। फ़िल्मों ने हमेशा ही पति-पत्नी के रिश्ते को बहुत ऊँचा ओहदा दिया है। लेकिन ख़ैर, यह तो लम्बे विवाद की बात है। आप यह ग़ौर कीजिए कि फ़िल्मों ने और कुछ किया हो या न किया हो, पर यह ज़रूर किया है कि बहुत बड़े स्तर पर नेशनल इंटीग्रेशन का काम किया है। बताऊँ कैसे? ऐसे कि पूरे तीन घण्टे तक हिन्दू, मुसलमान, सिख, ईसाई, पारसी, जैन, बौद्ध, वग़ैरह-वग़ैरह—किसी भी जाति का नाम ले लीजिए—सब जाति और धर्मवाले एक साथ मिलकर अगल-बगल बैठते हैं कि नहीं? एक साथ हँसते और एक साथ रोते हैं कि नहीं? उनकी ख़ुशियाँ, उनके दुख इन तीन घण्टों तक साझे के सुख-दुख होते हैं। मैं तो फ़िल्मों का आदमी हूँ। मैं इसी साझे के सुख-दुख में विश्वास करता हूँ और दिली ख़्वाहिश रखता हूँ कि वोट की राजनीति भी जाति, धर्म, भाषा, रंग के भेदभाव से ऊपर उठ जाये। अपनी बात जानता हूँ। मैंने जाति के आधार पर वोट नहीं माँगा। मुझे पूरा विश्वास है कि मुझे मिले वोट निश्चित ही जातिवाद से ऊपर उठकर दिये गये वोट हैं।

मेरी पूरी कोशिश रहेगी कि अब इलाहाबाद नेग्लेक्टेड न फ़ील करे। सांस्कृतिक स्तर पर तो उसे अपनी परम्परा और ख्याति के अनुसार स्थान पाना ही है, साथ-ही-साथ टूरिस्ट मैप पर भी इलाहाबाद का नाम रोशन करना होगा। अब देखिए, वर्ल्ड-वार से पहले की बात है, पहली बार एक अखिल विश्व हवाई उड़ान की प्रतियोगिता हुई थी। उस समय, आपको पता है, एक हॉल्ट बमरौली नाम का भी था। हमारे इलाहाबाद का वह गौरवशाली बमरौली एयरपोर्ट आज कैसी मामूली हालत में पड़ा हुआ है। उसे अप-टु-डेट बनाना होगा। अच्छे होटल खुलवाने होंगे ताकि विदेशी पर्यटकों को कोई असुविधा न हो। अंग्रेज़ों के ज़माने से ही इलाहाबाद के क़िले में फ़ौज रहती आयी है। बड़ी ख़ुशी की बात है कि वह अब वहाँ से हटायी जा रही है। अशोक की लाट, अक्षयवट और अकबर महान की स्मृति लिए इस क़िले को कलात्मक और सांस्कृतिक केन्द्र बनाया जा सकता है। कुम्भ मेले के अवसर पर तो देशी और विदेशी पर्यटकों का यह ज़बरदस्त आकर्षण बन सकता है। इलाहाबाद के पास तो एक ऐसा अनोखा स्थल है कि उस पर हर इलाहाबादी नाज़ कर सकता है। वह है—संगम। ऐसा

कर देना होगा कि भारत-भ्रमण को आनेवाला कोई भी पर्यटक बिना संगम-स्नान किये भारत-यात्रा को अधूरा ही समझे।

वे पुराने स्मृति-चिह्न

संगम की अपनी बात बताऊँ? जिस दिन मुझे नॉमिनेशन फ़ाइल करना था, उस दिन मैं सुबह चार बजे इलाहाबाद पहुँचा और क़रीब 6 बजे सीधा गया संगम-स्नान करने। गंगा, यमुना और सरस्वती के उस मिलन-स्थल पर स्नान करके मेरा तन-मन एकदम ताज़ा हो गया और मैं पूरी निष्ठा से अपने काग़ज़ात जमा करने गया। आपसे सच कहता हूँ, संगम-स्नान के बाद मेरा मन भीतर से किस तरह गहरा आया था, वह मैं शब्दों में बयान कर ही नहीं सकता। वह जल, वह आसमान, वह रेती, वह धूप, वह हवा सब मेरी अपनी थी, मेरे अपने इलाहाबाद की।

आप सोचिए, मुझे कैसा लगता होगा तब, जब मैं मीटिंगों में जाने के लिए उन राहों से गुज़रता होऊँगा, जहाँ पर कभी डगमग क़दमों से चलना सीखा था। मेरी जीप जहाँ से गुज़र रही है—देखता हूँ, अरे वह देखो, वह मेरा घर। यहाँ मैं पैदा हुआ था। और यह तो वही बसस्टॉप है न जहाँ से मैं स्कूल जाने के लिए बस पकड़ा करता था। और वहीं मुझे वह खम्भा भी आज तक वैसा-का-वैसा खड़ा दिखाई देता है; जिसके पास आकर शाम स्कूल से लौटते वक़्त मैं अपना अनखाया टिफ़िन का डिब्बा ख़ाली कर दिया करता था—वरना घर पर माँ की डाँट पड़ती कि खाना क्यों नहीं खाया था। वह रहा मेरा ब्वॉयज़ हाईस्कूल, जहाँ मैं बंटी को साइकिल पर बिठाकर डबल सवारी बनकर जाया करता था। रोज़ हम दोनों भाई इसी रास्ते से पढ़ने जाते थे। कितना अपना लग रहा है मेरा वह स्कूल, जहाँ मैं जब सेकेंड स्टैंडर्ड में पढ़ता था तो उसके हॉल में पहली बार मैं स्टेज पर एक नाटक में भाग लेने के लिए गया था। पहली बार मैंने पब्लिक में ऐक्टिंग वहीं की थी। आज उसी स्टेज पर मैं भाषण दे रहा था। बाहर लोग मेरी जय-जयकार के नारे लगा रहे थे—कैसा अटपटा लग रहा था उस समय! सामने स्कूल की फ़ील्ड दिखाई दे रही है, जहाँ कितना गुल्ली-डण्डा खेला है, कितने कंचे-बंटे खेले हैं।

इलाहाबाद में रोज़ ही तो मैं कुछ-न-कुछ ऐसा देखता था, जिससे पुरानी यादों के स्वप्नमहल के दरवाज़े पटापट खुलने लगते थे। वह रही मेरी फ़ेवरिट स्पोर्ट्स की दुकान! वह यूनिवर्सल बुक डिपो और वह देखो वह रही नागर ब्रदर्स की दुकान, जहाँ से मैंने अपनी ज़िन्दगी का पहला फाउंटेन पेन ख़रीदा था। और यह पैलेस थियेटर! अरे इसी में तो मैंने ज़िन्दगी में पहली बार फ़िल्म देखी थी!

और वह निरंजन सिनेमा! जिसमें हम सब मिलकर पहली बार यह देखने गये थे कि देखें एयर-कंडीशनिंग क्या होती है। इलाहाबाद में पहली बार एयर-कंडीशंड सिनेमाघर खुला था वह। इलाहाबाद का चप्पा-चप्पा मेरी तमामों-तमाम यादों से जुड़ा पड़ा है। कैसा हो गया है मेरा अपना इलाहाबाद। आबादी बेतहाशा बढ़ गयी है, पर रिहाइश के सही इन्तज़ामात नहीं हैं। ख़ासतौर से ड्रेनेज सिस्टम तो बहुत ही ख़राब हो गया है। बहुत से काम करने हैं। देखता हूँ मैं कितना, क्या कर सकता हूँ। फ़िलहाल तो सिर्फ़ इतना जानता हूँ कि पूरी मेहनत और ईमानदारी से अपना फ़र्ज़ अदा करूँगा। अपनी तरफ़ से कोई कोर-कसर उठा नहीं रखूँगा।

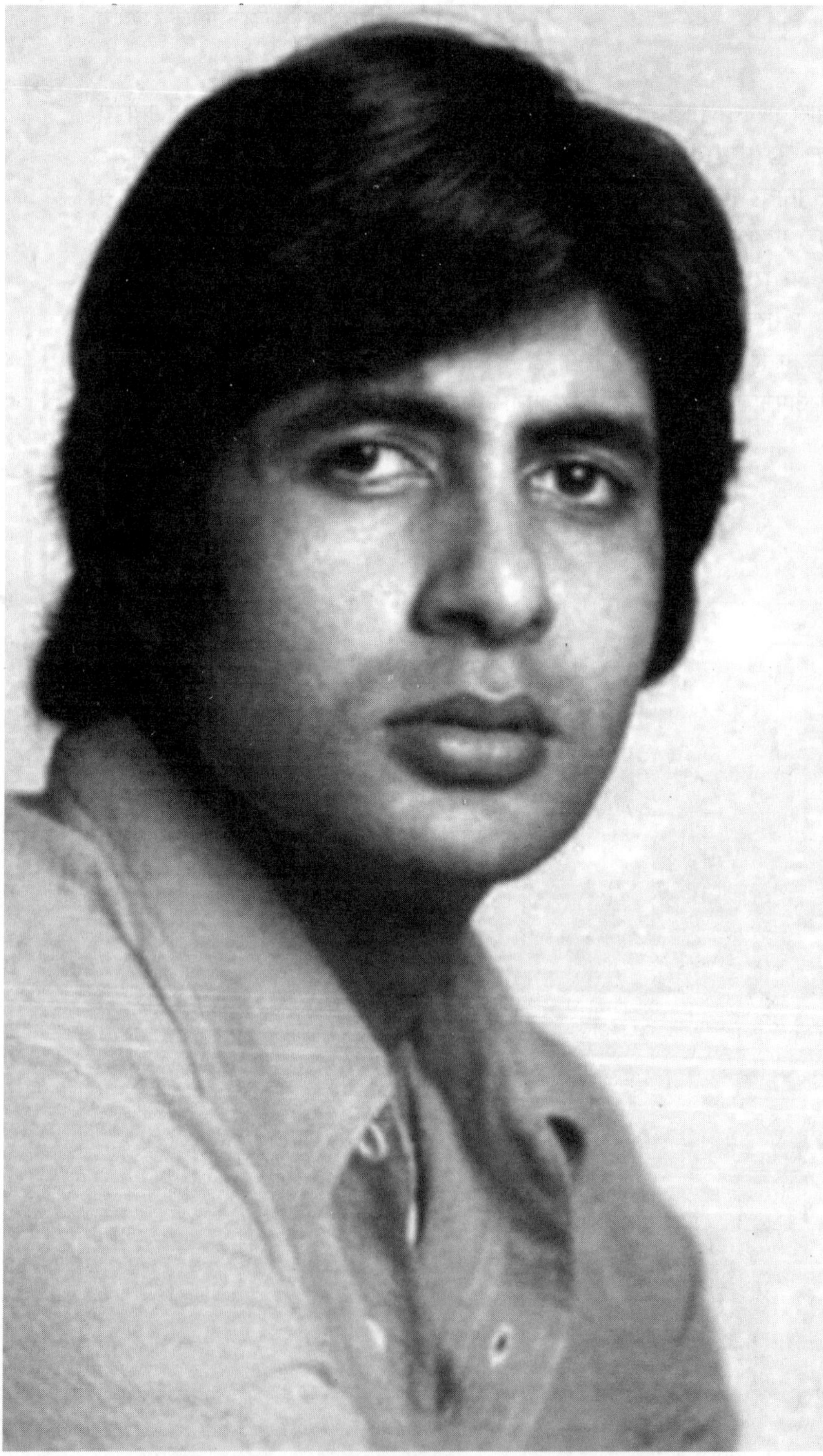

बातों से पहले की बातें

अमिताभ बच्चन! न केवल भारत वरन् एशिया, अफ्रीका, यूरोप के कितने जाने-अनजाने सिने दर्शकों का चहेता सुपरस्टार अमिताभ बच्चन! राजीव गाँधी का जिगरी दोस्त अमिताभ बच्चन! इस अमिताभ बच्चन से मेरा कोई ख़ास सरोकार नहीं है। मेरी तो उस अमित से एक ममत्वभरी आत्मीयता है जो श्री हरिवंश राय बच्चन का बेटा है। उन बच्चनजी का जिन्हें मैं बहुत आदर से भाई कहकर पुकारती हूँ, और जो उतने ही नेह-छोह से मुझे बिटिया कहकर बुलाते हैं। वे बच्चन जी जिनकी लिखी काव्य पंक्तियों को कभी घनीभूत सुख, कभी मर्मान्तक पीड़ा के क्षणों में अपने पति को अक्सर गुनगुनाते मैंने सुना है—साथी साथ न देगा दुख भी...वे बच्चन जी जिनका लिखा गद्य पढ़-पढ़कर मैंने शब्द की शक्ति पहचानी है। शब्दों का सुकुमार प्रयोग करना सीखने की चेष्टा की है। और वह अमित मुझे दुलारा है जो श्रीमती तेजी बच्चन का मुन्ना है। वे तेजी जी जिनके व्यक्तित्व के दर्प की आँच को मैंने हमेशा सराहा है, श्रद्धा दी है; और जो मेरी दोस्ती को अपने तईं ईश्वर प्रदत्त गिफ़्ट के रूप में मानती हैं।

इसके अलावा वह अमिताभ मुझे प्रिय है जो एक भावुक और बेहद संवेदनशील व्यक्ति है, जिसे कुरेदो तो पाओगे कि अपने भीतर

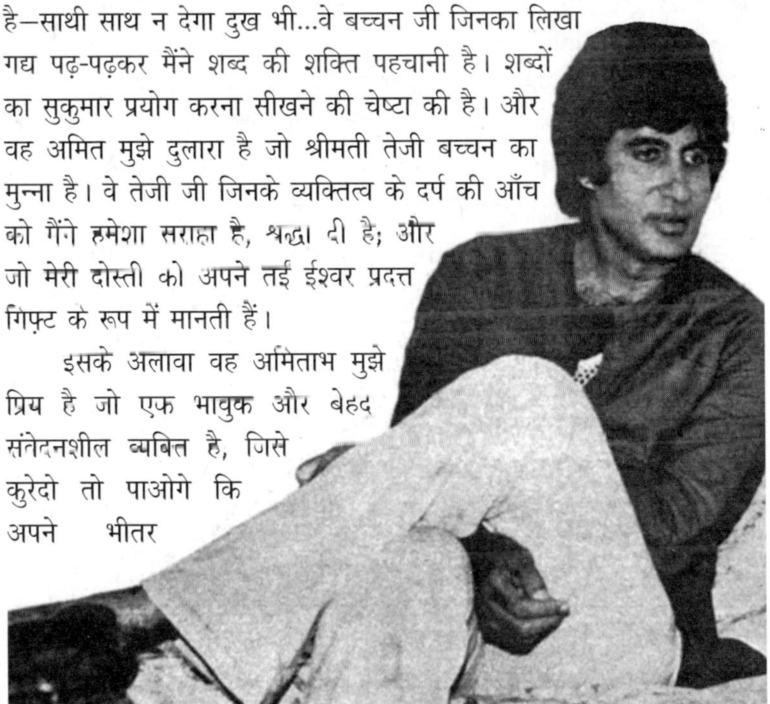

वह ऐसी तमाम छोटी-छोटी यादों को भी बड़े करीने से समेटे बैठा है जिन्हें सामान्यतया लोग नज़रअन्दाज़ कर देते हैं, भूल जाते हैं। जो बाहर से दीखने में जितना लम्बा है, भीतर उससे भी कहीं ज़्यादा लम्बा-चौड़ा है, क्योंकि उसने पीछे जिये जीवन को तिल-तिल, पोर-पोर सहेजकर रखा हुआ है। कुछ भी तो बिछल जाने नहीं दिया है स्मृति-कोष की मंजूषा से।

मुझे याद है कई बरस पहले मेरा यही आत्मीय अमित एक दिन शाम को अचानक ही घर आ गया था और आते ही खाने की मेज़ पर बैठकर बोला था, ''बड़े ज़ोर की भूख लगी है, पहले खाने को कुछ दीजिए।'' पता चला 'रेशमा और शेरा' की शूटिंग से सीधे ही आ गया है; दो घण्टे बाद फिर सेट पर जाना है। देखा, काठियावाड़ी सफ़ेद पोशाक जो पहने था, उस पर यहाँ-वहाँ ढेरों ख़ून के छींटे दिखाई दे रहे थे। अमिताभ की दीवानी मेरी छोटी बिटिया—जो उस समय शायद सात-आठ बरस की रही होगी—रोने लगी थी कि 'भइया को किसी ने इतना मारा है कि ख़ून-ख़ून हो रहा है।' तो मुझे याद है कि उस समय घर पर स्वर्गीय कृश्न चन्दर और सलमा जी भी बैठे हुए थे। सलमा जी ने गुड़िया से कहा, 'घबराओ मत। तुम्हारे अमित को किसी ने मारा नहीं है। ये तो फ़िल्मी ख़ून के दाग़ हैं, इसलिए इतने चटक लाल दिखाई दे रहे हैं। असली ख़ून ऐसा चटक लाल नहीं होता।'

कई दिनों तक यह जुमला दोस्तों के बीच चर्चित होता रहा था। लेकिन तब तो दाग़ थे नक़ली ख़ून के—पर आज तो अमिताभ पर तमामों-तमाम आरोपों के दाग़ लगाये जा रहे हैं जो मेरे लिए चिन्ता का विषय बने हुए थे। अभी कुछ दिन पहले मैं दिल्ली गयी थी तो बीमार भाई श्री बच्चन जी को देखने उनके घर गयी थी। वहाँ अचानक अमिताभ से भेंट हो जाने पर मैं उससे बेसाख़्ता पूछ ही बैठी थी, ''अमित, यह सब आजकल जो चारों ओर तुम्हें लेकर प्रवाद फैला है, यह क्या चक्कर है?'' तो अमिताभ ने पहले तो शरारत से मुस्कुराते हुए एक डायलॉग मारा, ''देख लीजिए, आजकल मुल्क में बिना अमिताभ बच्चन की मर्ज़ी के एक पत्ता भी नहीं खड़कता। सूरज अमिताभ के हुक्म से उगता और अमिताभ के ही हुक्म से डूबता है।'' फिर हँसी-मज़ाक़ के बाद जो बातें हुईं, उनमें अमिताभ का जो क्षोभ और ग़ुस्सा मैंने देखा था, वह एक राजनीतिक व्यक्ति का गुस्सा नहीं था, क्योंकि राजनीतिक व्यक्ति तो 'अर्धसत्य' फ़िल्म के रामा शेट्टी की तरह व्यवहार करता है, जिसके चेहरे की मुस्कुराहट न तो आधा इंच सिकुड़ती है न पौना इंच फैलती है। पीठ पीछे वह भले ही 'कोल्ड-ब्लेड मर्डर' करवा दे, आपकी जड़ खुदवा दे, लेकिन मुँह पर वही स्मित और मृदुता लेकर आपसे मिलेगा। पर इस समय अमिताभ जिस

तरह रिएक्ट कर रहा है, वह किसी राजनीति के खिलाड़ी का नहीं वरन् एक संवेदनशील कलाकार का रिएक्शन है।

अपनों के प्रश्न : अपनों का प्रश्न

उसे कितनी तो पीड़ा हुई थी उस दिन जिस दिन बीमार बच्चन जी ने उसे बुलाकर पूछा था कि, "अमित, सच-सच बताना, तुमसे कहीं कोई ग़लत काम तो नहीं हो गया है?" उसका रोआँ-रोआं बिलबिला उठा कि उफ़ यह दिन भी देखने को बदा था कि अपने ही वयोवृद्ध जनक को उसे अपनी ही सच्चाई का विश्वास दिलाना पड़ रहा है। पर ख़ैर, ओखली में सिर दिया है तो मूसलों से डरने से काम तो नहीं चलेगा न। यह तो राजनीतिक उठापटक है, इसे तो सहना होगा ही। पिता के पूछने के बाद ही उसने क़लम उठायी थी और 'इलस्ट्रेटेड वीकली' में अपनी सफ़ाई में लेख लिखा था।

जया, अजिताभ की पत्नी रमोला, तेजी जी, धर्मवीर भारती, पुष्पा भारती की गोद में अजिताभ और रमोला का बेटा भीम मोती की माला काटते हुए

उस दिन बातों-बातों में ही मैंने जब अमिताभ से कहा, "स्विट्ज़रलैंड जाने के प्रसंग में पहले तो तुमने कहा था कि अपने बच्चों की सुरक्षा के लिए यह क़दम उठाना पड़ा, अब तुम कह रहे हो कि अजिताभ को वहाँ बेहतर व्यापार की सम्भावनाएँ दिखीं, इसलिए स्विट्ज़रलैंड गये। बच्चों की सुरक्षा को लेकर भी कई तरह की अलग-अलग कहानियाँ बतायी जाती रहीं—तो ऐसी दो तरह की बातें करने से तो लोगों के मन में भ्रम पैदा होता है कि पता नहीं सच्चाई कहीं तीसरी ही कोई बात तो नहीं।" मेरे इतना कहने पर अमित की सम्प्रेषणशील

आँखों में जो भाव तैरा था, उसे वही आँखें पढ़ सकती हैं जो उसके संवेदनशील मन को पहचानती हैं। बोला, "लोगों की क्या कहें? लोगों को नाराज़गी होती है कि राजीव गाँधी अण्डमान-निकोबार में मित्रों और रिश्तेदारों के साथ छुट्टियाँ क्यों मनाने गये? नाराज़गी होती है कि वहाँ अमिताभ बच्चन क्यों थे? उनके मन में भ्रम पैदा होता है कि अमिताभ अपने बच्चों की सुरक्षा की बात अलग-अलग लोगों से अलग-अलग ढंग से क्यों बताता है। बात साफ़ है कि यदि अलग-अलग बातें न बताकर असली बात बता दी जाये तो सुरक्षा का मतलब ही क्या रह जायेगा? सुरक्षा प्रबन्ध तो होते ही गोपनीय हैं। वह गोपनीयता बनाये रखने के लिए ही तरह-तरह की बातें बतायी गयीं।"

अमिताभ को अपना अमिताभ बच्चन एक 'विशिष्ट व्यक्तित्व' होना उस दिन कितना अखरा था जब उनके बेटे अभिषेक ने रुआँसे होकर कहा था कि वह बहुत चाहता है कि वह भी अपने स्कूल में होनेवाले जलसों में भाग ले, स्टेज पर कुछ करे-बोले तो प्रशंसा में लोगों की तालियों की आवाज़ सुने, पर अब ऐसा नहीं कर पायेगा। बात यों हुई थी कि स्कूल के वार्षिक उत्सव में अभिषेक ने एक नाटक में भाग लिया था। रिहर्सल के दौरान ही सभी ने एक स्वर से उसकी एक्टिंग की तारीफ़ की थी। वह बहुत उत्सुक हो उठा था कि उसके अभिनेता माता-पिता भी उसका अभिनय देखें। उसने बड़े शौक़ से उन्हें निमन्त्रण दिया, बड़े उत्साह से वह उस दिन का इन्तज़ार करता रहा था। अमिताभ भी उतने ही शौक़ और उत्साह से तमाम ज़रूरी कामों को छोड़कर अपने बच्चे के स्कूल गया। पर चूँकि अमिताभ बच्चन को वहाँ आना था, इसलिए फ़िल्म फ़ैंस की अपार भीड़ तो लगी ही, साथ ही सांसद अमिताभ बच्चन को जो सरकारी सुरक्षा मिली हुई है, उसके तहत सारे स्कूल में भीतर-बाहर यहाँ-वहाँ पुलिस नज़र आ रही थी। स्कूल के सब बच्चों, उनके अभिभावकों और अध्यापकों सभी को सुरक्षा परीक्षणों में से होकर गुज़रना पड़ा। सभी के सहज सुख का मज़ा किरकिरा हो गया। उस दिन के बाद से स्कूल के बच्चों ने एकमत से यह घोषणा कर दी कि आगे से अभिषेक बच्चन को किसी जलसे में भाग नहीं लेने दिया जायेगा या भाग लेना है तो एक ही शर्त पर कि उसके पिता को निमन्त्रण न भेजा जाये।

ऐसी ही और भी कितनी ही बातें थीं जिसके कारण उसके बच्चों का मनचाहा विकास नहीं हो पा रहा था। ऊपर से सुरक्षा की तलवार का रात-दिन सिर पर लटकना। पर सच बात तो यह है कि कोई भी माता-पिता अपने बच्चों का भविष्य सँवारने के लिए क्या सोचते, क्या करते हैं, इसका ब्योरा जानने का ठेका हम लें ही क्यों? ऐसी बातों पर जब किसी को कोंचा जायेगा तो उसका क्षोभ प्रकट करना स्वाभाविक ही होगा।

सहज, सरल, स्वाभाविक अमिताभ

जगह-जगह से टूटते-जुड़ते-जूझते अमिताभ से बातें करना बड़ा सुखद अनुभव होता है। अमिताभ के शब्दों का चुनाव बड़ा सटीक होता है। अमिताभ का इंटरव्यू लेना था, उसके लिए अमिताभ को घर आना था। तो मैंने सुबह फ़ोन पर पूछा कि "कितने बजे आओगे?" तो बोला, "आप जितने बजे बुलायेंगी, आ जाऊँगा।" ख़ैर, आने के बाद खाने के लिए जब मैंने पूछा कि "कितनी देर में खाना लगाऊँ?" तो बोला, "जब खिलायेंगी खा लूँगा।" तो मैंने कहा, "अरे अमित, इतने निरीह बनकर क्यों बोल रहे हो आज?" तो तपाक से बोला, "निरीह नहीं, आजकल मैं ज़रा ज़्यादा स्वाभाविक हो रहा हूँ। पॉलिटीशियन हूँ भई—पब्लिक फ़िगर।" और ज़ोर से उन्मुक्त हँसी हँसा था और मैं प्रशंसा भाव से भर उठी थी उसके 'स्वाभाविक' शब्द के प्रयोग पर।

खाना ख़त्म हो चुका था, इंटरव्यू के लिए सुदीपजी का इन्तज़ार था और बात चल निकली थी कमर्शियल फ़िल्मों पर। तो कमर्शियल फ़िल्मों की अमिताभ ने जिस तरह वकालत की, वह भी सुनने लायक बात है। अमिताभ का कहना है कि हमारी फ़िल्में तो इस युग का सबसे बड़ा करिश्मा हैं, अजूबा हैं। सारे संसार में कहीं भी चले जाइए, आपको भारतीय फ़िल्मों के दर्शक और भारतीय फिल्मी संगीत के श्रोता हर जगह मिल जायेंगे। हमने कभी ग़ौर भी नहीं किया कि कितनी बड़ी जनसंख्या के जीवन में यह फ़िल्मी संगीत किस तरह घुल-मिल गया है, लेकिन इस फ़िल्मी करिश्मे पर लन्दन में रिसर्च हो रही है। बी.बी.सी. के चैनल चार पर हिन्दुस्तानी फ़िल्मों के संगीत पर बाक़ायदा खोजपूर्ण वार्ताएँ प्रसारित होती रही हैं। लोग हमारी फ़िल्मों के संगीत की श्रेष्ठता और लोकप्रियता से दंग हैं। पेरिस में एक गली है जिसमें अमिताभ की फ़िल्मों के वीडियो और सहगल से लेकर लता मंगेशकर के फ़िल्मी गीतों के कैसेट बिकते हैं। अमिताभ का कहना है कि अक्सर

लोग व्यावसायिक सिनेमा पर दोष लगाते हुए कहते हैं कि फ़िल्मों की देखा-देखी समाज में मारपीट, हिंसा और चोरी-डकैती होने लगी है। कोई-कोई लोगबाग भी बड़े आराम से इल्ज़ाम लगा देते हैं। डकैती में, ख़ूनख़राबे में पकड़े गये और पुलिस को बयान देते वक़्त इत्मीनान से कह दिया—हमने अमिताभ बच्चन की फ़िल्म देखी थी! लीजिए साहब, वे तो टँग गये और अमिताभ तो गया छत्तीस के भाव में। अरे भई, अगर फ़िल्में देखकर लोग हिंसा सीखते तो सबसे ज़्यादा हिंसा तो दक्षिण भारत में होनी चाहिए थी, क्योंकि हमारे देश में सबसे ज़्यादा फ़िल्में तेलुगु में बनती हैं। पर साहब, सबसे ज़्यादा क्राइम तो है बिहार में जहाँ का ब्लाइंडिंगवाला उदाहरण तो इतिहास के घृणित-से-घृणित पृष्ठों पर भी नहीं मिलेगा। स्थिति यह है कि बिहार की अपनी स्वतन्त्र टेरिटरी तक नहीं है, वह तो बंगाल टेरिटरी के अन्तर्गत ही गिन ली जाती है। बिहार में सिनेमाघर भी अपेक्षाकृत कम हैं। सच बात यह है कि फ़िल्मों से ये सब कुछ सीखा नहीं जाता बल्कि फ़िल्में ही वैसी बनती हैं जैसा समाज होता है। समाज और जीवन में जैसे-जैसे बदलाव आते जाते हैं, सिनेमा के परदे की कहानी भी वैसे-वैसे बदलती चलती है। छोटा-सा उदाहरण लीजिए—एक ज़माना था जब टी.बी. लाइलाज मर्ज़ था। तब उस समय का सबसे बड़ा स्टार दिलीप कुमार फ़िल्मों में टी.बी. से मरता था, मलेरिया से मरता था। फिर एक समय आया जब कैंसर लाइलाज मर्ज़ बनकर सामने आया, तब उस समय का सबसे बड़ा स्टार राजेश खन्ना आनन्द, सफ़र वग़ैरह फ़िल्मों में कैंसर से मरने लगा। अब आज फ़िल्मों में किसी को टी.बी. से मार देंगे या मलेरिया के मच्छर काटने से मार देंगे तो लोग आपका मखौल बनायेंगे। अब तो जनाब फ़िल्मों

में मौत एड्स से होने लगेगी, ड्रग और ब्राउन शुगर से होने लगेगी। मेरे कहने का मतलब है कि समय की सच्चाइयों को साथ लेकर बदलती चलती हैं हमारी फ़िल्में।

फ़िल्मी किरदारों में झलकता अर्जुन

बातें जब और गम्भीर होने लगीं तो अमिताभ का कहना था कि हमारी फ़िल्मों के चरित्र और कहीं से नहीं हमारे अद्भुत ग्रन्थ महाभारत से लिए जाते हैं। महाभारत एक ऐसा अद्भुत महाकाव्य है जिसमें दुनिया भर का हर चरित्र आपको मिल जायेगा। मेरा अपना चरित्र महाभारत के अर्जुन से लिया गया है। चाहे दीवार हो चाहे त्रिशूल, चाहे ज़ंजीर, मुक़द्दर का सिकन्दर हो या कोई भी फ़िल्म हो—हर किसी में मेरा जो किरदार है, उसमें आपको किसी-न-किसी रूप में अर्जुन मिल जायेगा।

भारतीजी कुछ दूर अपनी मेज़ के पास बैठे थे—इतने निरपेक्ष मानो बातें सुन ही नहीं रहे हों। लेकिन अकस्मात मुस्कुराकर बोले, "लेकिन भइया अमिताभ, एक बात बताओ, अर्जुन ने तो एक शंका की और उस शंका से संसार की महानतम दर्शन-कृति गीता तैयार हो गयी; और सिर्फ़ अट्ठारह दिन के युद्ध में सारे मानव जीवन का महाकाव्य लिख दिया गया। लेकिन तुम्हारी फ़िल्मों का अर्जुन तो एक एंबुलेंस लेकर जाता है और अकेले तमाम दुश्मनों की धुलाई कर उन्हें अस्पताल के दरवाज़े पर फेंक आता है। इन जैसी तमाम अर्जुन-फ़िल्मों से हमें मिलता क्या है?" तो अमिताभ कुछ ही पल की चुप्पी के बाद बोला, "एक बात बताइए, आपको महाभारत पढ़ने में कितना समय लगा?" भारतीजी बोले, "बरसों। कई बरस लगे। शायद कई जन्मों के कई बरस लगे होंगे।" तो पूरी संजीदगी से उसने जवाब दिया, "और हम कमर्शियल सिनेमावाले उसे सिर्फ़ तीन घण्टों में आपके सामने पेश कर देते हैं।" फिर अमिताभ ने कहा कि मैंने एक बार अपने पिता बच्चन जी से पूछा था कि इस कमर्शियल सिनेमा में क्या जादू है कि सारे संसार में छाया हुआ है—तो उन्होंने एक बड़ी अच्छी बात बतायी थी कि कला और साहित्य की कोई भी दूसरी विधा यह करिश्मा नहीं कर सकती जो फ़िल्म करती है; कि सिर्फ़ तीन घण्टे में हमें अपने अस्तित्व के प्रति एक पोइटिक जस्टिस मिल जाता है वहाँ। अमिताभ मानता है कि अगर फ़िल्मों में काल्पनिकता और अतिरेक का सहारा लेकर मनोरंजन पेश नहीं किया जायेगा, सिर्फ़ हक़ीक़त बयान की जायेगी, तो आम आदमी अपने गाढ़े पसीने की कमाई फूँक कर वही घुटन, वही ग़रीबी, वही कष्ट देखने सिनेमाघर में क्यों जायेगा? वास्तविकताओं से तो वह जूझ ही रहा है। अकेला आदमी पच्चीस को मार नहीं सकता, वह तो पचीस बदमाशों

से पिट ही रहा है; पर इसी बेबसी को भुलाने और बदला लेने को वह उस अमिताभ बच्चन को देख कर ख़ुश होता है जो परदे पर अकेला पचीसों को मारकर गिरा देता है।

ख़ैर, यह तो अपना-अपना नज़रिया है। बात के दूसरे पहलू भी हैं पर ये तो महज़ वे बातें थीं, जो यों ही बैठे-ठाले हो रही थीं और माहौल तैयार हो रहा था उन बातों के लिए जो सुदीपजी 'धर्मयुग' के लिए लिखने वाले थे।

राजनीतिक दाँवपेंच और बारीक़ियों की समझ मुझमें नहीं है, लेकिन यह ज़रूर समझ पा रही हूँ कि अमिताभ के संवेदनशील मन में कहीं कोई पीड़ा ज़रूर कसमसा रही है। और तमामों-तमाम अख़बारों और पत्रिकाओं में विरोधियों और अनुयायियों सभी प्रकार के लोगों की बातों को पढ़-सुन कर यह भी समझ पा रही हूँ कि राजा विश्वनाथ प्रताप सिंह के मन में भी कहीं कोई पीड़ा कसमसा रही है। कैसी और क्या हैं ये पीड़ाएँ, यह मैं नहीं जानती; पर एक उत्तरप्रदेशी होने के नाते यह कामना ज़रूर करती हूँ कि इन दोनों की ये व्यक्तिगत पीड़ाएँ जनोन्मुख हों और अमिताभ की अद्वितीय कलाकारिता और राजा साहब की अप्रतिम तेजस्विता दोनों मिलकर अपने प्रदेश और सारे देश के उत्थान में जुट जायें। आख़िरकार हैं तो दोनों ही 'छोरे गंगा किनारेवाले।'

सीधी-सच्ची बातें

(अमिताभ बच्चन से श्री सुदीप की बातचीत)

मार्च, अप्रैल, आधा मई—जैसे-जैसे धूप में गरमाहट और तल्ख़ी आती गयी है, वैसे-वैसे अख़बारी सुर्ख़ियाँ भी ज़्यादा-से-ज़्यादा तीखी और बेधक बनती गयी हैं, माहौल में तुर्शी, लोगों के दिलों में शंकाओं-आशंकाओं के झंझावात। एक दमघोंटू उमस और घुटन, उनके केन्द्र में कुछ नाम, एक नाम अमिताभ बच्चन का भी। 17 मई की दोपहर, इतवार, तीखी झुलसती धूप और सन्नाटा। गरम हवा तो नहीं, लेकिन घुटन का अहसास। तपती हुई ज़मीन, लावे की तरह पिघलता हुआ आसमान—और सवालों का एक रेला—रोज़-रोज़ उछलते सवाल, आरोप-प्रत्यारोप, सन्देहों के गुँजलक, उनके सौ-सौ दंश।

अमिताभ बच्चन से मुलाक़ात डॉ. भारती के घर पर तय हुई है, दोपहर ढाई बजे। उस घर की ओर बढ़ते हुए मन में सवाल उठता है कि क्या माहौल की तीखी गरमी बातचीत में भी उभर आयेगी? कैसी रहेगी बातचीत? ...लेकिन घर की सीढ़ियाँ चढ़ते-चढ़ते ही आशंकाएँ शान्त होने लगती हैं। भारतीजी के अध्ययन कक्ष तक पहुँचते-पहुँचते तो ऐसा लगता है, माहौल की अग्निशलाकाएँ सड़क पर ही छूट गयी हैं।

अमिताभ मसनद लगाये बैठे हैं। सफ़ेद झक कुरते-पाजामे में। दोनों हाथ जोड़कर नमस्कार का उत्तर देते हैं। भारतीजी परिचय करवाते हैं तो अमिताभ एक बार फिर—इस बार आधा उठते हुए—नमस्कार करते हैं। लगता है, सब कुछ बड़ा सहज है। अध्ययन कक्ष की शीतलता ने अन्दर की बची-खुची आशंकाओं को भी पूरी तरह शान्त कर दिया है, अब बातचीत खुलकर हो सकेगी।

मैं सोलह-सत्रह साल बाद अमिताभ को इतने नज़दीक से देख रहा हूँ। पहले जब मिले थे, तो अमिताभ फ़िल्मों में स्थापित होने के लिए संघर्ष कर रहे थे, पर उन दिनों उनकी अबोधता, साफ़गोई, मन की निश्छलता और परिष्कृति के बावजूद स्वभाव की अल्हड़ता (या कह लीजिए कि खिलन्दड़ेपन) ने काफ़ी प्रभावित किया

था। आज वे भारतीय सिने जगत् के सबसे बड़े सितारे हैं। मगर बातचीत के दौरान लगातार महसूस होता रहा कि उनके स्वभाव में किसी तरह का कोई फ़र्क़ नहीं आया है। सुपरस्टार होने का अहं तो उन्हें कहीं छू भी नहीं पाया है।

एक अभिनेता के रूप में अमिताभ उच्चतम शिखर पर विराजमान हैं। भारतीय सिने दर्शकों ने उन्हें जो सम्मान और प्यार दिया है, वह उनसे पहले किसी को नहीं दिया था। वे अपनी कला के महारथी हैं—निस्सन्देह। लेकिन एक राजनीतिज्ञ के रूप में? छल-कपट तो अब भी उनसे कोसों दूर है, अबोधता भी अब तक बरक़रार है; लेकिन अपनी बात को सोच-समझकर कहना उन्होंने ज़रूर सीख लिया है, शायद यह ज़रूरी भी है—आज की स्थितियों में तो और भी ज़रूरी। बीच-बीच में वे अपने शब्दों को तौलते-से लगते हैं, कई बार ऐसा भी लगता है कि उन्होंने एक सुरक्षा-कवच ओढ़ लिया है; कभी-कभी वह कवच उघड़ भी जाता है—और उन क्षणों में उनकी सरलता और निश्छलता और भी ज़्यादा उजागर हो जाती है।

कुल मिलाकर बातें वैसे ही हुईं जैसे किसी भी शाम घर की बैठक में हो सकती हैं। अमिताभ लगातार पान-मसाले का आनन्द लेते रहे और मैं पुष्पाजी द्वारा बनाये स्वादिष्ट आम के पने का।

वैसे अमिताभ को चार बजे एक जगह पहुँचना भी था और बातचीत शुरू होने से पहले हौले से बुदबुदाकर उन्होंने इसका संकेत भी दिया; लेकिन जब एक बार बातचीत शुरू हो गयी, तो तभी ख़त्म हुई जब उसे और आगे बढ़ाना ज़रूरी नहीं रह गया था।

तो लीजिए, प्रस्तुत है—वह रेकॉर्डेड लम्बी बातचीत।

अमित जी, बात आपकी फ़िल्मों और आज की राजनीति से ही शुरू की जाये। अपनी फ़िल्मों में आप बड़ी-से-बड़ी बुराई को भी मिनटों में ख़त्म करते नज़र आते हैं। आज आप एक अजीब क़िस्म की स्थिति में घिरे हुए नज़र आते हैं। इस स्थिति में आपको कैसा लग रहा है?

यह फ़र्क़ फ़ैक्ट और फ़िक्शन का फ़र्क़ है। मालूम तो था साहब, हमें कि ऐसी बात है, लेकिन जब पहुँचे और आमना-सामना हुआ, तब लगा कि जो काम हम जितनी जल्दी चाहते हैं कि हो जाये, वह हो नहीं सकता, क्योंकि एक सरकारी नॉर्म है, एक प्रोसीजर है—उसी के तहत काम होता है। मैं तो चाहता हूँ कि इलाहाबाद का नागरिक ख़ुशहाल हो, उसके लिए मैं हर तरह से प्रयत्न कर ही रहा हूँ। मैं कितना काम कर पाया हूँ या कितना काम कर पाऊँगा, अभी तो

कुछ नहीं कह सकता। मैं जितना प्रयत्न कर सकता हूँ, कर ही रहा हूँ। लेकिन एक पर्टिकुलर नॉर्म है। अब जैसे एक आदमी मेरे पास आता है और कहता है कि देखिए, हमारे गाँव में पानी की इतनी कमी है कि हमारी सारी फ़सल नष्ट हो जाती है। आप हमारी सहायता कीजिए, मैं क्या करूँ? मैं यही कर सकता हूँ कि सिंचाई विभाग को लिखूँ, संसद की जो कमेटी है, उसको लिखूँ, वे मुझे बतायेंगे कि देखिए, काम का एक नॉर्म है, एक प्रोसीजर है, रूल्स हैं...

यानी नौकरशाही का अपना सिस्टम है...

हाँ, मगर यह बहुत ज़रूरी भी है, क्योंकि यह तो हो नहीं सकता कि सिर्फ़ इलाहाबाद में ही तरक्क़ी हो बाक़ी सारा देश देखता रहे। इस तरह तो आप काम कर नहीं सकते। एक सिस्टम है, और फिर अमिताभ बच्चन कौन होते हैं कि सिर्फ़ उन्हीं के क्षेत्र में काम हो, बाक़ी जगह न हो! फिर भी हम लगे रहते हैं; जो अधिकारी हैं, उनसे मिलते-जुलते रहते हैं; जितना बन पड़ता है, करते रहते हैं।

दरअसल हम जिस माहौल के बारे में बात कर रहे थे, उसके बारे में आपका क्या कहना है?

यह तो मैं नहीं कहूँगा कि मैं कुछ नहीं कर पाया, लेकिन जितना होना चाहिए, उतना नहीं हो पाया।

जिस तरह के आरोप आप पर लगाये जा रहे हैं, उनके बारे में आप क्या कहना चाहेंगे?

नहीं, मुझे समझ नहीं आ रहा। आरोप...किस तरह के आरोप?...आप जिस जगह रहते हैं, क्या वहाँ कमियाँ नहीं हैं? आपके एम.पी. ने क्या किया है? आपके एम.एल.ए. ने क्या किया है? आपके एम.एल.सी. ने क्या किया है? समस्याएँ इतनी ज़्यादा हैं, साधन और धन इतना कम है देश में—पॉवर्टी इतनी ज़्यादा है...

(अमित तनकर बैठ जाते हैं, फिर गावतकियों को ठीक से जमाने की कोशिश करते हैं। पुष्पाजी को लगता है कि अमिताभ को शायद कुछ परेशानी हो रही है। वे एक और गावतकिया उठाकर देते हुए कहती हैं, 'यह और लगा लो'। अमिताभ कहते हैं, 'नहीं, नहीं, मैं बहुत कम्फर्टेबल हूँ।' पुष्पाजी फिर कहती हैं, 'वह ज़्यादा आरामदेह है।' अमिताभ संकोच-सा करते नज़र आते हैं—'आप...' नये गावतकिये को ठीक से जमाकर उस पर कुहनी टिका लेते हैं, फिर बातचीत की ओर मुड़ते हैं— '...तो यह देश की प्रॉब्लम है।')

नहीं, मैं व्यक्तिगत स्तर पर आप पर लगाये गये आरोपों की बात कर रहा था। उनको लेकर आप क्या सोचते हैं?

उनको मैं क्या कहूँ? ये व्यक्तित्व पर आरोप हैं क्योंकि मैं एक व्यक्ति हूँ, इसलिए आरोप है। आज मेरा नाम फलाने राय फलाने पाण्डे होता, तो।

सवाल यह है कि सिर्फ़ आपका नाम ही क्यों उछाला जा रहा है?

क्योंकि मेरा नाम लेने से ही लोग इसे पढ़ेंगे।

सिर्फ़ इसीलिए?

और क्या?...वैसे मैं किसी तरह से अलग तो हूं नहीं, मैं भी एक सांसद हूँ—पाँच सौ पैंतीस में से एक।

ऐसा है कि आपको जब इलाहाबाद के लिए चुना गया था तो यही सोचकर कि एक इतना बड़ा व्यक्तित्व है—लेकिन इलेक्शन के बाद ऐसा क्या हुआ कि उन्होंने आपकी टाँग घसीटना शुरू कर दिया?

टाँग घसीटना—यह अलग बात हुई, डेवलपमेंट दूसरी बात। अगर वहाँ के लोग कहें कि डेवलपमेंट नहीं हुआ है, तो मैं उसे देखने को तैयार हूँ। केवल आप टाँग खींचने के लिए मेरे व्यक्तित्व पर कीचड़ उछालें, उसके लिए मैं तैयार नहीं हूँ।

पर आपको अन्दाज़ नहीं था कि ऐसा कुछ हो सकता है? चुनाव के कुछ ही दिन बाद आपने कहा भी था कि मैं 'सेसपुल' (कुम्भीपाक) में जा गिरा हूँ!

उस बात को छोड़िए—मेरी बात को मिसरेप्रेजेंट (ग़लत तरीक़े से पेश) किया गया। मैं यह कह रहा हूँ कि जो सरकार के प्रोसीजर हैं, उन्हें बाइपास नहीं किया जा सकता। मैंने कहीं भी ऐसा प्रेशर नहीं डाला कि मेरा ही काम होना चाहिए, क्योंकि मुझे लगा कि यह ग़लत है, मैं अपने व्यक्तित्व का इस्तेमाल नहीं करता। डेमोक्रेटिक सिस्टम है, अगर उसके मुताबिक़ बराबरी से काम हो रहा है, तो ठीक है।

लेकिन आपको लगता है कि सभी कांस्टीट्यूएंसीज के साथ बराबरी होती है?

देखिए, मैं कहूँगा कि बराबरी होनी चाहिए, लेकिन कुछ जगहों पर ज्योग्राफ़िकल वजहों से काम बढ़ जाता है। मेरे क्षेत्र में ऐसा भी इलाक़ा है जहाँ पानी भी नहीं पहुँच सकता; अब वहाँ यह उम्मीद की जाये कि वहाँ गेहूँ उगने लगे, तो ग़लत बात होगी; वहाँ पर कुछ ऐसा काम शुरू करना पड़ेगा—जैसे पत्थर कूटने का काम—जिससे वहाँ के लोगों को रोज़गार मिल सके। हर जगह पर

ज्योग्राफ़ी मायने रखती है, अब हिमाचल प्रदेश है, वहाँ पर जो डेवलपमेंट का काम होगा, वह दूसरे राज्यों से अलग क़िस्म का होगा।

एक ऐसी लड़ाई, जो हार गया हूँ

अभी हाल ही में 'वीकली' में आपका एक लेख पढ़ा। उसे पढ़कर लगा कि आपके अन्दर कहीं कोई गहरी तकलीफ़ है। यह तकलीफ़ क्या है, क्या आप इसे स्पष्ट करेंगे?

वह तकलीफ़ तो मैंने अपनी लिखावट में लिख ही दी है।

उसमें बहुत कुछ तो व्यक्तिगत है, कुछ दूसरी तरह की तकलीफ़ भी है...

आप 'कोट' कीजिए, मैं बताता हूँ।

उसमें तिलमिलाहट भी है, अपमान-बोध भी है, आप यह भी कहते हैं कि मैं हार गया हूँ...

(बीच में ही काटते हुए) हार तो गया हूँ, हार गया हूँ, उसके कारण हैं...

...और आख़िर में आप चेतावनी भी देते हैं कि मेरे धैर्य की परीक्षा मत लो, मुझे गुस्सा मत दिलाओ! क्या हारा हुआ व्यक्ति इस तरह की बात कह सकता है?

मैंने दूसरों को नहीं, अपने कॉन्शस (विवेक/ज़मीर) को चेतावनी दी है। आपने उस पीस को ठीक से पढ़ा नहीं है, और अगर आपसे किसी ने उसके बारे में इस तरह कहा है तो मैं शायद (ठीक से) समझा नहीं पाया। यह मेरी ग़लती है। उसे समझने के लिए काफ़ी समझ चाहिए। (हँसते हैं) मैंने उसमें कहा कि...मैंने शुरू किया एक कोटेशन से—शेक्सपियर के 'हेनरी फ़िफ़्थ' से—जब वह फ्रांस के ख़िलाफ़ लड़ाई लड़ने जा रहा था, तो उसने अपने साथियों को प्रोत्साहित किया कि आगे बढ़ो और लड़ो, क्योंकि जब शान्ति का वातावरण होता है (शेक्सपीरियन थियेटर की शैली में 'हेनरी फ़िफ़्थ' की स्पीच का उच्चारण करते हैं :)

इन पीस देयर'ज़ नथिंग सो बिकम्स अ मैन
ऐज मॉडेस्ट स्टिलनेस एंड ह्यूमिलिटी;
बट ह्वेन द ब्लास्ट ऑफ़ वॉर ब्लोज़ इन अवर इयर्स,
देन इमिटेट द एक्शन ऑफ़ द टाइगर;

कैसे?—

स्टिफेन द साइन्यूज़, समन अप द ब्लड
डिस्गाइज़ फेयर नेचर विद हार्ड-फेवर्ड रेज;
देन लेड द आइ अ टेरिबल आस्पेक्ट...
नाउ सेट द टीथ एंड स्ट्रेच द नॉस्ट्रिल वाइड;
होल्ड हार्ड द ब्रेथ, एंड बेंड अप एवरी स्पिरिट
टु हिज़ फुल हाइट।

फिर मैंने कहा कि मैंने ज़िन्दगी में कई लड़ाइयाँ लड़ी हैं, लेकिन यह एक ऐसी लड़ाई है जो मैं हार गया हूँ। इस देश के जो पत्रकार हैं, उन्होंने अपनी लिखावट से मुझे हरा दिया है। लेकिन इसका मतलब यह नहीं है कि मेरे अन्दर जो मेरा कॉन्शस है, जो ज़मीर है, वह भी हार गया है। मैं अपने ज़मीर को चेतावनी दे रहा हूँ। मेरा ज़मीर ज़िन्दा है, इसीलिए मैं आज ज़िन्दा हूँ। यही वजह है कि आज मैं क़लम उठा रहा हूँ। और तब तक लिखता रहूँगा, जब तक चीज़ें साफ़ नहीं हो जातीं। यह लड़ाई क़लम और तलवार की है। मेरे ऊपर जो वार हुए हैं, वे क़लम से हुए हैं। अगर वार तलवार द्वारा हों तो मैं मैदान में तलवार लेकर खड़ा हो जाऊँ, लेकिन दुश्मन तो दिखाई नहीं दे रहा, वे तो सब क़लम के पीछे छुपकर बैठे हैं। मैं चाहता हूँ कि मेरा अपोनेंट मेरे सामने हो और मेरे सामने खड़ा होकर बताये कि यह बेईमान है; लेकिन अपोनेंट तो दिखाई नहीं दे रहा। मैं किससे बात करूँ या तो वह मुझे दिखाई दे, साकार हो...वह मुझे दिखाई ही नहीं दे रहा। माइ एनेमी इज़ फेसलैस, अजीब स्थिति है। ऑर्केस्ट्रा है, उसको संचालित करनेवाला कंडक्टर भी है, वेल ऑर्केस्ट्रेटेड म्यूज़िक है, लेकिन कंडक्टर अपने प्लेटफ़ॉर्म पर नहीं खड़ा है, जहाँ उसे खड़ा होना चाहिए; वह तो 'पिट' में खड़ा है, जहाँ से उसका चेहरा दिखाई ही नहीं देता।

आपके इस लेख में थोड़ा-बहुत रेटॉरिक (शब्दाडम्बर) भी नज़र आता है, तो क्या आपको लगता है कि आप रेटॉरिक से आरोपों को काट सकते हैं?

अभी तो एक पन्ना ही लिखा है—और लिखूँगा। (हँसते हैं जैसे स्थिति का भरपूर आनन्द उठा रहे हों।)

फ़िल्मी!

(यह शब्द उन्हें पसन्द नहीं आता, इसी बीच पुष्पाजी आती हैं। उनके हाथ में आम के पने का गिलास है। गिलास वे मेरी ओर बढ़ा देती हैं। मैं एक घूँट लेकर उसका पूरा स्वाद अपने अन्दर जज्ब करता हूँ, पना वाक़ई बहुत बढ़िया बना है, अमिताभ एक घटना सुनाने लगते हैं)

(वे बताते हैं कि इलाहाबाद में एक कार्यक्रम था, प्रधानमन्त्री को लखनऊ आना था। वे हेलिकॉप्टर में आये और आधा-पौना घण्टा रुक कर हेलिकॉप्टर में ही चले गये। इस पर अख़बारवालों ने लिखा कि प्रधानमन्त्री बड़े फ़िल्मी स्टाइल में हेलिकॉप्टर में आये और उसी में बैठकर उड़ गये, अमिताभ पूछते हैं : 'यह फ़िल्मी क्या होता है? क्या जब कोई विदेशी राष्ट्रपति या प्रधानमन्त्री अपने देश में इस तरह आता-जाता है, तो उसे फ़िल्मी कहा जाता है? हमारे यहाँ ही ऐसा क्यों होता है?')

(फिर बातचीत आगे बढ़ती है।)

अभी आपने 'फेसलेस एनेमी' की बात कही थी–आप भी यही कहते हैं, अजिताभ भी यही कहते हैं। आप उस दुश्मन का नाम क्यों नहीं लेते?

मैं यह बताना चाहता हूँ कि मुझे बताना ही होगा तो मैं उसके बारे में ख़ुद लिखूँगा।

प्रेस ने बहुत-सी बातें सिखायीं

प्रेस के प्रति आपका क्या रुख़ है?

प्रेस के बारे में कुछ तो मैंने बता ही दिया है, जहाँ तक फ़िल्मी दुनिया का सम्बन्ध है, यहाँ मैं ख़ुद अपना मास्टर था। ख़ुद अपने-आपको बनाता था, ख़ुद अपने-आपको मिटाता था। प्रेस मेरे विरुद्ध लिखे या मेरे पक्ष में लिखे, उसका मेरे काम पर कोई असर नहीं पड़ता था। लेकिन राजनीति में हर वक़्त आंसरेबिलिटी (जवाबदेही) होती है। प्रेस ने मुझे बहुत-सी बातें बतायीं, बहुत-सी बातें सिखायीं भी। उन बातों का मेरे दिमाग़ पर बहुत असर पड़ा। उन्होंने मुझे सुझाव दिये। जिस तरह वे एक क्षेत्र को देखते हैं, या सारे देश को देख पाते हैं, मैंने कभी नहीं देखा। शायद मेरे लिए मुमकिन भी नहीं कि मैं देख पाऊँ—क्योंकि आपका यह काम है कि आप देखें क्या हो रहा है : महाराष्ट्र में क्या हो रहा है, बंगाल में क्या हो रहा है, कर्नाटक में क्या हो रहा है—यह आप देखते हैं। आप अपनी ओपिनियन देते हैं। उन ओपिनियंस को देख-पढ़कर हमें लगता है कि हमें क्या करना है, क्या करना चाहिए। इस तरह प्रेस ने मुझे काफ़ी सिखाया; मुझ पर काफ़ी असर पड़ा। मुझे लगा कि यह (प्रेस का काम) बड़ा महत्त्वपूर्ण काम है, और इससे मुझे फ़ायदा भी हुआ। मैं प्रेस को कभी भी बुरी नज़र से नहीं देखता। यह मैं मानता हूँ कि मैं प्रेस को 100 प्रतिशत नहीं मानता। इसलिए नहीं मानता क्योंकि मेरा अपना कंट्रोल है मुझ पर। प्रेस चाहे

मेरे बारे में लिख दे कि बहुत घटिया ऐक्टर है, इसे काम करना नहीं आता, फ्लॉप हो गया है—मेरी नेक्स्ट पिक्चर चल जाती है, हिट हो जाती है, तो सब अपने आप ठीक हो जाता है।

वैसे किस मौक़े पर आपको लगा कि प्रेस आपके ख़िलाफ़ हो गया है?

यह बात नहीं। देखिए, वे बड़ी छोटी बातें हैं...वह अगेंस्ट हुआ या फॉर हुआ—मैं इस चीज़ को महसूस ही नहीं करता। मेरे बारे में लिखा जाता है, मैं पढ़ता हूँ। यह मैं नहीं कहता कि हर बार प्रेस मेरे ख़िलाफ़ ही लिखता है, कई बार मेरे पक्ष में भी लिखा गया है। और यह ज़रूरी है कि विरोध में भी लिखा जाना चाहिए। कैसे आपको पता चलेगा कि आप ग़लतियाँ कर रहे हैं? अगर हमेशा आपकी तारीफ़ ही होती रहे तो आप तो ख़ुदा हो जायेंगे, बार-बार बताते रहना चाहिए कि आप कहाँ ग़लती कर रहे हैं, और जब-जब प्रेस ने कुछ ऐसे विषयों पर मेरा ध्यान आकर्षित किया है कि आप यहाँ ग़लती कर रहे हैं या यहाँ यह...तो मैंने एक्सेप्ट किया है—और यह कहा है कि मैं प्रयत्न करूँगा कि ठीक करूँ, और आज भी यही कहता हूँ—कि आज अगर आप यह कहें कि अमिताभ जी, यह काम आप ग़लत कर रहे हैं, हमें लगता है कि यहाँ आपको अपने-आपको चेक करना चाहिए तो अवश्य उस पर ध्यान दूँगा, उसे देखूँगा और जितना मुझसे हो सकेगा, मैं उसे करूँगा।

पिछले दिनों अख़बारों में यह छपा था कि आप चाहते हैं कि प्रेस पर बन्धन लगाये जायें, फिर आपका स्पष्टीकरण आया कि आपने ऐसा नहीं कहा था। सूचना एवं प्रसारण मन्त्रालय की कमेटी में आपने वास्तव में क्या कहा था, आप उसे ज़रा स्पष्ट करेंगे?

मैं बता देता हूँ। विषय था फ़्रीडम ऑफ़ द प्रेस। फ़्रीडम ऑफ़ द प्रेस पर मैंने सिर्फ़ इतना कहा कि एक नया अख़बार जो निकला है, उसमें पहले पन्ने पर वी.आई.पी. सिक्योरिटी सिन्ड्रोम और एक्सपेंडिचर की कई बातों के बारे में लिखा गया था, जिसमें प्रत्येक वी.आई.पी. जो देश का है—प्रधानमन्त्री से लेकर—वह सुरक्षा की दृष्टि से किसी कैटेगरी में कैटेगराइज़ किया गया है—एक्स कैटेगरी में वे लोग हैं, वाइ कैटेगरी में ये लोग हैं, ज़ेड कैटेगरी में ये लोग हैं (यह सब छापा गया था)—इतने औज़ार इनके पास हैं, इतने हथियार इनके पास हैं, यहाँ-यहाँ ये जाते हैं, जब जाते हैं तो इतनी गाड़ियाँ इनके पास होती हैं...मैंने केवल प्रश्न किया कि इस तरह का समाचार देना क्या हानिकारक नहीं है उनकी सुरक्षा के लिए? केवल प्रश्न किया। कोई ऐसी बात नहीं कही कि

ऐसा होना चाहिए, मैंने कहा कि आप ऐसा नहीं सोचते कि कहीं पर प्रेस...सही है कि प्रेस को इन्फ़ॉर्म करना चाहिए, इन्वेस्टिगेटिव जर्नलिज्म करना चाहिए, लेकिन कहीं-न-कहीं पर जाकर थोड़ा-बहुत रेस्ट्रेंट-इन द इंट्रेस्ट ऑफ़ द नेशन... एक हिन्दुस्तानी नागरिक होने के नाते क्या आपका यह हक़ (कर्तव्य) नहीं होता कि आप थोड़ा-सा...देश के हित में काम हो रहा है या उसके विरुद्ध...मैंने केवल इतना कहा, लेकिन वहाँ पर कुछ और पार्टियों के लोग भी थे। उन्होंने फ़ौरन जाकर कहा कि साहब, अमिताभ बच्चन चाहते हैं कि प्रेस पर कर्ब्स लगा दिये जायें। मैं आपको उस मीटिंग के मिनिट्स दिखा सकता हूँ। बाक़ी जितने पेपर थे, सबने ऑफ़िशियल प्रेस रिलीज़ को कोट किया—जितने पेपर थे सबने—सिर्फ़ एक अख़बार ने इसे हेडलाइन बनाया और कोट किया केवल मिसचीव्स इंटेंशन (शरारती इरादे) से।

इसी से जुड़ा हुआ एक सवाल है : क्या आपको लगता है प्रेस का एक हिस्सा जान-बूझकर टेंडेंशियस राइटिंग (पक्षपातपूर्ण लेखन) करता है?

हो सकता है और उन्हें ऐसा करने का पूरा हक़ है। आप सारे प्रेस से यह उम्मीद नहीं कर सकते कि वह मेरे या प्रधानमन्त्री के या किसी भी अन्य व्यक्ति के पक्ष में ही हमेशा लिखे।

सारे प्रेस को तो आप दोषी नहीं मानते?

नहीं, बिल्कुल नहीं। मैंने अभी एक उदाहरण दिया न आपको—कि बाक़ी जितने पेपर थे, सबने ऑफ़िशियल प्रेस रिलीज़ कोट कर दिया। कोई ऐसी ख़ास बात नहीं थी। इन्होंने अगले दिन उसको हेडलाइन बना दिया। केवल शरारत के इरादे से...क्योंकि मुझे मालूम है कि वह इरादा क्या है। (विद्रूप से) कई दिनों से यह बात चल रही है कि राजीव गाँधी जो हैं वे इमर्जेंसी लानेवाले हैं, (किसी और व्यक्ति के लहजे में) और जब संजय गाँधी के टाइम में इमर्जेंसी आयी थी, तो ऐसे ही शुरुआत हुई थी—और उस समय भी यह हुआ था कि प्रेस पर कर्ब करो, और क्योंकि प्रेस पर कर्ब हुआ था, तो अब यह बात फिर चल रही है। (अपनी सामान्य शैली में) बात भड़कानेवाली है, और चूँकि बात अमिताभ बच्चन के मुँह से निकल रही है, इसलिए ज़रूर इसमें कोई बात होगी। (व्यंग्य से) वह राजीव गाँधी से रोज़ रात को मिलता है। राजीव गाँधी ने ज़रूर इसको कहा होगा कि बेटे, आज तुम वहाँ जा के यह बोल देना। (सामान्य) यह ग़लत बात है। लोग समझते हैं कि मैं टहलता हुआ राजीव गाँधी के बेडरूम में घुस जाता हूँ। ऐसा नहीं है।

बात राजीव-अमिताभ सम्बन्धों की

आप राजीव गाँधी के साथ अपने सम्बन्धों पर कुछ रोशनी डाल सकते हैं?

आप पूछिए कि आप क्या जानना चाहते हैं?

क्या यह महज़ दोस्ती का ही सम्बन्ध है? विशुद्ध मैत्री का?

यह 'विशुद्ध मैत्री' क्या होता है?

मतलब जैसे लोग बातें करते हैं...

किस तरह की बातें?

आपका उन पर कोई 'क्लाउट' है या 'होल्ड' है...

क्या 'क्लाउट' है, साहब?

मैं आपसे जानना चाहता हूँ।

ऐक्चुअली आप यह बताइए कि कहाँ पर मैंने क्लाउट दिखाया है—तो मैं आपको जवाब दूँगा।

अच्छा दायरा क्या है इस मित्रता का?

वे मित्र हैं। जैसे मैं यहाँ पर घर पर आया हूँ। यहाँ ज़मीन पर बैठा हूँ, खाना मैंने अभी खाया है। पान मसाला खा रहा हूँ। मैं अगर उनके घर जाऊँगा, तो जो वे मुझे देंगे पीने को, पी लूँगा। बैठ के बात कर लूँगा। आपका कोई लँगोटिया यार हो तो आप उसके घर कैसे जायेंगे? बस, वैसे ही जाता हूँ। अब आप यह जानना चाहें कि आप पर्सनली क्या बात करते हैं, तो वह तो पर्सनल बात है, तो उसके बारे में तो मैं बात करूँगा। नहीं...

वह तो कोई जानना भी नहीं चाहेगा।

बस, इतना ही है, और कुछ है ही नहीं। लेकिन लोगों को (की) यह ग़लत विचारधारा है कि साहब, मैं एडवाइजर हूँ और मैं उनको देश की नीतियों पर एडवाइज करता हूँ और मैं उनको कहता हूँ...मैं बम्बई में बैठा हूँ। 'शहंशाह' की शूटिंग कर रहा हूँ...गरम स्टूडियो में मेरे पसीने हो रहे हैं। और मेरा शॉट वहाँ रेडी हो रहा है और मेरा डायरेक्टर बोल रहा है—स्टार्ट साउंड... और मैं कह रहा हूँ—ठहरो यार, मैं ज़रा राजीव गाँधी को बोल आऊँ कि वे फ़लाँ को हटा दें (हँसते हैं)...तो ऐसा तो मैं कर नहीं रहा हूँ...देखो, ज़रा अमुक अफ़सर बहुत बदतमीज़ हो रहा है...उसको निकाल दो; और फ़लाना जो है उसे

हटाना भई वहाँ से। आप सोचते हैं कि मैं यह काम कर रहा हूँ! और यह इस लेवल पर पॉसिबल है? और अगर पॉसिबल है तो फिर आपने प्रधानमन्त्री को वहाँ क्यों बिठा रखा है? (हँसते हैं) आप मुझे बिठाइए वहाँ, साहब! अगर मैं इस तरह से यहाँ से डिक्टेट कर रहा हूँ...वैसे एक साहब ने मुझे कहा भी कि नहीं साहब, आप दिल्ली भी तो जाते हैं। मैंने कहा कि हाँ साहब, रात को मैं दिल्ली जाता हूँ, वहाँ वी.पी. सिंह को हटा कर सुबह आकर 'शहंशाह' बन जाता हूँ। कमाल है!

फ़िल्मों में आपकी छवि कुछ इस प्रकार की है सुपरस्टार होते हुए भी आप काम के प्रति पूरी तरह समर्पित हैं, बेहद अनुशासनप्रिय हैं, और अगर आप अपनी क़ीमत शाइलॉक के 'पाउंड ऑफ़ फ्लेश' की तरह लेकर रहते हैं, तो उसका आपको पूरा हक़ है। लेकिन जैसी पॉजिटिव छवि आपकी थी यहाँ, राजनीति में जाते ही वह उलट कैसे गयी?

क्योंकि यहाँ मैं अपना मास्टर हूँ। भई, अगर मुझे कहा गया कि आप सुबह सात बजे शूटिंग पे आ जाइए, तो मैं तो ख़ुद ही चल कर जाता हूँ न सात बजे। कैमरा जब चालू होता है तो मैं ख़ुद ही उसके सामने खड़ा होता हूँ। मुझे एक डॉयलॉग दे दिया जाता है। उसे याद करके मैं अपने ढंग से बोलता हूँ। मेरी तरफ़ से तो उसे कोई बोलता नहीं। न ही उसे कोई दूसरा इमोट (अभिव्यक्त) करता है। मैं ख़ुद ही इसके लिए ज़िम्मेदार हूँ, इसलिए जो भी क्रेडिट या डिस्क्रेडिट मुझे मिलता है, मेरे व्यक्तिगत प्रदर्शन के कारण मुझे मिलता है। राजनीति में ऐसा नहीं है। राजनीति में आपके व्यक्तिगत प्रयास को व्यक्तिगत स्तर पर नहीं लिया जाता। यहाँ सामूहिक ज़िम्मेदारी होती है। इस देश के प्रधानमन्त्री तक को इस सामूहिक ज़िम्मेदारी के तहत चलना होता है।

आपको लगता है कि यह सामूहिक ज़िम्मेदारी चल रही है इस समय देश में?

क्यों नहीं? होनी तो चाहिए, क्योंकि ये एक डेमोक्रेटिक गवर्नमेंट के नॉर्म हैं। प्रधानमन्त्री की एक कैबिनेट कमेटी है इकोनॉमिक अफेयर्स की। प्रधानमन्त्री की एक पोलिटिकल अफेयर्स की कैबिनेट कमेटी है। कैबिनेट बैठती है जब भी कोई इकोनॉमिक फ़ैसला लेना होता है देश के लिए। जब भी कोई पोलिटिकल डिसीशन लेना होता है तो पूरी कैबिनेट बैठती है। एक कलेक्टिव डिसीशन मेकिंग होती है। तब जाकर डिसीशन अनाउंस होता है। डेमोक्रेटिक सिस्टम का यह नॉर्म है। आज अगर मैं चाहूँ कि साहब, इलाहाबाद में एक इतना बड़ा पुल बन जाये, तो मैं अकेले नहीं बना सकता। उसके लिए एक कलेक्टिव डिसीशन होगा; उसके लिए ट्रांसपोर्ट डिपार्टमेंट से बात करनी होगी; उसके

लिए स्टेट डिपार्टमेंट से बात करनी होगी; कहाँ पुल बनना चाहिए, कहाँ से सड़क निकलनी चाहिए, कैसी ज़मीन एक्वायर करनी होगी, कैसे उस ज़मीन को एक्वायर किया जाये, कितना उसका मुआवज़ा दिया जाये; ट्रांसपोर्ट मिनिस्टर अगर नेशनल हाइवेज को बनवाये...कौन-सी कम्पनी को पैसे देने हैं, उसका टेंडर दिया जायेगा ताकि सब लोगों को समान अवसर... हमारे संविधान के प्री-एंबल में मेन प्रिंसिपल ही यह है कि बराबरी होनी चाहिए...इट्स अ कलेक्टिव रिस्पांसिबिलिटी...

ये जो बातें आप कर रहे हैं ये प्रशासनिक स्तर की बातें हैं—मैं पार्टी स्तर की बात कर रहा हूँ—पार्टी के स्तर पर यह सामूहिक ज़िम्मेदारी है?

पार्टी स्तर पर—देखिए, पहले आप देश की बात कर लें, फिर पार्टी लेवल की बात करेंगे। पार्टी को अनुशासन की ज़रूरत है, पार्टी को संगठन की ज़रूरत है, पार्टी के संगठन में कमियाँ हैं, मैं स्वीकार करता हूँ कि वे हैं और हम उन्हें दूर भी करने जा रहे हैं...

जातीय-क्षेत्रीय दृष्टिकोण क्यों?

अच्छा, एक बार फिर छवि बिगाड़नेवाली बात पर ही आयें। मैं मानता हूँ कि इसमें प्रेस का काफ़ी हाथ है, लेकिन क्या राजनीतिज्ञों का भी नहीं है? क्या यह नहीं मानना चाहिए कि कीचड़ से तसवीरें बनाने में राजनीतिज्ञ प्रेसवालों से भी दो क़दम आगे हैं?

हो सकता है। पहले...जब मैं चुनाव लड़ने गया तो मुझसे कहा गया—पत्रकारों ने ही पूछा कि कांग्रेस के जो फैक्शंस हैं, उनसे आप कैसे निबटेंगे? तो मैंने कहा कि साहब, आप क्या बोल रहे हैं, मेरी समझ में नहीं आ रहा। कहने लगे, साहब नहीं, आपको मालूम नहीं है। पार्टी में ऐसे गुट हैं, जो एक-दूसरे के ख़िलाफ़ काम कर रहे हैं। मैंने कहा, यह कैसे हो सकता है भाई? मैं तो उन्हीं का आदमी हूँ। उन्हीं के लिए लड़ रहा हूँ। हम सब एक ही आदमी के लिए लड़ रहे हैं न, कि राजीव गाँधी प्रधानमन्त्री बन जायें। उन्होंने कहा, नहीं साहब, यहाँ तो फैक्शंस हैं, यहाँ ब्राह्मण हैं, यहाँ कायस्थ हैं, यहाँ ठाकुर हैं, और यहाँ हरिजन हैं। मैं चौंका, बम्बई में बैठे हुए मैं यह भूल गया था। पढ़ा करता था, देखा करता था, सुना करता था। वहाँ जाकर वास्तव में देखा कि यह तो होता है। और मुझे बड़ा दुख हुआ। और आज भी होता है, क्योंकि आज भी मुझ पर आरोप लगाते हैं कि आप कायस्थवाद इलाहाबाद में फैला रहे हैं। आपने 12 एप्वायंटमेंट किये, वे सभी

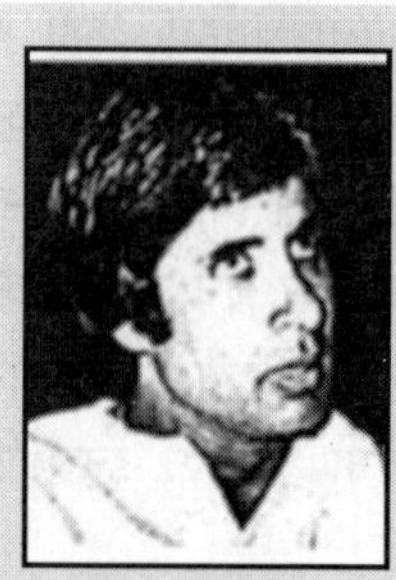

'मैं चाहता हूँ कि प्रेस मुझे लताड़े। मैं चाहता हूँ कि वे मुझे इतना उत्तेजित करें कि मैं विद्रोह कर दूँ। मैं कह सकूँ कि ठीक है, आप मेरे बारे में यह कहते हैं, मैं आपको दिखा दूँगा। मुझमें सुधार आयेगा। मैं बढ़ूँगा—क्योंकि फिर में एक ऐसा काम करूँगा कि जिससे दिखा सकूँ कि देखिए, आप तो मेरे बारे मे यह कहते थे, पर मैं यह निकला।'

कायस्थों के किये। भैया, मैं क्या करूँ अगर वे लोग शिक्षित हैं या वे योग्यता रखते हैं—वे श्रीवास्तव हैं या और कुछ हैं, इसमें मेरा क्या क़सूर है भाई? मैंने तो खुद अपना नाम श्रीवास्तव नहीं रखा। मेरे पिताजी ने तो श्रीवास्तव हटा ही दिया। उन्होंने तो अपना नाम बच्चन रख लिया। सम्पूर्णानन्द जी ने तो ख़ुद कहा था एक आदमी से—उसका नाम था नरेशचन्द्र श्रीवास्तव। उन्होंने कहा, देखो, अगर तुम्हें राजनीति में आगे बढ़ना है तो यह श्रीवास्तव हटा दो। नरेशचन्द्र रहने दो। आगे बढ़ जाओगे। यह जो जातिवाद है, इसे बन्द करना होगा, लेकिन यह बड़ा प्रचलित है देश में...इतना ही नहीं, आप समाज के स्तर पर परिवर्तन शुरू कीजिए, देश में परिवर्तन हो जायेगा। जातिवाद ही नहीं, क्षेत्रीयवाद भी है। आज भी मैं विदेश जाता हूँ—अमरीका गया, यूरोप गया, कहीं गया, कोई-न-कोई भारतीय टकरा जाता है। कहिए अमिताभ जी, आपकी पिक्चर देखी, यह है, वह है। सुना उससे। बताओ भाई, कहाँ देखी? कहाँ से हो? साहब, मैं कर्नाटक से हूँ। साहब, मैं पंजाब से हूँ। मैं असम से हूँ। यह कोई नहीं बोलता कि साहब, मैं भारत से हूँ। पूछिए कि आप यह कहने से डरते क्यों हैं कि आप भारत से हैं?

शायद उन्होंने अपनी पहचान ही इस तरह बना रखी है। उन्होंने कभी सोचा ही नहीं...

मुझे इससे दुख है। मुझे इसका सॉल्यूशन नहीं मालूम, लेकिन मुझे दुख ज़रूर है। क्योंकि जब कोई मुझसे पूछता है कि आप कहाँ से हैं, तो मैं कहता हूँ, साहब, मैं इंडिया से हूँ, यह नहीं कहता कि मैं बम्बई से हूँ—या मैं दिल्ली से हूँ या मैं इलाहाबाद से हूँ।

आप लिखेंगे तो यह सब भी लिखेंगे न—लिखिए, बड़ी अच्छी बात है...

यह आप कहते हैं!... (ठहाका लगाकर हँसते हैं।)

प्रेस पर वापस आया जाये। अगर आप प्रेस से इतना दुखी हैं तो दुखी तो आपको अपने साथियों से भी होना चाहिए।

नहीं, मैं प्रेस से बिल्कुल दुखी नहीं हूँ। यह बहुत ही ग़लत ख़बर है। इसे आप अपने मन से निकाल दीजिए—और कृपा करके आपके जितने भी साथी हैं, उनसे भी कह दीजिए—मैं प्रेस से कतई बिल्कुल दुखी नहीं हूँ। मैं उससे बहुत प्रसन्न हूँ। मैं तो चाहता हूँ कि वे मुझे मारते जायें, क्योंकि वे मुझे जितना मारेंगे, मैं उतना और ऊपर उठूँगा। और प्रयत्न करूँगा कि उनको डिस्प्रूव (ग़लत साबित) कर सकूँ।

यही बात आप अपने साथियों के बारे में भी कहेंगे?

मैं चाहूँगा कि वे इस इग्जाम्पल को लें। अपने फ़िल्मी जीवन में तो मैं बहुत ख़ुश होता हूँ जब मुझे लताड़ा जाता है, क्योंकि फिर मैं प्रोत्साहित होता हूँ कि मैं उनको डिस्प्रूव करूँ—और इस डिस्प्रूव करने में कहीं-न-कहीं तरक्क़ी होती है। मैं चाहूँगा कि आप मुझे गालियाँ दें। मैं चाहूँगा कि प्रेस मुझे लताड़े। मैं चाहता हूँ कि वे मुझे इतना उत्तेजित करें कि मैं विद्रोह कर दूँ। मैं कह सकूँ कि ठीक है, आप मेरे बारे में यह कहते हैं, मैं आपको दिखा दूँगा, मुझमें सुधार आयेगा। मैं बढ़ूँगा—क्योंकि मैं फिर एक ऐसा काम करूँगा कि जिससे मैं दिखा सकूँ कि देखिए, आप तो मेरे बारे में यह कहते थे, पर मैं यह निकला। तो मैं यह चाहता हूँ...

सुनने में यह भी आया है कि आप अपनी पार्टी के कुछ लोगों से इसलिए भी नाराज़ हैं कि जब आपको इलाहाबाद से चुनाव लड़ने के लिए चुना गया तो तब आपको एक तरह से 'जायंट' माना जा रहा था; बाद में वही लोग आपकी आलोचना करने लगे। तो क्या आप यह उम्मीद करते थे कि आपको कोई ख़ास व्यक्ति माना जायेगा? ख़ास व्यवहार आपके साथ किया जायेगा?

बिल्कुल नहीं, साहब। मुझे जो ख़ास ट्रीटमेंट मिला है ज़िन्दगी में और भगवान की कृपा से, वह तो मिल ही चुका है। अब न तो मैं इससे आगे बढ़नेवाला हूँ... मैं अपनी सीमा तक पहुँच चुका हूँ। मुझे नाम मिल चुका है। मुझे शोहरत मिल चुकी है। इससे ज़्यादा नाम और शोहरत अब मुझे मिलनेवाली ही नहीं। तो मैं किसी और क्षेत्र में जाऊँ, इस इरादे से कि मेरा और नाम होगा, मेरी और शोहरत होगी, मुझे पदवी मिलेगी, यह ग़लत बात है। मैं राजनीति में गया केवल एक इमोशनल वजह से। एक मित्र, एक परिवार जिसके साथ एक घटना घटी, मुझे ऐसा लगा, देश में जितने सही सोचनेवाले लोग हैं, अब समय आ गया है कि वे उसके पीछे खड़े हो जायें। केवल खड़े रहना भी कई बार सामनेवाले को सहारा देता है। भले ही हमारे पास औज़ार न हों—औज़ार सिर्फ़ उसके पास

हों, लेकिन उसके पीछे दस लाख की भीड़ खड़ी हो तो सामनेवाले के पास एटम बम भी हो तो वह ज़रा सोच-समझ के चाल चलता है। मेरा केवल यही कार्य है कि मैं पीछे खड़ा हुआ हूँ। मुझे कोई पदवी नहीं चाहिए। आपने कहा कि साहब, आप इलाहाबाद चले जाइए और बहुगुणा से लड़ जाइए, मैं वहाँ चला गया। मैं लड़ गया। भगवान की कृपा से और कांग्रेस पार्टी की कृपा से और राजीव गाँधी के नाम से और इन्दिरा गाँधी के नाम से मैं सफल भी हो गया। मेम्बर ऑफ़ पार्लियामेंट बन गया। मेम्बर ऑफ़ पार्लियामेंट बनने के बाद मेरा क्या कर्तव्य है? इलाहाबाद की जो जनता है, जो उनकी अपेक्षाएँ हैं, उन्हें मैं पूरा करूँ, वह मैं कर रहा हूँ। इससे ज़्यादा मुझे और कुछ नहीं चाहिए।

संवेदनशीलता बनाम राजनीति

एक सवाल है : क्या राजनीति में कोई संवेदनशील व्यक्ति सफल हो सकता है?

(थोड़ी देर की चुप्पी—फिर) इसको आप थोड़ा और इलैबोरेट कीजिए।

मतलब, अगर वह सफल होता है, तो क्या उसकी संवेदना बरकरार रह पायेगी?

उसकी क्या?

सेंसिटिविटी।

(हर शब्द को सोच-सोच कर बोलते हुए) हाँ-हाँ... यह पूरे सिस्टम को चेंज करना पड़ेगा। आपको सारे राष्ट्र की संवेदना को बदलना होगा। हर इन्सान को यह देखना होगा कि उसके अन्दर कितनी सेंसिटिविटी है। (धाराप्रवाह बोलने लगते हैं) अब आप गाड़ी ला रहे हैं और आपने खिड़की खोली और सिगरेट फेंक दिया बाहर; वह आपकी सेंसिटिविटी...

लेकिन...

...साफ़ सड़क... आपने कोई काग़ज़ फाड़ कर वहाँ फेंक दिया, पान खा रहे थे आप... मन्त्रालय में संगमरमर की मेन बिल्डिंग पर आपने थूक दिया। जब आपमें यह सेंसिटिविटी जगेगी, तब देश भर में जितने लोग सेंसिटिव हैं, जो अपने-आपको तौर-तरीक़े से रखना चाहते हैं, वे बढ़ेंगे। इन छोटी-छोटी बातों से बढ़ेंगे और यह चीज़ें राजनीति में भी प्रतिबिम्बित होती हैं। ज़िन्दगी की छोटी-छोटी चीज़ें ही किसी राष्ट्र का निर्माण करती

हैं; उन व्यक्तियों के चरित्र का निर्माण करती हैं जो कि इस देश में रहते हैं। हमारी वैल्यूज़ क्या हैं, जब इन पर क़ाबू हो जायेगा, तो देश का स्टैंडर्ड अपने आप बढ़ जायेगा।

आप यहीं चले जाइए, आप ही की कॉलोनी है। हम कॉलोनी में घुसे; गेट के ऊपर लाल रंग है; बिल्डिंग के ऊपर पीला रंग है; कहीं पर भूरा रंग है; यहाँ तक चले जाइए तो पर्पल रंग है; वे सब यही समझते हैं कि वह जो पर्पल रंग लगाये हुए है, पीले रंग का दरवाज़ा उसने पेंट किया है और हरी विंडो पेंट की हुई है और छत को पीला किया हुआ है—वह यह समझता है कि मेरा घर तो इससे बढ़िया हो ही नहीं सकता। यह सब पेंटिंग मैंने की है, कमाल किया है। मैं यह समझता हूँ, यह भद्दा है। मुझे यह अखरता है। मुझे लगता है यार, यह थोड़ा सोबर होना चाहिए, और मेरी एस्थेटिक सेंस (सौन्दर्यबोध) थोड़ी अलग है, उसकी एस्थेटिक सेंस उस लेवल की है। मैं उसकी एस्थेटिक सेंस को कैसे क्वेश्चन कर सकता हूँ? और कौन यह बतायेगा कि एस्थेटिक सेंस कौन-से लेवल की होनी चाहिए? सारे देश के अन्दर जब एक मीडियॉक्रिटी है—यह तो आप मानते हैं, क्योंकि आप में मीडियॉक्रिटी नहीं होती तो आप सुपर पॉवर्स में होते—;सारे देश के अन्दर जब एक मीडियॉक्रिटी है, तो वह कहीं-न-कहीं तो इन्फ्लुएंस करती है। वह आदमी जो चार रंगों से अपने घर को पेंट किये हुए है, वह तो यही समझेगा न—मैं तो हाइएस्ट लेवल पर हूँ; क्योंकि वह सही है। वह सबसे ऊँचे स्तर का है, लेकिन वह मीडियॉक्रिटी के सबसे ऊँचे स्तर पर है। वह मीडियॉक्रिटी से ऊपर नहीं जायेगा। अब यह कौन बतायेगा? और जो बतायेगा, उसे समझनेवाले कितने लोग होंगे? क्योंकि मेजॉरिटी तो मीडियॉक्रिटी में बिलीव करती है।

मैं जब ऐसा बोल रहा हूँ तो मैं जानता हूँ, कल मुझे गाली पड़ेगी; मैं यह निश्चित रूप से कह रहा हूँ कि कल जब आप इसको छापेंगे तो जो उस लेवल का सोचनेवाला आदमी है, या उस लेवल का पत्रकार जो सोचता है, वह मुझे गाली देगा। कहेगा—यह अपने आपको इलीट (विशिष्ट, अभिजात) समझता है। (किसी और व्यक्ति के-से स्वर में) यह राजीव गाँधी के दून स्कूलवाली एटीट्यूड है। यह एरिस्टोक्रैट है... (अपने सामान्य स्वर में) क्योंकि एरिस्ट्रोक्रेसी, इलीटिज़्म एक गन्दा शब्द है इस देश में; इस देश में जहाँ इतने लाखों ग़रीब हैं; जिनको पीने का पानी तक नहीं मिलता—और उनको पता चले कि अमिताभ बच्चन मर्सिडीज़ गाड़ी में घूमता है और बड़े से मकान में रहता है और वहाँ पर भी मकान है और शराब चलती है और यह होता है, वह होता है... वे ईर्ष्या की नज़र से देखते हैं। हमने सोशलिज़्म तो लिख दिया है अपने कांस्टीट्यूशन में, लेकिन उसका अर्थ क्या है?

हम कर क्या रहे हैं? यह जो अमीर और ग़रीब है—उसके बीच का जो फ़ासला है, वह कम हो...और यह काम एक ही आदमी करेगा? यह सारी जनता को मिल कर करना होगा। और हम कर नहीं पा रहे हैं। साधन नहीं हैं हमारे पास। हमारे अन्दर इन्टेंशन नहीं है, जो आदमी काम करने जाता है, वह पहले यह देखता है। भैया, गद्दी कौन-सी मिलने वाली है।

मैंने इसीलिए पूछा था कि सफल होने के लिए व्यक्ति को कहीं रूथलेस (निर्दयी) नहीं होना पड़ता है?

सक्सेस के मामले में...राजनीति में तो मैं नहीं कहना चाहूँगा क्योंकि मेरा एक फिलोसॉफिकल एटीट्यूड है—कि सक्सेस अगर आपको मिलनी है तो आपको आपके काम से मिलनी है, वरना जो सक्सेस आपको मिली है किसी बुरे इन्टेंशन (इरादे) से। डीवियस मींस (अनुचित साधनों) से, वह किसी-न-किसी तरह सामने (आ ही जायेगी)... अगर आपने कोई ग़लत काम किया होगा तो उस पाप का फल जो है मिलेगा, वह सफलता कांस्टेंट नहीं हो सकती। कहीं-न-कहीं आपका कॉशेंस—आपका ज़मीर—उसके अगेंस्ट बोल कर रहेगा।

राजनीति में आपका सर्वोच्च लक्ष्य क्या है?

मेरा!

हाँ, क्या सोचते हैं? आप कहाँ तक पहुँच सकते हैं?

मैंने कभी सोचा ही नहीं। मैं राजनीति में इसलिए थोड़े ही आया हूँ कि मैं सोचूँ कि मैं कहाँ तक जानेवाला हूँ।

जहाँ हैं वहाँ सन्तुष्ट हैं?

जहाँ हूँ वहाँ मैं सन्तुष्ट हूँ, और जहाँ भेज दिया जायेगा, वहाँ भी सन्तुष्ट रहूँगा। कल मुझे कहा जाये कि आप बम्बई में ही बैठिए। यहाँ आने की ज़रूरत नहीं, तो मैं यहीं रह जाऊँगा।

वैसे राजनीति में आने का आपका मक़सद क्या था?

मैंने आपको बताया कि वह मेरे लिए एक अत्यन्त भावनात्मक क्षण था। और मैं सिंसीयरली... मेरी मित्रता थी—और उन्होंने (राजीव गाँधी ने) मुझसे कहा कि मुझे ऐसे लोगों की ज़रूरत है जो मेरे साथ खड़े हों और मैं चाहता हूँ कि तुम मेरे लिए काम करो। क्या तुम करोगे? मैं (राजनीति में) घुस गया...

क्या आप सोचते हैं कि वह काम आप बाहर रहकर नहीं कर सकते थे?

ज़रूर कर सकता था और करता रहा हूँ। यह अलग बात है कि लोगों को मालूम न पड़ा हो। हमने लाखों जगह चैरिटी शोज़ किये हैं, पैसे इकट्ठे किये हैं लोगों के लिए...

कोई विरोधी दल आपको बुलाता तो आप जाते?

नहीं, मैं तो राजीव गाँधी के साथ हूँ।

क्या आपको लगता है कि वी.पी. सिंह के मन में आपके या आपके परिवार के प्रति किसी तरह का विरोध है?

भैया, मैं वी.पी. सिंह तो हूँ नहीं। यह तो उन्हीं से पूछ लीजिए। मेरे मन में तो उनके लिए सिवा श्रद्धा के और कुछ है नहीं। वे मेरे बुजुर्ग हैं, मेरे सीनियर हैं—उम्र में भी और पार्टी में भी।

व्यक्तिगत स्तर पर तो कभी कुछ नहीं रहा?

कभी भी नहीं। हमारे साथ तो उनका बड़ा भाईचारा है। उन्होंने हमारे चुनाव में हमारी मदद की, हमारे साथ रहे। जब कभी भी हमें इलाहाबाद के बारे में उनसे सलाह लेनी पड़ी, हम उनके पास गये, उन्होंने हमें सलाह दी। मैं इस बात को कतई समझ ही नहीं सकता हूँ कि वे क्यों मेरा विरोध करेंगे, और मैं इस बात को बिलीव करने को तैयार भी नहीं हूँ कि वे विरोध करेंगे, ऐसा समझने की कोई वजह नहीं है। मैंने उनके विरुद्ध कोई काम नहीं किया।

अख़बारों में उठे विवाद

आप बम्बई कब आये थे—शायद 1968 या 1969 में?

जी हाँ।

और अजिताभ कब आये?

अजिताभ आये कोई तीन साल बाद... वे पहले यहीं थे—68 में कुछ महीने।

'वीकली' वाले इंटरव्यू में उन्होंने कहा है कि वे 72-73 में आये थे।

हाँ।

...जब आप भी यहाँ थे और वे भी काम की तलाश में यहाँ आये थे। इसमें तारीख़ों की ज़रा गड़बड़ लगी। 1973 में तो आपकी 'ज़ंज़ीर' आ गयी थी। तब तक आप काफ़ी स्थापित हो चुके थे। वे तारीख़ों में कहीं

कुछ गड़बड़ नहीं कर रहे हैं?

कैसी गड़बड़?

मतलब, उन्होंने कहा कि आप भी स्ट्रगल कर रहे थे और वो भी काम की तलाश में यहाँ आये थे, जबकि...

देखिए साहब, हम' 63 में गये कलकत्ते, काम-नौकरी के लिए। 1963 में हमें साढ़े चार सौ रुपये प्रतिमाह की नौकरी मिली। हमने साढ़े चार साल कलकत्ते में काम किया एक कम्पनी में। वहाँ से छोड़ कर के हम 1969 में यहाँ आये। सिक्स्टी-सेवन-सिक्सटी-एट में हमारे भाई साहब भी कलकत्ते आये, नौकरी के लिए—वे हमसे चार साल छोटे हैं, और हम दोनों कलकत्ते में—वे एक फ़र्म में काम करते थे, मैं भी एक फ़र्म में काम करता था। कुछ महीने बाद उनको विदेश भेजा गया ट्रेनिंग के लिए, उनकी कम्पनी की तरफ़ से, जिसका नाम था शॉ वालेस। इस बीच में जब वे विदेश से वापस लौटे, तो उनकी पोस्टिंग हुई बम्बई में। और उससे पहले वे कुछ महीने कलकत्ता में रहे। वहाँ उन्होंने एक दिन इश्तहार पढ़ा कि साहब, फ़िल्म कलाकारों के लिए टेलेंट कांटेस्ट है, उसके लिए उन्होंने हमारी तसवीर-असवीर खींची, कहने लगे, एक्टिंग-वैक्टिंग करते हो, तुम इसमें क्यों नहीं जाते? तो हमने वह इश्तहार (आवेदन) भेज दिया बम्बई। उस इश्तहार का कुछ बना नहीं। हमें बुलाया भी नहीं गया। इस बीच उनकी पोस्टिंग हो गयी मद्रास। फिर बम्बई—जैसे होती रहती हैं। बम्बई में जब उनकी पोस्टिंग हुई तो इनकी मुलाक़ात ख़्वाज़ा अहमद अब्बास से हुई। जो कि एक पिक्चर बनानेवाले थे—'सात हिन्दुस्तानी'। तब उन्होंने कहा कि मेरा भी एक भाई है—तो ख़्वाज़ा अहमद अब्बास ने मुझे बुला लिया और उन्होंने मुझे (पिक्चर में काम भी दिया)... फिर उसके बाद उनकी पोस्टिंग बम्बई से वापस मद्रास में हो गयी—हम यहाँ स्ट्रगल करते रहे। उसके बाद मुझे लगा कि जो मेरा मैनेजमेंट है, मुझे सही नज़र नहीं आता, तो मैंने अपने भाई से कहा कि भाई, थोड़ी-बहुत मदद करो। उस समय वे मेरे साथ रहे। उन्होंने अपनी नौकरी छोड़ दी। वे मेरे साथ तो रहे, लेकिन वे बोले, मैं तुम्हारे साथ तो हूँ, पर अपना व्यक्तिगत भी कुछ करना चाहता हूँ, तो उन्होंने अपना व्यक्तिगत बिज़नेस शुरू किया—एक छोटे-से कमरे में—लेकिन साथ-साथ मेरा भी काम करते रहे।

जो चीज़ें प्रेस में आयी हैं, उनको लेकर काफ़ी कन्फ़्यूज़न है, जैसे स्विट्ज़रलैंड वाला मामला है... वर्क परमिट वाली बात...

'कोई चीज़ हमने अपनी ज़िन्दगी में कभी प्लान करके की नहीं, जो सामने आता गया उसे स्वीकार करते गये, उसके साथ जूझते गये, उसके साथ लड़ते रहे; लड़ अब भी रहे हैं और बस ऊपरवाले की कृपा से आगे चलते जा रहे हैं।'

(अमिताभ थोड़ा आराम से बैठने के लिए टाँगें पसार लेते हैं, फिर खींच लेते हैं। पुष्पाजी कमरे में ही हैं। वे एक चौकी उठाकर लाती हैं और कहती हैं, 'अमित, आराम से बैठो। ऐसे तो तुम थक जाओगे।' 'जी नहीं, मैं बहुत आराम से हूँ।' अमिताभ कहते हैं और चौकी नहीं रखने देते। वे फिर पालथी लगाकर बैठ जाते हैं।)

देखिए, कन्फ़्यूज़न कुछ नहीं है, बनाया जा रहा है। बड़ी सीधी-सी बात है। कोई लीगल बात तो है नहीं, क्योंकि हमसे कहा गया कि कुछ सफ़ाई हमको दे देनी चाहिए, तो हमने दे दी। हमें कोई सफ़ाई देने की ज़रूरत नहीं है। अगर आपको कोई चीज़ इल्लीगल लगती है तो आप उसको जाकर पकड़िए। हम क्यों बयान दें? हमने क्या इल्लीगल काम किया है? अगर स्विस गवर्नमेंट यह समझती है कि उन्होंने कोई इल्लीगल काम किया है तो वह उनको निकाल देगी बाहर। अगर भारत सरकार यह समझती है कि उन्होंने कोई इल्लीगल काम किया है तो वह उनको पकड़कर जेल में बन्द कर देगी। बात ख़त्म हुई। अब एक-एक शब्द को लेकर इसमें कोई तत्त्व नहीं है और कोई बात नहीं है। क्या है कि बहुत से लोग रूल्स नहीं जानते। नॉन रेजिडेंट इंडियंस के रूल्स ही नहीं मालूम होंगे आपको!

नहीं, मुझे नहीं मालूम हैं।

क्योंकि आपको अगर मालूम हो जायें तो आप यहाँ न बैठे हों। आप भी स्विट्ज़रलैंड चले जायें। नॉन रेजिडेंट इंडियंस के लिए इतने टैक्स डिडक्शंस वग़ैरह मिलते हैं कि उनको पढ़ने के बाद तो लगता है हम इंडियन सिटीज़न क्यों हैं! नॉन रेजिडेंट इंडियंस हो जायें तो अच्छा है।

अब तो लाखों लोग हैं।

अरे भाई, मैं आपसे कह रहा था—अभी आप शारजाह में मैच देख रहे थे—क्रिकेट के शौक़ीन हैं या नहीं आप?

ज़रूर हूँ, साहब।

लाखों की तादाद में जनता—भारतीय जनता—नज़र आती थी कि नहीं? वे क्या हैं? कौन लोग हैं वे?

नौकरी करते हैं वहाँ...

वे नॉन रेजिडेंट इंडियंस हैं। माई ब्रदर इज़ एगजेक्टली लाइक दैट। आप लिखिए। भई, कोई भी इल्लीगल काम हो रहा है—चाहे वह स्विस गवर्नमेंट की तरफ़ से हो, चाहे भारतीय गवर्नमेंट की तरफ़ से हो—अगर कोई इल्लीगल काम हो रहा है तो वे जेल में डाल दिये जायेंगे। सो लेट्स वेट फॉर दैट। लेट्स वेट फॉर द मोमेंट व्हेन ही इज़ पुट इन द जेल। बात अपने आप साफ़ हो जायेगी। अगर कोई इल्लीगल बात होगी तो वे धर लिये जायेंगे न! और उसके अलावा क्या हो सकता है? (हँसते हैं)। तो इस वक़्त क्यों खींचातानी कर रहे हैं रोज़-रोज़! सिवा कवरेज मिलने के और कागज़ भरने के और कोई फ़ायदा नहीं। कोई इल्लीगल काम हो रहा है तो अपने आप धर लिये जायेंगे।

अख़बार तो निकालना है न!

(हँसी)। चलिए, इस बात को तो क़बूल किया आपने! (फिर हँसी)।

पहले फ़िल्मों में स्थापित होने का संघर्ष, फिर वहाँ बने रहने का संघर्ष... और अब राजनीतिक विवादों से संघर्ष... अपने जीवन को कैसे देखते हैं आप?

शुरू से लेकर आख़िर तक एक स्ट्रगल ही रहा है। भगवान की अपार कृपा रही है, माता-पिता का आशीर्वाद रहा है, और थोड़ी-बहुत तक़दीर रही है। कोई चीज़ अपनी ज़िन्दगी की प्लैन कर के नहीं की, जो सामने आता गया, उसे स्वीकार करते गये, उसके साथ जूझते गये, उसके साथ लड़ते गये। लड़ अब भी रहे हैं, और बस, इस कृपा की वजह से आगे चले जा रहे हैं। अगर आप यह समझ रहे हैं कि मैं बड़ा स्कीमिंग, डिप्लोमैटिक, एक बड़ा ही प्लैंड वे से चला जा रहा हूँ, तो यह चीज़ बड़ी ग़लत है आप लोगों के मन में। मैं एक बहुत ही अदना-सा, छोटा-सा आदमी हूँ। मेरे सामने एक चैलेंज कभी कोई डाल दिया जाता है, उससे मैं लड़ने की कोशिश करता हूँ, मेरी ग़लती केवल यही है।

हाँ ग़लती नहीं, यह तो ताक़त है, कहना चाहिए।

अगर उस चैलेंज को मैं जीत लेता हूँ और सफल हो जाता हूँ, तो यह ऊपरवाले की कृपा है, अगर हार जाता हूँ तो हार मान लेता हूँ, जैसे कि मैंने हार

मान ली है पत्रकारों से (हँसते हैं); एक हौवा बनाया जा रहा है कि यह अमिताभ बच्चन पता नहीं क्या है, यह बवंडर है...

नहीं, ऐसा होता है न कि जो चीज़ दूर होती है, उसके बारे में अफ़वाहें फैलती हैं...

मैं तो बहुत क़रीब बैठा हूँ आपके, आपके ज़रिये मैं चाहता हूँ कि मैं सबके क़रीब बैठ जाऊँ। मुझे तो जब भी वे चाहें स्विच दबाकर देख सकते हैं। लेकिन आपको देखना चाहें तो नहीं देख सकेंगे तो आप कैसे कह सकते हैं कि मैं दूर बैठा हूँ? मुझे तो बटन दबा कर कोई भी आज भी देख सकता है! (फिर हँसते हैं—खुल कर)

छवि ऐंग्री यंग मैन की

अच्छा अब ज़रा फ़िल्म पर बात करें। यह जो ऐंग्री यंग मैन वाली इमेज बनी आपकी, इसे बनाने में आपका सायास प्रयास कितना था और दूसरों का कितना?

यह जो ऐंग्री यंग मैन है—मैं एक बात और कहना चाहूँगा पत्रकारों के बारे में... यह जितनी टर्मिनोलॉजी वग़ैरह निकलती है, यह पत्रकारों से ही निकलती है, किसी एक पत्रकार का इमैजिनेशन होता है या उसकी क्रिएटिविटी होती है। यह ऐंग्री यंग मैन वाली बात एक जर्नलिस्ट ने लिखी, फिर और लोगों ने लिखी—फिर वही चीज़ एक हौवा बन गयी। फिर उसी का आप विरोध करना शुरू कर देते हैं। यह क्या समझता है अपने आपको—ऐंग्री यंग मैन! अरे भैया, मैंने कब कहा कि मैं ऐंग्री यंग मैन हूँ? 'अमर अकबर ऐंथोनी' में मैं ऐंग्री यंग मैन हूँ? 'चुपके-चुपके' में मैं ऐंग्री यंग मैन था? 'लावारिस' में मैं ऐंग्री यंग मैन था? भई, जहाँ मुझे गुस्सा होना है, वहाँ मैं गुस्सा करूँगा, जहाँ हँसना-खेलना है, वहाँ हँसूँ-खेलूँगा। आप जैसा रोल मुझे देंगे, मैं वैसा ही करूँगा न। अब आप मुझे ऐसा रोल देंगे कि भई, देखो, जिस समय से तुम स्क्रीन पर आओ, तुम चीख़ना-चिल्लाना शुरू कर दो। हमें यह ठण्डा गुस्सा-वुस्सा नहीं देखना, तो मैं वैसा करूँगा... लेकिन यह मेरा इंटरप्रिटेशन है कि उस कैरेक्टर को कैसे प्ले करूँ।

आप दूसरी तरह के रोल क्यों नहीं करते, जबकि आपमें क्षमता है?

सब आते हैं, सब तो करते हैं।

आपकी फ़िल्मों के दो ही वर्ग नज़र आते हैं–सेंटीमेंटल रोमांटिक–जैसे 'आनन्द', 'मिली', 'अभिमान'–या फिर एक्शन थ्रिलर, ये दो छोर नज़र आते हैं...

एक बात आप बताइए–इन्सान के जीवन में इसके अलावा और इमोशंस हैं कहाँ? या तो आप इमोशनल हो जाइए, या रोमांटिक हो जाइए या फिर आप गुस्सा हो जाइए–या हँस लीजिए। कुल मिलाकर चार तो एक्सप्रेशन हैं इन्सान की ज़िन्दगी में। या और कोई हो तो मुझे बता दीजिए, मेरे लिए बड़ी फ़ायदेमन्द बात होगी। या आप इमोशनल हो सकते हैं, या रो-धो सकते हैं, या हँस सकते हैं–या आप झगड़ा कर सकते हैं–या आप रोमांटिक हो सकते हैं। इसके अलावा तो और कोई इमोशन है नहीं न ज़िन्दगी में। सब कुछ तो करता रहता हूँ। अब मैं क्या करूँ अगर लोग यह समझते हैं कि मैं ऐंग्री यंग मैन हूँ? मेरी हर पिक्चर में यह सब होता है।

यह जो पूरे माहौल में एक हिंसा बढ़ती हुई नज़र आती है, आपके ख़याल में इसके क्या कारण हो सकते हैं?

कहाँ माहौल में,... देश में आपका मतलब है? कोई एक ख़ास मिसाल दीजिए, तो मैं बताता हूँ।

आज के युवाओं का व्यवहार है जैसे–तुनकमिज़ाजी, किसी की इज़्ज़त न करना, बिना सोचे काम करना, तुरन्त प्रतिक्रिया...

यह केवल भारतवर्ष में ही नहीं हो रहा है, यह विश्व भर में हो रहा है। यह कुछ सांसारिक वातावरण होता है, जो कंट्रोल करता है हमारे इमोशंस को। कुछ फ्रस्ट्रेशंस होती हैं, कमियाँ होती हैं, कुछ उनमें रिवोल्ट करने की भावना उत्पन्न होती है। यह चीन जैसे देश में भी आपने देखा होगा, यूथ ने रिवोल्ट किया, फ्रांस में रिवोल्ट हुआ, इसका क्या मतलब हुआ? इसका मतलब है, कहीं पर किसी तरह की इन्सीक्योरिटी हो या फ्रस्ट्रेशन हो–तभी यह हो रहा है, हो सकता है कि उनके अलग-अलग कारण हों। लेकिन हैं तो सही, वेस्ट में अगर फ्रांस और स्पेन में हो रहा है, तो समझ सकते हैं कि वहाँ कोई वर्तमान संकट है देश में या जो वातावरण है, उसके विरोध में यह हो रहा हो। चीनवाले कहते हैं कि इतने साल हो गये हैं, हम सप्रेस्ड रहे हैं, आज़ादी होनी चाहिए, हिन्दुस्तान में हर साल 10 हज़ार नौजवान निकलते हैं, उनके पास नौकरी नहीं है, उनके पास काम करने का ज़रिया नहीं है। क्या करेंगे वे? यही वजह है कि इतना एरोगेंस नज़र आता है।

क्या आपको लगता है कि आपकी फ़िल्मों ने भी इस तरह का कोई असर डाला है?

हमने अभी कहा हिंसा के बारे में। आप हम पर आरोप लगाते हैं कि साहब आप हिंसा दिखाते हैं फ़िल्मों में। ज़िन्दगी में हिंसा नहीं है क्या? आप अगर यह कह दें कि आप फ़िल्मों में हिंसा दिखाना बन्द कर दीजिए तो देश में हिंसा नहीं होगी, तो हम फ़िल्मों में बन्द कर देते हैं। आप मुझे यक़ीन दिला दीजिए कि देश के अन्दर हिंसा नहीं होगी, देश में इस सदी की सबसे घिनौनी हिंसा तो तब हुई जब इस देश का बँटवारा हुआ। इतनी घिनौनी हिंसा विश्व भर में नहीं हुई और जितने आदमी मारे गये उतने वर्ल्ड वॉर टू में भी नहीं मारे गये होंगे। यह घिनौनी हिंसा किस फ़िल्म को देखकर भड़की थी? मैं आपसे पूछना चाहता हूँ। और आज भी देश के अन्दर जो साम्प्रदायिक हिंसा हो रही है, वह किस पिक्चर से प्रोत्साहित होती है? कौन-सी हमारी पिक्चरें कहती हैं कि हिन्दू-मुस्लिम झगड़ पड़ें? या सिख-हिन्दू झगड़ पड़ें? या हिन्दू-क्रिस्तान झगड़ पड़ें? कि मारो, यह हमारी जात का नहीं है। हम तो उलटा बताते हैं, हम तो कहते हैं भैया, भाईचारे से रहो। हम लोग सब भाई-भाई हैं। देशवासी हैं। हमारे यहाँ तो हिन्दू लड़का मुसलमान माँ के पास पलता है, मुसलमान हिन्दू माँ के पास पलता है। हम तो यह दिखाते हैं कि हम सब एक हैं, हमारे मज़हब अलग-अलग भले ही हों, कौन-सी ऐसी चीज़ है जिसमें चाहे कोई हिन्दू हो या मुसलमान हो, सिख हो या चाहे क्रिस्तान हो, सब साथ बैठकर देखते हैं, हँसते हैं, रोते हैं, ऐसी दूसरी संस्था कहाँ है?

अच्छा, यह बताइए आपकी सभी भूमिकाओं में कहीं आपकी शख़्सियत का अवरा है?

देखिए, कहीं-न-कहीं तो आदमी का जो निजी चरित्र होता है, वह उसके परफॉर्मेंस में अवश्य दिखता है चाहे वह कोई भी ओछा काम करता हो, अगर उसके चरित्र के अन्दर कुछ ऐसी बात होगी, तो वह कहीं-न-कहीं ज़रूर नज़र आयेगी, ऐसा मेरा अनुमान है। मैं सबके लिए यह नहीं कह सकता, केवल अपने लिए कहता हूँ। एक आदमी एक सिचुएशन को किस तरह रिसीव करता है, वह काफ़ी हद तक इस बात पर निर्भर होता है कि वह अपने निजी जीवन में या अगर वह अपने आपको ऐसी स्थिति में पाता तो वह क्या करता। इसी चीज़ से हम लोग प्रेरणा लेकर के अपने आपको व्यक्त करते हैं, इमोट करते हैं। तो कहीं-न-कहीं एक अंश हमारे निजी चरित्र का कभी-कभी बाहर आ

'आप हम पर आरोप लगाते हैं कि साहब आप हिंसा दिखाते हैं फ़िल्मों में, ज़िन्दगी में हिंसा नहीं है क्या? आप अगर यह कह दें कि आप फ़िल्मों में हिंसा दिखाना बन्द कर दीजिए तो देश में हिंसा नहीं होगी, तो हम फ़िल्मों में बन्द कर देते हैं।'

जाता है। मैं नहीं कहता कि हमेशा ऐसा ही हो जाता है, लेकिन अक्सर ऐसा ही होता है।

आपके जो सबसे अच्छे सीन नज़र आते हैं, ख़ासकर जो मुझे अच्छे लगते हैं–और दूसरों को भी पसन्द आये होंगे–वे हैं जहाँ कहीं अन्दर दमित होने की फीलिंग है (जैसे 'दीवार' में टेलिफ़ोनवाला सीन, जो इस स्थिति का सबसे अच्छा उदाहरण है)। कहीं आपके अन्दर कोई रिप्रेशन है उस तरह का–कोई घटना इस तरह की...

हो सकता है। कोई घटना तो मैं नहीं कह सकता, लेकिन हो सकता है कि मेरे जीवन काल में कुछ ऐसा हुआ हो जो मेरे अन्दर बैठ गया हो और जिसके बारे में मुझे ख़ुद भी न पता हो।

जब आप शहर की सड़कों से गुज़रते हैं तो क्या प्रतिक्रिया होती है बाहर की दुनिया को देखकर?

ग़रीबी है–बहुत दुख होता है, बहुत दुख होता है और बड़ी लाचारी लगती है–मैं उनके लिए कुछ कर नहीं सकता। और मैं कितना भी करूँ, मैं उसको पूरा नहीं कर पाऊँगा। मैं रात को कभी निकलता हूँ। दरगाह में जाता हूँ, ग़रीब बैठे रहते हैं, पैसे दे देता हूँ, दिन भर का खाना खा लेते हैं। इफ्तारी करता हूँ। मन्दिर चला जाता हूँ, दान दे देता हूँ। चैरिटेबुल संस्थाओं को कभी पैसे दे दिये, कपड़े दे दिये, हमारे जूनियर आर्टिस्ट हैं। कभी वे आ जाते हैं। साहब, हमारी बेटी की शादी करवा दीजिए, अब इन सारी बातों के बारे में बात करना बड़ा अजीब-सा लगता है। (नाटकीय लहज़े में) अरे साहब, मैं तो पैरेगॉन ऑफ़ चैरिटी हूँ... और मैं तो सारे देश के लिए चैरिटी कर रहा हूँ। (सामान्य स्वर में) इसके बारे में बात करना अच्छा नहीं लगता। मेरे मन में जो बात आती है, वह मैं कर देता हूँ। किसी को कुछ चाहिए होता है, मैं उसको दे देता हूँ। अगर नहीं दे सकता तो मैं कह देता हूँ कि नहीं दे सकता।

'एक आदमी एक सिचुएशन को किस तरह रिसीव करता है, वह काफ़ी हद तक इस बात पर निर्भर होता है कि वह अपने निज़ी जीवन में अपने-आपको ऐसी स्थिति में पाता तो वह क्या करता। इसी चीज़ से हम (अभिनेता) लोग प्रेरणा लेकर के अपने-आपको व्यक्त करते हैं।'

कभी आप इस स्थिति पर विचार भी करते हैं अकेले में?

हाँ, ज़रूर। क्या हो रहा है देश में, क्या करूँ, कैसे कर सकता हूँ... कई बार मैंने सोचा है। और मैं उम्मीद करता हूँ कि कभी-न-कभी मुझे एक इशारा मिलेगा कि हाँ अगर मैं यह करूँ तो कुछ हो सकता है। एक मिशन मैं उठाऊँ। मुझे बड़ी ख़ुशी होगी उस काम से जुड़कर।

अमिताभ के जीवन का मूल मन्त्र

अमिताभ के पूरे व्यक्तित्व की अपनी एक निराली ही शान है, लेकिन सबसे ज़्यादा आकर्षित करती हैं उनकी आँखें। इसलिए नहीं कि वे राजीव नयन हैं, उनकी आँखें सौन्दर्य के सभी मापदण्डों पर खरी उतरती हैं—न, ऐसा कुछ नहीं हैं जो कुछ है वह अद्वितीय है, अनोखा है। उन एक जोड़ी आँखों से आप संवाद स्थापित कर सकते हैं—अजीब हैं वे आँखें, सुन भी लेती हैं वह। आप उनसे जो कुछ कहना चाहते हैं—पलक झपकते ही वह आपके बिना बोले सुन लेंगी—आपके प्रश्नों के जवाब उन आँखों में तैर जायेंगे—आप में सामर्थ्य हो तो पढ़ लीजिए।

प्रस्तुत पुस्तक में आपने जो पढ़ा है उन सारी बातों को मैंने उनसे मुलाक़ात करके ही जाना था। कुछ उनके शब्द सुनकर, कुछ उनकी आँखें पढ़कर। लेकिन इस बार जब मिली तो मैंने पाया यह अमिताभ बच्चन वह अमिताभ नहीं हैं जिनसे मैंने वह सब जाना समझा था, यह अमिताभ तो अब सौ तालों के भीतर बन्द एक गुमसुम बबुए जैसे लग रहे हैं जिसकी बेहद उदास आँखें सिर्फ़ देखती भर हैं, देखती भी सिर्फ़ एक ही दिशा में हैं, जो बोलता कुछ नहीं। पलकें न उठती हैं न गिरती हैं—बस एक अपलक निगाह। कैसे बात करूँ भला—लेकिन जब बातों का सिलसिला शुरू हुआ कि मैं मन-ही-मन चहक उठी। ख़ुद को ग़लत साबित होते देख ख़ुशी महसूस हो, ऐसा जीवन में कम ही होता है। उस दिन मेरे साथ यही हुआ—मैंने थोड़ी ही देर में जान लिया कि जो आँखें मुझे उदास लग रही हैं वे उदास नहीं हैं—उनमें एक गहरा निर्वेद है—गहन गम्भीरता है—आत्मालोचन की वैचारिक आँच में तपकर यह सोना निखरा है। फिर क्या था, बातचीत का सिलसिला जो शुरू हुआ तो समय गुज़रता महसूस ही नहीं हुआ। मैंने बातों ही बातों में अचानक पूछा कि तुम्हारा अच्छा-ख़ासा बेदाग़ फ़िल्मी कैरियर चल रहा था। सिने जगत की उच्चतम बुलन्दियों पर तुम्हारा यश पहुँचा हुआ था कि तुम ज़बर्दस्त बीमार पड़ गये। ऐसे बीमार कि एकबारगी तो जैसे सारे देश के दिल की धड़कनें डूबने

लगीं। वैसा प्राणलेवा संकट झेलकर तुम आहिस्ते से निकल आये—राजनीति के भँवरजाल में जब फँसे तो डूबने का अन्देशा होने लगा, लेकिन तुम फिर बेदाग़ सही-सलामत उबर आये और राजनीति को अलविदा कहकर फ़िल्मी कैरियर में जो लौटे तो इस तरह हाथोंहाथ लिए गये गोया कभी कहीं कोई दिशा बदली ही नहीं थी। आज जब 'ख़ुदा गवाह' रिलीज़ हो चुकी है और तुमने एक भी नयी फ़िल्म साइन नहीं की है तब भी वह स्थिति ज्यों की त्यों बनी हुई है कि जहाँ तक नज़र जाये तुम्हारे नाम का डंका ज्यों का त्यों बज रहा है।

अमित ज़्यादा देर अपनी तारीफ़ सुन नहीं पाते। बीच में बोल पड़े—"अगर ऐसा कुछ है भी तो बड़ों का आशीर्वाद और जनता के प्रेम का ही प्रताप है।" मैंने कहा सो तो है ही लेकिन मैं यह जानना चाहती हूँ कि इस सबके पीछे तुम किसी ईश्वरीय शक्ति का चमत्कार मानते हो या केवल संयोग या अपना भ्रम। अमित एक पल को सोचने लगे तो मैंने अपनी बात को विस्तार दिया। देखो जैसे तुम्हारे पिता बच्चन जी! उनमें ईश्वर के प्रति नकारात्मक और सकारात्मक दोनों भाव मिलते हैं। एक ओर तो वे कहते हैं—'प्रार्थना मत कर, मत कर, मतकर/मनुज पराजय के स्मारक हैं, मठ मस्जिद गिरजाघर/ प्रार्थना मत कर, मत कर, मत कर।' दूसरी ओर वही यह भी कहते हैं—'पूछ मत आराध्य कैसा, जबकि पूजा भाव उमड़े, मृत्तिका के पिण्ड से कह दे कि तू भगवान बन जा।' श्रीमती तेजी बच्चन भी एक ओर तो बहुत ही आधुनिक महिला हैं—सम्भ्रान्त तरीक़े से सजने, सँवरने वाली फ़ैशन से लेकर ऊँची सोसायटी के सारे तेवर और रंग-ढंग उनके पास हैं और दूसरी ओर उनमें शुद्ध श्रद्धा और आस्था भी है। चाहे चित्रकूट की परिक्रमा हो या हनुमान जी की सिर पर पल्ला डालकर पूजा करना हो या महाराज जी की चरण वन्दना। वह वहाँ भी आकण्ठ डूबी हैं। जानना यह चाहती हूँ कि अभी महज़ पचास बरस के हो तुम और इतनी इज़्ज़त, शोहरत और सौभाग्य के मालिक हो। इस सबके बीच तुम्हारे मन में ईश्वर के प्रति क्या भाव है—आस्था या अनास्था? कभी भगवान को पुकारा है तुमने?

धर्म तो एक अज्ञात शक्ति है

"देखिए पूर्ण रूप से किसी एक रिलीजन या किसी एक भगवान को हमने फ़ॉलो नहीं किया। वैसे घर में मन्दिर है। प्रतिदिन रामायण या गीता पढ़ते हैं लेकिन मानता मैं यह हूँ कि धर्म तो एक अज्ञात शक्ति है—अननोन फ़ोर्स। हमें उसका कोई ज्ञान नहीं है, पर प्रश्न तमाम तरह के मन में उठते ही

रहते हैं ख़ास तौर से अब जब जीवन के पचास वर्ष पूरे कर लिए हैं। अक्सर मैं सोचा करता हूँ कि इतनी तरह के इतने सारे जीव-जन्तु पैदा होते हैं अलग-अलग रूप-रंग, अलग-अलग परिस्थितियाँ, अलग-अलग भाषाएँ, अलग-अलग परम्पराएँ, पर सभी जैसे एक ही तरह के चक्र में परिचालित। कौन-सी है वह शक्ति जो इन्हें बनाती है और इन्हें परिचालित करती है—उस अननोन शक्ति से डर भी लगता है। होती होगी उसकी भी कोई आकृति, कोई रूप—कैसे कंट्रोल कर रहा है वह पूरे जगत् को। बस उस महान शक्ति को श्रद्धा और आदर देते हुए याद कर लेते हैं। हम तो ऐसे हैं कि अपने जीवन में तमाम बातें ऐसी होती हैं जिन्हें कंट्रोल नहीं कर पाते वह सारे जगत् को कंट्रोल करता है। तो अपने को शक्तिशाली बनाने के लिए बस विनम्रतापूर्वक उस परमशक्ति को याद करते हैं।''

मैंने पूछा यह याद करना एक निरन्तर प्रक्रिया है या कि चरम दुख या चरम सुख की घड़ी में याद करते हो? तो बिना किसी दुराव-छिपाव या बनावट के अमिताभ बोले—''कहने को तो यही बात बहुत अच्छी लगती है कि नहीं साहब दुख या सुख की बात नहीं, हम तो भगवान को हमेशा ही याद करते हैं पर हक़ीक़त यह है कि सुख के क्षणों में इन्सान ईश्वरीय सत्ता को भूला रहता है और दुख में वह उसे ही याद करके सहारा पाता है।''

जब मैंने पूछा कि तुमने सबसे ज़्यादा शिद्दत से ईश्वर को कब याद किया तो कन्नी काट गये और बोले, ''मेरे साथ ऐसा है कि अपनी परेशानी या तकलीफ़ को तो ख़ुद झेल लेता हूँ। अक्सर बड़ी दुविधाएँ आयीं जिनके साथ जूझना पड़ा, पर शायद ही कभी कोई प्रयत्न किया लेकिन परिवार के किसी सदस्य को कुछ हो तो बहुत चिन्ता होने लगती है वही अलौकिक शक्ति याद आने लगती है।'' तो मैंने कहा, ''तुम अपने तईं अपनी मेहनत और लगन की शक्ति पर ही विश्वास करते हो।''

''जी यह सच बात है। अपनी मेहनत पर, अपने कॉन्शस पर और अपनी विल पॉवर पर और अपनी सच्चाई पर। एक और बात बताऊँ मेरे साथ मेरी सच्चाई है। यह भी उस फ़ोर्स का पहलू है और जब उस फ़ोर्स ने मुझ पर यह इनायत बख़्श दी है तो भला मैं उससे और क्या माँगूँ। इसलिए जब प्राणान्तक ढंग से बीमार पड़ा था तब भी मैंने ईश्वर से धैर्य माँगा था, लड़ने की शक्ति माँगी थी। यह नहीं कहा था कि मुझे जिला दो क्योंकि जानता था कि यदि वह शक्ति मेरे साथ होगी तो मुझे कुछ नहीं होगा। मैं जानता था कि इतने करोड़ों लोग हैं मुझे प्यार करनेवाले। मेरे माता-पिता हैं, उनका प्यार है सभी तो प्रार्थना कर रहे हैं तो वह ईश्वरीय शक्ति सुनेगी ही।''

मैंने कहा यह सच बात है दवा से ज़्यादा दुआ असर करती है। बड़े कठिन समय से गुज़र आये तुम। अब जीवन के पचास वर्ष पूरे करने के बाद भविष्य के प्रति कोई चिन्ता कोई आशंका? तो आँखें बन्द करके जैसे दूर सुदूर भविष्य को आँकने की चेष्टा-सी करते हुए मुस्कुराये और बड़े थिराये शब्दों में धीरे-धीरे बोलने लगे जैसे मानो कोई आलाप शुरू कर रहे हों। ''नहीं मुझे कतई कोई चिन्ता नहीं है। बहुत शान्त है मेरा मन। बहुत निश्चिन्त। मैं जी सकूँगा इसकी सम्भावना डॉक्टरों को नज़र नहीं आ रही थी और जब मैंने फ़िल्मी सफ़र शुरू किया था तब वह सम्भावनाएँ मुझे खुद नज़र नहीं आयी थीं जहाँ मैं पहुँच गया। जो भी कुछ होता चल रहा है वह अच्छा हो रहा है। मैं बहुत ख़ुश हूँ।'' बातों के बीच व्यवधान होते चल रहे थे—कभी कोई फ़ोन की घण्टी, कभी कोई चिट, कभी कोई आवश्यक सन्देश। लेकिन मज़े की बात यह थी कि अमिताभ यदि बोलते-बोलते रुक कर दूसरी ओर उन्मुख हो जाते तो मुझसे जब फिर बोलना शुरू करते तो बात को उसी अधूरे वाक्यांश से ही शुरू करते। मैं हैरान थी यह सोचकर कि ख़ुद को टुकड़ों में बाँटकर हर टुकड़े को पूरी ईमानदारी से जी लेने की कैसी अजीब ताक़त है अमिताभ के पास।

आलोचक का सम्मान

अमिताभ ने छूटी बात को वहीं से पकड़ा और बोले, ''मगर ख़ुशी प्राप्त करने के यह मतलब नहीं होते कि व्यक्ति असावधान हो जाये—जो लोग मुझे प्रेम देते हैं, आशीष देते हैं या जो लोग सम्मान देते हैं उनकी भावनाओं को सिर माथे लेते हुए मैं उन लोगों की बातों का भी बहुत सम्मान करता हूँ जो मेरी आलोचना करते हैं और स्वयं सोचने लगता हूँ। मसलन जब किसी ने लिखा कि अमिताभ के चेहरे पर अब वह जवानी नहीं रह गयी है कि हीरोइन के साथ पेड़ों के इर्द-गिर्द नाचकर रोमांस का इज़हार करें तो मुझे लगा कि—हाँ सच ही तो है अब षोडशी के साथ नाचने-गाने की मेरी उम्र नहीं रही। अब मुझे अपनी उम्र के मुताबिक़ ही चरित्र अभिनीत करने चाहिए और जब उम्र की बात सोची तो यह जानना ज़रूरी है कि मेरी उम्र क्या है। और इस जानकारी को मैंने किसी से छिपाया नहीं। खुले मन से कहा कि हाँ भाई अब मैं पचास का हो गया हूँ। अक्सर लोगों ने कहा फ़िल्म लाइन में उम्र छिपाने का रिवाज है। मैं भी ऐसा करूँ पर यह बात मुझे जँची नहीं।''

इसी मौक़े पर मैंने यह पूछना उचित समझा कि अमित अब तुम्हारी ज़िन्दगी की दोपहर आ गयी है, कुछ समय बाद शाम भी आयेगी। तुम तो

अमिताभ और जया की उपलब्धि—श्वेता और अभिषेक

बहुत ही गम्भीर मन से स्वयं को जाँचते-परखते रहते हो—तुम्हें पैसा मिला, प्रेम मिला, यश और नाम मिला, इज़्ज़त मिली यानी कि जिस चीज़ की किसी को भी तमन्ना हो सकती है वह सभी तुम्हें मिला—इस सबके निचोड़ में से मुझे बताओ कि तुम अपनी ज़िन्दगी का हासिल, अपनी वास्तविक उपलब्धि क्या मानते हो?

इस बात पर अमिताभ ने एक बहुत ही गहरी साँस ली। पलकें उठाकर ऊपर की ओर देखा जैसे मानो आकाश की गहराई नापना चाह रहे हों। पर वहाँ तो आकाश का अनन्त विस्तार था नहीं—थी अपने घर के अपने निजी कमरे की नीची सीलिंग वाली छत! दृष्टि छत से टकरा कर लौटी और मेरी सवालिया निगाहों से टकरायी तो बोले—"उपलब्धि? जो हम दोनों ने यानी मैंने और जया ने मिलकर क्रियेट की है वह मेरी सबसे बड़ी उपलब्धि है—श्वेता और अभिषेक! हमारे बच्चे।"

जोश और जीवट की प्रतिमूर्ति—अमिताभ

मैंने कहा अमित ये दोनों प्यारे बच्चे तो तुम्हारे ही एक्सटेंशन हैं। मैं तो तुम्हारे उस कलाकार का हासिल जानना चाहती हूँ जिसने अपने क्षेत्र में एक अलग ही इतिहास निर्मित किया है उस अमिताभ की क्रियेटिव अर्ज से मुख़ातिब हूँ मैं। तो बोले, "देखिए यदि मैं अपने आपको एक कलाकार समझता हूँ कलाकार कहलाने की क्षमता रखता हूँ तो मैं मानता हूँ कि जिस

दिन कलाकार क्रियेट करना छोड़ देगा उस दिन उसका देहान्त हो जायेगा। जब तक जीवन है जब तक हड्डियों में दम है, काम करने की शक्ति है, मैं कुछ न कुछ क्रियेट करता ही रहूँगा। मैं यह क़तई नहीं मानता कि मैं किसी उच्चतम शिखर पर पहुँच गया हूँ या कि इसके आगे करने को कुछ है ही नहीं। जो कलाकार ऐसा सोच लेता है वह या तो मूर्ख होता है या राह से भटक गया होता है। जो सच्चा कलाकार है वह प्रतिक्षण जीवित रहता है और कुछ-न-कुछ सोचता रहता है। मैं भी चाहता तो यही हूँ कि कुछ-न-कुछ करता ही रहूँ। मेरे अन्दर चाहत है, जोश है और शायद जीवट भी है। इसलिए सोचता हूँ अभी भी वह कुछ करना शेष है जिसे जीवन का हासिल कह सकूँ अभी बहुत कुछ करना है।''

मैंने टोका इस 'बहुत कुछ' की कोई रूपरेखा तो होगी ज़ेहन में। तो बोले, ''देखिए आज आपने जब मुझसे बात करनी शुरू की है तो मुझे एक बहुत अलग से मोड़ पर पकड़ा है। 'ख़ुदा गवाह' रिलीज़ हो चुकी है। मैंने फ़िलहाल कोई नयी फ़िल्म साइन नहीं की है। इस समय मैं अपने आप में गहरे डूबकर इस 'बहुत कुछ' को ही पकड़ना चाह रहा हूँ। जिस दिन पकड़ लूँगा–सबसे पहले आपको ही बताऊँगा।''

इस बात पर मैंने यह बेहतर समझा कि खटाक से पीछे मुड़ पड़ूँ और मैंने कहा–तो आओ अमित याद करें उस अमिताभ को जिसने बी.एससी. पास कर ली थी, लेकिन साइंस उसका अपने मन का विषय नहीं था। नौकरी की तलाश थी–जहाँ-तहाँ कोशिशें हो रही थीं। स्वयं वह तथा घर के सभी लोग चिन्तित थे। बर्ड कम्पनी में नौकरी मिली। पहुँच गये कलकत्ता। नौकरी बुरी नहीं थी लेकिन मन रम नहीं रहा था। छोटे भाई की ओर से प्रोत्साहन मिला और बम्बई चले आये फ़िल्मों में तक़दीर आज़माने। मन के किसी कोने में स्कूली ज़िन्दगी में शेरवुड में मिले बेस्ट ऐक्टर के इनामात भी थे जो हौसला अफ़जाई कर तो रहे थे पर यह क़तई नहीं मालूम था कि फ़िल्मी पर्दे पर लोग तुम्हें स्वीकार करेंगे या नहीं। उस समय तुमने कोई सपने देखे होंगे–वह सपने पूरे हुए या हक़ीक़त ऐसी निकली कि सपने बौने साबित हो गये।

और लीजिए पूछने की देर नहीं थी कि अमित पहुँच गये बरसों बरस पहले की ज़िन्दगी में और बोले–''जब मैं फ़िल्म इंडस्ट्री में शुरू-शुरू में आया उस समय मेरे मन में ऐसी कोई बात नहीं थी कि मुझे यहाँ झण्डे गाड़ने हैं या बड़े तीर कमान चलाने हैं। उस समय तो यही कोशिश थी कि कहीं कोई अच्छा काम मिले और मैं एक कलाकार बन सकूँ। यह तो मैंने कभी सोचा भी नहीं

अमिताभ और जया

था कि मैं हीरो बन सकूँगा। मैं तो सिर्फ़ यही चाहता था कि मैं अपना किरदार इस तरह से अदा करूँ कि लोग मेरी कला की सराहना करें। मेरे काम की सराहना हुई और सिस्टम की देन रही कि मैं हीरो के रूप में स्थापित हो गया। मैं आज भी ताज्जुब करता हूँ कि मुझे उस तरह के रोल दिये क्यों गये—कैसे उन्होंने मुझे इस योग्य समझ लिया। अपनी बात तो यह जानता हूँ कि मैं इस क़दर प्रोफ़ेशनल हूँ कि मुझे जो भी रोल सौंपा जाता है निष्ठा के साथ निभाता हूँ। मेरे अन्दर जितनी कुछ कलाकारी होती है उस चरित्र को निभाने में लगा देता हूँ। मैंने यह जो किया वह मेरे भाग्यवश दर्शकों को पसन्द आ गया। अब दर्शकों की इस पसन्द ने व्यावसायिक रूप ले लिया। मेरा मतलब है कि दर्शक की इस पसन्द को फ़िल्म व्यवसाय में लगे लोगों ने भुनाना शुरू कर दिया। हीरो का यह रूप आर्थिक दृष्टि से उनके लिए फ़ायदेमन्द साबित हुआ तो उन्होंने इसे बढ़ावा देना शुरू कर दिया यानी कि मेरी वह कलाकारी फ़िल्म इंडस्ट्री के सिस्टम का एक ख़ास अंग बन गयी। यहाँ वही ज़्यादा बिकता है जो ज़्यादा पैसे कमाता है। सिस्टम के लिए वही भगवान हो जाता है। यही व्यवहार मेरे साथ हुआ। मेरी फ़िल्में व्यावसायिक रूप से सफल हुईं। इसलिए मुझे सुपरस्टार का ताज पहना दिया गया। सच मानिए तो सुपरस्टार जैसी कोई चीज़ होती नहीं है यह तो पत्रकारिता के शिगूफ़े हैं। उन्होंने बना दिया। हाँ यह ज़रूर है कि मेरी फ़िल्मों को व्यावसायिक सफलता मिली। और वह क्यों मिली यह तो दर्शक ही जानें।''

डैडीकेशन बनाम व्यावसायिकता

मैंने कहा अमित व्यावसायिक सफलता बहुत बड़ी चीज़ है। सच बात है कि उसने तुम्हें उच्चतम शिखर पर पहुँचा दिया है पर यह भी बात सच है कि अभिनय कला की जितनी बड़ी रेंज अदा करने की क्षमता तुम्हारे पास है उतनी तुमने पेश नहीं की। व्यावसायिक सफलताओं के भँवर में ही तुम उलझे रहे और अपनी कला का श्रेष्ठतम प्रदर्शन करना शायद अभी तक बाक़ी है। इस बात पर अमिताभ कुछ उत्तेजित से हो उठे और बोले—"नहीं मैं ऐसा नहीं मानता हूँ कि जितनी फ़िल्में मैंने की हैं आज तक उनमें मैंने अपनी कला के किसी अच्छेपन को खो दिया है। मैंने अपना हर रोल पूरे डैडीकेशन के साथ किया है। मुझे अपना हर किरदार निभा कर सुकून मिला है।"

मैंने कहा मेरा यह मतलब नहीं है कि तुमने जो किया वह टालू ढंग से किया। नहीं तुमने जो किया वह अपने उत्कृष्टतम ढंग से किया मगर मेरा कहना है कि तुम अपने उस ऐंग्री यंग मैन वाले रोल से अलग हटकर कुछ कलात्मक फ़िल्मों में भी काम कर सकते थे लेकिन...

तो बीच में ही मेरी बात काटकर बोले, "लेकिन ये बात नहीं है। मुझे जिस प्रकार के रोल दिये गये वह मैंने किये। रोल स्वीकार कर लेने के बाद यह ज़रूर सोचता हूँ कि जब इस फ़िल्म में इतना सारा पैसा लगा हुआ है, इतने सारे लोग इस फ़िल्म पर निर्भर कर रहे हैं तो मन में यह कन्सीडरेशन ज़रूर आता है कि मैं इस पहलू पर भी नज़र रखूँ कि व्यावसायिक रूप से फ़िल्म सफल रहे। मेरे कारण किसी का पैसा डूबना नहीं चाहिए।"

मैंने थोड़ी-सी और हुज्जत की और कहा कि अमित तुम फ़िल्म में काम कर रहे हो। मात्र इतनी बात ही पैसा वापस आने की गारंटी होती है। तुम्हारा कोई भी प्रोड्यूसर कभी भी घाटे में रहा ही नहीं है वैसी हालत में कहानी के स्तर के लिए तुम अपनी मंशा उन पर लाद भी सकते थे। तो बोले, "नहीं-नहीं मैं यह क़तई नहीं मानता कि मेरा होना ही फ़िल्म की सफलता की गारंटी है मैं ऐसा कुछ प्रिज्यूम करके नहीं चलता हूँ। शायद मैं इस मामले में बड़ा पैसीमिस्ट हूँ। मैं तो सड़क पर खड़ा हुआ एक कलाकार था, जिसे अच्छे काम की तलाश थी, जो काम मुझे मिला मैंने उसे अपनी सामर्थ्य से निभाया। अब वह फ़िल्में कलात्मक थीं या नहीं थीं यह देखना मेरा काम नहीं है। न तो मैंने कोई फ़िल्म प्रोड्यूस की, न किसी फ़िल्म की कहानी लिखी। मेरा काम तो उस चरित्र को निभाना था जो मुझे मिला—मैंने उसे अपनी सामर्थ्य भर निभाया।"

मैंने सिर्फ़ इतना कहा—अब? तो बोले, "अब थोड़ा विश्राम चाहता हूँ। तेईस साल तक मैंने लगातार काम किया है। कभी-कभी तो बाईस-बाईस घण्टे काम किया है। तमाम चीज़ें ऐसी थीं, जिन्हें करना चाहता था पर वे छूटती गयीं। कुछ पढ़ना चाहता हूँ, कुछ लिखना चाहता हूँ, कुछ यात्राएँ करना चाहता हूँ। मैं कुछ समय तक अपने मन के ऊपर किसी सिस्टम का कोई प्रेशर नहीं लाना चाहता। सुबह उठकर स्टूडियो जाना है फलाँ की डबिंग करनी है, फलाँ की शूटिंग करनी है वाले बोझ से फ़िलहाल स्वयं को मुक्त किया है। अब बैठकर सोचूँगा कि आगे मुझे क्या करना है।" और अचानक जैसे उन्हें पिछली बात के छूटे सूत्र याद आ गये तो उन्हें पकड़ते हुए बोले—"हाँ तो मैं कह रहा था कि जितने भी चरित्र निर्मित हुए वे या तो सलीम जावेद के हाथों लिखे गये या ऋषिकेश मुकर्जी के हाथों गढ़े गये या किन्हीं और लोगों द्वारा रचे गये। मुझे तो उस समय अपने आपको फ़िल्म इंडस्ट्री में क़ायम करना था। मुझे लगातार काम मिलता रहे, मैं तो उसी सिन्ड्रोम में था। जब ऐसा कहा गया कि इस फ़िल्म में काम करो यह अच्छा व्यवसाय करेगी या इसमें करो इसमें तुम्हारी कलाकारी का कमाल दिखाई देगा तो मैंने उन फ़िल्मों को स्वीकार करना शुरू किया। देखते-देखते लगातार कई फ़िल्में चल पड़ीं वे प्रचलित हुईं कि लोग वैसी ही फ़िल्में बनाने लगे। अब एक किसी ख़ास इमेज को मैंने प्रचलित किया यह मानने को मैं तैयार नहीं।"

मैंने कहा नहीं तुमने नहीं किया पर तुम दूसरों के द्वारा प्रयोग में तो लाये गये—तो बोले, "देखिए यह बात भी सच नहीं है। आप मेरी फ़िल्मों का विश्लेषण कीजिए तो आप देखेंगी कि ऐंग्री यंग मैन वाली संख्या उतनी ज़्यादा नहीं है जितनी लोग समझते हैं। जहाँ एक ओर 'ज़ंजीर' है वहाँ 'चुपके चुपके' भी है। एक ओर 'दीवार' है तो दूसरी ओर 'शराबी' है। अगर कहीं 'अमर अकबर ऐंथनी' है तो वहीं 'मैं आज़ाद हूँ' भी है। मैंने तो सभी तरह की फ़िल्में की हैं—अब दर्शक समाज किसी एक ख़ास तरह की फ़िल्में ही पसन्द करता है तो मैं क्या करूँ! 'आलाप' भी मेरी फ़िल्म थी, 'मैं आज़ाद हूँ' भी मेरी फ़िल्म थी वह उतनी नहीं चली। अब प्रोड्यूसर तो वही फ़िल्म बनायेगा जिसे दर्शक पसन्द करेंगे—दर्शक कलात्मक फ़िल्में पसन्द करें तो मजाल है कि प्रोड्यूसर और कुछ बनाये ही वह केवल फ़िल्मों में ही नहीं भारतवर्ष के हर पहलू में दिखायी देता है। चाहे वह राजनीतिज्ञ हो चाहे डॉक्टर हो या पत्रकार हो, पेंटर हो या गायक हो हर जगह किसी-न-किसी रूप में उस पर जनता का प्रभाव पड़ता ही है। जनता की पसन्द जनता की इच्छा का सबको ध्यान रखना होता है।" फिर बड़ी संजीदगी से बोले कि "देखिए अगर आप मेरे कैरियर ग्राफ़ को

देखें तो मैं समझता हूँ उसके तीन प्रमुख हिस्से हैं। पहला वह जब मैं नया-नया आया था तब मैंने ऋषिकेश मुकर्जी के साथ सबसे ज़्यादा फ़िल्में की थीं उस दौर की प्रमुख फ़िल्में थीं—'आनन्द', 'अभिमान', 'नमक हराम', 'चुपके चुपके', 'बेमिसाल', 'जुर्माना' आदि। उसके बाद समय का जो दौर था उसमें प्रमुख रूप से सलीम जावेद वाली फ़िल्में थीं। प्रकाश मेहरा और मनमोहन देसाई की फ़िल्में थीं। 'ज़ंजीर', 'दीवार', 'त्रिशूल', 'काला पत्थर', 'अमर अकबर ऐंथनी', 'नसीब', 'मुक़द्दर का सिकन्दर', 'शराबी', 'नमक हलाल' इत्यादि। फिर उस दौर से निकलकर मौजूदा दौर में आते हैं तो आप पायेंगी कि इस दौर में मैंने बहुत से नये-नये प्रोड्यूसरों के साथ भी काम किया। टीनू आनन्द, मुकुल आनन्द तब बिल्कुल नये नाम थे। 'शहंशाह', 'मैं आज़ाद हूँ', 'अग्निपथ', 'हम' आदि कई फ़िल्में और अब अन्त में 'ख़ुदा गवाह'! कहने का मतलब यह है कि मैंने ख़ुद को किसी एक स्कूल या किसी एक वर्ग के ही हाथों में नहीं सौंप दिया था। मैंने ख़ुद को मुक्त रखा था—जिस दौर में जैसा काम मिलता गया मैं करता गया।''

किरदार से ऊपर अमिताभ का प्रतिबिम्ब

मैंने कहा दौर कोई भी रहा हो पर जब से तुमने नम्बर एक का स्थान पाया तब से स्थिति यह बन गयी कि एक से दस तक तुम्हारा ही नाम छाया रहा तुम्हारे बाद जो भी नाम लो उसे ग्यारहवें नम्बर पर ही रख सकते हैं तो वे बोले, ''नहीं यह नम्बर का खेल भी पत्रकारों की एक शैली है वैसे मैं ख़ुद नहीं जानता कि वह कौन-सा फ़ैक्टर रहा जिसने मुझे कामयाबी दिलायी। शायद एक फ़ैक्टर भाग्य भी होता है। मेरे भाग्य की बात है कि जो कुछ मैंने किया वह दर्शकों को पसन्द आया। एक फ़ैक्टर यह था कि मेरे प्रोड्यूसरों को आर्थिक मुनाफ़ा हो रहा था। जिस कारण मुझे लगातार काम मिलता गया। मैंने तो केवल यह किया कि पूरी लगन, ईमानदारी और मेहनत के साथ अपना काम करता रहा।''

मैंने कहा अमिताभ फ़िल्म-दर-फ़िल्म तुमने पूरी मेहनत से काम किया पर एक अजीब बात यह हो गयी कि तुम्हारा दर्शक तुम्हें इतना पसन्द करने लगा कि जिस चीज़ में तुम अपना जी-जान लगा रहे थे वह पीछे छूटने लगा यानी वह किरदार जिसे तुम पर्दे पर साकार करते हो तुम्हारा दर्शक हर फ़िल्म में तुम्हें देखने जाता है तुम्हारे द्वारा अभिनीत किरदार को नहीं। बच्चे तक आपस में जब तुम्हारी फ़िल्म की कहानी एक-दूसरे को सुनाते हैं तो फ़िल्म के हर पात्र के फ़िल्म में प्रयुक्त नाम को लेंगे पर तुम्हारे लिए तुम्हारा नाम लेकर ही पुकारेंगे।

एक कलाकार की हैसियत से तुम्हें यह बात कैसी लगती है। अमिताभ एक पल को सोचते रहे फिर बोले, ''जहाँ तक कला का प्रश्न है तो यह तो कलाकार की कमज़ोरी मानी जायेगी कि वह उस विशिष्ट पात्र के इतिहास और भूगोल से बाहर निकलकर स्वयं अपना प्रतिबिम्ब क्यों बन गया। सोचता हूँ अब मेरे पास वक़्त है इस बात को ज़रा और गहराई से सोचने-समझने की कोशिश करूँगा कि ऐसा क्यों हुआ। यह तो होना नहीं चाहिए था। वैसे अगर तत्काल सोचूँ तो इसकी वजह मेरी नज़र में यह हो सकती है कि जनता जब किसी एक व्यक्ति विशेष को बहुत स्नेह और श्रद्धा देने लगती है तो उसे वह केवल अपना बना लेना चाहती है। दर्शक उसे अपना बेटा, अपना भाई, अपना पति या मित्र बना लेते हैं। गोया वह उनके अपने निजी जीवन का एक हिस्सा ही बन जाता है। और उसे वह उसी रूप में जीते रहते हैं किसी एक किरदार में फ़िट करके देख नहीं सकते।'' फिर खुलकर हँसे अमिताभ और बोले, ''अब कलाकार की समस्या देखिए। समाज में कोई और ऐसा इन्सान नहीं होता जिसके पास एक लाख भाई हों या तीन लाख बहनें हों या चार लाख सहेलियाँ हों—लाखों पिता हों, बेटे हों वग़ैरा वग़ैरा—तो सोचिए कि वह कहाँ तक किस-किस की कसौटी पर खरा उतर सकता है—कहीं-न-कहीं तो कमज़ोर पड़ेगा ही। अक्सर इन्सान दो हिस्सों में बँटा होता है एक तो होती है उसकी सामाजिक ज़िन्दगी और दूसरी होती है उसकी ज़ाती ज़िन्दगी। पर यह जो अभिनेता होता है न इसे तो एक साथ कई-कई ज़िन्दगियाँ जीना पड़ती हैं। और यह करते-करते अब हाल यह हो गया है कि तीस-चालीस बरस पहले की बातें तो मुझे क़तरा-क़तरा याद हैं पर अभी परसों क्या हुआ था यह मुझे याद नहीं आयेगा। बचपन में जिस खम्भे के पास खड़े होकर मैं स्कूल की बस का इन्तज़ार करता था उसकी परछाईं और उसका स्पर्श तक मुझे याद है। किस टीले के पीछे लंच बॉक्स का खाना फेंक आते थे, किस पेड़ पर चढ़कर आती पाती खेलते थे, गिल्ली-डण्डा खेलते समय गिल्ली कितनी ऊँची उठकर कितनी दूर जाती थी यह सब याद है। पर महीना भर पहले कौन-सी मुसीबत आयी थी या कौन-सी प्रशंसा पायी थी यह क़तई याद नहीं आयेगा। सच कहता हूँ बड़ी कोशिश करता हूँ वह सब याद करने की जो मैंने बम्बई में जिया है तो बहुत थोड़ा-सा कुछ है जो यादों में घुला मिलता है। यक़ीन कीजिए। यदि कभी आत्मकथा लिखने की बात सोची तो पुरानी पत्र-पत्रिकाओं को टटोलना पड़ेगा। उफ़ किस क़दर बढ़ गयी है ज़िन्दगी की रफ़्तार कि इसमें सिर्फ़ भागा जा सकता है। ऊपर से हमारे जैसे कलाकारों की भागमभाग का तो आलम ही निराला है। एक उदाहरण देता हूँ एक कलाकार तैयार हो रहा है शूटिंग पर जाने को। बीच में

बीवी से कुछ कहासुनी हो गयी—मिज़ाज में चिड़चिड़ाहट आ गयी। खाने की मेज़ पर बैठा दाल-भात-रोटी खाता है। दाल जल गयी है—उसका मज़ा ख़राब हो गया—किसी तरह दो निवाले निगलकर आया, गाड़ी में बैठने को चला तो देखा डेंट हो गया है। ड्राइवर महाशय ने गाड़ी ठोंक दी है—चिढ़ा हुआ एक इन्सान पहुँचता है स्टूडियो के अन्दर वहाँ उसे हँस-खेलकर एक गीत गाना है। उसके हाथ में एक ख़ूबसूरत युवा लड़की हाथ डाल देती है म्यूज़िक चल पड़ता है और डायरेक्टर कहता है चेहरे पर ख़ुशी छलकनी चाहिए—जॉयफ़ुल मुस्कान लाइए—अरे भइया कहाँ से लायें मुस्कान, किधर से पकड़ें ख़ुशी का दामन, मन में तो भुनभुनाहट है—बीवी ने बेलन ताना था, दाल जल गयी थी, गाड़ी में डेंट पड़ गया था और यहाँ गाना है, नाचना है, ऐसी ख़ुशी बिखेरनी है कि दर्शक की सारी थकान काफ़ूर हो जाये। तो मैं यह मानता हूँ कि यह जो कलाकार नाम का जीव होता है न उसके प्रति एक...दया भाव शब्द तो ग़लत है दया नहीं पर एक अंडरस्टैंडिंग एक सहानुभूति का भाव दर्शक के मन में ज़रूर होना चाहिए। कैसी विचित्र होती है ज़िन्दगी हमारी। भला कौन है जो दूसरों की ज़िन्दगी जीता है। हम एक साथ कितनी तरह की ज़िन्दगियों को मानसिक तौर पर जीते हैं। मनुष्य के जीवन में कुछ ख़ास मौक़े ऐसे होते हैं जो जीवन में एक ही बार आते हैं उनकी अनुभूति के सत्य को वह पहचानता है पर हम क्या करें कि कितनी ही अनुभूतियाँ इतनी बार अभिनीत करनी पड़ती हैं कि शायद हम वास्तविक अनुभूति के सत्य को अपने जीवन में जी भी नहीं पाते हैं। हमारा वह सत्य कई-कई बार जी गयी अनुभूति के अनुभवों से पॉल्यूट हो चुका होता है। मसलन मृत्यु की ही बात लीजिए। किसी के भी जीवन में उसकी माँ की, पिता की या उसके किसी प्रियजन की मृत्यु—एक ही बार आयेगी न—पर हम तो बीसियों बार इसे जी चुके हैं। भगवान न करे जिस समय यह बात हक़ीक़त में होगी उस समय जो भावना उत्पन्न होगी कौन जानेगा कि वही भावना सही है या उस समय भी दिमाग़ में कहीं कोई कैमरा चल रहा होगा। बहुत डिलीकेट और हार्ट ब्रेकिंग बात है यह। समझने की चेष्टा कीजिए कि जब ऐसा होगा तो मेरे अन्दर से जो आँसू निकलेगा वह सही होगा या नहीं—निकलेगा भी या नहीं निकलेगा—बहुत डरावनी बात है। हम तो ऐसी पब्लिक फ़िगर हो चुके हैं कि हर बात पर टिप्पणी होगी—आँसू नहीं निकलेगा तो लोग कहेंगे यार कैसा आदमी है माँ मर गयी और यह रो भी नहीं रहा—बड़ी डरावनी-सी बात है यह कि हमारे नितान्त निजी सुख-दुख भी हम अपनी तरह जी नहीं सकते। और तो और हम लोग कभी किसी की मैयत में जाते हैं तो वहाँ भी लोग मातम को भूलभालकर हमें

ही देखने लगे—जहाँ दिखे नहीं कि तालियाँ बजने लगेंगी। मुझ एक दृश्य कभी नहीं भूलता। महमूद साहब के एक प्यारी-सी बेटी पैदा हुई थी जो महज़ सात दिन जीवित रही। मरी हुई बच्ची को गोद में लिए हुए गेट से बाहर निकल रहे थे और जनता वहाँ इकट्ठी हो गयी। नारे लगाने लगी—"ऐ महमूद! अरे कॉमेडी कर न यार! क्या करता है।" क्या करेगा वह इन्सान! क्या करेगा वह कलाकार! वह जानता है कि वह जो कुछ है उसे इस जनता ने ही बनाया है कि जनता का तिरस्कार वह कर नहीं सकता—और अपनी गोदी में मृत लेटे अपने अंश का भी वह तिरस्कार नहीं कर सकता। ऐसे में क्या करे वह? उसे क्या करना चाहिए? मुझे इसका जवाब चाहिए अपने दर्शकों से। आपके पास है कोई जवाब? मेरे पास नहीं है इसका जवाब!"

अपराजित अमिताभ की पहली हार

अब तक बहुत भावुक हो उठे थे अमिताभ! अपने भीतर डूबे से बोलते जा रहे थे। "देखिए मुझे बीस साल लगे अपनी जनता को वू करने में। देखो तो मैं एक कलाकार हूँ—मैं ऐसे स्टाइल से डॉयलॉग बोलता हूँ—ऐसे मुक्का मारता हूँ ऐसे गाना गाता हूँ ऐसे नाचता हूँ। ऐसे बाल बनाता हूँ। तुम मुझे पसन्द करो प्लीज़। तुम मुझे पसन्द करोगे तभी मुझे आगे काम मिलेगा। और मैं फ़िल्म-दर-फ़िल्म अपने को इम्प्रूव करने की कोशिश करता चलता हूँ। बीस साल तक मैं उन्हें रिझाता रहा और जब मैंने देखा कि अब वह समय आ गया है कि जनता मुझे देखते ही गद्गद हो जाती है। भीड़ की भीड़ मेरे पीछे उमड़ पड़ती है, तो मैंने उसरो डिमांड की कि तुम मेरी राजनीतिक विचारधारा को भी पसन्द करने लगो। और ठोंक दिया मैंने अपना राजनीतिज्ञ स्वरूप उसके सिर पर! बस यही बड़ी ग़लती हो गयी मुझसे—मुझे यह नहीं करना चाहिए था। जिस डेमोक्रेटिक फ़्रीडम पर मैं अटूट विश्वास कर रहा हूँ। उसी का उल्लंघन मैंने किया, जो मुझे दिलोजान से चाहते थे उन दर्शकों पर मैंने अपना राजनीतिक रूप लाद दिया उनके वोट ले लिए—इससे बड़ा गुनाह तो मैं कर ही नहीं सकता हूँ—मैंने ग़लत काम किया।

वैसे यह भी कहा जा सकता है कि व्यक्ति दो स्तरों पर एक साथ जी सकता है राजनीतिक जीवन अपनी जगह है और कलाकार का जीवन अपनी जगह। लेकिन मेरे साथ कुछ अलग ही तरह की बात हुई। मेरे फ़िल्मी व्यक्तित्व का असर राजनीतिज्ञ वाले व्यक्तित्व पर न पड़कर मेरे राजनीतिक पहलू का असर मेरी फ़िल्मों पर पड़ने लगा। मसलन जिन दिनों मैं बोफ़ोर्स वाला केस

जीतकर विदेश से भारत लौटा उन दिनों मैं 'आज का अर्जुन' नामक फ़िल्म की शूटिंग कर रहा था। मेरी फ़िल्में पूरी होने के पहले बिक जाती थीं लेकिन इसके साथ ऐसा नहीं था यह अटकी पड़ी थी—मैं एयरपोर्ट से सीधा स्टूडियो चला गया। थोड़ी देर में के.सी. बोकाड़िया आये और बोले बड़ी विचित्र बात हुई। हमारे ब्रोकर का फ़ोन आया है कि जो लोग फ़िल्म ख़रीदने को राज़ी नहीं थे वही लोग आज मुँहमाँगा दाम देने को तैयार हैं। मैं हैरान हुआ कि इतने लम्बे अरसे से फ़िल्म अटकाये हुए थे अब अचानक क्या हो गया? तो बोले आपका हीरो बोफ़ोर्स से बरी हो गया है अब तो उसकी फ़िल्म सुपरहिट जायेगी। अब बताइए क्या जवाब है इस बात का! कौन पकड़ सकता है दर्शक की नब्ज़! पर शायद आपकी बात इस जगह पर मौजूँ बैठ रही है कि फ़िल्म में दर्शक किरदार को नहीं अमिताभ को देखने जाते हैं—अमिताभ घपलेबाज़ है, दलाली खानेवाला चोर है, तो कितना भी अच्छा अभिनेता हो उन्हें स्वीकार नहीं। और वह निर्दोष है तो उसे सिर आँखों पर बैठाकर रखेंगे।''

अमित तुम्हें अपने दर्शकों से जो प्रेम और सम्मान मिला वह अपनी जगह क़ायम है। अब बताओ मन क्या चाहता है, तो तपाक से बोले—''सच बोलूँ मन चाहता है शान्ति! इस समय जो मैंने यह किया है कि अपने कैरियर को एक़ ब्रेक दिया है मैं ऐसा मानता हूँ कि यह मैंने बहुत ठीक काम किया है। अब अपने आगे-पीछे जो कुछ गुज़रा है उस पर सोचने-विचारने का मौक़ा मिल पा रहा है—नया क्या करना है उस पर सोच पा रहा हूँ। देखते-देखते बच्चे बड़े हो गये हैं। मन में छोटी-सी हल्की-सी मसोस यह ज़रूर है कि अब जब मेरे पास समय है उन्हें देने के लिए तो उनका वह समय आ चुका है जब वह माता-पिता से अलग अपना एक स्वतन्त्र जीवन जीने की हौस रखते हैं। बड़ा ज़बर्दस्त बैलेंस डिमांड करती है ज़िन्दगी। कुछ पाते चलते हैं तो कहीं कुछ खोते भी चलते हैं।''

मैंने जब पूछा कि क्या कुछ ऐसा भी गुज़रा है जीवन में जिसे तुम भूल जाना चाहते हो, तो बोले, ''नहीं-नहीं ऐसा कुछ नहीं है। अपने जीवन में जो कुछ भी देखा है, जिया है, जिस भी दौर से गुज़रा हूँ—मैं कुछ भी भूलना नहीं चाहता। क्योंकि मैं यह मानता हूँ कि जीवन में जब भी, जो कुछ आया वह किसी-न-किसी वजह से ही आया। जो भी वजह, जो भी कारण हो—एक इन्सान के नाते मेरा फ़र्ज़ बनता है कि अपनी हैसियत के अनुसार मैं उस दौर के साथ, उन परिस्थितियों के साथ जूझूँ। ग़लती हो तो उससे भी कुछ सीखूँ और अपने जीवन को बेहतर बनाऊँ। मेरे साथ जब भी जो भी कुछ हुआ मैंने हमेशा कुछ-न-कुछ सीखा ही है। मुझ पर जो राजनीतिक हमले हुए उनसे

भी मैंने बहुत कुछ पाया। मैं तो बड़ा शुक्रगुज़ार हूँ विश्वनाथ प्रताप सिंह का, धन्यवाद देता हूँ उन्हें कि उन्होंने छल और दम्भ से ही सही मुझे ऐसी कठिन परिस्थिति में डाला कि मुझे खुद अपना खरापन परखने का मौक़ा मिला। उनके दिये दंश का ही परिणाम होगा कि ग़ज़ब का हौसला बढ़ा है मेरे अन्दर कि जीवन में कभी कोई कठिन से कठिन परिस्थिति आये तो मुझे विश्वास है कि उसे मैं मज़े से झेल ले जाऊँगा। मेरा तो आत्मविश्वास ही दूना हो गया है। मैं तो यही कहूँगा कि मेरे जीवन में जो अच्छा हुआ या जो बुरा हुआ सब मेरे भले के लिए ही हुआ।''

जीवन जीने का गुर

यह सब कहते-कहते उनके चेहरे पर जो संजीदा भाव आ गया था वह एकाएक एक तनावरहित मुस्कान में घुलने लगा। कार्तिक की धुँधुआती शामों में कभी-कभी धुनी रुई के गोलों से इक्के-दुक्के चपल बादल के टुकड़े आसमान में जहाँ-तहाँ कुलाचें भी भरते दिखाई देते हैं। बड़ा भला-भला लगता है उनके साथ खुद भटकना। वैसा ही आनन्ददायी होता है अमिताभ से उनके बचपन की बातें सुनना। उस दिन भी वह बोले, ''बाबूजी ने बहुत पहले मुझे सिखाया था कि बेटा मन का हो तो बहुत अच्छा, मन का न हो तो और भी अच्छा! एक बार का वाक़या सुनाता हूँ आपको। तब मैं शेरवुड स्कूल में पढ़ता था। वहाँ के सालाना जलसे में जो नाटक खेला गया था उसमें मुझे बेस्ट ऐक्टर का अवार्ड मिला था। अगले साल फिर मुझे नाटक में काम करने के लिए चुना गया। स्कूल के इतिहास में ऐसा कभी नहीं हुआ था कि लगातार दो बरस तक एक ही लड़का बेस्ट ऐक्टर का अवार्ड जीता हो। मैंने ठान लिया था कि मैं यह करके दिखाऊँगा बड़ी मेहनत की थी। रिहर्सल के दौरान हर व्यक्ति सराहना भी कर रहा था। लेकिन देखिए क़िस्मत की मार कि नाटक जिस दिन होना था महज़ एक दिन पहले मुझे उसमें से निकलना पड़ा। मुझे खसरा निकल आया था—तेज़ बुख़ार चढ़ आया था। मुझे तो ऐसा लगा कि समझ लीजिए कि मैं तो बस नष्ट हो गया एकदम...क्रेस्ट फ़ालेन... ब्रोकेन...सारे दोस्त, उनके परिवार, माता-पिता सब आते हैं उस दिन। क्या-क्या कल्पनाएँ की थीं...ख़ूब सराहना मिलेगी...तालियाँ बजेंगी...शाबाशी मिलेगी, कोई हाथ मिलायेगा, कोई सिर पर हाथ फेरेगा, कोई पीठ थपथपायेगा। उस उम्र में ये सब चीज़ें बहुत मायने रखती हैं। मैंने दिल्ली से माँ-बाबूजी को भी बुला लिया था—आइए मैं प्ले में काम कर रहा हूँ। शेरवुड में स्कूल

का ख़ुद का अस्पताल है जो स्कूल के अहाते के कोनेवाले टीले पर बना है। वहाँ पड़े-पड़े कॉलेज हॉल से आती आवाज़ें सुन-सुनकर मेरा कलेजा छलनी हुआ जा रहा था। माँ-बाबूजी आये—मिलकर चले गये। दूसरे दिन फ़ाइनल शो था। जो टीचर हमें सिखा रहे थे उन्होंने ही मेरा वाला रोल किया क्योंकि एक दिन में ही दूसरा लड़का तैयार करना सम्भव ही नहीं था। सात बजे शाम को नाटक होना था। उसके ठीक पाँच मिनट पहले बाबूजी मेरे कमरे में आये और मेरे पास बैठकर ऊँची-ऊँची आवाज़ में मुझसे बातें करने लगे। उन्हें मालूम था कि हॉल से आती आवाज़ें मेरा जी दुखायेंगी, इसलिए उन आवाज़ों पर वह ख़ुद क़ाबिज़ हो गये। उस दिन उन्होंने मुझे एक छोटी-सी कहानी सुनायी कि एक आदमी था, बड़ी मुश्किलों से उसने पैसे जमा किये थे। उसे विदेश जाने की ज़बर्दस्त तमन्ना थी। पैसे जमा होने पर एक के बाद एक कई कठिनाइयाँ झेलकर उसने हवाई जहाज़ में सीट बुक करायी। बहुत ख़ुश था कि आख़िर उसकी मेहनत फलीभूत हुई। उसका सपना अब पूरा हो जायेगा। हवाई अड्डे पर पहुँचा। जहाज़ पर चढ़ने के चन्द मिनटों पहले उसे सूचना मिली कि उसका प्यारा बेटा अचानक बहुत बीमार हो गया है। उसको वह फ़्लाइट कैंसिल कर देनी पड़ेगी। कितनी-कितनी मेहनत की थी उसने पैसे इकट्ठा करने में—सीट बुक कराने में! सब कुछ पर पानी फिर गया। हवाई जहाज़ उसे बिना लिए ही उड़ गया। उसे छोड़ने आये सगे-सम्बन्धी भी उसके दुख से दुखी थे पर हो क्या सकता था। बेटा इतने गम्भीर रूप से बीमार है तो रुकना ही चाहिए। बाबूजी बोले कि अमित वह आदमी घबराया-सा घर पहुँचा, अभी बेटे के सिर पर हाथ फेर ही रहा था कि ख़बर मिली जिस हवाई जहाज़ से वह जानेवाला था वह क्रैश हो गया। आसमान में ही उसके इंजन में आग लग गयी थी। उसने परमशक्ति परमात्मा के हाथ जोड़े—अनेकानेक धन्यवाद दिये—तो बेटा, एक बात याद रखो मन का हो तो बहुत अच्छा—न हो तो और भी अच्छा।''

अमिताभ बोले, ''पता नहीं ऐसी कोई घटना कभी घटी थी या नहीं, कहानी थी या बाबूजी ने उसी समय गढ़ ली थी। पर यह सच है कि उसी दिन से यह बात कि 'मन का हो तो अच्छा। न हो तो और भी अच्छा।' यह मेरे जीवन का मूल मन्त्र बन चुकी है। अपने बाबूजी के बताये इसी गुर के सहारे मैं अपना जीवन जीता हूँ और बहुत ख़ुश हूँ—आगे भी ख़ुश रहूँगा—यह निश्चित है! आमीन!''

समय का मुँहजोर घोड़ा और अमिताभ बच्चन

मुझे याद है वह दिन जब मेरी बेटी दस-ग्यारह वर्ष की रही होगी, तो डाँट पड़ने पर वह बोली थी—"मम्मी डाँटने के पहले आप यह तो डिसाइड कर लीजिए कि हम 'बड़े' हैं या 'छोटे'।" अक्सर होता यह था कि कभी तो उसे यों डाँट पड़ती कि इतनी बड़ी हो गयी हो, और इतना भी नहीं कर सकतीं, कभी उससे कहा जाता कि अभी बहुत छोटी हो, अभी से ऐसा सोचना या करना ठीक नहीं। क्या करती वह, और क्या करती मैं! यह तो उस उम्र का अटपटापन था कि वह न तो बड़ी थी और न छोटी। उम्र का ऐसा अटपटापन तब फिर महसूस किया था जब मैंने अपनी उम्र के साठ वर्ष पूरे किये थे। घर में उत्सव का-सा माहौल था, पर मैं महसूस कर रही थी कि देहरी के उधर देखती हूँ तो हसरतें अभी भी जवान हैं, हौसले बुलन्द हैं—और देहरी के इधर देखती हूँ तो बुज़ुर्गियत को उँगली बढ़ाये पाती हूँ कि लो, इसे थामो और तेज़ी से इधर बढ़ आओ। इसमें भी दोष किसी का नहीं, उम्र ही ऐसी होती है।

उम्र की इसी दहलीज़ पर आकर खड़ा है आप सबका लाड़ला कलाकार हरदिल अज़ीज़ अमिताभ बच्चन! उम्र के इस पड़ाव पर पहुंचने पर उसके अन्तर्मन में झाँकने की ग़रज़ से मैंने बातों-बातों में ही पूछा था—"अमित हम सब साहित्य प्रेमियों के बड़े भाई बच्चन जी उन दिनों तुमसे भी चार-पाँच साल छोटे रहे होंगे, जब उन्होंने एक कविता लिखी थी—'तीसरा हाथ'। उसकी अन्तिम पंक्तियाँ थीं—

अब शिखर ऐसा
कि हम तुम
एक दूजे को नहीं पर्याप्त,
कोई तीसरा ही
हाथ मेरा औ' तुम्हारा गहे!

क्या तुम्हें भी इस उम्र में 'तीसरे हाथ' की ज़रूरत महसूस होती है?"

तो एक पल को कुछ सोचने लगे अमिताभ। अमिताभ के चेहरे में सबसे

भावप्रवण हैं उनकी आँखें। उनके प्रति मेरा ममता भाव मुझे उन आँखों की गहराई में डूबने से बचा लेता है और मैं उन आँखों की मूक भाषा भी पढ़ लेती हूँ। मैंने समझ लिया कि निश्चित ही उसका जवाब नकारात्मक होगा, पर सोच यह रहे हैं कि ऐसा बताने से कहीं बाबूजी की कही बात का प्रतिवाद-सा तो नहीं हो जायेगा? लीजिए, मेरा अन्दाज़ सही निकला। अमिताभ बोले—

"देखिए, बाबूजी ने जब यह कविता लिखी थी तब उनका रिटायरमेंट नज़दीक था। अपने जीवन में वह पहले तो अंग्रेज़ी के अध्यापक रहे, फिर रेडियो की नौकरी की, उसके बाद विदेश मन्त्रालय में हिन्दी सलाहकार नियुक्त हुए, कुछ समय बाद उन्हें राज्यसभा का सदस्य मनोनीत कर दिया गया—यह कार्यकाल भी केवल छह वर्षों का होता है। हमारे देश में केवल लिखकर कोई लेखक या कवि अपनी गिरिस्ती की गाड़ी खींच नहीं सकता। इसलिए बाबूजी की चिन्ताएँ अलग क़िस्म की रही होंगी। हमारे प्रोफ़ेशन में तो ऐसी कोई स्थिति आती नहीं है। जहाँ तक मेरे स्वभाव का सवाल है, मैंने तो बचपन से ही किसी मित्र या संगी-साथी की ज़रूरत महसूस नहीं की। हमारा चार का परिवार था—बाबूजी, माँ, मैं और मेरा छोटा भाई! हम चारों ही एक-दूसरे के लिए 'तीसरा हाथ' बनते रहते थे। हमारा चार का संसार हमारे अपने लिए पर्याप्त और सम्पूर्ण था। बाद में जब पढ़ाई पूरी हुई तो घर का बड़ा बेटा होने के नाते मैंने यह ज़रूरी समझा कि अब मुझे नौकरी करनी चाहिए ताकि परिवार की ज़िम्मेदारियाँ पूरी करने में बाबूजी का हाथ बँटा सकूँ। माँ-बाबूजी ने हमें सब प्रकार की सुख-सुविधाएँ दे रखी थीं, पर मेरा बड़ा मन होता था कि परिवार के रहन-सहन के स्तर को बढ़ाने में सहायक हो सकूँ, और एक दिन ऐसा आये कि बाबूजी को सभी प्रकार के दायित्वों से मुक्त कर दूँ। वह सुख-चैन के साथ लिखें, पढ़ें या जो जी में आये करें और परिवार मैं चलाऊँ। इसी नीयत से नौकरी खोजी तो कलकत्ता की बर्ड एंड कम्पनी में काम मिला, सो मैं कलकत्ता चला गया। वहाँ कभी-कभी बड़ा अकेलापन महसूस होता था, पर थोड़े ही समय के बाद अजिताभ भी वही चले आये। बस फिर क्या था, दोनों भाई मज़े में रह रहे थे। कुछ समय बाद पता चला कि एक और कम्पनी में जगह ख़ाली है। वह कम्पनी यद्यपि बर्ड एंड कम्पनी से कम प्रतिष्ठित थी, लेकिन उसमें तनख़्वाह ज़्यादा मिल रही थी, इसलिए मैंने वहाँ ज्वाइन कर लिया। नौकरी करने का मकसद ही पैसा कमाना था, इसलिए मुझे बर्ड एंड कम्पनी छोड़ने में कोई हिचक नहीं हुई।

एक दिन बंटी—यानी मेरे छोटे भाई अजिताभ ने बताया कि फ़िल्मफ़ेयर माधुरी की ओर से कोई कॉन्टेस्ट हो रहा है, जिसमें सिनेमा के लिए एक्टर चुने जायेंगे। यदि चुन लिए गये तो ढाई हज़ार रुपये महीने की नौकरी मिलेगी। बर्ड

एंड कम्पनी में साढ़े चार सौ मिलते थे, इस कम्पनी में हज़ारों रुपये मिल रहे थे। अब ढाई हज़ार की बात सुनी तो अच्छी-ख़ासी बढ़ोतरी नज़र आयी। अपना तो ध्येय एक ही था कि माँ और बाबूजी को पैसा कमाने के चक्कर से मुक्ति मिले, सो बम्बई की ओर मुख़ातिब हो लिए। यहाँ चुनाव हो गया और ईश्वर की कृपा से शुरू के थोड़े संघर्ष के बाद नये-नये द्वार खुलते गये, व्यस्तता इतनी बढ़ने लगी कि अब जब तीसरे हाथ की ज़रूरत महसूस हुई, तो वही बात हुई कि ध्यान अपने परिवार की ओर ही गया। उन दिनों अपनी पढ़ाई और कामकाज के सिलसिले में जर्मनी जा बसे अपने भाई से कहा कि भइया वापस आओ और यहाँ का कामकाज सँभालो।

बाद की सारी कथा तो जगजानी है। अब स्थिति यह है कि भगवान की कृपा से बेटी भले और सम्पन्न घर में ब्याह गयी है, सुखी है। बेटा अपना कैरियर बनाने में लगा है। एक पिता के लिए इससे बड़ा सुख और सन्तोष भला क्या हो सकता है। सो मुझे फ़िलहाल तो ऐसा कुछ नहीं लगता कि मुझे किसी सहारे की ज़रूरत है।"

यह सच है कि अमिताभ की यह कथा तो जगजानी है ही कि देखते-देखते वह सारे हिन्दुस्तान के दिल में धड़कने लगा। पहली बार हिन्दुस्तान ने जाना कि असल में महानायक या सुपर स्टार क्या होता है। 'कुली' फ़िल्म की शूटिंग के दौरान प्राणघातक चोट लगने पर तो जैसे सारे देश की जान साँसत में पड़ गयी थी। अलग-अलग भाषाओं, मज़हबों, अलग-अलग यकीदों के लोग अपनी-अपनी तरह से प्रार्थनाबद्ध होकर अमिताभ की सलामती के लिए दुआएँ माँग रहे थे। ठीक कहा अमिताभ ने—सभी तो जग जाना है। पर मुझे तो जगजानी नहीं जाननी थी, मैं तो उस मनःस्थिति की बात जानना चाहती थी जो केवल अमिताभ जानते हैं। जिसका थोड़ा-बहुत अन्दाज़ उनके नज़दीकी लोगों को है ज़रूर, पर पूरी तरह असलियत कोई नहीं जानता है। वही जानने की कोशिश में मैंने दूसरा सवाल कुछ यों ही पूछ लिया, पर मुझे क्या मालूम था कि वही सवाल उस जवाब को ले आयेगा जो मैं जानना चाह रही थी।

मैंने उसे टटोलने की ग़रज़ से कहा था—"अमित, हर कलाकार तीव्रतम भावाकुलताओं वाला व्यक्ति होता है या यों कह लो कि बड़ा इन्टेंस होता है। कुछ भी हो। पर कहा जाता है कि चूँकि उनका सारा फ़ोकस अपनी कला के इर्द-गिर्द ही रहता है, इसलिए वह बाक़ी मामलों में थोड़े जड़-बुद्धि होते हैं, मूर्ख होते हैं। अपने उस पक्ष के बारे में कुछ जानते हो?"

एक पल की भी देरी किये बिना, पलक झपकते ही अमिताभ बोल पड़े—"मैं व्यवहारकुशल क़तई नहीं हूँ। जहाँ तक फ़ाइनेंस यानी रुपये-पैसे का, लेन-देन का,

रखरखाव का सवाल है, मुझे कुछ नहीं आता—जड़ मूर्ख कह सकती हैं आप। अपना यह पक्ष मैंने तब जाना जब अपने कारोबार के सिलसिले में अजिताभ लन्दन चले गये थे—पीछे से मेरे मैनेजरों के विश्वासघात के चलते मेरी ए.बी.सी.एल. फ़ेल हो गयी। मुझे उनके साथ डील करना नहीं आया। मेरे ऊपर दिन दूना रात चौगुना ऋण बढ़ता जा रहा था और मैं कुछ समझ नहीं पा रहा था कि कौन-सा सिरा किस ओर से पकड़ूँ कि इस उलझन को कुछ तो सुलझाने का छोर मिले।

मैं दिन-रात सोचता रहता कि यह सब कैसे, कब और क्यों होता चला गया। मैं तो एक अच्छी नौकरी की तलाश में था और उसी सिलसिले में फ़िल्मों में आ गया था। फ़िल्मों में एक तो पैसा दिखाई दिया था, उसके अलावा मुझे यह भी लगता था कि मेरे भीतर एक कलाकार है ज़रूर, जिसमें कलाप्रदर्शन की अभिलाषा थी, फ़िल्म क्राफ़्ट को जानने की जिज्ञासा भी थी। इतना लालची कभी नहीं रहा कि इस रचनात्मक चाहत यानी क्रिएटिव अर्ज को भूलकर मैं सिर्फ़ पैसे के पीछे भागता जाऊँ। वह तो केवल एक संयोग था कि मेरी कला का कमर्शियल पक्ष भी बढ़ता गया। जब वह बढ़ा तब भी मैंने कभी ऐसा नहीं सोचा था कि आज मेरा सूरज ख़ूब तेज़ चमकने लगा है, उसकी रोशनी में मैं कुछ भी कर सकता हूँ। सच मानिए, मुझे बराबर यह ध्यान बना रहता था कि अभी दोपहर का उजाला है—ज़रूर है। पर कल शाम भी आयेगी—उसे आना ही है।

इसलिए जब अच्छे समय के निरन्तर दौड़ते घोड़े कुछ थकने और थमने लगे तो मैं क़तई विचलित नहीं हुआ था, क्योंकि समय के उस दौर के लिए मैं मानसिक रूप से हमेशा तैयार रहता था, जानता था कि हमेशा ही इन ऊँचाइयों पर टिका नहीं रहूँगा।

पर भीतर ही भीतर मैं तब टूटने लगा था जब मैंने जाना कि जिन तीसरे हाथों पर मैं पूरा विश्वास करता था, वे मुझे कब घुन की तरह कुतर-कुतर कर खा रहे थे, मुझे पता ही नहीं चला। और जब जाना तो पाया मैं चारों ओर से घिर चुका हूँ—चक्रव्यूह में फँसे अभिमन्यु की तरह। जिसके लिए चक्रव्यूह में प्रवेश करना तो आसान था लेकिन उसमें से बाहर निकल जाना उसे आता ही नहीं था।

बैंक अकाउंट निल था और कोर्टों में पचपन केस लग चुके थे। मेरे पास केवल एक घर बचा था, उस पर भी कुड़की की नौबत आ चुकी थी। फ़िल्में मेरे पास थीं नहीं। अभिषेक का कैरियर भी अभी अधर में था। लोगों की या समाज की मुझे परवाह नहीं थी। पर मैं घुट-घुट कर भीतर-ही-भीतर मरा जाता था कि मैं अपने परिवार को कैसे मुँह दिखा पाऊँगा। मुझे कुछ तो करना ही होगा। कहाँ से शुरू करूँ, क्या करूँ, कैसे करूँ! पर कुछ-न-कुछ उद्यम तो करना ही होगा। सो मैंने एक बच्चे की तरह सीखना शुरू किया। हाथ फैलाकर, हाथ जोड़कर

सीखा। दो-ढाई साल तक मेरे लर्निंग का ग्राफ़ बनता रहा। सीखता तो मैं तेज़ी से जा रहा था, लेकिन इनकम टैक्स, कोर्ट-कचहरी, चूँकि क़र्ज़दार था मैं इसलिए लेनदारों के तकाज़े मुझे पीस रहे थे। दफ़्तर में रोज़ अपमान के घूँट पीने पड़ते। कब कौन लानत-मलामत कर जायेगा, कौन गाली सुना जायेगा, इसका अन्देशा हर पल लगा रहता। दिन भर इस कदर भयावह स्थिति से गुज़रता मैं। और ऊपर से मुसीबत यह कि रात को मुझे नींद आनी भी बन्द हो गयी। न जाने कितनी रातें मैंने सिर्फ़ आँखें फाड़े, शून्य में निहारते हुए गुज़ारी थीं। धीरे-धीरे मुझे रात के अँधेरों ने डराना शुरू कर दिया। नहीं, कोई भुतहे ख़याल नहीं आते थे वरन् रात के अँधेरे से मैं इसलिए डरता था कि इस अँधेरे के बाद आने वाला सवेरा मुँह फाड़े मेरी घात में बैठा है कि कब इसे पाऊँ और दबोचूँ। सो पुष्पाजी! मारे डर के मैं रात में भी बत्ती जलाये रखता था। और यह आदत कमबख़्त ऐसी पड़ी कि आज तक बत्ती जलाकर ही सो पाता हूँ।

मुझे मेरे हितैषियों ने सलाह दी कि एक से एक बड़े धनाढ्य, सम्पन्न और नामी लोगों ने भी वक़्त पड़ने पर यह किया हुआ है कि ख़ुद को दिवालिया घोषित करके पल्ला झाड़कर अलग हो गये हैं। और ज़िन्दगी को फिर से तिनका-तिनका करके जोड़ लिया है। सो तुम भी दिवालिया हो जाने का ऐलान कर दो। पर बस एक यही बात थी जो मैं करना नहीं चाहता था। मेरी आत्मा इसके लिए क़तई गवाही नहीं दे रही थी। और एक राज़ की बात बताता हूँ आपको कि घर में भी मैंने परिवारवालों को कोई कमी महसूस न होने देने का मन में कौल ले लिया था। वह जिस तरह का जीवनयापन अब तक करते आये थे उन्हें मैं वह सब पहले ही की तरह उपलब्ध कराता चल रहा था। उन्हें पता भी नहीं लगने दिया कि यह सब मैं क़र्ज़ ले-लेकर कर रहा हूँ। यहाँ तक कि जया और अभिषेक तक को इसका अन्दाज़ा नहीं लगने दिया। केवल मैं ही जानता था कि आज क़र्ज़ लेना बन्द कर दूँ तो कल मेरे घर का चूल्हा नहीं जल पायेगा।

व्यावसायिक रूप से मैं जीवित नहीं बचा था, पर मुझे यह चिन्ता भी खाने लगी थी कि शारीरिक रूप से मुझे ख़ुद को ज़िन्दा रखना है। फ़िट रखना है। वरना मेरे माँ-बाबूजी का क्या होगा। उनके डॉक्टर, उनकी दवाएँ, उनकी सेवा—कौन लेगा सारे निर्णय! मेरे परिवार की ज़रूरतें कैसे पूरी होंगी। मुझे ख़ुद को बीमार नहीं पड़ने देना है। इसलिए जानती हैं आप मैंने उन दिनों क्या किया? हँसियेगा मत सुनकर, मैंने रोज़ जिम जाना शुरू किया। ज़िन्दगी भर मैं कभी जिम नहीं गया था। जवानी में जब लोगों को मसल बनाने का शौक़ होता है तब भी मैंने कभी जिम की शक्ल नहीं देखी थी। अब मैं जिम जाने लगा था ताकि मैं कम-से-कम शारीरिक रूप से तो स्वस्थ रह सकूँ।

क़र्ज़ मेरे ऊपर बढ़ते जा रहे थे। सोचिए उस समय तक लगभग नब्बे करोड़ का क़र्ज़ मेरे सिर पर था। ऐसे में ख़बर उड़ी कि मेरा घर नीलाम होने जा रहा है। यहाँ तक कि एक दिन ज़ी टीवी वाले अपना कैमरा वग़ैरा लेकर आ गये, ताकि मेरे घर की खस्ता हालत का जायज़ा लें और चटपटी स्टोरी बनाकर अपने दर्शकों को परोसें। मुझे बहुत बुरा लगा, भविष्य में ऐसा न करने की हिदायत दी तो जानती हैं वे क्या बोले? कहने लगे आप यहाँ फ़ोटो मत लेने दीजिए हम सामने वाले घर की छत से जाकर फ़ोटोज़ उतार लेंगे तो आप क्या कर लेंगे। मैंने कहा आपके जो जी में आये कीजिए—पर यहाँ से जाइए। दूसरे ही दिन मैंने कुछ और क़र्ज़ा लिया। मज़दूर बुलाकर सबसे पहले अपने घर के पिछवाड़े का बड़ा-सा लॉन ठीक कराया, उसमें फूलों के पौधे लगाये, रोशनी का इन्तज़ाम किया। क्योंकि वही ख़ास स्थान था जिसकी फ़ोटो बगल के घरों से ली जा सकती थी। फिर घर की बाहरी दीवारों का प्लास्टर ठीक कराया, पुताई करायी। मेन गेट बदलवाया। यानी कि बाहर से देखने पर मेरा घर पूर्ववत शानदार नज़र आये ऐसा इन्तज़ाम कर दिया। मेरी गाड़ियाँ अधिकतर बिक चुकी थीं तो अपने मित्रों से मैंने कहा कि वे अपनी गाड़ियाँ मेरे पोर्टिको में पार्क कर दिया करें ताकि लगे, मेरे पास गाड़ियों का क़ाफ़िला यथावत है।

यानी बाहरी तौर पर मैंने सब कुछ ठीकठाक कर तो लिया, पर जब क़र्ज़ की दलदल में मैं नाक तक डूब गया तो एक दिन मैं सोचने लगा कि बाबूजी का दिया हुआ जीवन दर्शन मैं आज तक जीता आया हूँ कि—'मन का हो तो अच्छा है और मन का न हो तो और भी अच्छा है।' इस फ़िलॉसफ़ी के सहारे ही तो मैं आज तक सफलतापूर्वक जीता आया हूँ। पर आज की स्थिति में इस वाक्य को तो सोचना भी हास्यास्पद लगता है। बाबूजी पर मुझे अटूट विश्वास रहा है, उनका कहा हर वाक्य मेरे लिए ब्रह्मवाक्य रहा है। पर क्या करूँ मैं कि आज मुझे समझ में नहीं आ रहा कि मेरे मन का नहीं हो रहा है, तो इसमें अच्छा क्या है?...तो क्या बाबूजी की बात...नहीं नहीं यह नहीं हो सकता। बाबूजी की बात झूठी नहीं पड़ सकती। इस स्थिति में भी ज़रूर कोई अच्छी बात छिपी होगी, जो मुझे दिखाई नहीं दे रही है। खोजनी होगी वह अच्छाई—मुझे खोजनी ही होगी।

और पुष्पाजी, जिस मेज़ के सामने इस समय हम लोग बैठे हैं, इसी मेज़ पर, इसी कुर्सी पर मैं एक दिन सुबह पाँच बजे के क़रीब आकर बैठ गया। चुपचाप बैठा रहा और बैठे-बैठे सोचने लगा कि आख़िर वह कौन-सी अच्छाई है जो मुझे दिखाई नहीं दे रही। सच मानिए पुष्पाजी, जैसे-जैसे सुबह का झुटपुटा खुलने लगा, मेरे भीतर भी एक उजाला-सा फूटने लगा। मेरे सामने कुछ बातें स्पष्ट होती गयीं—नम्बर एक—मैंने सोचा कि मैं काम क्या करता हूँ। ज़ाहिर

है, मेरा काम है फ़िल्मों में अभिनय करना। तो ये सोचा कि आजकल जैसे किरदार मैं निभा रहा हूँ, उन्हें पर्दे पर साकार करने में मुझे मज़ा आ रहा है या नहीं, सन्तोष मिल रहा है या नहीं! मन के भीतर से जवाब आया—नहीं! कहीं कोई त्रुटि ज़रूर है। शायद मेरा चुनाव सही नहीं है। तो लीजिए एक अच्छाई थी कि वर्तमान स्थिति में पड़कर ही यह जाना कि मुझे सोच-समझकर फ़िल्में लेनी होंगी।

नम्बर दो बड़ी हरारतों से खड़ी की मेरी कम्पनी फ़ेल हो गयी क्यों? सोचते-सोचते मैंने पाया, मुख्य कारण यह कि मैंने जिन मैनेजरों पर विश्वास किया था उन्होंने मेरे विश्वास को तोड़ा है। मेरे पास एक सौ अस्सी लोग काम करते थे, बहुत से लोगों को पहले ही विदा किया जा चुका था। अच्छी बात यह समझ में आयी कि बाक़ी सबको भी हटा देना होगा। बाद में मैंने यही किया सिर्फ़ एक अकाउंटेंट को छोड़कर बाक़ी सबको नमस्ते कर दी। अकाउंटेंट को इसलिए नहीं निकाला कि एक तो उस पर मेरा विश्वास अभी भी कायम था, दूसरे मुझे कम्पनी लॉ वग़ैरा की कोई जानकारी नहीं है, वह मुझे हिसाब-किताब बता सकेगा और क़ानून का भी ख़याल रख सकेगा। मैंने निश्चय कर लिया कि अब सारा कामकाज हिसाब-किताब मैं खुद देखूँगा। अम्बानी मेरे अच्छे मित्र हैं, मुझे ख़याल आया कि उनके पास अगिनत नौकर-चाकर हैं, पर उन्हें ख़ुद को सब कुछ मालूम है। सब ओर उनकी निगाह रहती है। यहाँ तक कि किचेन का खुलासा भी उनके दायरे में रहता है। मैंने उसी दिन सोच लिया कि आज से अपनी कम्पनी, अपना घर, अपना किचिन, अपना पेट्रोल, बिजली बत्ती, एयर कंडीशन सब पर मेरी निगाह रहेगी, सब कुछ मेरी अपनी निगरानी में चलेगा। सोचने के बाद मैंने अन्दर से अपना मनोबल बढ़ता हुआ महसूस किया और लगा कि ईश्वर ने मुझे आज जो सिफ़र पर लाकर खड़ा कर दिया है वह इसीलिए कि ताकि मन की न हो पाने की इतनी हद तक आ जाऊँ कि यह बात समझ सकूँ कि मुझे ख़ुद को ऑर्गेनाइज़ करने की सख़्त ज़रूरत है।

पुष्पाजी, उस दिन यहीं बैठे-बैठे घण्टों सोचने के बाद मैंने यही जाना था कि आज जिस जगह पहुँच चुका हूँ वहाँ से केवल सड़क पर जाया जा सकता है। वहाँ भी मैं क्या कर पाऊँगा—ज़्यादा से ज़्यादा एक पान की दुकान खोल सकता हूँ। पर उसके लिए भी तो व्यापार बुद्धि चाहिए, जो मेरे पास है नहीं तो मैं करूँ क्या? आख़िर क्या करूँ अब? सारा दिन सोचता रहा। सोचते-सोचते शाम होने को आयी और मुझे सिर्फ़ एक बात समझ में आयी कि भइया अमिताभ तुम केवल अभिनय कर सकते हो। वही तुम्हारी चाहत है, उसी में तुम्हें आत्म सन्तोष मिल सकता है, वहीं तुम्हारा आत्म विश्वास बना रह सकता है।

तो बस यहीं मेरे घर में एक छोटा-सा मन्दिर है, वहाँ जाकर मैंने ईश्वर के समक्ष माथा टेका और सीधा चल दिया यश चोपड़ा के पास। वे यहीं पिछली गली में रहते हैं। वह मुझे यों अप्रत्याशित आया देखकर चकित रह गये, ख़ुश भी हुए। मैंने बिना किसी भूमिका के, बिना किसी हिचक के, दो टूक बात की कि चोपड़ा जी अट्ठारह बरस हो गये आपके साथ 'सिलसिला' की थी। आज स्थिति यह है कि मेरे पास नौकरी नहीं है। मुझे काम दीजिए। पहले तो उन्हें लगा मैं मज़ाक़ कर रहा हूँ। पर बात की गम्भीरता समझने के बाद बोले देखो भइया, मैं तो फ़िलहाल कोई फ़िल्म बना नहीं रहा हूँ। मेरा बेटा फ़िल्म बनाने वाला है—उसमें तुम्हारा स्वागत है। फिर बाद में जब फ़िल्म में मेरा होना तय हो गया तो उन्होंने पूछा रुपये कितने लोगे? मैंने कहा—भइया मैं काम माँगने आया था—रुपये नहीं। तो बोले कुछ तो अन्दाज़ दो। मेरा जवाब था, इस समय मैं कुछ माँगूँगा नहीं, जो दे देंगे मैं ले लूँगा। तो कहने लगे हमें प्रोडक्शन का इंश्योरेंस कराना होता है उसमें तुम्हारी क़ीमत कोट करनी होगी तो कुछ तो बताओ। मैं भी ज़िद पर अड़ा रहा और कहा आप जो भी ठीक समझें उसमें लिख दीजिए। मुझे राशि बताइए भी मत। धीरे-धीरे किश्त-दर-किश्त मुझे देते रहियेगा। जिस दिन देना बन्द कर देंगे, मैं समझ लूँगा—मेरा पैसा पूरा आ गया। इस तरह शुरू हुई 'मोहब्बतें' फ़िल्म।

इसके बाद की कहानी तो फिर जगजानी है। धीरे-धीरे सही फ़िल्मों में सही किरदार करके मैं फिर से पर्दे पर जी उठा। टी.वी. पर करोड़पति धारावाहिक भी उतनी प्रतिष्ठा और इज़्ज़त दे गया कि मैंने पहले से इसकी कल्पना भी नहीं की थी। आज मुझमें थिराव आ गया है, बहुत सन्तुष्ट और ख़ुश हूँ—इसीलिए नहीं कि मेरे सारे कर्ज़ पट गये हैं, फ़िल्मों और टी.वी. पर स्थापित हो गया हूँ, बल्कि इसीलिए कि आज मेरा अपने ऊपर पूरा नियन्त्रण है। ऐसा आत्मविश्वास आ गया है कि बड़ी-से-बड़ी मुसीबत की आँख में आँख डालकर देखने की मुझमें हिम्मत आ गयी है। पहले मैं किसी-न-किसी बहाने से परेशानियों को परे खिसकाकर चुपचाप दुबक जाता था या दूसरों पर छोड़कर ख़ुद भाग खड़ा होता था। पर आज मेरा अपने ऊपर पूरा नियन्त्रण है, अपने चतुर्दिक की जानकारी है मुझे। अच्छा या बुरा जो कुछ भी हो रहा है मेरी जानकारी में हो रहा है। विपरीत परिस्थितियों को बिना घबराये निपटाना आ गया है मुझे। अब तो हालत यह है कि कम्पनी के हिसाब की बात ही नहीं, मुझे यह तक तुरन्त मालूम हो जाता है कि घर के किस कोने का कौन-सा बल्ब फ़्यूज़ हो गया है, और बिना किसी चिल्लपों के मैं ख़ुद उसे बदल भी देता हूँ।"

यह पूछने पर कि फ़िल्मों में व्यस्तता, टी.वी. पर व्यस्तता, विज्ञापनों में व्यस्तता और फिर ऊपर से ये कम्पनी के छोटे से लेकर बड़े कामों तक एक-एक

काग़ज़ देखने की व्यस्तता—इतना कैसे निभा लेते हो? तो हँसकर बड़ी बेलौस मुद्रा में जवाब दिया। बोला, ''पुष्पाजी, लोग ग़लत कहते हैं कि बड़ी व्यस्तता है काश दिन में चौबीस घण्टों की बजाय तीस घण्टे हुआ करते—वग़ैरा। नहीं यह सब सोचना ठीक नहीं। काम करने वाले के लिए चौबीस घण्टे बहुत होते हैं। बस उसे उन चौबीस घण्टों को ठीक तरह से नियोजित करना आना चाहिए। सब कुछ अपने आप सुचारु रूप से होता चलता है। यह ज़रूर है कि पिछले ढाई वर्ष मेरे बड़े कठिन गुज़रे। उन दिनों शान्ति मुझे बस बाबूजी के पास बैठकर ही मिलती थी। भले ही हम दोनों में दो टुकड़े बात भी न हो पाय, पर मात्र उनके पास बैठे रहना भी मुझे बहुत शान्ति, सान्त्वना और सहारा देता था। एक दिन यों ही बैठे-बैठे मैंने उनसे कहा—"बाबूजी। जीवन में बड़ा संघर्ष है।" तो वे बोले—"बेटा, जीवन है तो संघर्ष है। जब तक जीवन है, तब तक संघर्ष है।" बस लीजिए, फिर मुझे एक ब्रह्मवाक्य मिल गया।

बाबूजी ने बचपन में मुझसे कहा था न कि मन का हो जाय तो अच्छा है और न हो तो और भी अच्छा है। इसी एक वाक्य पर अमल करते-करते मैंने अब तक जीवन गुज़ारा था। अब जब से यह मार्गदर्शक वाक्य दिया है बाबूजी ने तब से मैं संघर्ष और जीवन को एक करके देखने लगा हूँ। अब कोई संघर्ष मुझे तोड़ेगा नहीं—यह विश्वास भीतर से बल देने लगा है और संघर्ष भी अच्छा लगने लगा है, और जीवन भी।"

अमिताभ अपने कमरे में जिस कुर्सी पर बैठते हैं उसके पीछे शेल्फ़ में बच्चन जी की ग्रन्थावली रखी है। वह सामने से देखने पर अमिताभ के सिर के ठीक ऊपर रखी दीखती है—मानो वे पुस्तकें नहीं हैं, वे बच्चन जी के हाथ हैं जो उसके शीष पर आशीष मुद्रा में रखे हैं।

बच्चन जी के आशीर्वाद से अमिताभ का घर-आँगन अब यों ही महकता रहेगा, क्योंकि समय के मुँहजोर घोड़े की लगाम उसने कुशलतापूर्वक कसे रखना सीख लिया है।

नृप तव तनय होब मैं आई

क़रीब दो-ढाई सौ साल पहले बच्चन जी के पुरखे प्रतापगढ़ आकर बस गये थे। उनका पहला पड़ाव बाबूपट्टी नाम के गाँव में था। बचपन में किसी विवाह में सम्मिलित होने के लिए बच्चन जी बाबूपट्टी गये थे। पुरखों की देहरी पर मत्था टेकने गये तो देखा—पुरखों की निशानी के रूप में एक खायी-खियाई लकड़ी रखी थी, जिसके आगे पीढ़ी-दर-पीढ़ी रात में सरसों के तेल का दिया जलाया जाता रहा होगा, जिसके कारण उस कोने से तेल की चीकट दाढ़ी-सी लटकती दिखती थी। वंशनष्ट रावण के लिए कहा जाता है—

"इक लख पूत, सवा लख नाती,
ऊ रावन घर दिया न बाती।"

अपनी वंश परम्परा को अक्षुण्ण देखकर बच्चन जी को बहुत सन्तोष होता था। उन्होंने पता लगाया था कि उनके एक बुज़ुर्ग पुरखा प्रतापगढ़ से निकलकर इलाहाबाद आकर बस गये थे। उनका नाम था मनसा। (शायद इसीलिए अमिताभ ने बम्बई में अपने दूसरे बँगले का नाम 'मनसा' रखा था।) इलाहाबाद आने की मनसा की कथा बड़ी रोचक है। बाबूपट्टी में मनसा निर्धन, निःसन्तान और दुःखी जीवन व्यतीत कर रहे थे। किसी की सलाह पर ये इलाहाबाद तहसील के तिलहट गाँव में एक सन्त की शरण में गये। उनके पास तीन दिन रहे। गुरु से दीक्षा ली। विदा होते समय गुरु ने उन्हें थाली, बटलोई और गिलास ये तीन बर्तन दिये और कहा जब तक ये बर्तन रहेंगे तुम्हारे वंश को खाने-पीने का कोई कष्ट नहीं होगा। और तीन पुत्र होने का वरदान देकर यह कहा कि यहाँ से उठने के बाद कहीं बैठना मत, बस चलते ही जाना। फिर जहाँ से तुम्हारा पाँव आगे उठे ही न, वहीं रात बिताना और वहीं बस जाना। तुम्हारी सात पीढ़ियाँ वहाँ निवास करेंगी।

सपत्नीक मनसा पूरब दिशा में प्रयागराज की ओर चल पड़े। दिन भर चलते रहे, रात पड़ गयी तो भी चलते रहे। क़रीब आधी रात को मोहल्ला चक के टूटे-फूटे देवी मन्दिर के सामने भद्द से गिर गये। देवी के आगे मत्था टेका,

भूखे-प्यासे थे ही, वहीं की जलहरी से पानी पिया और देवी के आगे रखे प्रसाद को खाकर वहीं सो रहे। गुरु के आदेशानुसार दूसरे दिन वहीं झोंपड़ी डालकर डेरा डाल लिया। वहीं गुरु महाराज का वरदान फला, तीन पुत्र हुए। उन्हीं में से मँझले वाले के वंश में बच्चन जी जनमे। बच्चन जी ने अपने लड़कपन में अपने घर में गुरु महाराज की दी हुई बटलोई देखी भी थी। थाली ताऊ के परिवार में थी और गिलास चाचा के परिवार वालों के पास था। मनसा की छठी पीढ़ी बच्चन जी के पिता और ताऊ, चाचाओं की पीढ़ी थी।

वहाँ 1927 में जब सड़क बनायी जा रही थी तो इम्प्रूवमेंट ट्रस्ट ने उनका मकान ले लिया। किसी को मानसिक आघात नहीं लगा क्योंकि सभी जानते थे कि गुरु महाराज ने सात पुश्तों की बात ही कही थी। सो यहाँ से दाना पानी तो उठना ही था। 1927 में जो सड़क बनी, वहाँ एक चौरस्ता है, जिसके बीचोबीच चौतरफ़ी बत्तियों का एक खम्भा लगा है। सड़क का नाम है ज़ीरो रोड। बच्चन जी जब भी उधर से गुज़रते तो बिजली के उस खम्भे को देखकर उन्हें याद आता कि उनके पिताजी कहा करते थे कि वहाँ उनकी बैठक हुआ करती थी जिसमें बैठकर लैम्प की रोशनी में वे पढ़ा करते थे। पिता कहते थे इस खम्भे की चौतरफ़ा रोशनी की साक्षी में तुम्हारा यश भी चारों ओर फैलेगा। उन्हें तो तब मालूम भी नहीं था कि उनके बेटे का यश सचमुच चारों दिशाओं में फैला और पोते अमिताभ का यश तो देशकाल की सीमा लाँघकर दसों दिशाओं में फैल गया है।

एक बार जब बच्चन जी अपने परबाबा मिट्ठूलाल के बारे में बता रहे थे कि वे कसरत के शौक़ीन थे, लाठी-तलवार भाँजते थे, घोड़ा चढ़ने वाले छह फ़ुटे जवान थे। बाज़ पालने का शौक़ रखते थे। वे कम्पनी सरकार में शहर के नायब कोतवाल थे और उन्होंने क़िले जैसा बड़ा मकान बनवाया था तो मेरी आँखों में अमिताभ की क़द-काठी और उसका क़िले जैसा बँगला 'प्रतीक्षा' घूम गया था। बच्चन जी के बाबा भोलानाथ पढ़ने-लिखने के शौक़ीन थे। पर प्रभावित बच्चन जी अपने 'दुर्द्धर्ष, दुर्दम्य और आक्रान्तकारी' परबाबा से ही थे।

खालिकबारी नाम का एक हिन्दी-फ़ारसी कोश है जिसकी नक़ल बड़े मोतियों जैसे अक्षरों में बच्चन ज़ी के बाबा ने की थी। पुस्तक प्रेम और कलापूर्ण लेखन का शौक़ तो था, पर बाबा को नौकरी पुलिसिया ही मिली थी। वे ललितपुर जेल के दरोगा नियुक्त हुए। कभी-कभी सोचती हूँ, सच ही पुरखों के ख़ून का असर हम पर हावी रहता ही है। अपने परबाबाओं का ही असर था क्या कि अमिताभ अपने पहले दौर के किरदारों में भी पुलिसिया किरदार बड़ी

ख़ूबी से निभाते थे, 'ज़ंजीर' में पुलिस अफ़सर वाली भूमिका ने ही उन्हें शीर्ष स्थान पर ला खड़ा किया था। और अब दूसरे दौर में भी ख़ासे प्रतिष्ठित लोगों के साथ पुलिसिया रूप में आने वाले हैं।

बच्चन जी जब ललितपुर की वह जेल देखने गये थे तो उन्होंने वहाँ की मिट्टी माथे लगायी थी। उन्होंने लिखा है—"उस जगह के लिए अपरिचित और अजनबी होने का भाव मेरे मन में न उठा। लगा मैं बहुत बार आया-गया हूँ—कभी अपने बाबा के रूप में, कभी अपने पिता के रूप में।" ललितपुर बच्चन जी के लिए तीर्थ समान था क्योंकि वहाँ उनके पिता जनमे थे। 'ललितपुर को नमस्कार है जहाँ पिता जनमे थे मेरे,' पिता की भी अपना जन्मस्थान देखने की बड़ी इच्छा थी पर कभी जा नहीं सके थे। बच्चन जी ने लिखा है, "क्या मैंने यहाँ आकर उनकी अभिलाषा पूरी नहीं की? क्या उनकी आत्मा को उस समय किसी प्रकार का सन्तोष अनुभव न हुआ होगा?"

बच्चन जी ने एक बार मुझे अपनी राधा बुआदादी की कही एक बात बतायी थी, जिसकी ताक़ीद उनकी आत्मकथा में मुझे ज्यों-की-त्यों मिली। उन्होंने लिखा है—"राधा की एक थ्योरी थी कि हमारे परिवार में लड़के अपने पिता पर न जाकर अपने पितामह पर जाते हैं। मुझे लगता है, उनकी बात में सच्चाई ज़रूर है। मेरे परबाबा छह फ़ुटे जवान थे, बाबा मँझोले क़द के थे। मेरे पिता फिर लम्बे, छह फ़ुट से ऊपर ही थे। मैं साढ़े पाँच के ऊपर नहीं जा सका और मेरा बड़ा लड़का कालिदास तो नहीं, व्यास के दुष्यन्त पुत्र सर्वदमन के समान बारह की अवस्था में तो नहीं पर पन्द्रह-सोलह की उम्र में ही 'शालस्तम्भ इवोद्गतः' छह फ़ुट से ऊपर निकल गया था।"

बच्चन जी के इन छह फ़ुटे बाबा ने जब चौदह बरस ललितपुर जेल में नौकरी कर ली तो उन्हें इलाहाबाद की मिट्टी अपनी ओर खींचने लगी—बोले हमारा बनवास पूरा हुआ, अब अपने इलाहाबाद चलेंगे। अपने बेटे प्रतापनारायण को वह बहुत प्यार करते थे, उसे अंग्रेज़ी पढ़ाना चाहते थे। इलाहाबाद पहुँचकर एक बंगाली मास्टर से घर पर ही अंग्रेज़ी पढ़ाई गयी और एक बरस बाद कायस्थ पाठशाला की चौथी कक्षा में प्रतापनारायण का नाम लिखा दिया गया। हर बरस ख़ूब अच्छे नम्बरों से पास होते-होते वे मैट्रिक तक आ गये। उन्हीं दिनों बाबा भोलानाथ अपने पुत्र प्रतापनारायण को साथ लेकर पास के गाँव आनन्दीपुर गये थे। लौटते समय जो हुआ उसका हाल बच्चन जी की राधा बुआ के शब्दों में ही सुनिए—"रास्ते में निचाट में, गर्जन-तर्जन के साथ आँधी आयी, बादल घिर आये, पत्थर पड़ा। शरण लेने की कोई जगह पास में थी नहीं।

कहीं-कहीं पेड़ थे। प्रतापनारायण कहते, 'बाबा किसी पेड़ के नीचे चलो', पर बाबा कहते—आँधी-ओले में पेड़ के नीचे नहीं खड़े होना चाहिए, सिर पर पेड़ के गिरने का भय रहता है। वे इधर-उधर पेड़ों का धड़ाधड़ गिरना देख भी रहे थे। निचाट में ही खड़े रहने का निश्चय हुआ।" बच्चन जी ने लिखा है—"राधा कहती थीं कि सेर-सेर सवा-सवा सेर के ओले थे। मैंने तो अपनी उम्र में इतने बड़े ओले आसमान से गिरते नहीं देखे। राधा की अतिशयोक्ति हो सकती है। यह भी सम्भव है, इतने बड़े-बड़े ओले गिरते हों, या एक बार कभी गिरे हों, प्रकृति में असाधारण होना कोई नयी बात नहीं है।"

बच्चन जी ने आगे लिखा है—"बाबा ने बेटे को ज़मीन पर बिठला दिया, और ख़ुद उस पर झुककर उसे छाती से छाप लिया। पत्थरों से बाबा का सिर फूट गया था और ख़ून की धारा पानी से मिलकर बह चली थी। पीठ पर गदागद ओले गिर रहे थे और रीढ़ ही हड्डी टूटी जा रही थी, पर बाबा अपने बेटे को छापे अडिग खड़े रहे। बेटे ने बहुत बार चाहा कि अपने पिता को ऐसे ही छापकर बचाये, पर बाबा उनकी गर्दन पर और ज़ोर डाले उन्हें ऐसे ही दबाये खड़े रहे। थोड़ी देर बाद जब तूफ़ान शान्त हुआ, प्रतापनारायण अपने घायल, भीगे, ठिठुरते पिता को लेकर कीचड़, पानी, लहू से लथपथ किसी तरह घर पहुँचे। बहुत सेंक हुई, बहुत मरहम-पट्टी हुई। वैद्य, हकीम आये, पर भोलानाथ जो खाट पर लेटे—फिर न उठे।" चार-छह रोज़ कष्ट उठाकर चल बसे। चार महीने बाद ही प्रतापनारायण की ऐंट्रेंस की परीक्षा थी। प्रतापनारायण एक पल को भी भूल नहीं पा रहे थे कि उनके पिता ने उनके लिए अपने प्राणों की बलि दे दी है। जब भी पढ़ने बैठते आँधी-ओले की वह भयावनी सन्ध्या उनकी आँखों के आगे नाचने लगती। परिणाम ज़ाहिर था—वे ऐंट्रेंस की परीक्षा में फ़ेल हो गये।

प्रिय पाठको! प्रतापनारायण यानी बच्चन जी के पिता के पिता भोलानाथ की मृत्यु का यह प्रसंग ही वह विशेष बात है जिसकी ओर ध्यान खींचने के लिए मैंने आपको बच्चन जी की सात पुश्तों की क़हानी सुनायी है। बच्चन जी जब स्थायी रूप से बम्बई में रहने के लिए आ गये थे तब तेजी जी के साथ वे अक्सर हमारे घर आ जाया करते थे और घण्टों ढेर सारी बातें किया करते थे। भारतीजी की आदत थी कि वे अपने कमरे में दरी या चटाई बिछाकर, गावतकियों के सहारे ज़मीन पर बैठकर पढ़ते-लिखते थे। उन्हें मोटी गद्दियों वाले दीवान या सोफ़ा, कुर्सी पसन्द नहीं आते थे। सो बच्चन जी भी वहीं ज़मीन पर बिछी दरी पर अधलेटे से बैठा करते थे। सुरिन्दर सिंह सचदेव और

पद्मा ने एक बहुत आरामदायक बड़ी-सी ख़ूबसूरत कुर्सी भेंट की थी। मैं कहती—भाई, आप इस कुर्सी पर आराम से बैठिए। अमिताभ के घर में इतने ऐशोआराम से रहते होंगे—यहाँ ज़मीन पर तकलीफ़ होगी। तो कहते—"बिटिया, बहुत ऐशोआराम भी कभी-कभी घबराहट पैदा करते हैं—थोड़ा-सा कष्ट उठाने का सुख भी तो लेने दो मुझे—मैं यहीं ठीक हूँ।"

मेरा बड़ा अहोभाग्य है कि बच्चन जी को मेरी लिखी चीज़ें बहुत पसन्द आती थीं। जिस दिन कुछ अच्छा छपे तो मुझे मालूम रहता था कि बच्चन जी का फ़ोन आयेगा या वे स्वयं आयेंगे। यदि उस दिन आते तो पुरस्कारस्वरूप मुझसे ख़ूब बातें करते—ऐसी बातों के दौरान ही उन्होंने मुझे अपने जीवन के कई क़िस्से सुनाये थे। उम्र बढ़ने के साथ इन्सान बहुत कुछ भूलता चलता है। सो मुझे भी बहुत कुछ तो याद नहीं रहा। केवल टूटे-टूटे टुकड़ों में ज़ेहन में, कुछ यादें अटकी पड़ी थीं। सो पिछले दिनों जब उनकी आत्मकथा पढ़ रही थी तो उन यादों के कई टुकड़े एक तार में जुड़ते चले गये और यह लेख बन गया।

बच्चन जी ने जो एक बात मुझे कई बार बतायी थी वह आत्मकथा में जस-की-तस मिल गयी; उसे आप बच्चन जी के शब्दों में ही सुनिए—"एक बार मैं अपनी पत्नी के साथ सिन्ध जा रहा था। मेरे श्वसुर उन दिनों मीरपुर ख़ास में रहते थे। अमित ढाई-तीन का होगा। लाहौर के स्टेशन पर अमित की उँगली मेरे हाथ में दे तेजी टिकट लेने चली गयी और भीड़ में न जाने कब अमित ने उँगली छुड़ा ली। मेरा ध्यान गया, माँ के पीछे न चला गया हो। टिकट खिड़की के पास जाकर पूछा तो तेजी भी घबरा गयी। हम दोनों उसी जगह पर आये जहाँ मैं खड़ा था, पर बच्चे का कहीं पता नहीं। लम्बे-लम्बे प्लेटफ़ॉर्मों पर पागलों की तरह चारों ओर देखते, आवाज़ देते हम फिरे। उस पन्द्रह-बीस मिनट से लम्बा समय मैंने अपने जीवन में कभी नहीं जाना। हज़रत सीढ़ियाँ चढ़कर पुल पर से गाड़ियों का आना-जाना देख रहे थे। किसी ने बताया, एक बच्चा वो खड़ा है, वो तो नहीं है? जान में जान आयी।"

यह क़िस्सा तो बच्चन जी कई बार सुनाते ही थे, पर एक और क़िस्सा मैंने उनकी आत्मकथा में पढ़ा कि एक बार जब उनके पिता छोटे-से थे तो कुम्भ मेले में खो गये थे। उन दिनों साधू लोग ऐसे बच्चों को चुराकर उनका सिर मुँडाकर चेला बना लेते थे। सो उनके बाबा ने साधु का वेश बनाकर साधुओं के डेरों पर भी खोज की, पर कहीं मिले नहीं। अन्ततः तीसरे दिन वे एक पुलिस थाने पर मिले। दोनों घटनाओं में साम्य केवल इतना ही है कि प्रतापनारायण भी माता-पिता से बिछड़कर खो गये थे और अमिताभ भी भले ही पन्द्रह-बीस मिनट

के लिए ही सही—खो गये थे। यह घटना ख़ास ध्यान देने योग्य नहीं है, लेकिन मुझे ख़ास इसलिए लगती है कि प्रतापनारायण और अमिताभ के साथ समान रूप से घटी थी। प्रतापनारायण के लिए बच्चन जी ने लिखा है—"प्रतापनारायण ने अच्छी बाढ़ पाली। किताबों पर उन्होंने अधिक कमर न झुकायी थी, नदी में तैरे थे, पार के पेड़ों पर चढ़े-उतरे थे, गुल्ली-डण्डा, कबड्डी खेली थी, गोलियों से निशाने लगाये थे। उनकी उँगलियों का यह करतब मैंने स्वयं अपने बचपन में देखा था। हमारे खेल में कभी-कभी अपनी कला का प्रदर्शन करते हुए—निशाना लगा उनकी गोली उनके पास लौट भी आती थी। तेरह-चौदह की उम्र में ही वे जवान लगते थे।" और इधर अपने अमिताभ भी पढ़ाई की अपेक्षा करतबों की दुनिया में ज़्यादा रुचि रखते थे। यह दूसरी बात है कि वे करतब अभिनय कला के करतब थे।

बाबा के क़द-काठी और रुचियों और जीवन की घटनाओं से अमिताभ के साम्य की ओर ध्यान जिस बात के कारण सबसे ज़्यादा जाता है वह बात है अमिताभ के जन्म के समय की बात। बच्चन जी के पिता प्रतापनारायण जी की मृत्यु 10 अक्तूबर को हुई थी। बरसों बाद सन् 1942 में 10 अक्तूबर के दिन अपने पिता की पुण्यतिथि पर बच्चन जी को उनकी बहुत याद आयी। उस रात उन्होंने एक स्वप्न देखा। स्वप्न की बात बच्चन जी के शब्दों में ही सुनिए—"अपने पुश्तैनी घर में पिताजी आँखों पर चश्मा लगाये रेहन पर रखी रामचरितमानस की पोथी खोले मास पारायण के पाँचवें विश्राम का पाठ कर रहे हैं। इसमें वह प्रसंग है जिसमें अपनी अर्द्धांगिनी शतरूपा के साथ मनु तपस्या करते हैं और जब उनकी तपस्या से सन्तुष्ट होकर भगवान विष्णु उनके सामने प्रकट होते हैं तब वे उनसे वरदान माँगते हैं 'चाहहुँ तुमहि समान सुत' और मैं तेजी के साथ पूजा की कोठरी के सामने बैठा सुन रहा हूँ। पिताजी के मुख से एक-एक शब्द मैंने स्पष्ट सुना है—

"'आपु सरिस खोजौं कहँ जाई।
नृप तव तनय होब मैं आई।'"

इतना सुना ही था कि तेजी जी ने उन्हें उठा दिया कि प्रसव पीड़ा आरम्भ हो गयी है। ब्रह्म मुहूर्त था, दिमाग़ में स्वप्न ताज़ा और स्पष्ट अंकित था।

स्वप्न की यह बात तब की तभी ख़त्म नहीं हो गयी थी और उसी दिन 11 अक्तूबर को अमिताभ ने जन्म लिया। बच्चन जी ने मुझे स्वयं बताया भी था और उनकी आत्मकथा में भी मैंने लिखा पाया—"अपने पारिवारिक जीवन में मुझे कई बार अनुभव हुआ है, जैसे मेरे पिताजी की आत्मा हमारे बीच सक्रिय

है। इसे मैं तर्क से सिद्ध नहीं कर सकता।" इसी तरह मैं भी तर्क से सिद्ध नहीं कर सकती, पर मेरा मन कहता है कि अमिताभ के रूप में प्रतापनारायण जी ने ही जन्म लिया है। उन्हीं प्रतापनारायण ने जिनके मन में जीवन भर यह पीड़ा बनी रही कि मेरे पिता ने मेरे लिए अपने प्राणों की बलि दे दी।

यह बात अब तक तो सभी जान चुके हैं कि लगातार पन्द्रह वर्षों तक अपने पिता की जिस तरह अमिताभ ने सेवा की है वह आज के युग में विरल है। श्रवण कुमार तो कभी हुए थे या नहीं, पर जीते-जागते श्रवण कुमार अमिताभ के रूप में हमारे बीच हैं। सभी तरह के सामाजिक मनोरंजन से स्वयं को काटकर, शूटिंग इत्यादि जीविकोपार्जन के कामों के अलावा बाक़ी अमिताभ ने अपना हर पल, अपनी हर साँस पिता की सेवा में लगायी है। उन्हें हर पल इस तरह अहर्निश सेवा करते देख मैं अक्सर सोचा करती थी कि ये अमिताभ नहीं है– ये तो प्रतापनारायण हैं जो जीवन भर कलपते रह गये थे कि उनके पिता ने उन्हें बचाने के लिए अपना जीवन बलिदान कर दिया था। अब अमिताभ के रूप में जन्म लेकर वे पितृ-सेवा कर रहे हैं। बेहद आपात स्थितियों में अस्पतालों की शरण में भी कभी-कभी जाना पड़ा था, पर अधिकतर उपचार घर पर ही होता था। रात-दिन के लिए डॉक्टरों और नर्सों की नियुक्ति ही नहीं की गयी थी बल्कि बच्चन जी जिस कमरे में रहते थे उसे एकदम परफ़ेक्ट आई.सी.यू. ही बना दिया गया था। हर प्रकार के चिकित्सा उपकरणों से लैस वह कमरा किसी भी बड़े-से-बड़े अस्पताल के आई.सी.यू. से अधिक नहीं तो किसी भी हालत में कमतर नहीं था। इसके अलावा अमिताभ ने केवल नर्सों और डॉक्टरों के ऊपर ही अपने पिता को नहीं छोड़ा हुआ था। वह स्वयं उनकी एक-एक तकलीफ़ और उसे दूर करने के उपायों के बारे में तफ़सील से जानता चलता था। छोटा-सा उदाहरण देती हूँ—उसने जब ग़ौर किया कि खाँसी आने पर कमज़ोर पिता भली प्रकार खँखार भी नहीं पाते हैं और गले में कफ़ फँसे रहने के कारण ठीक से साँस लेने में तकलीफ़ होती है तो तुरन्त वह मशीन ख़रीद लाया जिसका प्रयोग करके मरीज़ को बिना कष्ट दिये गले से कफ़ खींच लिया जाता है। इसी तरह एक दिन उसने महसूस किया कि बाबूजी की गर्दन क्योंकि लम्बी नहीं है, छोटी है इस कारण उनका चेहरा छाती की ओर ज़्यादा लटक जाता है और तकलीफ़ होती है तो अमिताभ ने विशेष तौर से ऐसी कुर्सी बनवायी जिस पर बैठने से सिर ऐसे ऐंगल पर रहता था कि गर्दन सही जगह पर सधी रहती थी। ऐसी ही तमामो-तमाम छोटी-बड़ी बातों का बारीक़ी से ध्यान रखकर अमिताभ वह सब कुछ करता था जिससे उसके पिता को वृद्धत्व

के कष्ट छू भी न पायें। अपने शरीर की, अपने आराम की, अपने किसी शौक़ की अमिताभ ने पिछले कुछ वर्षों में रत्ती भर भी परवाह नहीं की और अहर्निश केवल सेवा शुश्रूषा में लगा रहा। मैंने सब कुछ ख़ुद देखा और जाना है। जब भी देखती मुझे अमिताभ के रूप में वही प्रतापनारायण नज़र आते जो ख़ून और कीचड़ पानी में लथपथ ठिठुरते-घिसटते अपने पिता को किसी तरह घर तक तो ले आये, पर बचा नहीं सके। जिनके पिता ने उनकी रक्षा के लिए अपने प्राणों को ही बलिदान कर दिया था और वह जीवन भर इस पश्चात्ताप में झुलसते रह गये थे। अब इस जन्म में अमिताभ के रूप में पिता हरिवंश राय की सेवा करके प्रतापनारायण की आत्मा को ज़रूर शान्ति मिल गयी होगी।

और तो और, अमिताभ का भी ध्यान शायद इस ओर नहीं गया होगा कि उसने अपने पिता की एक इच्छा अपने अनजाने में, अनायास ही पूरी कर दी है। बच्चन जी ने अपनी आत्मकथा में अपने पिता द्वारा ख़रीदी गयी एक घड़ी का ज़िक्र करते हुए लिखा है—"सबसे अचरज की बात यह थी कि रात को चाहे जितनी देर से सोयें, उठते वे सुबह तीन ही बजे थे। उनका कहना था कि नींद लम्बाई नहीं, गहराई माँगती है। यानी कम-से-कम घण्टों की गहरी नींद ज़्यादा घण्टों की हल्की नींद का काम कर देती है। उनके इस फ़ार्मूले के प्रति मेरे विश्वास ने मुझसे अपनी नींद पर कितना अत्याचार कराया है। इसे सोचकर कभी-कभी मैं कहता हूँ कि जब मैं मरूँ तो मुझे सात-आठ दिन तक यों ही पड़े रहने देना—इस असम्भव की कल्पना भी सुखद है—क्योंकि मुझे अपने जीवन की बहुत-सी रातों की नींद पूरी करनी है।"

और...अपनी अन्तिम नींद उन्होंने जो ली वह साधारण रातों की नींद से बहुत गहरी और लम्बी नींद थी। 'जीवन की बहुत-सी रातों की नींद' उसी तरह पूरी कर ली जैसे उन्होंने कल्पना की थी। उन्होंने तो उसे 'असम्भव की कल्पना' कहा था, पर यह तो हक़ीक़त में हुआ कि सचमुच अन्तिम समय में वे पूरे सात दिन कोमा में पड़े रहे थे। आठवें दिन उनका शरीर पंचतत्त्व में विलीन हुआ था उन्होंने लिखा था—"जब मैं मरूँ तो मेरा शरीर सात-आठ दिन यों ही पड़े रहने देना," अनजाने में ही इतने आज्ञाकारी पुत्र निकले अमिताभ बच्चन!!

सच है, इन बातों को तर्क से सिद्ध नहीं किया जा सकता। बात केवल अनुभूति की है। बच्चन जी के ही शब्दों का सहारा लेकर कहती हूँ—"आत्मा की अमरता पर सन्देह किया जा सकता है पर संस्कारों की अमरता स्वयंसिद्ध है। यही तो प्रतीक रूप में वह माटी है जो सात पीढ़ी तक अपना असर दिखाती है। जब ये लेख ('क्या भूलूँ क्या याद करूँ' की पांडुलिपि के लेख) टाइप

होकर आते हैं तो मेरा लड़का अमित मेरे साथ बैठकर मूल से मिलान करता है, और उन्हें पढ़ते हुए कभी उसकी मुद्रा ऐसी हो जाती है—उसकी आँखों में ऐसी चमक दिखाई पड़ती है, जैसे अतीत की इन कथाओं में उसे कोई भूमिका करने की याद बनी है। क्या हमारे पूर्वज ही हमारे रूपों में नहीं आते, क्या हमीं अपनी सन्तानों के रूप में नहीं आयेंगे? जीवन के संकेत स्वल्प होकर भी बड़ा अर्थ रखते हैं।"

इसीलिए मेरी निश्चित धारणा है कि अमिताभ बच्चन अपने पिता के पिता हैं।

THAT WITHERED FLOWER

विगलित पुष्प

अंधकार,
मैं,
एक हवा का मंद झकोरा,
एक नदी की शिथिल धार है
मेरा मन,
मेरे पीड़ा-विगलित विचार,
मेरी शंकाएं,
गलित पुष्प-सी
जल के तल पर
अनायास बहती जाती हैं
धीरे...धीरे...

●

Amitabh Bachchan
Calcutta May 30 1968

वह कहती है
प्यार मुझे करती आयी है,
करती भी है,
और करेगी,
और चमत्कृत करनेवाले मुझे
तीन क्षण
एक त्रिभुज के तीन विंदु-से
तीन दिशा में
छिटक गये हैं
एक दूसरे से समान अंतर पर
मेरा मन अशांत, विक्रांत, भ्रांत हो
उस त्रिकोण के अंदर-अंदर
एक विंदु को केंद्र बना कर घूम रहा है
कभी एक रेखा छूता है,
कभी दूसरी,
कभी तीसरी,
दौड़ विंदु-से-विंदु,
विंदु-से-विंदु,
विंदु-से-विंदु तलक अविरत जारी है
पल रुकने को कहीं नहीं रे,
कहीं नहीं रे!

●

अंधकार फिर घिर आता है,
आंसु से बोझिल बादल का टुकड़ा
धीमे-धीमे तिरता
करता है संकेत विदा का,
मैं उठता हूं
किंतु उठाया पांव नहीं मुझसे जात
हवा चली जाती है,
नदी बही जाती है,
गलित पुष्प बहता-बहता खोजता
तट से टकरा कर
पल भर को
थम जाता है।

●●●

□ अनुवाद :

१. ६. ६८

मेरे बाबूजी

अतीत की गलियों में जो बहना शुरू किया, तो जल-थल एक हो गये और वे सिर्फ़ डूबते-उतराते रहे। उन्हें खुद बहुत अचरज हो रहा था कि अभी कल-परसों की बातें तो भूल जाते हैं, पर बचपन के दिनों का क़तरा-क़तरा, लम्हा-लम्हा उन्हें ज्यों-का-त्यों याद है। उनका खुद का जी चाहता है कि अभी थोड़ी देर और उन्हीं यादों को जीते रहें और दोहराते रहें। अमिताभ बच्चन आज ज़िन्दगी के जिस मुक़ाम पर पहुँच गये हैं वहाँ सिर्फ़ अनवरत दौड़ है—ज़बर्दस्त भागमभाग है। ज़रा एक क्षण थमकर सुस्ताने की इजाज़त भी नहीं देती ज़िन्दगी। उन्होंने अपनी कलात्मक क्षमताओं का कण-कण अपने कार्यक्षेत्र को दे रखा है। निरन्तर श्रम करते रहना उनकी आदत बन चुकी है। सच पूछिए तो यह सरपट दौड़ उन्हें रास आने लगी है। वे भूले नहीं हैं निकट अतीत के वे दिन जब चलते-चलते अचानक ज़िन्दगी थम-सी गयी थी, बेआवाज़ ब्रेक लग गया था और आकण्ठ क़र्ज़ में डूबकर वे सुन्न पड़ गये थे। चिन्ता भीतर-ही-भीतर कुतर रही थी। यद्यपि तब भी उन्होंने हिम्मत नहीं हारी थी। जानते थे कि एक-न-एक दिन इस चक्रव्यूह को तोड़कर बाहर निकलेंगे ज़रूर। उस हताश निष्क्रियता को याद करते हैं तो आज उनकी ज़िन्दगी ने जो बेपनाह व्यस्तता अख़्तियार कर ली है, उस तेज़ रफ़्तार में दौड़ना उन्हें अच्छा लग रहा है। आनन्द लेकर जी रहे हैं। "मैं बहुत थक गया हूँ।" ऐसा वाक्य तो कभी किसी ने उनके मुँह से सुना ही नहीं। इस सबका श्रेय वे अपने संस्कारों को देते हैं। कहते हैं—

"...मैं इसे अपना सौभाग्य मानता हूँ कि मेरा जन्म माँ और बाबूजी जैसे माता-पिता के घर हुआ। अच्छे संस्कार देने का श्रेय सिर्फ़ उन्हें ही जाता है। दोनों ख़ुद अलग-अलग माहौल और संस्कारों के बीच पले-बढ़े हैं, माँ एक बहुत ही अमीर सिख परिवार की बेटी थीं और बाबूजी एक लोअर मिडिल क्लास के ग़रीब कायस्थ घर में जनमे थे। माँ एक आधुनिक शहर लाहौर में बड़ी हुईं और बाबूजी एक ऐतिहासिक, धार्मिक, सांस्कृतिक व साहित्यिक नगर इलाहाबाद में रहे। दोनों ही के परिवारिक मूल्य बड़े ऊँचे, पवित्र और विशिष्ट थे। लेकिन थे दोनों दो ध्रुवों पर। एक एकदम पश्चिमी और दूसरा ठेठ पुरबिया। एक की शिक्षा-दीक्षा

अंग्रेज़ी के माध्यम से और दूसरे की हिन्दी और फ़ारसी से। दोनों के बीच एक चीज़ ज़रूर बिल्कुल एक जैसी थी वह थी—धार्मिक आस्था। सो, इन दोनों के मिश्रण से मैं जो बना उसके बचपन से ही एक कान में रामचरितमानस गूँजी तो दूसरे में गुरुबानी! हम दोनों भाई इन्हीं दोनों विचारधाराओं के ख़ूबसूरत मेल में पले-बढ़े हैं। केवल विचारधारा ही नहीं—माँ-बाबूजी हमारे लिए एक-दूसरे के पूरक भी बने रहे। मसलन, देखिए एक बात याद आ रही है। तब हम 17 क्लाइव रोड, इलाहाबाद में रहते थे। उस घर के पास रानी बेतिया की एक बड़ी-सी कोठी थी। चारों तरफ़ ऊँची-ऊँची दीवारें थीं। भीतर कोई जा नहीं सकता था। बड़ी मिस्टीरियस-सी लगती थी वह कोठी। मैं भीतर जाने को बहुत उत्सुक हो उठा। एक दिन वहाँ का चौकीदार बोला कि चार आने दो तो अन्दर जाने देंगे। माँ की ड्रेसिंग टेबल पर एक डिब्बा रखा रहता था, उसमें वे कुछ चूड़ियाँ, क्लिप वग़ैरा रखा करती थीं। कभी-कभी उस डिब्बे में मैंने उन्हें रेज़गारी डालते भी देखा था। सो एक दिन मैंने चुपचाप उस डिब्बे में से चार आने चुरा लिए, और उस दरबान को दे दिये। उस दुष्ट ने पैसे भी हज़म कर लिए और अन्दर जाने भी नहीं दिया। उसका फ्रस्ट्रेशन जो हुआ सो हुआ, घर पर मेरी चोरी पकड़ी गयी और माँ से मार पड़ी। माँ तो मार-वार कर अपने काम में लग गयी। पर बाबूजी को शायद यह लगा होगा कि बच्चे को इस तरह मारना नहीं चाहिए। उन्होंने माँ से तो कुछ नहीं कहा। मुझे अलग ले गये और ख़ूब समझाया कि चोरी नहीं करनी चाहिए। तुम्हें जिस चीज़ की ज़रूरत हो हमसे कहकर माँग लो। हमारे लिए देना सम्भव होगा तो तुम्हें ज़रूर देंगे। पर यदि सम्भव नहीं होगा तो समझ लेना हमारे वश के बाहर की बात है, और तुम्हें भी सब्र कर लेना होगा। इस तरह की और भी तमाम बातें वह इतने तरीक़े से समझाते थे कि बालमन पर स्थायी प्रभाव छोड़ जाती थीं। मन दुःखी भी नहीं होता था।

माँ-बाबूजी दोनों हमारे लालन-पालन में विचित्र बैलेंस लेकर काम करते थे। जैसे बाबूजी को हमारा कैरम खेलना, क्रिकेट खेलना वग़ैरह बिल्कुल पसन्द नहीं था। वे पढ़ाई पर ज़्यादा ज़ोर देते थे। माँ खेलने-कूदने की भी पक्षधर थीं। मुझे याद है, उन्होंने बाबूजी से छिपाकर एक क्रिकेट बैट ख़रीद कर दिया था। ये लीजिए, बैट का नाम लिया कि एक मज़ेदार घटना याद आ रही है। बाबूजी को भले ही क्रिकेट के खेल में मेरा समय नष्ट करना पसन्द न आता हो, पर वे मेरे क्रिकेट प्रेम को ख़ूब अच्छी तरह जानते थे। बात उन दिनों की है जब वे लन्दन में थे और बर्मिंघम पैलेस के एक कार्यक्रम में निमन्त्रित किये गये थे। वहाँ भारत की क्रिकेट टीम भी निमन्त्रित थी। बाबूजी ने टीम कैप्टन वीनू मांकड़ को एक काग़ज़ दिया और कहा—कृपया पूरी टीम का ऑटोग्राफ़ ले दें। वीनू बड़े अचम्भित हुए

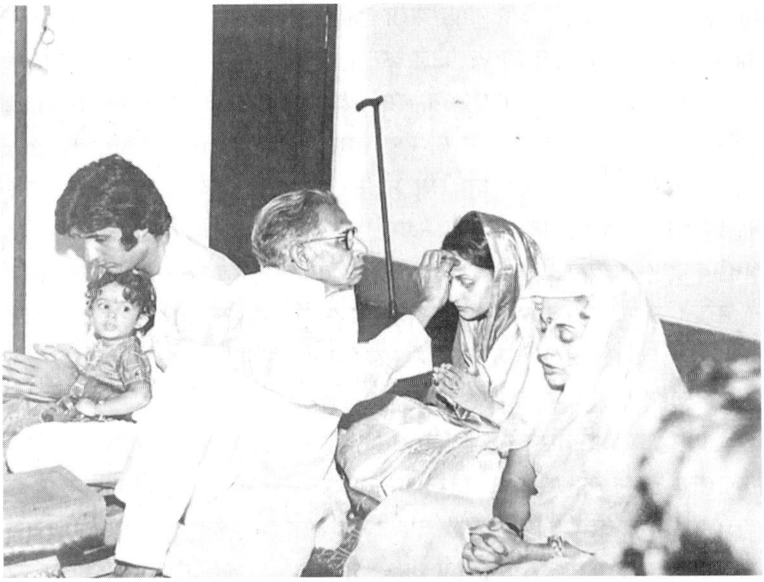

रामायण पाठ के बाद बच्चन परिवार

कि इतना बड़ा कवि उन सबके ऑटोग्राफ़ माँग रहा है। जब उन्होंने बताया कि मेरा बेटा बहुत ख़ुश होगा तब जाकर वीनू मांकड़ का समाधान हुआ और उन्होंने पूरी टीम के हस्ताक्षर करवा दिये। बाबूजी ने वह काग़ज़ मुझे पत्र के साथ लिफ़ाफे में रखकर भारत भेज दिया। मैंने जब वह काग़ज़ स्कूल में मित्रों को दिखाया तो उनके आश्चर्य का ठिकाना नहीं रहा, मैंने देखा कि मैं तो रातोरात स्कूल में मशहूर हो गया। सीनियर विद्यार्थियों से लेकर टीचर्स तक मुझसे वह काग़ज़ देखने को माँगते रहते थे। ख़ैर यह तो तब की बात हुई, अब एक क़िस्सा सुनाता हूँ। समय की विडम्बना देखिए—यह तब की बात है जब मैं फ़िल्म इंडस्ट्री में आ गया था। थोड़ी बहुत ख्याति भी मिल चुकी थी। उन दिनों कोलकाता के ब्रेबार्न स्टेडियम में एक चैरिटी फ्रैंडली मैच खेला गया। मैं बॉलिंग करता था तो बगल में खड़ा एक गागूली-सा दिखने वाला बूढ़ा-सा अम्पायर बीच-बीच में बोलता रहता था—ऐसे बॉल करो, वैसे बॉल करो। कभी कहता, अगली बॉल ओवर द विकेट डालना... वग़ैरह। मुझे बड़ा इरीटेटिंग लगता रहा। मैच ख़त्म होने पर जब साथियों से बात हो रही थी तो मैंने कहा—खेल में तो ख़ूब मज़ा आया पर यार जब मैं बॉल डाल रहा होता था तो वह बूढ़ा अम्पायर मुझे बहुत डिस्टर्ब करता था—बहुत इरीटेटिंग था। मुझे हर दूसरी बॉल पर बॉलिंग सिखा रहा था। पता नहीं अपने को क्या समझता है वह! मेरे एक सह-कलाकार ने मुड़कर मुझसे कहा—अबे गधे, वह वीनू मांकड़ थे। मुझे काटो तो ख़ून नहीं। मारे शर्म के मैं बर्फ़ जैसा जम गया। फिर

सारे दिन स्कूल का वह ऑटोग्राफ़ वाला काग़ज़ आँखों में घूमता रहा। और वीनू मांकड़ साहब के प्रति मैं गिल्टी फ़ील करता रहा।

लीजिए फिर स्कूल याद आने लगा। वहाँ मैं एथलेटिक्स में भी बहुत कप जीतता था। एथलेटिक्स के दिन माँ ख़ूब सारी फ़ोटो खींचती थीं। फिर वे तस्वीरें हम डैड को भेजते थे। बॉक्सिंग रिंग में मेरा पहला अनुभव था। फ़ाइनल राउंड में जब मेरी नाक से ख़ून बहा तो मुझमें एक अजीब-सी थ्रिल पैदा हुई थी। यह अनुभव जब मैंने बाबूजी को लिखा तो उन्होंने बड़ी मुश्किल से पैसे बचाकर पार्सल से लन्दन से मुझे बॉक्सिंग पर एक किताब भेजी और उस पर महाकवि यीट्स की पंक्ति लिखीं—अभी तक याद है मुझे। उन्होंने लिखा था—'गुड हाई ब्लोज़ आर डिलाइट्स टु द माइंड।'

फिर तो अमिताभ स्कूल की तमामो-तमाम यादों में खो गये। आख़िर सिलसिला तोड़ने की ग़रज़ से मैंने कहा—सच अमित, तुम्हारे स्कूली जीवन में दूर रहते हुए भी बाबूजी की छत्रछाया तुम्हें किस तरह घेरे रहती थी और आशीर्वाद और प्यार बरसाती रहती थी। बड़ी अच्छी तरह तुम्हें पाला-पोसा गया, सँवार की गयी। अब जब वे वृद्ध और बीमार हो गये थे तब भी वह तुम्हारी ताक़त का स्रोत बने रहे। तुम्हीं ने एक बार मुझे बताया था कि भले ही अपनी किसी भी परेशानी को तुम उनसे शेयर न कर पाते हों, भले ही ज़्यादा बात वे न कर पाते हों, पर उनके पास चुपचाप बैठने मात्र से तुम ऊर्जा प्राप्त कर लेते थे और मन को हल्का कर लेते थे। तो अमिताभ बोले—

..."स्वाभाविक-सी बात है। दुःख-दर्द में यदि कोई अपना बिना कुछ कहे चुपचाप आपका हाथ पकड़ ले तो आत्मबल और साहस तुरन्त मिल जाता है। ढाढस मिलता है। हम भगवान के मन्दिर में जाकर, उनके सामने भी तो बस चुपचाप बैठ जाते हैं। वो हमसे कुछ बोलते, कहते हैं क्या? बस एक दिव्यता की परछाईं में लिप्त रहना हमें अच्छा लगता है। हम उन्हें चुपचाप अपना कष्ट अर्पण करते हैं, उनसे दया की भीख माँगते हैं। और बस वे चुपचाप हमें एक शक्ति दे देते हैं। हमारा आत्मविश्वास जैसे लौट आता है। बस समझ लीजिए हमारे जीवन में माता-पिता भी एक दिव्य शक्ति देते हैं। वे स्वयं ही तो दिव्य शक्ति हैं, जहाँ से हमें शक्ति मिलती है, सान्त्वना मिलती है। बाबूजी के पास बैठने मात्र से मैं ऐसा ही अनुभव करता था। वे कुछ बोलें तो अच्छा, न बोलें तो अच्छा। अपनी सबसे बड़ी परेशानी के दिनों में भी मैंने पाया था कि उनकी लिखी कृतियों में जब मैं पढ़ता था तो कहीं-न-कहीं मेरे मन में प्रश्नों का जो तूफ़ान चल रहा होता था, उसका उत्तर मिल जाता था। बाबूजी नहीं हैं, पर मेरे मन में बसी उनकी प्रतिमा है, उनकी कविताएँ हैं, उनकी कृतियाँ हैं। उनकी पुस्तकों में मैं उन्हें पा लेता हूँ।"

इस मोड़ पर मैंने अमिताभ को याद दिलाया कि बच्चन जी ने स्वयं मुझे बताया था कि कभी-कभी उन्हें लगता है कि शायद उनके पिता ने ही तुम्हारे रूप में जन्म लिया है। बच्चन जी के पिता जीवन भर यही मलाल करते रहे थे कि वे अपने पिता की सेवा नहीं कर पाये। अब इस जन्म में तुम्हारे रूप में जन्म लेकर वे पिता की सेवा का अरमान पूरा कर रहे हैं। तुम्हारी पितृभक्ति तो सचमुच जगज़ाहिर है। क्या तुम भी यह महसूस करते हो कि पिछले जन्म का मलाल मिट रहा है। तो एकदम से चौकन्ने होकर बोले–

..."नहीं, नहीं ऐसा कुछ नहीं है। इस विषय में बाबूजी ने मुझसे तो कभी कुछ कहा नहीं है। उनकी जीवनी में ज़रूर मैंने भी ऐसा कुछ पढ़ा है। लेकिन मेरा कहना यह है कि यदि बाबूजी के पिता के जीवन में ऐसा कुछ घटित न हुआ होता तो क्या मैं स्वयं अपनी पितृभक्ति से दूर हो जाता, उससे वंचित रह जाता? आप भले ही मुझे पुत्ररूपी पिता के अवतार के रूप में लीजिए या सिर्फ़ पुत्र के रूप में ही सोचिए–क्या फ़र्क़ पड़ता है। बाबूजी के प्रति मेरा स्नेह जन्मजात है और हमेशा बना रहेगा। मैं तो केवल इतना जानता हूँ कि जीवन भर मैंने अपने पिता से अपार प्रेम किया है और अन्तिम साँस तक करता रहूँगा।"

मैंने कहा सच बात है अमित, बच्चन जी जैसे पिता के प्रति यदि तुम्हारे मन में ऐसी भक्ति और प्रेम न होता तो आश्चर्य की बात होती। प्रेम होना तो स्वाभाविक ही है। एकदम नन्हे बच्चे थे तुम, तब से वे तुम्हारी हर छोटी-बड़ी बात का ख़याल रखते थे। यह भी जानते थे कि सिवाय तुम्हारी माँ के उनकी मदद करने वाला केवल ईश्वर ही था। तेजी भाभी ने मुझे बताया था कि बचपन में एक बार तुम बहुत ज़्यादा बीमार हो गये थे तो वे इतना घबरा गये कि सिवाय ईश्वर के आगे झोली फैलाने के कुछ न कर सके। उन्होंने उनके आगे मन्नत माँगी कि भगवान इसे ठीक कर दोगे तो मैं जीवन में कभी शराब को हाथ नहीं लगाऊँगा। इसी तरह तुम्हारे छोटे भाई बंटी के बीमार पड़ने पर उन्होंने मांसाहार छोड़ दिया था। इस बात को तेजी जी तो इस तरह लेती हैं कि ईश्वर के आगे वे केवल भिखारी बनकर दया की भीख माँगते थे और बदले में अपनी कोई भी प्रिय चीज़ छोड़ने को, त्याग देने को तैयार रहते थे। ग़ज़ब का आत्मसंयम था उनमें। तुमने भी कभी ऐसे आत्मसंयम का प्रयोग किया है? इस प्रश्न पर अमित जिस तरह से आँख मूँदकर भीतर धँस जाने वाली मुद्रा में बोले, वह केवल देखने पर ही समझ में आ सकती है। शब्दों में बयान नहीं की जा सकती। बोले–

"बाबूजी ने बंटी और मेरे लिए जो किया वो उनकी ईश्वर के प्रति न केवल अटूट विश्वास और आस्था का उदाहरण है। बल्कि उनके अद्भुत आत्मबल का

पिता और पुत्र-पुत्री की फोटो खींचते हुए स्वयं अमिताभ

भी प्रतीक है। ईश्वर से माँगना तो आसान काम है लेकिन जैसा कि आपने कहा कि उसे अपना आत्मसंयम भी समर्पित करना, ये अति कठिन है। ये तो मानो ईश्वर को चुनौती देने वाली बात हो गयी। प्रार्थना, दक्षिणा, पुष्पम्-फलम्, नैवेद्यम् के साथ-साथ आपने उन्हें अपना आत्मसंयम भी अर्पण किया है कि देखो हम भी कुछ कर सकते हैं, अब आप भी खेलो, हम भी खेलें। देखें कौन विजयी होता है, या पारी बराबरी पर छूटती है। अपनी आस्था और आत्मसंयम का प्रयोग मैंने किया या नहीं, यह बात मैं फ़िलहाल व्यक्तिगत रखना चाहूँगा। यदि कभी इस लायक बना कि अपनी आत्मकथा उतनी सच्चाई के साथ, जितनी सच्चाई से बाबूजी ने लिखी है, लिख सका तो आपको ज़रूर बताऊँगा।"

अमिताभ बोल रहे थे और मैं उनको सुन ही नहीं रही थी—घूँट-घूँट पी रही थी, और सोच रही थी कि हमने तो बरसों बच्चन जी को पढ़-पढ़कर भाषा का प्रयोग करना सीखा है पर इस बच्चे को तो इतनी सशक्त अभिव्यक्ति वाली भाषा घुट्टी में ही घोलकर पिला दी गयी है। अमित जब मन से, डूबकर बातें करते हैं तो उनकी भाषा एकदम रेशम की तरह फिसलती चलती है, नदी की तरह बहती चलती है। मुझे लगने लगा कि जिस तरह बहने लगे हैं तो कहीं ऐसा न हो कि इतना डूब जायें कि आज बातों का क्रम तोड़ देना पड़े तो मैंने एक हल्का-सा सवाल कर दिया कि बच्चन जी कभी तुम्हारी किसी बात से ख़ुश हो जाते थे तो अपनी प्रतिक्रिया किस तरह व्यक्त करते थे? तो बोले—

"अपनी सन्तान के प्रति जो भाव माता-पिता के मन में होते हैं उन्हें वे यों ही शब्दों में व्यक्त नहीं करते चलते। वैसे कभी-कभी माँएँ शब्दों में लाड़ देकर व्यक्त कर भी देती हैं। पर अधिकतर तो वे दूसरी तरह अपनी बात कह देती हैं कि बस चुपचाप उसकी नज़र उतार देंगी—बस बच्चे को पता चल जाता है कि उसने कुछ अच्छा कर दिया है। इस बात को बताने में मुझे कोई संकोच नहीं कि माँ ने मेरी नज़र कई बार उतारी।"

मन तो मेरा भी नज़र उतारने का हो रहा था। मन-ही-मन वैसा ही करके अगला प्रश्न पूछा कि तुम्हारी शिक्षा-दीक्षा कॉन्वेंट स्कूल में हुई पर शायद बच्चन जी इसके पक्ष में नहीं थे? तुम्हें पता था?

"नहीं, मुझे बाबूजी की आत्मकथा पढ़ने पर पता चला है कि माँ और बाबूजी के बीच इस बात को लेकर विवाद था। मैं समझता हूँ, ठीक ही था। जो हुआ वह भी ठीक ही हुआ। आख़िर हमने पूरब और पश्चिम का सही मिश्रण भी तो पा लिया न! बाबूजी का अपनी मातृभाषा के प्रति अटूट प्रेम भी स्वाभाविक था। माँ पश्चिमी ख़यालों से प्रभावित थीं। शायद आने वाले कल की ओर इशारा कर रही थीं। बाबूजी अपने आपसे और अपनी परिस्थितियों से सन्तुष्ट और शायद सीमित भी। माँ की सोच में शायद थोड़ा और विस्तार—शायद आने वाले कल की कुछ आहट सुन रही थीं वे। आज के 'ग्लोबल विलेज' वाले वातावरण को देखकर, उस समय जो निर्णय लिया गया आज वह अब सही दिखाई दे रहा है।

विकसित देशों से जो आउटसोर्सिंग हो रही है वह ज़्यादातर भारत को मिलती है, क्योंकि हम हिन्दीभाषी तो हैं ही, अंग्रेज़ी भी अच्छी जानते हैं। चीन हमसे ज़्यादा विकसित है पर उसे इतनी नहीं मिलती—क्योंकि भाषा की समस्या है।"

मैंने कहा चलो अच्छा है बच्चन जी झुक गये और तेजी जी की बात मान गये। मान इसलिए भी गये होंगे कि वे तथाकथित भारतीयता की लकीर के फ़क़ीर की तरह हिमायती नहीं थे। उन्होंने तमाम भारतीय कुरीतियों के प्रति विद्रोह भी किया था। तुम उनसे कभी आतंकित भी होते थे?

"नहीं, आतंकित कभी नहीं हुआ। भक्ति भावना जाग्रत होती थी उनके लिए। बाबूजी के मन में एक ख़ास तरह का आक्रोश था। रीति-रिवाज, जाति-पाँति इस सबसे वे परे थे। लेखन में यह बात बराबर प्रकट होती रही है। लेकिन इसे लेकर आन्दोलन खड़ा करना जैसी बातें बाबूजी नहीं करते थे। बात अन्दर रहे—उनकी कविता उसका दर्पण हो और घर के अन्दर उनके जीवन मूल्य जारी रहें—उनकी यह मर्ज़ी थी। सारी दुनिया को उसी राह पर चलने को मजबूर करें, ऐसा नहीं सोचते थे। उनकी विचारधारा डेमोक्रेटिक और फ्री थी। 1942 के एक कंज़र्वेटिव शहर इलाहाबाद में लाहौर जैसे आधुनिक शहर की सरदारनी को ब्याह

कर ले आये, लेकिन सारा इलाहाबाद ऐसे ही क़दम उठाये ऐसा कभी नहीं कहा उन्होंने। न ही उन्होंने कभी इस बात का विरोध किया कि माँ हमें गुरुबानी का पाठ पढ़कर सुनाती हैं। न ही कभी इस बात का विरोध कि उनका एक पुत्र बंगाली से शादी कर रहा है, दूसरा सिन्धी से। यदि वे जीवित होते तो अपने पोते का ब्याह एक दक्षिण भारतीय से होते देख अत्यन्त प्रसन्न होते।"

मैंने कहा, हाँ सच बात है, वे अपनी विचारधारा को उपदेश के रूप में कभी नहीं पिलाते थे। वरन् बस चुपचाप कुछ करके दिखा देते थे। मुझे याद है, 15 अगस्त 1947 को जब आज़ादी मिली तो अपने घर के लॉन पर उन्होंने ध्वजारोहण अपने भंगी से करवाया था। अभी मेरी बात पूरी भी नहीं हुई थी कि झट से अमिताभ बोले–

"भंगी नहीं। हरिजन! भंगी, चमार ये शब्द परम्पराओं से कुछ इस तरह से लिए जाते हैं कि गाली जैसे लगते हैं। अब इन शब्दों का जीवन में कोई स्थान नहीं। बाबूजी को इसकी पहचान थी। वे इसे मान्यता देते थे। गाँधीजी से बाबूजी बहुत प्रभावित थे। 15 अगस्त ही नहीं, वे होली पर भी सबसे पहले गुलाल घर के नौकर-चाकरों के माथे पर लगाकर उनसे गले मिलकर औरों के तथा घर के सदस्यों के साथ रंग खेला करते थे। मैं भी अपने घर पर होली पर ऐसा ही करता हूँ। आज 'प्रतीक्षा' में जो मेरे फ्रंट ऑफ़िस का रिसेप्शनिस्ट है वह मेरे घर के सफ़ाई-कर्मचारी का बेटा है। ये बाबूजी की देन है।"

अमित, तुमने गाँधीजी की बात की, तो याद आ रहा है कि गाँधीजी की हत्या से व्यथित बच्चन जी की कई दिन तक भूख-प्यास उड़ गयी थी, वे दिन-रात बस कविताएँ लिखा करते थे। वे कविताएँ 'सूत की माला' नामक पुस्तक में संगृहीत हैं। यह अपने भीतर की चरम पीड़ा और सृजनात्मकता के समन्वय से होता है। ऐसी कोई बात बाबूजी ने तुम्हें कभी समझायी थी? सवाल पर अमित के मुँह पर फिर वही गम्भीर और संजीदा भाव आ गया और बोले–

"देखिए, बाबूजी हमसे मुँह-दर-मुँह सीधे बात नहीं करते थे। यानी ऐसा नहीं था कि वे बैठकर कभी कुछ समझाते-सिखाते थे। बल्कि वे तो बहुत कम बोलते थे। उनके कर्म बोलते थे। यह हम पर है कि हम उन कर्मों से कितना समझते, सीखते हैं। मन की व्यथा, पीड़ा सब कुछ उत्पन्न करने के लिए जब ईश्वर ने हमें कोई माध्यम, कोई गुण दिया है तो उसमें विलीन होकर, अपनी अन्तरात्मा को सँभालकर हमें रखना चाहिए। मेरे सामने तो कैमरा आया कि मेरी क्रिएटिविटी जाग्रत होकर मेरी हर पीड़ा का इलाज ख़ुद कर देती है। कुछ लोग ऐसा नहीं कर पाते। पीड़ा से मुक्ति पाने के लिए वे अलग माध्यम खोजते हैं। नशा उन माध्यमों में सबसे प्रबल माध्यम होता है। ऐसे मनुष्य कमज़ोर होते हैं। मेरा यह

मानना है कि ये जो क्रिएटिविटी नाम की चीज़ होती है न, वह केवल कलाकारों या साहित्यकारों के पास ही नहीं होती है, यह तो मनुष्यमात्र के अन्दर समायी हुई है। ईश्वर की यह सबसे बड़ी देन है। उसे पहचानना और पहचानकर निखारना यह मनुष्य का ख़ुद अपना काम है। इसके लिए संघर्ष करना पड़ता है।"

तुमने स्वयं को बहुत संयमित रखा हुआ है। सभी लोग तुम्हारी समय की पाबन्दी, काम के प्रति प्रतिबद्धता और अनुशासन से बहुत प्रभावित होते हैं। इतना संयम कैसे उपलब्ध किया? तुम दिये हुए समय पर इस तरह पहुँच जाते हो कि कोई अपनी बन्द पड़ी घड़ी मिला ले। कहाँ से सीखा? हँस पड़े और बोले—

"अब मैंने उपलब्ध किया, या सीखा, या यों ही हो गया, नहीं जानता। पर यह बात सच है कि दिये हुए समय पर काँटा-दर-काँटा मुझे पहुँचना अच्छा लगता है। दो मिनट भी देर हो जाये तो मुझे उलझन होने लगती है। मेरे माँ और बाबूजी दोनों ही अनुशासनप्रिय थे। फिर बचपन में पं. जवाहरलाल नेहरू और इन्दु आंटी से भी इस तरह की शिक्षा हम पाते रहते थे, कि समय बहुत मूल्यवान होता है। उसे कण भर भी व्यर्थ में नष्ट नहीं करना चाहिए। बचपन की तो मुझे याद है कि चाहे खेल बीच में छोड़ना पड़े, चाहे बेहद तेज़ साइकिल चलानी पड़े, मगर सड़क का लैम्पपोस्ट जलने से पहले घर के भीतर पहुँच जाना उस समय का अटल नियम था। कई बार डाँट भी पड़ी। डाँट पर एक बात याद आ रही है कि एक बात थी कि बाबूजी ख़ुद भले ही एक चपत टिका दें, पर दूसरा हम पर हाथ उठाये यह उन्हें क़तई गवारा नहीं था। एक बार तो मेरे प्रिंसिपल को भी फटकार आये थे। बाबूजी की ऐसी तमाम बातों से बड़ा आत्मबल मिलता था। परिवार के साथ और सहयोग से बढ़कर शक्ति विश्व में कोई नहीं। परिवार साथ में हो तो सारी दुनिया की सारी ताक़तें कमज़ोर पड़ जाती हैं। जीवन की ऐसी सारी सच्चाइयों से बाबूजी ने ख़ूब अवगत कराया था। बेहद भाग्यशाली हूँ मैं—बचपन में तमाम तरह की आर्थिक तंगियों के बावजूद माँ और बाबूजी हमारे हर ढीठ से ढीठ आग्रह पूरे करते थे। सभी सांसारिक मनपसन्द चीज़ें मुहैया कराते थे। धन्य हैं वे, कि व्यक्तिगत कठिनाइयाँ उठाकर भी उन दोनों ने हमें वह सब दिया जो हमने माँगा। और जीवन की आयरनी देखिए कि ईश्वर की कृपा से और माँ-बाबूजी के आशीर्वाद से जब हमारी स्थिति ऐसी हुई कि हम उन्हें वह सब कुछ दे सकें जो वह चाहें—तो उन्होंने हमसे केवल इतना कहा, बेटा, हमें कुछ नहीं चाहिए। बस दिन में कम-से-कम एक बार हमसे मिल ज़रूर लिया करो।"

इस समय मैंने देखा अमिताभ की आँख थोड़ी सिकुड़ी और उनकी आवाज़ में गीलापन आ गया तो मैंने बातों का रुख़ फिर बचपन की ओर ही मोड़ दिया

और कहा—हम सब मित्र परिवार जानते हैं कि बच्चन जी रोज़ सुबह और शाम को ख़ूब लम्बी-लम्बी दूरी तक टहलने ज़रूर जाते थे। तुम्हें भी साथ ले जाते थे कभी? अमिताभ के मुँह पर फिर वही मासूम बचपन खिल आया और बोले—

"हाँ, सुबह की सैर पर साथ ले जाते थे। जब मैं इलाहाबाद में था, छोटा था, तब पता है आपको—मेरे लिए तो वह सुबह बड़ी डरावनी होती थी। क्योंकि चलते-चलते वे मुझसे गणित के पहाड़े बोलने के लिए कहते थे। इस तक तो किसी तरह मैं सँभाल लेता था। इसके बाद बड़ा कठिन होता था। हर ग़लती पर एक चपत पड़ती। मैं आशा करता कि घर जल्दी आये और मेरी यह पीड़ा मिटे। तो यह सैर तो बस ऐसी ही होती थी पर मुझे जो बहुत याद आती हैं वह सैर अलग ही तरह की होती थीं। बाबूजी के साथ हर बरस दशहरे पर शहर भर में घूमने पर बड़ा मज़ा आता था। वह सुख सारी दुनिया देख लेने के बाद भी नहीं मिला है। दशहरे के दिनों में बाबूजी का उत्साह देखने लायक होता था। तब इलाहाबाद में रामलीला ख़ूब होती थीं। और रामकथा से सम्बन्धित झाँकियाँ निकलती थीं। उनकी उँगली पकड़े-पकड़े मैं रामलीला देखता। लौटते वक़्त मैं अगर चलते-चलते थक जाता तो वे अपने काँधे पर बिठा लेते या पीठ पर लाद लेते थे। भीड़ ज़्यादा होती तो कुहनी से ठेल-ठालकर मेरे लिए सुरक्षित जगह बनाते हुए मुझे चौकियाँ दिखाते। चौकी पर जिस सन्दर्भ की झाँकी सजी होती थी, उस सन्दर्भ की कथा मुझे सुनाते चलते थे।"

मैंने कहा—रामचरितमानस के प्रति अगाध प्रेम और आस्था तो उन्हें अपने पुरखों से विरासत में मिली थी। तुम लोगों में भी उन्होंने इस परम्परा के बीज डाले हैं। क्या अभिषेक भी इन परम्पराओं को निभायेंगे?

"हाँ, जरूर निभायेंगे। निभाते हैं। आप तो पूजा पर कई बार हमारे घर आयी हैं। आपने देखा होगा, माँ और बाबूजी पूजा का पाखण्ड नहीं करते थे। हमारा अपना एक अलग ढंग होता है, जिसमें रामचरितमानस का पाठ सब मिलकर ज़रूर करते हैं। ये हमारी आस्था है। अच्छा लगता है। समस्त परिवार मिलकर प्रार्थना करे तो पारिवारिक एकता और प्रेम में एकाग्रता मिलती है। 'फैमिलीज़ हू प्रे टुगैदर, स्टे टुगैदर' इस बात में हम सब आस्था रखते हैं। अभिषेक भी रखते हैं, आगे भी ज़रूर रखेंगे।"

मैंने पूछा—अमिताभ! एक ओर तो यह पूजा-अर्चना और आस्था दूसरी ओर फ़िल्मी दुनिया की चकाचौंध जगरमगर। बाबूजी ने तुम्हारी इस दुनिया से अपना मेल कैसे बिठाया था? आँखों में कुछ गर्व और सन्तोष का सा भाव लेकर बोले—

"बाबूजी ने मेरी सभी फ़िल्में देखीं। शुरू से लेकर उनके जीवन के अन्त तक बनी सभी। भले ही मेरे साथ न देख पाये हों, तो भी समय निकालकर देख ज़रूर आते थे। शुरू-शुरू में तो अपने मित्रों में ख़ूब प्रचार भी करते थे—फ़लाँ फ़िल्म

देखने ज़रूर जाना। अमित ने बहुत अच्छा काम किया है। जब अस्वस्थ थे तो भी प्रतिदिन शाम को मेरी एक फ़िल्म वीडियो पर देखते थे। सारी डी.वी.डी. उन्होंने इकट्ठी कर रखी थीं। कई फ़िल्में तो लगातार चार-पाँच बार देखते थे। हाल की मेरी फ़िल्में उन्हें ज़्यादा पसन्द नहीं आती थीं। पर आलोचना नहीं करते थे, बस हल्के से कहते थे—बेटा कुछ समझ में नहीं आयी। मैं समझ जाता था वह क्या कहना चाह रहे हैं।"

मैंने पूछा—तुम्हें भी तो फ़िल्में देखने का शौक़ रहा होगा! तुमने अपने जीवन में सबसे पहली फ़िल्म कौन-सी देखी थी? तो बड़ी रोचक बात बतायी, बोले—

"मुझे याद है—सबसे पहली फ़िल्म जो मैंने देखी थी वह थी लॉरेल एंड हार्डी की 'द फ़्लाइंग ड्यूसेस'। इलाहाबाद के सिविल लाइन्स में पैलेस सिनेमा हॉल में लगी थी वह। बड़े ताज्जुब की बात है कि 1980 की गर्मियों में लन्दन में था, वहाँ अपने वीडियो के लिए फ़िल्में ख़रीद रहा था तो यह कैसेट भी दिखाई दिया। मैंने तुरन्त ख़रीद लिया। वैसे तब तक मैं उसकी कहानी भूल चुका था, केवल इतना याद था कि क्लाइमैक्स में लॉरेल और हार्डी को जहाज़ चलाना तो आता नहीं था फिर भी वे एक जहाज़ लेकर उड़ जाते हैं, और अजब-अजब हरकतें करते हैं। ख़ैर, लन्दन से आकर वह फ़िल्म मैंने अभिषेक को दिखायी। एक बार देखने के बाद अभिषेक ने उसे बार-बार देखना चाहा। वह फ़िल्म के उसी हिस्से का ज़िक्र करता रहता था जिसमें लॉरेल और हार्डी जहाज़ में फँस जाते हैं।"

मैंने कहा, जानती हूँ तुम पिता-पुत्र की बहुत-सी पसन्द एक जैसी हैं। वैसे ही बच्चन जी और तुम्हारे अन्दर भी बहुत-से साम्य थे। बच्चन जी ख़ुद कहा करते थे कि—"अमित, बचपन से ही इतने अच्छे ख़त लिखता रहा है कि मुझे यक़ीन है कि अगर वह कभी अपनी आत्मकथा लिखेगा तो तुम मेरी आत्मकथा की तारीफ़ करना भूल जाओगी।" तुम्हारे लेखन के प्रति प्रशंसाभाव मैंने तब भी देखा था जब 'कुली' वाली दुर्घटना के बाद तुम मौत और ज़िन्दगी से जूझ रहे थे, तब अपने बिस्तर पर लेटे-लेटे तुमने अंग्रेज़ी में एक कविता लिखी थी। हमारी सदी के इतने बड़े कवि हरिवंश राय बच्चन ने तुम्हारी कविता का हिन्दी में अनुवाद किया था। भारतीजी ने जब तुम्हारी कविता की प्रशंसा की तो तुमने कहा था—मेरे शब्दों में कविता नहीं है। उसे कविता तो बना दिया है डैड के अनुवाद ने। याद है? तो आँखें मूँदकर बोले—

"याद है, पुष्पाजी सब याद है। इन्सान अपने जीवन में कितना भी कमा-खा ले, अपनी जड़ों और अपने अतीत को कभी नहीं भूलता। मैं जानता हूँ, मैं कहाँ पैदा हुआ, किन परिस्थितियों में मेरे माता-पिता ने मुझे पाला और बड़ा किया। मैं यह भी जानता हूँ कि ये जो थोड़ा-बहुत आज हमारे पास है यदि कल न भी रहे तो मुझे कोई मलाल नहीं होगा। मेरे माता-पिता मुझे पैदा होने के बाद अस्पताल से

पिता-पुत्र के बीच में पौत्र

एक गुदड़ी में लपेटकर ताँगे में घर लाये थे। मैं उन्हीं परिस्थितियों में फिर वापस जा सकता हूँ। खुश रह सकता हूँ। ईश्वर की कृपा रही है, बड़ों के आशीर्वाद रहे हैं। मैटीरियल कम्फ़र्ट्स, सुख-सुविधाएँ अपनी जगह होती हैं, वो आती-जाती रहती हैं लेकिन हमारा अतीत कहीं नहीं जाता। कल मुझे अगर ज़मीन पर सोना पड़े, विश्वास मानिए, मैं सो जाऊँगा। ईश्वर ने बहुत कुछ दिया है मुझे। अगर कल मुझे और कुछ न मिले तो मैं समझ लूँगा कि मेरे खाते में उतना ही लिखा था। और कल सब चला भी जाये तो मान लूँगा कि मेरे साथ ऐसा ही होना था।"

जानती हूँ मैं। अभी कुछ वर्ष पहले के अमिताभ को मैंने देखा और जाना है। तुम्हारी इस विचारधारा की सच्चाई को बख़ूबी समझ सकती हूँ मैं। यह भी

जानती हूँ कि तुम्हारे चरित्र की, तुम्हारे मानसिक शरीर की रीढ़ की हड्डी बाबूजी ही थे। उनके जाने के बाद खुद को कैसे सँभाला तुमने? तो बिना विचलित हुए आत्मविश्वास के साथ बोले—

"अच्छे-बुरे वक़्त में मुझे खुद को कैसे सँभालना चाहिए—जैसी बातें बाबूजी कभी शब्दों में नहीं बताते थे। बस उनकी खुद की जीवन-शैली देखकर, उनकी जब तब कही कुछ बातों को जोड़कर हमने जान लिया था कि उनकी विचारधारा कैसी थी। वह ऐसी थी कि कर्म कर—फल की चिन्ता नहीं। भले ही देर से मिले, पर फल मिलता ज़रूर है। और फिर, फल मिले तो अच्छा, न मिले तो और भी अच्छा। हमें मेहनत से कभी चूकना नहीं चाहिए। यह सारी बातें ख़ास इन्हीं शब्दों में भले ही न कहते हों, पर उनकी विचारधारा यही थी। हमें बस पता रहता था उनके स्वभाव से, उनके हाव-भाव से कि उनके मन में क्या विचार चल रहे हैं। आपको याद है न, बाबूजी ने अपनी एक कविता में लिखा है—

अविराम श्रम की साधना ने,
लक्ष्य कुछ हो, कहीं पर,
हर पन्थ मेरा
तीर्थ-यात्रा सा किया है—
रक्त-रंजित, स्वेद-सिंचित,
अश्रुधारा धौत।
मंज़िल जानती है,
न तो नीचे ग्लानि से मेरे नयन हैं,
न ही फूला हर्ष से मेरा हिया है।

पुष्पाजी, बाबूजी से यही सीखा है मैंने। अविराम श्रम की साधना जीवन भर करता रहूँगा। बाबूजी और माँ के आशीर्वाद से अभी तक तो यही स्थिति है कि न तो ग्लानि से मेरे नयन नीचे हैं, न ही उपलब्धियों के घमण्ड से हर्ष से मेरा हृदय फूल गया है।

ईश्वर की कृपा रही तो आगे भी यही स्थिति रहेगी। देखिए, हम फ़िल्मी कलाकारों का क्या है! आज सबने सिर-आँखों पर बिठाया है। कल कोई हमसे बेहतर कलाकार आ जायेगा तो लोग हमें भुला भी सकते हैं। पर साहित्य में ऐसा नहीं होता न! सूर, तुलसी, कबीर आज भी ज़िन्दा हैं। प्रेमचन्द, जयशंकर प्रसाद, निराला कल भी पूजे जायेंगे। मेरे बाबूजी भी साहित्य के क्षेत्र में एक देदीप्यमान उज्ज्वल नक्षत्र की तरह हमेशा चमकते रहेंगे। यह मेरा बहुत बड़ा सौभाग्य है कि मैंने उन्हें पिता के रूप में पाया!"

जब मैं सोलह साल की थी

—तेजी बच्चन

राजनीतिक और सामाजिक क्षेत्र में प्रख्यात महिलाओं के संस्मरणों की यह लेखमाला हमारी पाठिकाओं में अत्यन्त लोकप्रिय रही है। हमने इस लेख-क्रम की शुरुआत देश की प्रधानमन्त्री श्रीमती इन्दिरा गाँधी के संस्मरणों से की थी। इस लेखमाला का पहला दौर सुप्रसिद्ध हिन्दी कवि बच्चन जी की सहधर्मिणी श्रीमती तेजी बच्चन के संस्मरणों से पूर्ण हो रहा है।

धर्मयुग (15 मई, 1969) से साभार

भारतीजी ने भी मुझसे किस विषय पर लिखने के लिए कहा है! क़लम उठाते ही एक तरह की कठिनाई और टीस का अनुभव होने लगा है। कठिनाई यह सोचकर कि मेरी अवस्था में—अपने षोडशी रूप तक पहुँचना यादों के एक गहरे कुएँ को खोदना है। और टीस इस बात की कि मेरे उस रूप से जिस घर, जिस पास-पड़ोस, जिस धरती का सम्बन्ध था वह विरानी हो गयी है—अँगना तो परबत भया, देहरी भई बिदेस। मेरा बचपन, बालपन और प्रारम्भिक यौवन उस धरती पर बीता, जो अब पाकिस्तान में; और बच्चन जी भले ही विनोद में कभी-कभी कह लिया करें कि 'है मेरी ससुराल पाकिस्तान में!' मुझे उस धरती की याद बराबर अवसाद में डुबा जाती है, ख़ैर!

सोलह की अवस्था कुछ बड़ी अजीब अवस्था होती है—न बच्चों में गिनती, जब बड़ों में ही, यौवन के आरम्भ की, जिसमें मन में उत्साह-उल्लास रहता है। तन के अंग-अंग में स्फूर्ति, आँखों में कुछ लुके-छिपे से सपने, कुछ अनजानी-सी आकांक्षाएँ—कुल मिलाकर बड़ी मधुर अवस्था। शायद इसीलिए इसे अंग्रेज़ी में 'स्वीट सिक्सटीन' कहा जाता है। सिक्सटीन भी कह सकते थे। साथ ही अवस्था में कभी-कभी एक उतावलापन भी होता है—विशेषकर लड़कियों में—कि यह परिवर्तन का समय जल्दी बीत जाये और वे पूर्ण युवती बन जायें।

उन दिनों मैं लाहौर के सेक्रेड हार्ट कॉन्वेंट में पढ़ती थी। बोर्डिंग हाउस में रहती थी। अगले वर्ष मैं मैट्रिकुलेशन की परीक्षा में बैठने वाली थी। शायद लोग सोचें कि उस समय मैं काफ़ी बड़ी हो गयी हूँगी। पर ऐसी बात बिल्कुल न थी, शायद इस वजह से कि परिवार में सबसे छोटी थी।

मेरी तीन बहनें थीं, जो उम्र में मुझसे बहुत बड़ी थीं। चूँकि मेरे कोई भाई न था, इसलिए परिवार में मुझे लड़के-सा ही समझा जाता था। सब बड़ा मान-दुलार देते थे। शायद इस कारण भी कि मैं मातृहीना बच्ची थी—मेरे जन्म के थोड़े ही समय बाद मेरी माता का देहावसान हो गया था। इसलिए मैं स्कूल में और घर पर भी 'टॉम ब्वाय' (पता नहीं हिन्दी में क्या कहेंगे) समझी जाती थी। हम लोगों को स्कूल की चहारदीवारी से बाहर क़दम रखने की इजाज़त नहीं थी। छुट्टियों में हमें घर जाने दिया जाता था, वह भी जब कोई प्रामाणिक व्यक्ति हमें लिवाने आये—प्रायः मेरे पिता आते थे। लेकिन चहारदीवारी के अन्दर जीवन सुखमय था, यों कभी-कभी वहाँ की बन्दिशों से उलझन भी होती थी। खेलने के मैदान में खेलने के समय के अलावा हमें आपस में भी बातचीत करने की मनाही थी। वह ब्रिटिश राज और अंग्रेज़ी भाषा का ज़माना था। हमारी अपनी भाषाएँ वर्नाकूलर कही जाती थीं। हमारी सारी पढ़ाई अंग्रेज़ी में होती थी, अंग्रेज़ी में ही हम एक-दूसरे से बोल सकते थे, अंग्रेज़ी के ही शब्द हर समय हमारे कानों में पड़ते थे—कहने का मतलब कि हम अंग्रेज़ी ही खाते, अंग्रेज़ी ही पीते थे, अंग्रेज़ी में ही सपना देखते थे। लेकिन 'टॉम ब्वाय' को कभी-कभी अपनी मनमानी करने से कौन रोक सकता था?

मुझे एक अवसर याद है जब मैं अपनी सहेलियों के साथ एक मनोरंजक खेल खेल रही थी। हमने किताबें खड़ी करके एक घर बनाया था। घर के साथ कहानी यह जोड़ी गयी कि उनके कोठे पर बादाम के बोरे रखे थे, और घर की एक बुढ़िया ने इतने बादाम खाये थे कि वह मर गयी थी। हम सब घर के आगे बैठी पंजाब में प्रचलित प्रथा के अनुसार गा-गा कर रो-रो कर स्यापा कर रही थीं

कोठे ते बादाम ते बुड्ढी खा मोई
हाय, हाय, गुड्डी खा मोई।

उसी समय हमारे पास एक 'नन' आ पहुँची, जिसकी ड्यूटी थी खेल के समय हम पर निगरानी रखना। उसने हमें वर्नाकूलर में गाने पर डाँटा और कहा 'जो गा रही थीं उसे अंग्रेज़ी में कहो!' मेरी सहेलियों को न सूझा कि वे क्या कहें, चट मैंने उसका अंग्रेज़ी में अनुवाद कर दिया और स्यापे का खेल जारी रखा :

'ऑन द रूफ़ द नट
द वूमेन ईट डाई
आह! आह! द वूमेन ईट डाई!''

उस समय मैंने कल्पना भी न की थी कि आगे चलकर मेरा विवाह एक ऐसे व्यक्ति से होगा, जो शेक्सपियर के नाटकों का अनुवाद करेगा और मैं उनमें अभिनय करूँगी।

अभिनय की चर्चा चल पड़ी है तो यह बता दूँ कि इसके अंकुर बचपन से ही मेरे अन्दर थे। मुझे कई ऐसे प्रसंग याद हैं, जब मैंने ऐसे अभिनयों से अपने पिता को भ्रम में डाल दिया। जब मैं सोलह वर्ष की थी, तब मेरे पिता पटियाला स्टेट में रेवेन्यू मिनिस्टर थे। हर साल गर्मियों में हम लोग शिमला जाया करते थे—शिमला के रास्ते में कुमार हट्टी क़स्बे में हमारा एक बहुत सुन्दर बंगला था। क़स्बा ज़्यादा ऊँचाई पर न था, इसलिए हम लोग वहीं रहते थे, क्योंकि मेरे पिता हाई ब्लड प्रेशर के मरीज़ थे। हमारा घर मेहमानों से भरा रहता था और बहुत से लोग अपने मामलों-मुक़दमों के सम्बन्ध में उनके पास आया करते थे। एक दिन मुझे कुछ शरारत सूझी। मैंने एक नौजवान सिख लड़के का रूप बनाया—पगड़ी बाँधी, दाढ़ी-मूँछ लगा ली। पिताजी का पी.ए. मुझे उनके सामने ले गया, जहाँ मैंने एक नक़ली मुक़दमा उनके सामने रखा, कुछ वैसा ही जैसा मैं रोज़-रोज़ सुना करती थी और वे उसे ऐसे ध्यान से सुनते रहे जैसे वह कोई गम्भीर मामला हो। बाद में जब मैंने अपनी दाढ़ी-मूँछ-पगड़ी हटायी, तब वे हँसते-हँसते लोटपोट हो गये।

एक दूसरे अवसर पर मैं बुर्के में उनके सामने आयी। बूढ़ी औरतों-सी आवाज़ बना ली, और किसी मामले के बारे में बातें करने लगी और काफ़ी देर बात करने के बाद भी वे मुझे पहचान ना सके और मेरे मामले को सुलझाने की जुगत बताते रहे। बाद में मैंने अपना नक़ाब हटाया, तो वे स्तब्ध रह गये।

अब जब मेरे लड़के घर में ऐसी नक़ल बनाते हैं, तो मुझे बड़ा आनन्द आता है और उनमें मैं अपना ही छोटा रूप देखती हूँ। आज जब मेरे बड़े लड़के अमिताभ ने एक अच्छी नौकरी छोड़कर फ़िल्मी संसार में प्रवेश किया है तो मैं उसकी आकांक्षाओं को समझने का प्रयत्न करती हूँ और उसे अपनी पूरी सहानुभूति देती हूँ। मेरी एक महत्त्वाकांक्षा थी कि मैं अभिनेत्री बनूँ, पर वह मैं अपने समय, समाज और परिवार की सीमाओं में नहीं बन सकी। यदाकदा रंगमंच के अभिनय शायद मेरी उसी आकांक्षा ने मुझसे करा लिए हैं। मैं जानती हूँ कि मेरे पिता मुझे बहुत प्यार-दुलार करते थे, पर मुझे पर्दे के ऊपर देखना उन्हें शायद ही गवारा होता; इसके पेश्तर अपने को, शायद मुझे भी, कफ़न के नीचे पाना वे बेहतर समझते! पर अब समय और दृष्टिकोण बदल गये हैं। निश्चय ही अच्छे के लिए, क्योंकि सृजनशील कला, किसी भी रूप में हो, आदरणीय है।

लोकप्रिय कवि की पत्नी : कितना सुख कितनी बेबसी

—तेजी बच्चन

किसी कवि की पत्नी से उसके अनुभव सुनते समय आपके मन में कुछ ऐसी बात होगी कि वह शुरू-शुरू में अपने होने वाले पति की कविताएँ सुनकर या पढ़कर उसकी ओर आकर्षित हुई होगी। मगर एक निजी बात बताने के लिए आप मुझे क्षमा करेंगे। मुझे तो इसका पता भी नहीं था कि मेरे होने वाले पति कवि हैं, यों वे तब तक काफ़ी मशहूर हो चुके थे। मेरा उनकी ओर खिंचाव हुआ तो उनके सहज मानवीय गुणों को देख कर ही। बाद में जब मैंने पाया कि वे कवि भी हैं, तब तो मैंने अपने निर्णय के लिए अपने को भरपूर सराहा। कविरूप में भी वे मुझे एक और अच्छे इन्सान ही जान पड़े—ऐसे नहीं कि जो अपनी दुनियावी ज़िम्मेदारियों से संन्यास लेकर सिर्फ़ कविता किया करते हैं।

ये फुसफुसाहटें, ये उलझनें

यह तो हुई मेरी निजी बात, और निजी रूप में मैं फिर दुहरा दूं कि कवि-पत्नी होना पूर्वजन्म के अच्छे कर्मों का फल है। मगर कवि-पत्नी होने का एक सामाजिक पहलू भी है और इस दृष्टिकोण से मैं कह सकती हूँ कि कवि-पत्नी होना कोई ईर्ष्या-योग्य बात नहीं है। सभी की इच्छा होती है कि समय मिले तो कुछ सैर-सपाटे, नाटक-सिनेमा, पिकनिक आदि में दिलचस्पी लें। और ऐसे मौक़ों पर ग़ैर-ज़रूरी बाधाएँ किसी को भी अच्छी नहीं लगतीं, मगर जब पति कवि हो, तब आपका ऐसी आशा करना एकदम बेकार है। जिधर भी निकल जाइए, फुसफुसाहटें कानों में पड़ने लगेंगी—'फलाँ जी की पत्नी है। हाँ-हाँ वे ही जिन्होंने किताब लिखी है।' और इन फुसफुसाहटों में हमेशा सही सूचना ही रहती हो, ऐसी बात नहीं। इन नीम-हकीमों की बदौलत आपको न जाने कितने कवियों की पत्नी कहलाना पड़ता है, और आपके पति को न जाने किन-किन क़ी किताबों का लेखक। आपके लिए इसके सिवाय कोई चारा भी नहीं कि सुनकर अनसुनी करती जाइए।

- तेजी बच्चन जी
12 अगस्त 1917 – 21 दिसम्बर 2007

यहीं तक होता तो भी गनीमत थी। असली मुसीबत तो आ खड़ी होती है तब, जब तरह-तरह के लोग आपके बारे में वे अजीबो गरीब बातें जान जाते हैं-जो आपको भी पता नहीं। ख़ासकर अगर कोई मेरे पति जैसा प्रेम-गीतों की रचना करने वाला कवि हुआ, तो उसकी पत्नी की ख़ैर नहीं। जितने ही कवि की रचनाओं के पाठक होंगे, उस कवि की उतनी ही जीवनियाँ बनकर तैयार हो जायेंगी। शुक्र इसी बात का है कि वे सब जीवनियाँ ख़ुद ही एक-दूसरी के इतनी ख़िलाफ़ पड़ती हैं कि अलग से कोई सफ़ाई देने की ज़रूरत नहीं रह जाती।

दुनिया में शायद ही कोई ऐसा हो जो यह न चाहता हो कि लोग उसके बारे में चर्चा करें, उसकी ज़िन्दगी के बारे में जानें और इस तरह उसे कुछ महत्त्व मिले। मगर कवि-पत्नी को मैं इसका अपवाद बताना चाहूँगी। वह हरगिज़ नहीं चाहती कि लोग उसकी चर्चा करें, क्योंकि सच पूछिए तो उसकी चर्चा करता भी कौन है? वहाँ तो सब अपनी ही कल्पनाओं का खेल रहता है, जो बेचारी कवि-पत्नी के माथे मढ़ दिया जाता है। कवि ने एक दुख और निराशा का गीत लिखा नहीं कि भाई लोग ले उड़े—"फलाँ जी की 'लाइफ़' आजकल बहुत 'अनहैप्पी'" कवि ने कहीं ग़रीबी और असहायता का ज़िक्र किया कि उसकी जीवनी में एक अध्याय जोड़ दिया गया कि पत्नी ख़र्चीली होने की वजह से कवि को अपने दिन ग़रीबी में काटने पड़े। वैसे इस प्रकार के लोगों की कल्पना-शक्ति की तारीफ़ होनी चाहिए कि कवि की एक मानसिक ज़िन्दगी भी होती है, जहाँ वह दूसरों के या अपने ही काल्पनिक अनुभवों में जीता है, और उसकी रचनाओं के बारे में इस प्रकार के निष्कर्ष निकाल लेना इतना आसान नहीं होता, जितना कि मामूली तौर पर लोग समझ बैठते हैं।

इस तरह आम लोग दो तरह की भूलें करते हैं, जिनसे हम कवि-पत्नियों को काफ़ी दिमाग़ी परेशानी उठानी पड़ती है। यह दूसरी भूल दरअसल कवि के व्यक्तित्व को न समझ पाने के ही दो पहलू हैं। एक ओर तो उसे इस कदर 'कवि' मान लिया जाता है, जैसे वह धरती पर बसने वाले अन्य मनुष्यों जैसा न होकर कोई विशेष ढंग का प्राणी हो। ज़ाहिर है, इस तरह से सोचने वालों के लिए कवि का जीवन बड़ा ही रहस्यमय हो जाता है। अगर ऐसों को मैं घर

1964 में जाड़े के दिनों की याद ताज़ा कराने वाला यह चित्र बायें से : तेजी जी, अमिताभ तथा बच्चन जी

का बजट, और उसकी रोज़मर्रा की ज़िन्दगी की परेशानियों का लेखा-जोखा दूँ—क्योंकि मैं दे सकती हूँ—तो उन्हें बड़ा ताज्जुब होगा। ताज्जुब के साथ एक तरह की निराशा भी होगी। कौन जाने वे कवि को अपने ही जैसा कमाता-खाता सामाजिक प्राणी जानकर उसका आदर करना भी छोड़ दें। ख़ैर, यह तो एक हद हुई। दूसरी हद का ज़िक्र मैंने पहले ही किया। इस हद तक पहुँचकर लोग यह भूल जाते हैं कि कवि का एक कवि-व्यक्तित्व भी होता है, जिसमें लीन होकर वह अपनी रचनाएँ करता है। उस वक़्त वह महज़ अपनी रोज़मर्रा की असलियतों को नहीं दुहराता, बल्कि अपने अनुभूतिपूर्ण मन की तस्वीर उतारता है। इस हद पर पहुँचकर इन लोगों को कवि, जैसे कवि नहीं, डायरी लेखक लगने लगता है और ऐसी दशा में उसकी पत्नी के बारे में लोग जो भी कल्पना करना चाहें, करने लगते हैं और वह बेचारी कर भी क्या सकती है, उसका पति कवि जो है।

एक बार की घटना है। उन दिनों हम इलाहाबाद में रहते थे। वैसे तो मैं अपने पति की रचनाएँ प्रायः घर में ही सुन लिया करती हूँ, मगर कभी-कभी सभा-सम्मेलनों में उन्हें कविता सुनाते देखना भी मुझे बहुत अच्छा लगता है। जब इतने लोग उन्हें सुनना पसन्द करते हैं, तब मेरे लिए तो वह स्वाभाविक ही है। इलाहाबाद में जाड़ा आते ही दीक्षान्त समारोह का मौसम आ जाता है। उन दिनों लगभग रोज़ ही किसी हॉस्टल या किसी संस्था में मेरे पति का कविता-पाठ होता रहता था। इस दिन यूनिवर्सिटी यूनियन की ओर से सीनेट हॉल में एक बहुत बड़े कवि सम्मेलन की तैयारी हुई, हिन्दी के सभी जाने-माने कवि उसमें आने वाले थे। यों ही मेरे मन में आया कि लाओ, आज मैं भी सम्मेलन में उनका कविता पाठ सुनूँ। मैं भी उनके साथ गयी। वे मंच पर जाकर बैठ गये और मैं महिलाओं की सीटों में किसी पिछली पंक्ति में। मगर देखने वाले की नज़र भला चूक सकती थी? 'फलाँ की पत्नी हैं, फलाँ की पत्नी हैं' आदि कानाफूसियाँ शुरू हो गयीं। सच कहूँ तो उस वक़्त तो मुझे कुछ अच्छा ही लगा। आकर्षण का केन्द्र बनना किसे अच्छा नहीं लगता। मगर अपनी भूल तो मुझे तब महसूस हुई,

जब मेरे पति कविता पढ़ने के लिए मंच पर आये। उनके कविता शुरू करते ही एक निराला दृश्य उपस्थित हो गया। लोगों के कान उनकी ओर, और आँखें मेरी ओर। ज़ाहिर है कि यह स्थिति कवि-सम्मेलन के ठीक से चलने में बाधक हो रही थी। मुझे फौरन ही हॉल छोड़ देने का इरादा करना पड़ा। कविता सुनने की लाख इच्छा होने के बावजूद मैं हॉल छोड़कर बाहर निकल आयी और वे अपनी कविता सुनाते रहे :

'प्रिय! शेष बहुत है रात, अभी मत जाओ!'

जैसा मैंने अभी कहा कि रोज़मर्रा की ज़िन्दगी में वे किसी भी सामाजिक प्राणी की भाँति रहते हैं, परन्तु इस ज़िन्दगी के ढर्रे से कभी-कभी हटकर भी चलते हैं। ये वे दिन होते हैं जब उन पर लिखने का जुनून सवार रहता है। उन दिनों कभी-कभी बड़ी विचित्र परिस्थिति हो जाती है। जैसे, मान लीजिए, कुर्सियों पर रंग कराना है। मैं पूछती हूँ, 'क्यों जी पेंटर आया है, रंग करा लें?' जवाब मिलता है; 'हूँ।' 'कुर्सियाँ कम नहीं पड़ जायेंगी?' जवाब मिलता है, 'हूँ।' मैं कहती हूँ, 'मगर कल शाम ही इतने मेहमान आने वाले हैं', 'हूँ।' अजीब आफ़त है, भला इस 'हूँ' का क्या मतलब है! कहती हूँ, 'तो रहने दूँ।' जवाब वही है—'हूँ।'

सचमुच उस वक़्त ऐसा लगता है कि घर का सारा कामकाज छोड़कर मैं भी कविता करने लग जाऊँ। परन्तु जिस तरह एक म्यान में दो तलवारें नहीं रह सकतीं, शायद एक घर में दो कवि भी नहीं रह सकते।

परन्तु ये मौक़े वे हैं, जब वे रचना करने में लगे हुए होते हैं। इस प्रकार जो मेरी परेशानी है, वही मेरे गौरव और अभिमान का कारण भी है। इन्हीं क्षणों में वे जो कुछ करते हैं, उसके कारण उन्हें और मुझे भी एक ख़ासियत मिलती है। नहीं तो आमतौर पर तो उनमें और किसी भी सामान्य पति में कोई भी अन्तर नहीं। और मुझे भी अक्सर सबों की तरह यही कहना पड़ जाता है कि 'अच्छा भाई, चलूँ। अब समय हो गया है, वो आने वाले होंगे।'

"धन्य भाग पितु सो जग जाना, कान सुना जो पूत बखाना!"

(डॉ. हरिवंश राय बच्चन से कमलकान्त बुधकर की बातचीत)

हम अपना जीवन अंकित कर
फेंक चुके हैं राजमार्ग पर
जिसके जी में आये पढ़ ले
थम कर पल भर आते-जाते
हम कब अपनी बात छिपाते

ये पंक्तियाँ डॉ. बच्चन-जैसा निश्छल और पारदर्शी व्यक्ति ही लिख सकता है और न केवल लिख सकता है, बल्कि अपने जीवन को सचमुच खुली किताब की तरह पढ़ने की इजाज़त मुझ-जैसे सामान्य व्यक्ति को भी सहज भाव से दे सकता है। पिछले 17-18 वर्षों से मुझे डॉ. बच्चन का स्नेह प्राप्त है। वे और बातों के अलावा घर-परिवार के दुख-सुख की बातें भी पूछते-बताते हैं। दिल्ली स्थित उनके आवास 'सोपान' में एक बार देर तक हमारी बातचीत चली। सन्दर्भ था अमिताभ का। चाय की चुस्कियों के बीच उन्होंने मुझसे मुस्कराते हुए पूछा था, "क्या करोगे इस सारी बातचीत का?" मैंने कहा था, "हज़ारों-लाखों लोगों तक पहुँचाऊँगा ये बातें।" फिर कविवर बच्चन ने अपने स्टार पुत्र के बारे में बहुत-सी बातें बतायी थीं। मेरे सारे सवालों के जवाब देते गये थे वे।

डॉक्टर सा'ब, हर माँ-बाप की अपने बच्चों के बारे में कुछ कल्पनाएँ होती हैं कि वे अपने बच्चों को यह बनायेंगे या ऐसा बनायेंगे। बच्चे की छुटपन की गतिविधियाँ देख कर भी कुछ लोग अन्दाज़ा लगाया करते हैं कि शायद बच्चा बड़ा होकर ऐसा बने। आप लोगों ने भी अमित जी के बचपन में ऐसी कल्पनाएँ की होंगी। कुछ अन्दाज़ उनके भविष्य के बारे में लगाये होंगे। उस सबके बारे में कुछ बताइए।

हम समझते थे कि बड़ा होकर अमिताभ फ़ौजी अफ़सर बनेगा। मेरी पत्नी सिख परिवार की थीं, जिनके बहुत सारे सम्बन्धी फ़ौज में थे। दूसरे विश्वयुद्ध के समय मेरा विवाह हुआ था। तेजी जी के सम्बन्धी प्रायः फ़ौजी लिबासों में हमारे मेहमान होते थे। अमिताभ के जन्म के सात महीने बाद, मैं ख़ुद फ़ौज में पहुँच गया, यानी 'यूनिवर्सिटी ट्रेनिंग कोर' में दाख़िल हो गया और ट्रेनिंग के लिए फ़ौजी छावनी महू भेज दिया गया। मैं सोचता, यह लड़का इतना सैन्य संस्कारी है कि इसने मुझे भी फ़ौज में पहुँचा दिया, ज़रूर ख़ुद भी कोई बड़ा फ़ौजी अफ़सर बनेगा। फिर उसकी क़द-काठी हमेशा से अपनी उमर के बच्चों से बड़ी मालूम होती थी। हम उसको बचपन में 'फ़ील्ड मार्शल अमिताभ' कहते थे। जब वह 15-16 वर्ष का था, तब हमारे एक मित्र कर्नल हबीबुल्ला ने उसे देखकर कहा था, 'इस लड़के को मुझे दे दीजिए मैं इसे एक शानदार फ़ौजी अफ़सर बना दूँगा।' अमिताभ को मैं खडगवासला भेजना चाहता था, पर उसका मन नहीं था और मैंने अपने बच्चों के साथ ज़बरदस्ती कभी नहीं की। *पुरुषस्यभाग्यं देवो न जानाति...*

अमित जी के बचपन की कोई मीठी शैतानी याद है आपको, जिसने आपको पहले परेशान किया हो और बाद में आनन्दित?

यह उस वक़्त की बात है, जब अमिताभ 6-7 वर्ष के थे। बरसात के दिन थे। हम पति-पत्नी कहीं गये थे। अजिताभ तो बहुत छोटे थे, आया के पास होंगे। अमित के कुछ साथी आ गये और उन्होंने कीचड़ के लड्डू बना-बना कर एक-दूसरे पर फेंकने शुरू किये। हम लौटे तो देखा कि सारा बरामदा गन्दा, दीवारों पर चिपके मिट्टी के लोंदे। गनीमत हुई कि यह खेल कमरों तक नहीं पहुँचा था। मैं बहुत ग़ुस्सा हुआ। अमिताभ को कुछ सबक सिखाना चाहता था। मैंने कहा, 'बाल्टी में पानी लो। साथ में एक तम्बा और हाथ में झाड़ू, फिर सारी गन्दगी जो तुमने फैलायी है, साफ़ करो।' और अमिताभ को साफ़ करना पड़ा। अमिताभ ने सीखा होगा कि यदि हम गन्दगी फैलायें, तो उसकी सफ़ाई भी हमें ही करनी होगी।

विद्यार्थी के रूप में अमित कैसे थे? आपके और कविवर पन्त के प्रकाशित पत्राचार में पन्त जी के पत्रों से कहीं ऐसी ध्वनि निकलती है कि आप और माँ जी, अमित जी के कारण चिन्तित रहते थे। इस विषय में आप क्या कहना चाहेंगे?

अमिताभ अपने विद्यार्थी जीवन में बहुत कुशाग्र-बुद्धि नहीं थे। स्कूल में उनकी कोचिंग के लिए मुझे अलग से अध्यापकों की सहायता दिलवानी पड़ती

थी। मुझे याद है, कॉलेज में पहुँच जाने पर भी गणित के लिए एक ट्यूटर रखने की ज़रूरत पड़ी थी। बी.एससी. में एक बार उनका कम्पार्टमेंट आया था। और जब पास हुए तो द्वितीय श्रेणी में। मैंने बी.ए. प्रथम श्रेणी में पास किया था, इस कारण उनसे कुछ निराशा हुई थी। उनका सपना इंजीनियर बनने का था, पर द्वितीय श्रेणी पाने के कारण एम.एससी. करने का उनका उत्साह मन्द पड़ गया और उन्होंने किसी प्राइवेट फर्म में काम पाने को अपना लक्ष्य बनाया। ब्लैवर्स कलकत्ता में वे नौकरी पा भी गये।

अमित जी ने यहाँ-वहाँ आपके और माँ जी के कड़े नियन्त्रण की चर्चा की है। इसी सन्दर्भ में मैं पूछना चाहूँगा कि अमित-अजित के बाल-मित्रों का 'सर्किल' कैसा था? वे दोनों अपने मित्र आप लोगों की इच्छा या परामर्श से चुनते थे या मित्र चुनने की सर्वथा छूट थी उन्हें?

जैसी हर माँ-बाप की इच्छा होती है, वैसी ही हमारी इच्छा भी थी कि हमारा लड़का अच्छी संगत करे। बुरी संगत में न पड़े। पर हमने अपने लड़कों के लिए दोस्तों का चुनाव नहीं किया। कुछ परिवारों से हमारी मैत्री थी। उनमें जो लड़के-लड़कियाँ थीं, शुरू-शुरू में तो उन्हीं से अमित-अजित मिले-जुले, उन्हीं के साथ खेले-कूदे, पर जैसे-जैसे बड़े होते गये, अपनी रुचि से अपने दोस्त बनाते और छोड़ते रहे। दोस्ती निभाना अमिताभ ख़ूब जानते हैं।

अमित जी के बचपन में क्या ऐसे भी क्षण आपके सामने आये हैं, जब उन्होंने कोई माँग की हो और किन्हीं कारणों से आप वह माँग पूरी न कर पाये हों? उन क्षणों में अमित जी की क्या प्रतिक्रिया रहती थी?

जहाँ तक मुझे मालूम है, अमित ने कभी कोई ऐसी माँग नहीं की, जिसे हम पूरी न कर पाये हों, शायद उनकी ज़रूरतों का अन्दाज़ा हम पहले से लगा लेते थे और उनके मुँह खोलने से पहले ही हम वे ज़रूरतें पूरी कर देते थे। आज हमारी ज़रूरतों के प्रति अमित का भी वही रवैया है।

आज की फ़िल्मों का 'एंग्री यंग मैन' क्या कभी घर में भी 'एंग्री ब्वॉय' बना है?

जहाँ तक मुझे याद है, अमिताभ के एंग्री ब्वॉय की कोई शक्ल मेरे सामने नहीं आती। जब वे बड़े होने लगे, तो बाहर रहने की आज़ादी कुछ ज़्यादा चाहते थे। उन पर हमारा नियन्त्रण था—कहीं भी जाओ, घर पर बता कर जाओ कि कहाँ जा रहे हो और रात होने से पहले घर पर आ जाओ। कभी जब देर से आते थे, डाँट खाते थे, पर उस पर किसी प्रकार का विरोध शायद ही मैंने कभी देखा हो। प्रायः अपनी ग़लती मान लेते थे।

आपको पहली बार कब और किस घटना से यह लगा कि अमित अब बड़े हो गये हैं?

जब मैं 1950 में इंग्लैंड जाने लगा, उस समय अमिताभ 8 बरस के थे पर लगते थे 14-15 के, मैं उनसे कह कर गया था, 'अब घर के मर्द तुम हो, तुम्हें ही अपनी माँ और छोटे भाई की देख-रेख करनी है।' मैं कहता, 'देखो, 14 बरस की उम्र में अकबर हिन्दुस्तान का बादशाह हो गया था और सारे मुल्क की ज़िम्मेवारी उठाता था। तुम दस बरस की उम्र में अपने घर की ज़िम्मेवारी ज़रूर ही उठा सकते हो।' और मौक़ा आने पर उन्होंने उठायी भी ज़िम्मेवारी।

आज के अमिताभ का व्यक्तित्व जहाँ उनकी प्रतिभा, कर्मठता और अनुभव की त्रिवेणी है, वहीं उनके व्यक्तित्व में कहीं स्पष्टतः डॉ. बच्चन और श्रीमती तेजी बच्चन दिखाई पड़ते हैं। यदि मैं आपसे अमित जी के व्यक्तित्व में डॉ. बच्चन और तेजी जी को अलग-अलग ढूँढ़ने को कहूँ तो आपका निष्कर्ष क्या होगा?

अमिताभ के चरित्र की विशेषताओं में दो सबसे प्रमुख हैं—एक तो वे घोर परिश्रमी हैं; दूसरे उनकी रुचि बहुत ऊँची है (ऊँच रुचि आछी—तुलसी)—सर्वश्रेष्ठ से नीचे किसी चीज़ पर उनकी आँख नहीं ठहरती और उसे पाने-अपनाने को वे बड़ी-से-बड़ी क़ीमत चुका सकते हैं।

अमिताभ बहुत ही भाव-प्रवण और संयत बालक रहा है। उसने होश सँभालते ही मेरा श्रम-संघर्ष देखा-समझा होगा। शायद ही उसने कभी अपने

पिता को बिस्तर में जाते या बिस्तर छोड़ते देखा हो। और न ही उसने कभी देखा होगा कि उसका पिता किसी खेल-कूद में हिस्सा लेता है, ताश या शतरंज खेलता है। मित्रों में बैठ कर गपबाज़ी करता है या सिनेमा आदि देखने का शौक़ीन है। यदि आज अमिताभ अथक परिश्रम कर सकते हैं, तो उसका श्रेय इस संस्कार को है, जो उन्होंने मुझसे पाया होगा, सुरुचि के लिए वे अपनी माँ के ऋणी हैं। तेजी जी एक ऊँचे आभिजात्य परिवार का संस्कार लेकर आयी थीं। रहन-सहन से लेकर बात-व्यवहार तक में वे ऊँचे दर्जे की सुरुचि का सबूत हर समय देती हैं। ऐसी सुरुचि पीढ़ियों की देन होती है और पीढ़ियों की दाय भी। इसमें कोई सन्देह नहीं कि अमित, अजित ने यह सुरुचि अपनी माँ से दाय के रूप में पायी है।

बाह्य और स्थूल स्तर पर अभिनय की कला के संस्कार अमिताभ में उनकी माँ से आये हैं। वे अपने विद्यार्थी जीवन में भी नाटकों में भाग लेती थीं। विवाह के बाद भी इलाहाबाद और दिल्ली में कई नाटकों में कई पात्रों की भूमिकाओं में वे उतरी हैं और आज भी अगर मेरे 'हैमलेट' का अनुवाद कभी मंचस्थ हो, तो वे और अमिताभ हैमलेट और गर्टूड की भूमिका में उतरने की महत्वाकांक्षा रखते हैं।

अमिताभ की आवाज़ में शायद मेरी आवाज़ की कोई प्रतिध्वनि सहज ही सुनी जा सके। कविता मैंने कैसी भी लिखी हो, पर मेरे वाक्पाठ का आकर्षण सदा माना गया है। वही आकर्षण कई गुना बढ़ कर आज अमिताभ की आवाज़ का जादू है, जिसने लाखों-करोड़ों लोगों को मोह लिया है।

वैचारिक दृष्टि से आप अपने में और अमित जी में असहमति के बिन्दु देखते हैं क्या? स्पष्ट पूछूँ, तो क्या आप अमित जी के सोचने, करने और जीने में कुछ ऐसा पाते हैं, जो पिता होने के नाते आपने अपने पुत्र के जीवन-व्यवहार में नहीं चाहा हो?

विचारों में मैं स्वयं लीक से हट कर चला था। उससे आगे जाने की आवश्यकता शायद ही अमिताभ ने अभी अनुभव की हो। पर अगर वे जायें, तो मैं उसका स्वागत करूँगा, बशर्ते कि वह विचार, वह रहन, वह जीवन, प्रगति और विकास का द्योतक हो और समाज और लोकमंगल के पथ को प्रशस्त करे।

आपने दो ध्रुवान्त देखे हैं, अपने माता-पिता बाबू प्रतापनारायण जी और सरस्वती का युग तथा अपने पुत्र-पुत्रवधू अमिताभ-जया का युग। आपको 'उस' या 'इस' युग में कोई साम्य दीखता है?

साम्य है भी नहीं और न मैं उसकी प्रत्याशा ही करता हूँ। करनी भी नहीं चाहिए। समय ने जो अन्तर प्रस्तुत किये हैं, वे अनिवार्य थे और उन्हें मैं सहज स्वीकार करता हूँ। अनेक रूढ़ियाँ और बन्धन टूटे हैं और परिवार अधिक मुक्त हुआ है।

अपनी कृति (क्या भूलूँ-क्या याद करूँ) और होनहार बेटे (अमिताभ) के साथ बच्चन जी

'क्या भूलूँ-क्या याद करूँ' में आपने अपने ख़ानदान की इस विशिष्ट परम्परा की ओर इशारा किया है कि एक पीढ़ी में पत्नी और दूसरी में पति आपके यहाँ सर्वेसर्वा होता है। अमित जी के सन्दर्भ में 'पति-शासन' की बात सही होनी चाहिए। है भी शायद! आज के युग में कैसा लगता है आपको अपने ही घर में यह देख कर? ख़ासतौर से तब, जब जया जी जैसी उत्कृष्ट और प्रतिभावान कलाकार को अपनी अभिनय साधना से संन्यास लेना पड़ा है?

परिवार में शासक-शासित की बात अब मध्ययुगीन लगती है, जो वर्तमान में नहीं चलेगी—भविष्य में और भी नहीं, अब पति-पत्नी सम्बन्ध समझदारी-सहयोग पर चलना चाहिए। इस बात का ढोल बहुत पीटा गया है कि जया ने अमिताभ की आज्ञा से, अपनी इच्छा के विरुद्ध अभिनय से संन्यास लिया है। सचाई शायद यह है कि अमिताभ ने सलाह दी होगी और जया ने उसे अपने और परिवार के लिए हितकर समझ कर मान लिया होगा। उस पर दो बच्चों की माँ बनने के बाद क्या जया ने स्वयं यह अनुभव नहीं किया होगा कि बच्चों की देख-रेख, लालन-पालन, और अभिनय का सर्वशक्ति-समयग्रासी काम साथ-साथ नहीं हो सकता? बच्चों के मातृ-स्नेह सिंचित लालन-पालन का स्थान, आयाओं के वेतन प्रेरित क्रिया-कलाप हरगिज़ नहीं बनाये जा सकते। अगर जया ने जीवन का यह सत्य नहीं जाना तो उसे उत्कृष्ट कलाकार समझने में मुझे संकोच होगा। माँ बनने की कला में निष्णात होने के लिए अभिनेत्री की कला का बलिदान करने के कारण मैं उसे बहुत बड़ी कलाकार समझता हूँ। अच्छी माँ बनना—जो अपने बच्चों को बड़ा बना सके—बहुत बड़ी कला है। दुनिया की सबसे बड़ी कलाकार वे माँएँ हैं, जिन्होंने महान पुरुषों को जन्म दिया, उनका पालन-पोषण किया, शिक्षा देकर उन्हें महान

'दुनिया की सबसे बड़ी कलाकार वे माँएँ हैं जिन्होंने महान पुरुषों को जन्म दिया।'

बनाया। पाँच दर्जन किताबें लिख कर मैं अपने आपको उतना बड़ा कलाकार नहीं मानता, जितना तेजी को अमिताभ और अजिताभ की माँ बनने के कारण मानता हूँ। जया की कला तब सिद्ध होगी, जब वे अपने अभिषेक और श्वेता को महान पुरुष और आदर्श नारी बना सकेंगी। उस दिन सैकड़ों फ़िल्मों के हीरो बनने पर भी, अमिताभ अपने को छोटा कलाकार समझेंगे।

अमित जी की फ़िल्मों के प्रति आपका रुख स्नेहाभिव्यक्ति का ही रहता है या तीखी टीका-टिप्पणी भी करते हैं आप? क्या आप उनकी सारी फ़िल्में देखते हैं? अमित आपको सबसे कम और सबसे अधिक प्रभावशाली किन फ़िल्मों में लगे?

फ़िल्म देखने का मुझे कभी शौक़ नहीं था। उसके लिए रुचि मैंने जान-बूझ कर विकसित नहीं की। पहले पैसों का अभाव था, फिर समय का। पढ़ने-लिखने का बहुत-बहुत काम करना था। कहाँ समय था कि वक़्त ख़राब कर फ़िल्में देखूँ! तेजी जी को ज़रूर फ़िल्में देखने का शौक़ था और वे चाहती थीं कि मैं उनके साथ सिनेमा देखने जाऊँ, पर जब उन्होंने देखा कि उसमें मेरा मन नहीं रमता, तो उन्होंने मुझे मुक्त कर दिया और मैंने उन्हें, कि वे जब चाहें, अकेली या अपनी सखी-सहेलियों के साथ जाकर सिनेमा देखें, मेरा बहुत पैसा उन्होंने फ़िल्मों पर बरबाद किया होगा।

लेकिन जब से अमिताभ फ़िल्मों में गये हैं, मैं फ़िल्म देखने लगा हूँ। पर अब भी प्रायः वही फ़िल्में देखता हूँ, जिनमें अमिताभ काम करते हैं। उनकी सभी

फ़िल्में मैंने देखी हैं। शुरू-शुरू में उनकी फ़िल्में मैं कई बार देखता था। 'आनन्द' मैंने शायद दस बार देखी होगी। अब मैं वह श्रम जानता हूँ, जो फ़िल्म-अभिनेता को करना पड़ता है, वह जोख़िम, जो उसे उठाना पड़ता है। मेरा लड़का जिस काम के लिए इतनी मेहनत करता है, इतने ख़तरे उठाता है, उसका परिणाम निश्चय ही मैं देखना चाहूँगा, शौक़ से देखना चाहूँगा। मैं बहुत बार अमित की शूटिंग देखने भी जाता हूँ। और फिर मुझे यह देख कर प्रसन्नता होती है कि किस लगन, अनुशासन, समर्पण की भावना से वे अपना काम करते हैं। सेट पर जाते ही वे भूल जाते हैं कि वे डॉ. बच्चन के बेटे हैं, जया के पति हैं या अभिषेक, श्वेता के पिता हैं। वे जिस भूमिका में उतरते हैं, वही पूरी तरह हो जाते हैं। हम सामने खड़े हैं और वे हमें पहचानते तक नहीं। कलाकार का यह आदर्श समर्पण मुझे विभोर कर देता है। मैं उनका आलोचक नहीं हूँ। तेजी जी ज़रूर फ़िल्मों को सहानुभूति दे सकती हैं और उनसे तटस्थ भी रह सकती हैं। आलोचक के लिए यह गुण वांछित ही है। फ़िल्म कैसी भी हो, अमिताभ अपना काम पूरी तरह करते हैं—डज हिज बेस्ट, पर फ़िल्म की सफलता केवल एक अभिनेता के ऊपर निर्भर नहीं करती। अमिताभ अपनी फ़िल्मों की सफलता-असफलता से तटस्थ भी रहते हैं। गीता वे प्रतिदिन पढ़ते हैं। मेरे अनुवाद 'जन-गीता' से कितनी बार उन्होंने पढ़ा होगा।

करमहि पर बस तोर बसाउ।
फल पर तोहि अधिकार न काउ।

कर्मण्येवाधिकारस्ते मा फलेषु कदाचन। और इसका प्रभाव उनके ऊपर गम्भीरता से पड़ा है।

यह मैं नहीं बता सकता कि अपनी किन फ़िल्मों में मुझे वे अधिक प्रभावशाली लगते हैं; यहाँ मेरे अन्दर के पिता का पक्षपात आड़े आता है। मुझे वे अपनी हर फ़िल्म में प्रभावशाली लगते हैं। उनकी कला में उत्तरोत्तर निखार आता गया है। और मुझे लगता है कि अभी वे अपनी पूरी सम्भावनाएँ जी नहीं सके। यहाँ भी सम्भव है, मेरा 'पिता' ही बोल रहा हो।

अच्छा यह बताइए, अमित जी के फ़िल्मों में आने के पूर्व भी तो आप फ़िल्में देखते होंगे, तब आपको जो अभिनेता सर्वाधिक प्रभावित करता था, क्या अमिताभ के अभिनय में आप उस अभिनेता की-सी प्रभावोत्पादकता पाते हैं?

जैसा कि मैं पहले कह चुका हूँ, मैं फ़िल्में या हिन्दी फ़िल्में यदा-कदा ही देखता था। मेरे कोई फ़ेवरिट हीरो नहीं थे, कि मैं उनकी तुलना अमिताभ

से करता। इतना ही कह सकता हूँ कि जिन ख़ास अभिनेताओं को मैंने परदे पर देखा था, उनसे अमिताभ को बहुत अलग पाता हूँ। 'मौलिकता' कला में कोई छोटा गुण नहीं है। 'न भूतो' उसे देखकर मैंने ही नहीं, बहुतों ने कहा है, 'न भविष्यति' कहने का साहस कौन करेगा? हालाँकि कई पारखियों ने अमिताभ के बारे में ऐसा भी कहने का दुस्साहस किया है।

अच्छा, कवि बच्चन के प्रति अमित जी का रुख कैसा महसूस करते हैं आप? आपकी कविताओं के प्रति अमित जी की प्रतिक्रिया क्या रहती है? केवल श्रद्धाभाव व्यक्त होता है या तटस्थ पाठकीय प्रतिक्रिया भी वे देते हैं? सुना है, शुरू-शुरू में वे आपके साथ कवि-सम्मेलनों में उपस्थिति दिया करते थे?

यह ठीक है कि अमिताभ शुरू-शुरू में मेरे साथ कवि-सम्मेलनों में जाते थे। और मेरा ध्यान है, निश्चय ही जनता के साथ संवाद स्थापित करने की मेरी सफलता पर वे साश्चर्य आह्लादित होते थे। आज जब मैं अमिताभ को असंख्य जनता को मन्त्रमुग्ध करते देखता हूँ, तो मुझे प्रसन्नता होती है, पर आश्चर्य नहीं होता। लड़कपन के संस्कारों को कहीं पर तो प्रभावी होना ही था।

अमिताभ मूल रूप से कलाकार हैं। कलाकार तो हैं ही, कलापारखी और कलाप्रेमी भी हैं। वे अच्छा संगीत सुनना चाहते हैं। अच्छे चित्र देखना चाहते हैं, अच्छी कविता पढ़ना चाहते हैं। सितार बजाते हैं; और भी कई आधुनिक वाद्ययन्त्र,

नयी धुनें निकालते हैं। मेरी बहुत-सी कविताएँ उन्होंने स्वयं पढ़ीं और मुझसे समझी हैं। वे कविताओं के आलोचक तो नहीं, पर उन्हें सही और अच्छी कविता की पहचान है। मेरी कई कविताओं को वे अपनी धुन देकर गाते हैं और सुनाते भी हैं। 'मधुशाला' की एक नयी ट्यून उन्होंने बनायी है, वाद्ययन्त्रों के साथ। सम्भव है किसी दिन यह मेरी ट्यून से अधिक प्रिय और मनमोहक समझी जाये। 'आज महँगा है सैंया रुपइया', 'सोन मछरी' आदि लोकधुनों पर आधारित मेरे गीतों को, उन्होंने अपनी ट्यून में गाकर देश-विदेश में सुनाया है। मेरी कविताओं, गीतों के प्रचार-प्रसार की उनकी बड़ी-बड़ी कल्पनाएँ हैं। कभी पूरी करेंगे। कभी वे चित्र भी बनाते थे। अब भी चित्र बनाने के सामान उनके संगीतकक्ष में रखे हैं। फ़ोटोग्राफ़ी में वे माहिर हैं। और वे जो भी करते हैं, उसमें उनकी सौन्दर्यपारखी दृष्टि का नमूना मिलता है।

'विशाल बरगद के नीचे छोटे पौधे-बूटे पनप नहीं पाते', यह कहते हुए ऐसा माना जाता है कि महान व्यक्तियों के वंशधर, उनकी सन्तान, उनकी महानता और विराटता के सामने उभर नहीं पाते। अगर देखें तो आप भी उनमें से एक हैं। क्या करना पड़ा है आपको यह अपवाद उपस्थित करने के लिए? क्या आपका कुछ टूटा है अमित जी को बनाने में?

'करने' से अधिक शायद यह 'हो जाने' की बात है। अपने पुत्र-शिष्य को अपने से बड़ा बनाने की इच्छा-कामना वैदिक काल से व्यक्त की गयी है। हमारे अन्दर भी रही हो, तो अस्वाभाविक नहीं। बहुत-सी इच्छाएँ, बहुत प्रयत्न करने पर भी पूर्ण नहीं होतीं। हमारी कामना ने शायद कुछ ऐसा माहौल बनाया हो, चेतन

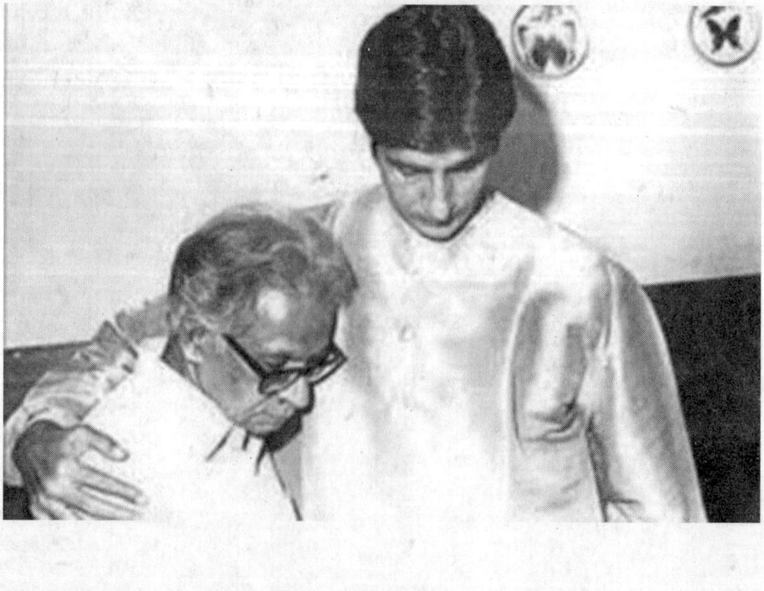

से अधिक अचेतन रूप में, जिसमें प्रतिभा अंकुरित-विकसित होती है। अपनी सीमा-सामर्थ्य में जो अच्छी-से-अच्छी शिक्षा-दीक्षा दी जा सकती थी, वह हमने अपने बेटों को दी; उनके जीवन कार्य की रूपरेखा निर्धारित करने का काम हमने नहीं किया। फिर उन्हें अपनी रुचि, अपनी प्रतिभा के अनुरूप आगे बढ़ने, ऊपर उठने, विकास करने की स्वतन्त्रता दे दी। हमने कहीं 'टूट कर' उन्हें बनाया हो, ऐसा अनुभव हमने नहीं किया और न मेरे बेटों का ही यह अनुभव है कि अपने को 'बनाने' में कहीं उन्होंने अपने माता-पिता को 'तोड़ा' है।

'सुपर-स्टार अमिताभ बच्चन के पिता' के रूप में पहचाना और याद किया जाना कविवर बच्चन को कैसा लगता है?

यह भी कोई पूछने की बात है? राम का सुयश फैलेगा, तो दशरथ को प्रसन्नता होगी ही। राम के सुयश पर दशरथ के प्रसन्न होने पर तुलसीदास ने राम को धन्यभागी माना।

धन्य भाग जगती तल तासु। पितहि प्रमोद सुयश सुनि जासु।।

तुलसीदास से क्षमायाचना के साथ मैंने एक दूसरी अर्धाली गढ़ी है—

धन्य भाग पितु सो जग जाना,
कान सुना जो पूत बखाना!

किमधिकम्? है कुछ सच्चाई मेरी रचना में?

बिल्कुल! अच्छा, अब यह बताइए कि अमित जी की पिछली गम्भीर बीमारी के बाद बच्चन परिवार के सोचने-करने में कोई ख़ास परिवर्तन आया है क्या?

नहीं।

लेकिन लोग तो ऐसा महसूस करते हैं!

परिवर्तन तो शायद बाहरी लोग देख रहे हों। मैं नहीं देख रहा।

डॉ. सा'ब कैसा लगता है आपको इस वातावरण में? मेरा मतलब है, अमित जी द्वारा जुटाये गये आज के समस्त सुविधा और वैभवसम्पन्न वातावरण में? सुरक्षा-व्यवस्थाओं और औपचारिकताओं के घेरे में आपका मुक्त कविमन कैसा अनुभव करता है?

इस मामले में मैं 'पण्डित' हूँ।

यस्य कृत्यं न विघ्नति शीतमुष्णं भयं रतिः।
समृद्धिः असमृद्धिर्वा सैव पण्डित उच्यते ।। (विदुर नीति)

मैं अपने मूल रूप में शायद सर्जक ही हूँ, और सर्जक हमेशा अपने मन-संसार में रहता है, मेरी असमृद्धि उससे क्या ले सकी थी और अमिताभ की समृद्धि उसे क्या दे सकती है? सुरक्षा और औपचारिकताएँ उनका निराकरण करने के लिए हैं, जो अकारण हमारे दुश्मन बन गये हैं और हमसे द्वेष करते हैं। यहाँ फिर मैं कहना चाहूँगा कि उनसे मेरे मनःसंसार को न कभी कोई ख़तरा रहा है, न रहेगा। पर जिस सम्बन्ध से यह व्यवस्थाएँ आवश्यक हो गयी हैं, क्या उसे तोड़ा जा सकता है?

अकारण दुश्मनी की बात पर ध्यान आया, आपने एक पत्र में मुझे लिखा था कि अमित की सफलता के साथ उनके प्रति ईर्ष्या बढ़ रही है, उनके दुश्मन बढ़ रहे हैं, जो उनके साथ सारे परिवार के दुश्मन हो गये हैं। इस सन्दर्भ में बतायें कि क्या कभी ऐसी मनःस्थिति भी बनी कि सबको सोचना पड़े, 'इससे तो अच्छा होता, अमित फ़िल्मों में न होते?'

कभी नहीं। ख़तरे जितने हैं, उनसे सौ गुना ज़्यादा होते, तो भी हम ऐसा न सोचते। अपने परिवार में, जिनके बारे में मैंने सुना या जाना है, उनको जोड़ने का अगर एक सूत्र मुझे मिला है, तो वह है निर्भीकता—

- मेरे परबाबा मीठुलाल नायब कोतवाल थे और न जाने कितने चोर-डाकुओं से उन्होंने टक्कर ली थी। मेरी 'आत्मकथा' में देखें।
- मेरे बाबा ने गदर के गोले को अपने पाँव पर गोड़ा था, इसका ज़िक्र 'आरती और अंगारे' में है।
- मेरे पिता ने निरपराध होते हुए भी अपने एक मित्र को बचाने के लिए हत्या का अपराध स्वीकार कर, फाँसी पाने के लिए अपने को प्रस्तुत कर दिया था—यह सन्दर्भ भी 'आरती और अंगारे' में है।

और मेरी एक कविता में यह पद आया है—

बिजली से अनुराग जिसे हो
उठ कर आसमान को नापे,
आग चले आलिंगन करने,
तब क्या भाप-धुएँ से काँपे;
साफ़, उजालेवाले, रक्षित
पन्थ मरों के कन्दर के हैं,
जिन पर ख़तरे जान नहीं था, छोड़ कभी भी राहें मैंने
आज चंचला की बाँहों में उलझा दी हैं बाँहें मैंने।

धर्मयुग (1 जुलाई, 1984) से साभार

परिशिष्ट

सदी का महानायक

सन् 1907 में जन्मे हरिवंश राय बच्चन ने 1930 से लिखना शुरू किया था, 1932 में उनका पहला कविता संग्रह 'तेरा हार' छपा और 1985 में 'जाल समे. टा' नामक पुस्तक में बच्चन जी ने घोषित किया कि अब मैं कविता लेखन का अपना जाल समेट रहा हूँ। पूरे पचपन साल तक उन्होंने निरन्तर सक्रिय रहते हुए विपुल साहित्य की रचना की। जब उनकी ग्रन्थावली छपी तो उन्होंने उसे अपना 'वांग्मय शरीर' कहा। एक बार साक्षात्कार लेते हुए किसी ने उनसे पूछा था कि इतनी सारी रचनाओं में आप किसे सर्वोत्कृष्ट मानते हैं तो वे पलक झपकते ही बोले थे—"अमिताभ बच्चन मेरी सर्वोत्कृष्ट रचना है।"

सारे देश में यत्र-तत्र होने वाले कवि-सम्मेलनों में बच्चन जी लोकप्रियता के शिखर पर विराजमान रहे और संयोग देखिए कि सदी के महानायक अमिताभ भी अपने क्षेत्र के सर्वश्रेष्ठ शिखर पर आसीन हैं।

साहित्यिक लेखन की कसौटी कविता को नहीं गद्य को माना जाता है। इस कसौटी पर भी बच्चन जी अत्यन्त खरा सोना साबित हुए। उनकी आत्मकथा का पहला खण्ड 'क्या भूलूँ क्या याद करूँ' गद्य लेखन के क्षेत्र की बेजोड़ कृति माना जाता है।

अमिताभ बच्चन की जीवन गाथा की झलकियाँ पुस्तक में संकलित करने की चेष्टा मैंने की है। इस पुस्तक के परिशिष्ट स्वरूप पाठकों को अमिताभ बच्चन की अद्भुत वक्तृत्व कला का परिचय प्राप्त होगा। इस खण्ड में अमिताभ द्व ारा समय-समय पर दिये गये व्याख्यान संकलित किये गये हैं। मुझे याद है कि कई वर्ष पहले ऑल इंडिया रेडियो पर पद्मा सचदेव ने बच्चन जी का साक्षात्कार लिया था। उसमें एक प्रश्न के उत्तर में बच्चन जी ने बताया था कि—वे अपने बेटे की क़द-काठी देखकर उसे भारतीय सेना में भेजना चाहते थे, कभी-कभी उसे फील्ड मार्शल कहकर भी पुकारते थे, पर वह तो बचपन से ही कलाओं का प्रेमी था। नन्हा-सा था तब पेंटिंग बहुत अच्छी करता था। संगीत में रुचि थी, सितार भी बजाता था, कभी-कभी कविताएँ भी लिखता था। उन्होंने कहा था

कि अमिताभ की शैली बहुत अच्छी है अंग्रेज़ी में भी और हिन्दी में भी। और यह सब कुछ कहकर मैं अपने बेटे का पक्षपात नहीं कर रहा हूँ। मैं जब उसके पत्रों को पढ़ता हूँ—तब उनमें अपने हालचाल देने के अलावा जब उसने अपनी मनोभावना में कभी मुझे पत्र लिखा है तो मुझे ऐसा मालूम होता है कि वह साहित्य का कोई टुकड़ा ही है। बच्चन जी ने यह भी कहा कि जब उनकी आत्मकथा छपी तो चूँकि उसकी शैली का मैं कायल हूँ और मैं उसे पसन्द भी करता हूँ तो मैंने उसकी प्रति पर लिखा—

''प्रिय अमिताभ, तुम्हारे विनोदार्थ अपना यह आत्मचरित मैं भेज रहा हूँ। लेकिन मुझे विश्वास है कि जब तुम अपनी आत्मकथा लिखोगे तो लोग मेरी आत्मकथा भूल जायेंगे।''

बच्चन जी की कही बातें आप अक्षरशः सही पायेंगे जब इन व्याख्यानों को पढ़ेंगे।

क्या भाषा, क्या शैली और क्या तो बोलने का अन्दाज़ और शुद्ध उच्चारण है। मैंने जब-जब स्वयं उन्हें सुना है, दंग रह गयी हूँ। इस छोटे-से संकलन में आप जब वह अंश पढ़ेंगे जिसमें उन्होंने लता मंगेशकर जी का परिचय दिया है तो उनकी भाषा और शैली देखकर बच्चन जी के शब्द 'साहित्य का कोई टुकड़ा' एकदम सटीक लगेंगे।

फ़िल्म जगत् ने हमें अभिनय के क्षेत्र का 'सदी का महानायक' तो दिया लेकिन ऐसे एक महान लेखक से हमें वंचित कर दिया जो हमारे देश को मिल सकता था।

कविता भरी शाम के बाद मुम्बई अच्छी लगने लगी

[4 सितम्बर 1997 को भारतीजी के देहावसान के बाद, 25 दिसम्बर को शारदा संगीत विद्यालय के सभागार में श्रद्धांजलि के रूप में एक समारोह आयोजित किया गया। अध्यक्षता शीर्षस्थ सम्पादकों में शुमार किये जाने वाले प्रभाष जोशी जी ने की। कमलाकर सोनटक्के, सत्यदेव दुबे, राज बब्बर, नादिरा बब्बर, अमरीश पुरी, राजेश्वरी सचदेव, पण्डित विनोद शर्मा, जयदेव हटंगड़ी, रोहिणी हटंगड़ी, पद्मा सचदेव आदि कई बड़ी हस्तियों ने भारतीजी की लिखी कविताओं को अपने-अपने अद्भुत तरीक़ों से सुनाना शुरू किया तो सभी श्रोता मन्त्रमुग्ध हो गये। अन्त में, जब सत्यदेव दुबे और अमरीश पुरी ने मिलकर नाट्य प्रयोग के रूप में भारतीजी की एक लम्बी कविता 'प्रमथ्यु गाथा' का मंचन किया तो सभी भाव विभोर हो उठे।

किसी को भी अन्दाज़ा नहीं था कि इतने छोटे-से नोटिस पर, एक-दूसरे से सुनकर ही, बिना किसी निमन्त्रण की औपचारिकता के, शहर के एक से एक प्रबुद्ध विशिष्ट लोग खिंचे चले आयेंगे। पूरा हॉल खचाखच भर गया था। पूरे डेढ़ घण्टे तक चला था वह कार्यक्रम, कई लोगों ने तो पीछे खड़े होकर भी देखा। तभी उसी दिन निश्चय कर लिया गया कि भारतीजी के जन्मदिन पर हर वर्ष ऐसा आयोजन किया जायेगा। इसी क्रम में सन् 2001 में भारतीय विद्या भवन के विशाल सभागार में आयोजित पाँचवें समारोह में निर्मल पाण्डे के निर्देशन में भारतीजी के नाटक 'अन्धा युग' का मंचन किया गया। साहित्य, संगीत, नाटक, सिने जगत् और समाज के अन्य क्षेत्रों से अनेक गण्यमान्य लोग उपस्थित हुए। सारा हॉल खचाखच भर गया यहाँ तक कि सभागार की बालकनियाँ भी भर गयीं।

समारोह के अध्यक्ष के रूप में सदी के महानायक अमिताभ बच्चन ने जब बोलना शुरू किया तो 'पिनड्रॉप साइलेंस' यह शब्द चरितार्थ हो उठे। उन्होंने अपने भाषण में जिस शाम का ज़िक्र किया वह थी 1967 की शरद पूर्णिमा की शाम। जब बच्चन जी की कविताएँ सुनते-सुनते चटक चाँदनी लुटाती सुहानी शाम सभी साहित्य प्रेमी श्रोताओं के लिए एक कभी न भूल सकने वाली शाम बन गयी। सारे संसार में लोकप्रिय, सदी के महानायक भी उस शाम को कभी भुला नहीं सके और

अपने भाषण में उस शाम की यादों से भारतीय विद्या भवन को भी एक यादगार शाम दे गये। उस अनोखी शाम का उल्लेख बच्चन जी ने भी 1970 में प्रकाशित अपनी आत्मकथा के दूसरे भाग 'नीड़ का निर्माण फिर' में बड़े चाव से किया था। यह भी लिखा है कि–"उस सन्ध्या को मैं इतना अभिभूत हो गया कि अपने अतीत में ही पहुँच गया। दो-ढाई घण्टे तक कविता सुनाता रहा। जब मैंने समाप्त किया तो भारतीजी ने कहा कि आपसे कविता सुनने का अवसर तो बहुत बार मिला है पर जितनी तन्मयता से आज आपने कविता सुनायी, इतनी तन्मयता मैंने आज से पहले कभी न देखी थी।"]

★★★

इस सभागार में उपस्थित देवियो और सज्जनो–मैं अमिताभ बच्चन आप सभी को सादर नमन करता हूँ। आज आप सबके बीच आना बहुत अच्छा लग रहा है, इसलिए कि–जानता हूँ आप डॉ. धर्मवीर भारती के जन्मदिन पर इकट्ठे मिलकर उन्हें याद करने और अपनी श्रद्धा अर्पित करने आये हैं। ज़ाहिर है आप सब लिखने-पढ़ने वाली बिरादरी से सम्बन्ध रखते हैं। मैं इसे अपना बड़ा सौभाग्य मानता हूँ कि मैं भी इस बिरादरी का एक छोटा-सा सदस्य हूँ। मेरा तो अमिताभ नाम ही हिन्दी के एक बड़े कवि श्री सुमित्रानन्दन पन्त का दिया हुआ है। मेरे बाबूजी, स्वनामधन्य डॉ. हरिवंश राय बच्चन का साहित्यिक परिवार बहुत बड़ा रहा है। उसी परिवार के बीच पला-बढ़ा हूँ, वहीं से संस्कार पाये हैं मैंने। बाबूजी के उस परिवार के कुछ बड़े नज़दीकी सदस्यों में से एक थे, भारतीजी। बाबूजी ने सदा उन्हें अपने छोटे भाई की तरह माना। भारतीजी जब भी हमारे घर आते या हम उनके घर जाते–भारतीजी हमेशा बाबूजी के चरण-स्पर्श कर आशीर्वाद लेते और

डॉ. धर्मवीर भारती की पावन स्मृति पर बोलते अमिताभ बच्चन

दोनों घण्टों बतियाते रहते। भारतीजी और माँजी के बीच देवर-भाभी का रिश्ता, उन बातों के दौरान मधुर खिलखिलाहटों की मिसरी घोलता रहता था। आज यहाँ आकर उन दिनों की तमामों-तमाम ख़ूबसूरत यादें मन में कौंध रही हैं। उन यादों को प्रणाम करते हुए मैं भारतीजी की पावन स्मृति का अभिनन्दन करता हूँ, उन्हें श्रद्धांजलि अर्पित करता हूँ।

ऊपर बाल्कनी में बैठे दर्शकों की ओर उन्मुख

पीछे की ओर दर्शकों के बीच बैठे गोविन्द निहलानी और उनके पीछे बैठे हैं सत्यदेव दुबे

उन पुराने दिनों की यादों में से एक शाम, या कहूँ एक रात की बात अभी-अभी अचानक याद आ गयी है। मैं बम्बई आया ही था, मन पूरी तरह लग नहीं पा रहा था, घर का माहौल बहुत याद आया करता था। यद्यपि बीच-बीच में कभी माँ, कभी बाबूजी मेरे साथ कई-कई दिन तक रहकर जाते थे—पर मन था कि उखड़ा-उखड़ा सा ही रहता था। उन दिनों भारतीजी 'धर्मयुग' के सम्पादक के रूप में काम करते थे और वार्डेन रोड, या शायद बामन जी पेटिट रोड के एक बड़े से टैरेस फ़्लैट में रहते थे। टैरेस ख़ासी लम्बी-चौड़ी थी और उसकी सबसे ख़ास बात यह थी कि उसके छज्जे के पास खड़े होकर सामने दूर-दूर तक फैला ब्रीच कैंडी का समन्दर देखना बहुत अच्छा लगता था। उसी टैरेस पर उस दिन भारतीजी के कई मित्र इकट्ठा थे—कुछ पत्रकार, कुछ कवि और लेखक, कुछ अध्यापक, कुछ कलाकार वग़ैरह—क़रीब सौ सवा सौ लोग रहे होंगे। शरद पूर्णिमा की रात थी, पूरा माहौल चाँदनी में डूबा हुआ था—ख़ूब बड़ी-सी दरी बिछी थी—उसी पर सब बैठ गये और सामने एक छोटे-से तख़्त पर गावतकियों के सहारे बाबूजी बैठे थे—तख़्त की पाटी से टिके ज़मीन पर भारतीजी थे—पास में थीं बाबूजी की लिखी आठ-दस किताबें! किताबों में से काग़ज़ों की चिटों के कई पुर्जे झाँक रहे थे—यानी कि भारतीजी की तैयारी पूरी तरह चाक-चौबन्द थी। थोड़ी-सी अनौपचारिक बातचीत के बाद कविताओं का दौर शुरू हुआ। पहले बाबूजी ने स्वयं अपने मन से कुछ कविताएँ सुनायीं। उसके बाद तो भारतीजी एक-एक किताब खोलते, काग़ज़ की चिट हटाते और पन्ना खोलकर बाबूजी के सामने कर देते। बाबूजी कभी मुस्कुराते, कभी गम्भीर हो जाते—कभी यों ही पढ़कर, कभी गाकर कविताएँ सुनाते रहे। अजब माहौल बन गया था—न तो फ़रमाइशें पेश करने वाला थक रहा था, न सुनाने वाला थकता नज़र आ रहा था, और सुनने वालों का तो ख़ैर थकने का सवाल ही नहीं था—वह तो कविता और चाँदनी के जादू में नहा रहे थे। घण्टों चला था वह कविताओं का दौर। मुझे आज भी याद है उस दिन बाबूजी ने जो आख़िरी कविता सुनायी थी, उसकी अन्तिम पंक्तियाँ थीं—

दे रही कितना दिलासा
आ झरोखे से ज़रा-सा
चाँदनी पिछले पहर की—पास में जो सो गयी है!
रात आधी हो गयी है।

आज आपको सच बताऊँ—उस दिन के बाद से मुझे मुम्बई अच्छी लगने लगी थी—यह तो बहुत बाद में पता चला कि कविताओं की वह शाम बाबूजी और भारतीजी ने मुझे बिना बताये अरेंज ही इसलिए की थी कि मेरा उखड़ा मन किसी

तरह थिरा जाय। फिर तो वह शुरुआती दौर गुज़र जाने के बाद भी कई शामें भारतीजी के घर पर, माँ-बाबूजी और पुष्पाजी के साथ कविताओं का पाठ करते, बाबूजी के लिखे बड़े प्यारे-प्यारे लोकगीत उनके साथ सुर में सुर मिलाकर गाते, ख़ूब मस्ती में गुज़ारी थीं—फ़िल्मों के जीवन की घनघोर व्यस्तताओं के बीच एक दूसरी ही तरह की ताज़गी दे जाती थीं वे शामें...

उन यादों के प्रवाह को यहीं रोक देना होगा क्योंकि आप ही की तरह मुझे भी उत्सुकता है 'अन्धा युग' को मंचित होते देखने की।

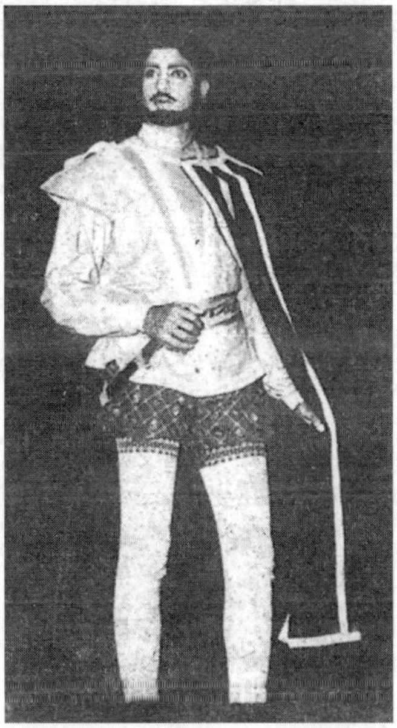

अमिताभ बच्चन, कैसियो की भूमिका में : बच्चन जी द्वारा अनूदित 'ओथेलो' में अभिनय के दौरान (वर्ष : 1963)

साठ के दशक में तब मैं विद्यार्थी ही था जब दिल्ली के फ़िरोज़शाह कोटला मैदान में श्री अल्काजी द्वारा निर्देशित 'अन्धा युग' मैंने पहली बार देखा था और इतना प्रभावित हुआ था कि बाबूजी की स्टडी में रखी अनगिनत पुस्तकों में से मैं 'अन्धा युग' को अलग से पहचानने लगा था और अक्सर उसके पन्ने उलट-पुलट कर पढ़ा करता था। रंगमंच की दुनिया एकदम अलग तरह की निराली ही होती है—अजब नशा होता है उसका। मैंने भी शेक्सपियर के कुछ नाटकों में काम किया था—'अन्धा युग' देखने के बाद इच्छा हुई थी कि कभी इस नाटक में काम करने का मौक़ा मिला तो ज़रूर करूँगा। पर फिर तो फ़िल्मों में ऐसा व्यस्त हुआ कि सभी रागरंग भूल गये। बीच-बीच में सुनता रहा कि अनेक भारतीय भाषाओं में सारे देश में यह खेला जाता रहा। यहाँ तक कि कभी मॉरिशस, कभी जापान, जर्मनी, पेरिस, लन्दन, अमेरिका—पता नहीं कहाँ-कहाँ इसके मंचन होते रहे। इस अद्भुत कृति को आज यहाँ आप सबके साथ बैठकर देखने का मौक़ा मिला है। इस नाटक की कुछ पंक्तियाँ मुझे बेहद पसन्द हैं उन्हें आपको सौंपकर आपसे विदा लेता हूँ—

पता नहीं प्रभु हैं या नहीं
किन्तु, उस दिन यह सिद्ध हुआ
"जब कोई भी मनुष्य
अनासक्त होकर चुनौती देता है इतिहास को,

उस दिन नक्षत्रों की दिशा बदल जाती है।
नियति नहीं है पूर्वनिर्धारित—
उसको हर क्षण मानव-निर्णय बनाता-मिटाता है!"

★★★

कविताओं की वह अविस्मरणीय शाम जिसे स्वयं अमिताभ बच्चन कभी भूल नहीं सके। प्रस्तुत हैं उसकी कुछ झलकियाँ—

कविता पाठ करते हुए हरिवंश राय बच्चन

महावीर अधिकारी, मनमोहन सरल, कमलेश्वर, बच्चन जी तथा अमिताभ बच्चन

बच्चन जी, भारतीजी और पण्डित शिव शर्मा (अपनी आत्मकथा में इस अविस्मरणीय शाम के बारे में लिखते हुए बच्चन जी ने इन्हीं महान वैद्यराज पण्डित शिव शर्मा का ज़िक्र किया है)

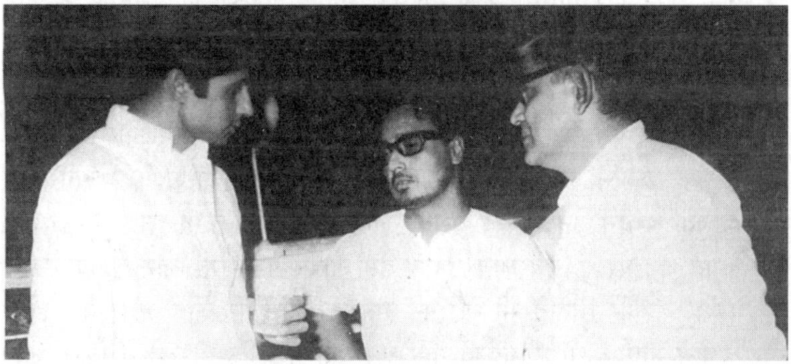

अमिताभ बच्चन, बासु भट्टाचार्य, गोपाल दत्त

श्रोतागण

साठ गीत रत्न

सन् 2002! यानी कि अमिताभ बच्चन के जीवन की षष्ठिपूर्ति का वर्ष!!

उनकी इस विशेष सालगिरह पर मैं उन्हें कुछ उपहार देना चाहती थी, किन्तु समझ नहीं आ रहा था कि क्या दूँ। क्योंकि तब तक वैश्विक महत्त्व की दृष्टि से अमिताभ का क़द इतना बड़ा हो चुका था कि उपहारस्वरूप दी जा सकने वाली हर चीज़ छोटी और मामूली नज़र आ रही थी। कई दिन की उधेड़बुन के बाद एक बात सूझ ही गयी। बच्चन जी ने अपनी आत्मकथा के पहले भाग 'क्या भूलूँ, क्या याद करूँ' में लिखा है कि बचपन में अक्सर किसी-न-किसी विशेष अवसर पर पास-पड़ोस की महिलाओं और रिश्तेदारों के साथ मिलकर उनकी माँ खूब ढोलक बजातीं, मंजीरे बजते और सब महिलाएँ ख़ुशी-ख़ुशी नाचती-गाती थीं। बालक बच्चन उनके बीच घुसकर बैठ जाते, कभी-कभी साथ में ख़ुद भी गाने लगते थे। घर के सब लोग उनकी इस आदत पर हँसते और मज़ाक़ उड़ाते थे, 'महरा' कहकर चिढ़ाते भी थे। पर बालक बच्चन पर कोई असर नहीं होता और वे ऐसे मौक़े कभी छोड़ते ही नहीं थे। यहाँ तक कि मोहल्ले में किसी और

'साठ गीत रत्न' पुस्तक का लोकार्पण करते हुए पटकथा लेखक और गीतकार जावेद अख़्तर एवं अन्य विशिष्ट जन

सुप्रसिद्ध संगीत निर्देशक नौशाद साहब, जावेद अख़्तर, पुष्पा भारती, अमिताभ बच्चन व रामजी तिवारी

के घर होने वाले ऐसे आयोजन में भी वह माँ के साथ ज़िद करके चले जाते और ख़ूब आनन्द लेते थे—भला किसी को क्या मालूम होगा कि भविष्य की कोई नींव रखी जा रही थी।

एक दिन वह भी आया जब 1934 में बच्चन जी ने बनारस हिन्दू विश्वविद्यालय में होने वाले कवि-सम्मेलन में पहली बार 'मधुशाला' की रुबाइयाँ सुनायीं और श्रोता मन्त्रमुग्ध से सुनते रहे। उस दिन से रातों-रात वे उस डगर पर मुड़ गये जहाँ से कवि-सम्मेलनों के शीर्षस्थ लोकप्रिय कवि बन गये और सारे भारत से उन्हें निमन्त्रण मिलने लगे। जहाँ भी जाते, श्रोता खिंचे चले आते। सारा सभागार 'वंस मोर' की आवाज़ों से गूँजता रहता।

कारण शायद यह भी रहा होगा कि अत्यन्त गहन भावपूर्ण होते हुए भी उनकी कविताओं की भाषा बहुत सरल होती थी। ऊपर से वह कविता पढ़ते ऐसे अनोखे अन्दाज़ से थे कि उनमें एक सांगीतिक धुन जैसी सुरीली लय घुली मिली रहती थी। ज़रूर ये धुन और सुर की समझ माँ द्वारा जमाई उन घरेलू महफ़िलों से मिले संस्कारों का वरदान हो कि उनकी कविताओं के श्रोताओं और पाठकों की गिनती सम्भव ही नहीं।

एक दिन अचानक मुझे याद आया कि शुरुआती संग्रहों में तो नहीं, किन्तु बाद की पुस्तकों में शुद्ध कविता के साथ बीच-बीच में कुछ शुद्ध रूप से गेय गीत भी शामिल हैं। और कहीं-कहीं तो अलग-अलग प्रदेशों के लोकगीतों की धुनों पर आधारित उनके लिखे लोकगीत भी मिलते हैं। पर शायद किसी समालोचक का ध्यान इस ओर गया ही नहीं वरना प्रशंसा या भर्त्सना कुछ तो लिखा ही गया होता। मुझे सूत्र मिल गया और मैंने उनके सभी संग्रहों को छान मारा और सभी गीत और लोकगीत निकाल लिए—और लीजिए तैयार हो गयी एक नयी पुस्तक 'साठ गीत रत्न'।

'साठ गीत रत्न' का लोकार्पण समारोह मुम्बई के सेंट एंड्रूज हॉल में हुआ। सुप्रसिद्ध संगीत निर्देशक नौशाद साहब और मुम्बई विश्वविद्यालय में हिन्दी के विभागाध्यक्ष रामजी तिवारी के सान्निध्य में प्रतिष्ठित शायर और सिने जगत के सर्वाधिक लोकप्रिय पटकथा लेखक और गीतकार जावेद अख़्तर साहब ने लोकार्पण करते हुए कहा कि मेरी शायरी के पालने की डोर प्यार से खींचने वाले तीन लोग मुझे याद आ रहे हैं—हरिवंश राय बच्चन जी जिन्होंने तब से मेरी लिखी चीज़ें सुनी थीं जब मैंने लिखना शुरू ही किया था। धर्मवीर भारतीजी, जिन्होंने पहली बार मेरी नज़्में और ग़ज़लें धर्मयुग में छापीं और पुष्पा भारतीजी जिन्होंने पहली बार मुझ पर लेख लिखा। फ़ख्र महसूस कर रहा हूँ कि सदी के महानायक अमिताभ बच्चन की शान में हुए इस समारोह में मुझे यह मौक़ा मिला कि 'साठ गीत रत्न' का लोकार्पण करूँ।

अपने हाथों में कुछ किताबें लिए अमिताभ ने जब मंच पर प्रवेश किया तो तालियों की करतल ध्वनि इतनी देर गूँजती रही कि मंचस्थ सभी लोगों ने खड़े होकर हाथ जोड़कर जनता का अभिवादन किया।

औपचारिकताएँ पूरी होने के बाद अमिताभ ने सबसे पहले अपनी पसन्दीदा कविता 'जीवन की आपाधापी में...' सुनायी, फिर 'जो बीत गयी सो बात गयी' सुनायी...और फिर जो कविताओं और गीतों का सिलसिला

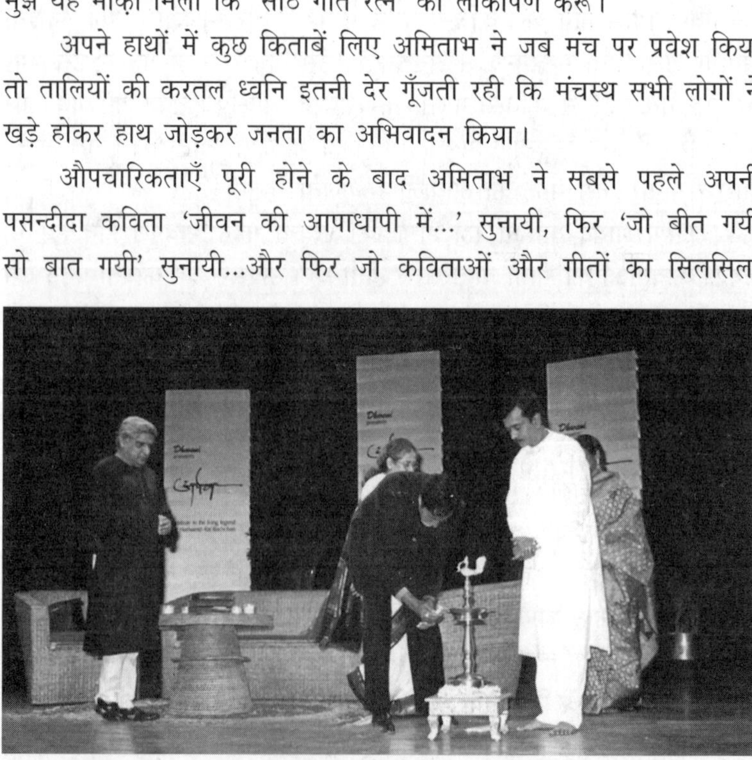

सांस्कृतिक संस्था 'ध्वनि' की प्रस्तुति 'अर्पण' के लिए अमिताभ जी द्वारा दीप प्रज्वलन

शुरू हुआ तो खचाखच भरे हॉल में बैठे श्रोता भावविभोर होकर मन्त्रमुग्ध होकर रसपान करते रहे।

नृत्यांगना वास्वती मिश्रा

एक छोटे अन्तराल के बाद नृत्य सम्राट बिरजू महाराज की शिष्या वास्वती मिश्रा ने 'ध्वनि' संस्था की ओर से बच्चन जी की 'मधुशाला' का जैसा नृत्यार्पण किया कि सचमुच चिरस्मरणीय

नृत्य नाटिका 'अर्पण'

बन गयी 'साठ गीत रत्न' के लोकार्पण की वह शाम!

हिन्दी के सर्वश्रेष्ठ प्रकाशकों में शुमार वाणी प्रकाशन ने अपनी परम्परानुसार इसे बड़े आकर्षक रूप में छापा।

पुस्तक देख और पढ़कर अभिभूत हो गये अमिताभ। विभोर मन से उन्होंने जो पत्र भेजा वह मैंने अपनी कुछ अनमोल यादों और सौगातों की मंजूषा में सहेज कर रख लिया।

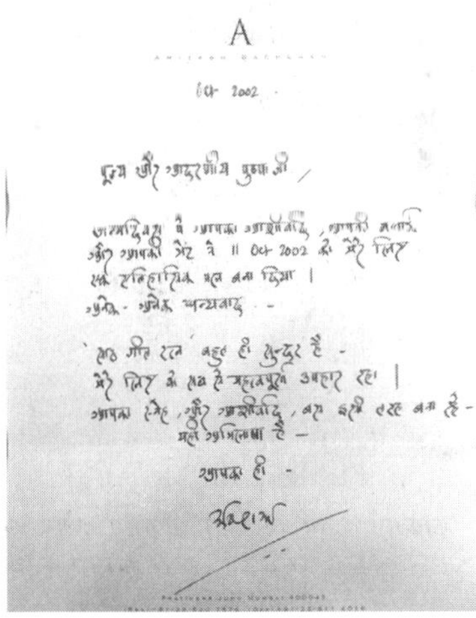

A

2002.

पूज्य और आदरणीय शुक्ला जी /

जन्मदिवस पे आपका आशीर्वाद, आपकी [illegible] और आपकी भेंट ने 11 Oct 2002 को मेरे लिए एक ऐतिहासिक पल बना दिया।
अनेक-अनेक धन्यवाद -

'साठ गीत रत्न' बहुत ही सुन्दर है -
मेरे लिए ये सब से महत्वपूर्ण उपहार रहा।
आपका स्नेह, और आशीर्वाद, बस इसी तरह बना रहे -
यही अभिलाषा है -

आपका ही -

अमिताभ

कविताएँ बच्चन की चयन अमिताभ बच्चन का

'साठ गीत रत्न' पुस्तक को बहुत सराहना मिली। उत्साहित होकर मैंने सोचा कि अमिताभ को अपने बाबूजी की लिखी सभी कविताएँ बहुत पसन्द हैं ये हम सभी जानते हैं। तमाम कविताएँ तो उन्हें कण्ठस्थ भी हैं। एक और बात मैंने कभी-कभी महसूस की है कि बच्चन जी की कविताएँ किताब में पढ़ते समय जो रस मिलता है वह अमिताभ की आवाज़ में सुनने पर दोबाला हो जाता है।

मैंने अमिताभ से अनुरोध किया कि बाबूजी के विपुल कविता भण्डार में से वे अपनी निजी पसन्द की कविताएँ चुनकर दे दें तो उन्हें अलग से पुस्तक के रूप में छापा जा सकता है। बड़े प्रेम और लगन से अमिताभ ने यह काम किया। ज्ञानपीठ ने बहुत सुन्दर कवर के साथ 'कविताएँ बच्चन की चयन अमिताभ बच्चन का' के नाम से पुस्तक छापी और सौभाग्य से इस पुस्तक का लोकार्पण भारतीय ज्ञानपीठ के 44वें पुरस्कार समारोह में हुआ।

'कविताएँ बच्चन की चयन अमिताभ बच्चन का' पुस्तक का लोकार्पण करते हुए अमिताभ बच्चन, गुलज़ार व लेखिका पुष्पा भारती

एक और विशेष बात कि इस पुस्तक के लिए मैं चाहती थी कि अमिताभ अपने बाबूजी पर एक लेख लिखकर दें। पर उन दिनों फ़िल्मों की शूटिंग में वे इतने व्यस्त थे कि समय नहीं निकाल पा रहे थे। तो सोचा कि हमेशा की तरह मैं साक्षात्कार लेकर उनकी ज़बानी उनके मन की बात सुनकर लेख तैयार कर दूँ, पर इतना समय भी मिलना दुश्वार था। रास्ता यह सूझा कि एक दिन बाद शूटिंग के लिए अमिताभ को विदेश जाना है, मैं प्रश्नावली बना दूँ, तो वे यात्रा के दौरान विमान में बैठे-बैठे उत्तर लिखकर दे देंगे। यही किया गया और जो लेख बना वह इस पुस्तक का सबसे बड़ा आकर्षण बन गया। हर पल-छिन अनवरत परिश्रम करते रहना और समय का पाबन्द होना यह अमिताभ के ख़ून में घुल चुका है। अमिताभ की सुन्दर हस्तलिपि में लिखे वे उत्तर एक महत्त्वपूर्ण दस्तावेज़ की तरह आज भी मेरे पास हैं—एक अमूल्य निधि की तरह!

चौवालीसवाँ ज्ञानपीठ पुरस्कार समारोह

[भारतीय ज्ञानपीठ प्रकाशन द्वारा साहित्य के क्षेत्र में किसी भारतीय भाषा के तत्कालीन सर्वश्रेष्ठ लेखक को पुरस्कृत करने की योजना बनायी गयी। इसकी स्थापना होने के बाद सबसे पहला पुरस्कार 1965 में मलयालम भाषा के श्री जी. शंकर कुरुप को दिया गया था। समारोह की अध्यक्षता श्री सम्पूर्णानन्द जी ने की थी। 1966 में यह पुरस्कार बंगाली भाषा के श्री ताराशंकर बन्दोपाध्याय को और 1967 में तीसरा पुरस्कार गुजराती के उमाशंकर जोशी तथा कन्नड़ के श्री पुतप्पा को दिया गया। 1968 में हिन्दी के सुमित्रानन्दन पन्त को चौथे ज्ञानपीठ पुरस्कार से सम्मानित किया गया। इस तरह एक से बढ़कर एक बड़े साहित्यकार पुरस्कृत होते रहे और देखते-देखते इन पुरस्कारों की चतुर्दिक चर्चा और सराहना होने लगी। ख्याति इतनी बढ़ गयी कि इसे भारत का नोबेल पुरस्कार कहा जाने लगा।

इन समारोहों के विशेष अतिथि के रूप में अध्यक्षता के लिए देश-विदेश की एक से बढ़कर एक महान विभूतियों को आमन्त्रित किया जाता रहा है। इन्दिरा गाँधी, कर्ण सिंह, महादेवी वर्मा, मोरारजी देसाई, रुक्मिणी अरुंडेल, ज्ञानी जैल सिंह, मारग्रेट थैचर, ऑक्टोवियो पॉज़, अटल बिहारी वाजपेयी, नेल्सन मंडेला जैसी महान हस्तियों के द्वारा पुरस्कार प्रदान किये गये—उसी क्रम में सन् 2004 में 44वें पुरस्कार समारोह में उर्दू के प्रसिद्ध शायर श्री शहूरयार को यह सम्मान मिला तो पुरस्कार समारोह की अध्यक्षता के लिए विश्व प्रसिद्ध अभिनेता श्री अमिताभ बच्चन को निमन्त्रित किया गया। इस ख़बर से सारे देश में प्रसन्नता की लहर दौड़ गयी। सभी क्षेत्रों के बड़े से बड़े दिग्गज महानुभावों से सभागार खचाखच भर गया। मेरा सौभाग्य कि उत्सवमूर्ति श्री शहूरयार का परिचय देने के लिए मुझे निमन्त्रित किया गया।

उस दिन के समारोह में मेरे द्वारा सम्पादित 'कविताएँ बच्चन की चयन

प्रसिद्ध गीतकार, कवि व शायर शहरयार का परिचय देते हुए लेखिका पुष्पा भारती

अमिताभ बच्चन का' पुस्तक का लोकार्पण भी सम्पन्न हुआ। अमिताभ की वक्तृत्व कला को देख-सुनकर सभी मन्त्रमुग्ध और अभिभूत थे।]

★★★

ज्ञानपीठ पुरस्कार से सम्मानित साहित्यकार आदरणीय शहरयार जी, भारतीय ज्ञानपीठ के आजीवन न्यासी श्री आलोक पी. जैन जी, प्रबन्ध न्यासी साहू अखिलेश जैन जी, निदेशक श्री रवीन्द्र कालिया जी, ...इस सभागार में उपस्थित साहित्यकार बन्धुओ, साहित्य प्रेमियो और मीडिया कर्मियो!

44वें भारतीय ज्ञानपीठ पुरस्कार समारोह में अमिताभ जी का अध्यक्षीय भाषण

सर्वप्रथम मैं आप सबका हार्दिक अभिनन्दन करता हूँ। हम सब अपनी-अपनी तरह से जीवन को जीते हैं, सबकी अपनी-अपनी परिभाषाएँ हैं, आशाएँ हैं, महत्त्वाकांक्षाएँ हैं। जीवन की विराट आपाधापी में हम कई बार उन शब्दों अथवा ध्वनियों को अनसुना करते रहते हैं जिनसे हमारे भीतर नयी मनुष्यता का निर्माण होने लगता है। भारतीय ज्ञानपीठ के इस पुरस्कार समारोह में आकर सचमुच मैंने ऐसे ही शब्दों को सुना...ध्वनियों से साक्षात्कार किया। और इस अवसर को उपलब्ध कराने के लिए मैं भारतीय ज्ञानपीठ का हृदय से आभारी हूँ।

सबसे पहले, मैं ज्ञानपीठ पुरस्कार प्राप्त करने वाले शह्रयार साहब को बधाइयाँ देता हूँ। मुझे उर्दू भाषा के महान रचनाकार शह्रयार साहब को सम्मानित करने का सौभाग्य आज प्राप्त हुआ है। सौभाग्य इसलिए कि उनके सामने मैं एक छोटा-सा कलाकार हूँ। हम तो दूसरों के शब्दों, संकेतों और निर्देशों का अनुगमन करते हुए अपना कार्य करते हैं, किन्तु एक कवि या शायर भावों और कल्पनाओं के विचित्र संसार से सबको मन्त्रमुग्ध कर देता है। शब्द की सत्ता कितनी बड़ी है, यह बताने की आवश्यकता नहीं। रचनाकार इस सत्ता का स्वामी होता है। शह्रयार साहब लफ़्ज़ों के ऐसे ही एक जादूगर हैं।

मैंने देवनागरी लिपि में छपी शह्रयार साहब की कुछ पुस्तकें पढ़ी हैं। ज़्यादातर उनके बारे में विद्वानों से सुना है। मैं उनके साथ एक अजीब-सा लगाव अनुभव करता हूँ। पहली बात तो यह कि वे भी उत्तर प्रदेश के हैं और मैं भी। दूसरी बात यह कि पूज्य बाबूजी की वजह से साहित्य और साहित्यकार के प्रति बचपन से ही मेरे मन में एक आदर और श्रद्धा का भाव रहा है। फिर जब मैंने शह्रयार साहब के विषय में सुना...जाना...पढ़ा तो यह भाव और प्रगाढ़ हो गया। इसलिए आज उन्हें सम्मानित करके मैं सचमुच एक कृतज्ञता का अनुभव कर रहा हूँ।

मैं कोई साहित्य का मर्मज्ञ या विद्वान तो हूँ नहीं कि शह्रयार साहब की रचनाओं पर अपने विचार व्यक्त कर सकूँ। एक श्रोता और पाठक के रूप में कुछ बातें आपके सम्मुख रख रहा हूँ। शह्रयार साहब के विषय में प्रसिद्ध साहित्यकार कमलेश्वर ने एक जगह लिखा है कि 'शह्रयार ग़ज़ल और नज़्म के आज बेहद लोकप्रिय और बुलन्दपाया शायर हैं। उनकी ग़ज़लों में शास्त्रीय रचाव, अनुभव-संसार की विविधता, आधुनिक जीवनबोध...उन्हें दूसरे शायरों से...विशिष्ट बना देता है। वे अपनी सामाजिक भूमिका कभी नहीं भूलते।' शह्रयार साहब बेहतर दुनिया का सपना देखने वाले शायर हैं। मैं उनके दो शेर यहाँ सुनाना चाहूँगा—

'जो चाहती दुनिया है वो मुझसे नहीं होता।
समझौता कोई ख़्वाब के बदले नहीं होता।।

अब रात की दीवार को ढाना है जरूरी।
ये काम मगर मुझसे अकेले नहीं होता।।'

शहरयार साहब अपने सपनों को बेचकर कुछ भी मोल नहीं लेना चाहते। ये सपने निजता और सामाजिकता दोनों से जुड़े हैं। शहरयार साहब आज के दौर में अकेले पड़ते आदमी के दर्द से लेकर सामाजिक विषमताओं तक को अपनी शायरी में शामिल करते हैं। संवेदना का यह व्यापक दायरा उन्हें महान बनाता है। उनकी रचनाएँ बताती हैं कि वे निरन्तर बेचैन रहने वाले रचनाकार हैं। बेचैनी और संघर्ष तो रचनाकार की नियति में लिखे होते हैं। इसी अग्निपथ पर चलकर वह अपने लक्ष्य तक पहुँचता है। अपने एक गीत में बाबूजी ने लिखा है–

'अग्निदेश से आता हूँ मैं।
झुलस गया तन, झुलस गया मन
झुलस गया कवि-कोमल जीवन
किन्तु अग्नि वीणा पर अपने दग्ध कण्ठ से गाता हूँ मैं।

मैं शहरयार साहब की रचनाओं में इसी कण्ठ की आवाज़ सुनता हूँ। निस्सन्देह उनका साहित्यिक क़द बहुत ऊँचा है। आधुनिक उर्दू कविता उनसे गौरवान्वित हुई है।

यह सौभाग्य की बात है कि हमारी फ़िल्म इंडस्ट्री ने भी शहरयार साहब की लाजवाब लेखनी से लाभ उठाया है। हम उनके नग़्मे 'गमन', 'उमराव जान', 'फासले' और 'अंजुमन' जैसी फ़िल्मों में सुन चुके हैं। 'गमन' का यह गीत पूरे देश में एक नयी संवेदना के साथ सुना गया–

'सीने में जलन आँखों में तूफ़ान सा क्यों है।
इस शहर में हर शख़्स परेशान सा क्यों है।।'

और 'उमराव जान' के गीतों ने तो सचमुच शहरयार साहब को श्रेष्ठतम गीतकारों की श्रेणी में ला बिठाया। सौन्दर्य, प्रेम और पीड़ा के साथ जीवन के विपुल दर्शन को समेटे ये गीत अद्‌भुत हैं। एक मुखड़ा याद आता है–

'जुस्तजू जिसकी थी उसको तो न पाया हमने।
इस बहाने से मगर देख ली दुनिया हमने।।'

शह्रयार साहब के लफ़्ज़, खय्याम साहब का संगीत, आशा भोसले जी की आवाज़ और रेखा जी की अदाकारी–सब मिलकर एक तिलिस्म-सा बनाते हैं। और सचमुच मैं यह सोचने पर विवश हूँ कि शह्रयार साहब की शायरी एक ख़ूबसूरत तिलिस्म ही तो है। ऐसी महान शख़्सियत को सम्मानित करने का अवसर मुझे प्राप्त हुआ, यह मेरा सौभाग्य है। मैं उनके स्वास्थ्य और सुन्दर भविष्य की कामना करता हूँ।

ब्रज भाषा का एक वाक्य मैं अपने बाबूजी से सुना करता था कि–'गुन ना हिरान्यो गुन गाहक हिरानो है।' यानी गुण नहीं खोये हैं, गुणों का सम्मान करने वाले अब नहीं रहे हैं। सचमुच जिस समाज में गुणों का सम्मान नहीं होता उस समाज की आत्मा निर्बल होती जाती है। यह अत्यन्त प्रसन्नता की बात है कि हमारे बीच साहित्य का सम्मान करने वाली भारतीय ज्ञानपीठ जैसी महान संस्था विद्यमान है। समस्त भारतीय भाषाओं की श्रेष्ठ परम्पराओं को सुरक्षित और संवर्धित करने में भारतीय ज्ञानपीठ की अप्रतिम भूमिका रही है। ज्ञानपीठ द्वारा किये गये प्रकाशन पाठकों में सुरुचि का संचार करते हैं। पिछले दिनों बाबूजी की कुछ कविताओं का मेरे द्वारा किया गया चयन ज्ञानपीठ से प्रकाशित हुआ है। इस घोर व्यावसायिक युग में भी ज्ञानपीठ अपने पाठकों की सेवा कर रहा है। जो स्वप्न साहू शान्ति प्रसाद जैन और श्रीमती रमा जैन ने देखा था वह आज भली-भाँति साकार हो चुका है। 18 फ़रवरी 1944 में ज्ञानपीठ की स्थापना से लेकर आज तक इसने प्रतिष्ठा के कई पड़ाव तय किये हैं। भारतीय साहित्य में ज्ञानपीठ का विशिष्ट योगदान है– 'ज्ञानपीठ पुरस्कार'। प्रथम बार यह पुरस्कार 1965 में दिया गया था और तब से विभिन्न भारतीय भाषाओं के महान रचनाकार इसे प्राप्त कर चुके हैं। इसे 'भारत का नोबेल पुरस्कार' माना जाता है। यह अकारण नहीं है। मुझे इसकी चयन प्रक्रिया के बारे में बताया गया है। जो पारदर्शिता, निष्पक्षता और तथ्यपरकता यहाँ अपनाई जाती है, वह दुर्लभ-सी है। देश और विदेश के विशिष्ट व्यक्तियों द्वारा समय-समय पर यह पुरस्कार प्रदान किया जाता रहा है। आज मैं भी इस परम्परा से जुड़कर हर्ष का अनुभव कर रहा हूँ।

भारतीय ज्ञानपीठ के समस्त न्यासियों को और इससे जुड़े सभी लोगों को मैं अपनी शुभकामनाएँ देता हूँ। ईश्वर से कामना करता हूँ कि ज्ञानपीठ निरन्तर प्रगति के पथ पर आगे बढ़ता रहे। इसका अस्तित्व औरों को प्रेरणा देता है। मेरा दृढ़ विश्वास है कि कलाएँ हमारे समाज का दर्पण तो हैं ही, दीपक भी हैं। दर्पण में हम अपना रूप-रंग, आकार-प्रकार देखते हैं और दीपक से हमारे आसपास का अन्धकार दूर होता है। इसलिए हम सबका कर्तव्य है कि साहित्य,

साहित्यकार और साहित्य के संरक्षण-संवर्धन में लगी संस्थाओं का सम्मान करें। मैं भारतीय ज्ञानपीठ के संस्थापकों के प्रति अपना प्रणाम अर्पित करता हूँ, जिन्होंने सामाजिक हित में यह महास्वप्न देखा।

मुझे ज्ञानपीठ के पुरस्कार समारोह में सम्मिलित होकर सचमुच हार्दिक प्रसन्नता हुई। यह अवसर प्रदान करने के लिए मैं ज्ञानपीठ परिवार का बहुत कृतज्ञ हूँ। शहूरयार साहब को एक बार पुनः हार्दिक बधाई। सभागार में उपस्थित आप सब लोगों ने मुझे धैर्यपूर्वक सुना, इसके लिए धन्यवाद देता हूँ। अन्त में मैं बाबूजी की कुछ पंक्तियाँ आपको समर्पित करता हूँ—

'चल बंजारे,
तुझे निमन्त्रित करती धरती नयी
नया ही आसमान!
चल बंजारे—
जब तक तेरी साँस न थमती,
थमे न तेरा क़दम, न तेरा कण्ठ गान!
चल बंजारे!'

डॉ. धर्मवीर भारती चौक का लोकार्पण

[उत्तर प्रदेश में अपनी जन्मभूमि इलाहाबाद में शिक्षा-दीक्षा प्राप्त कर वहीं विश्वविद्यालय में अध्यापन करते हुए धर्मवीर भारती अपने साहित्य सृजन में लगे हुए थे। 'गुनाहों का देवता' नामक उपन्यास को अभूतपूर्व लोकप्रियता मिल चुकी थी। 'अन्धा युग' और 'कनुप्रिया' जैसी कालजयी कृतियाँ भी उन्होंने यहीं लिखीं। किन्तु कालान्तर में उनकी कर्मभूमि महाराष्ट्र बन गयी। देश सेवा करने के स्वप्न बचपन से ही उनके मन में बसे हुए थे। मुम्बई आकर जब उन्होंने 'धर्मयुग' नामक साप्ताहिक पत्रिका के सम्पादन का कार्य सँभाला तो मानो देश सेवा करने का अनोखा माध्यम उन्हें मिल गया। 1960 से उत्तरोत्तर प्रगति करते हुए देखते-ही-देखते 'धर्मयुग' ने अल्पशिक्षितों से लेकर समाज के सभी क्षेत्रों के शिक्षित और प्रबुद्ध सभी तरह के लोगों को आकर्षित किया और पूरे देश में अनगिनत घरों में उसकी पहुँच हो गयी।

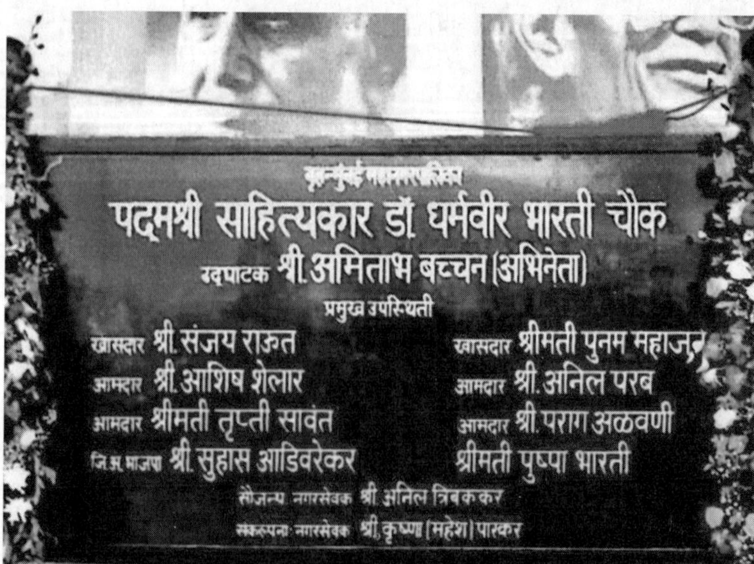

'धर्मयुग' पढ़ने के बाद लोगों में एक नयी चेतना, नयी दृष्टि, नयी समझ आने लगी। देश की सभी प्रमुख भाषाओं के लेखक 'धर्मयुग' में लिखने लगे। इस सेतु ने सारे देश के जनमानस को प्रभावित किया। लेखकों-विचारकों से लेकर देश के साधारण व्यक्ति के मन में भी देश के प्रति अपने दायित्व को समझने का शऊर आने लगा।

ग़ैर-मराठी भाषा-भाषी होते हुए भी महाराष्ट्र सरकार ने 'धर्मयुग' के महत्त्व को समझा और सम्पादक धर्मवीर भारती को 'महाराष्ट्र गौरव' की पदवी से नवाज़ा। उनके देहावसान के दूसरे ही दिन बृहन् मुम्बई महानगर पालिका ने श्रद्धांजलि सभा में निश्चय किया कि धर्मवीर भारती की स्मृति को अक्षुण्ण रखने हेतु म्हाडा कार्यालय के पास धर्मवीर भारती चौक की स्थापना की जायेगी। 30 अप्रैल 2016 को सदी के महानायक अमिताभ बच्चन ने इस चौक का लोकार्पण किया तो चतुर्दिक उल्लास की लहर दौड़ गयी। कार्यक्रम में मुम्बई के साहित्य, राजनीति और पत्रकारिता क्षेत्र के अलावा सांस्कृतिक और सामाजिक क्षेत्रों के अनेक गण्य मान्य व्यक्ति सम्मिलित हुए। अपार जनसमूह के बीच बड़े आत्मीयतापूर्ण ढंग से कार्यक्रम सम्पन्न हुआ।]

लोकार्पण करने से पहले, सदी के महानायक की प्रशंसनीय विलक्षण विनम्रता देखकर चकित दर्शक!

★★★

आदरणीय पुष्पा जी और मंच पर उपस्थित सभी महानुभाव, देवियो और सज्जनो! मैं पुष्पा जी को अपना आभार प्रकट करना चाहता हूँ जो उन्होंने आज मुझे इस कार्यक्रम में आमन्त्रित किया है। ये मेरे लिए बड़े ही सौभाग्य की बात है। मैं क्षमा चाहूँगा कि मैं खड़ा होकर अपनी बात को प्रस्तुत नहीं कर रहा हूँ क्योंकि आज के दिन मैं पुष्पा जी से ज़्यादा दूर नहीं जाना चाहता। ये जो मुहल्ला है बान्द्रा पूर्व का, इसकी गलियों में कई बार घूमा-फिरा हूँ और कई बार आता-जाता रहा हूँ। 18 वर्ष पहले जब भारतीजी का स्वर्गवास हुआ, उस दिन भी आया था। दुखद घड़ी थी मन बहुत भरा हुआ था। लेकिन आज जब यहाँ आया हूँ तो एक तरह की प्रसन्नता हो रही है कि आज धर्मवीर भारती चौक का उद्घाटन हो रहा है। इसके पीछे जितने भी लोगों ने काम किया है, उन सबको हृदय से बहुत-बहुत धन्यवाद।

पुष्पा जी ने अभी बहुत विस्तारपूर्वक आपको बताया कि बाबूजी और धर्मवीर भारतीजी का सम्बन्ध कोई दस-बीस बरस का सम्बन्ध नहीं था। बाबूजी जब इलाहाबाद यूनिवर्सिटी के अँग्रेज़ी विभाग में पढ़ाते थे तो धर्मवीर भारतीजी उनके विद्यार्थी थे। आगे चलकर भारतीजी हिन्दी विभाग में पढ़ाने लगे और तभी से उन दोनों का ये सम्बन्ध बना रहा। दोनों ही, बाबूजी और भारतीजी का यह सम्बन्ध एक तरह से गंगा-जमुनी सम्बन्ध था, जो इलाहाबाद की एक पहचान है। बाबूजी ने अपनी कविता में लिखा भी है कि—'गाता हूँ मैं अपनी भाषा सीख इलाहाबाद नगर से', तो यह सम्बन्ध था, केवल दो मित्रों का नहीं था बाद में जाकर दो भाई बन गये और बहुत ही घनिष्ठ उनका सम्बन्ध रहा। मैं तो शायद उस समय आठ-दस बरस का रहा होऊँगा जब इलाहाबाद में अपने घर पर भारतीजी को आते देखता था। पूज्य माताजी को फूलों का बहुत शौक़ था, इलाहाबाद में जहाँ हमारा घर था वहाँ बहुत ही ख़ूबसूरत गुलाब की एक बगिया माताजी ने बना रखी थी। हर वर्ष इलाहाबाद में एक प्रदर्शनी होती थी फूलों की, उसमें माँजी को उनके उगाये उन गुलाब के फूलों के लिए प्रथम पुरस्कार मिलता था। असल में उनके उगाये हुए गुलाब इतने ख़ूबसूरत होते थे कि पूरे इलाहाबाद में कहीं देखने को नहीं मिलते थे। और कई बार मैं देखता था कि भारतीजी जब आते थे तो दस-पन्द्रह मिनट अन्दर जाने से पहले, वो उस बगिया को देखते थे, झाँकते थे, उसकी सुगन्ध, उसकी सुन्दरता को महसूस करते थे, उसके बाद वो अन्दर जाते थे। दुबले-पतले लम्बे क़द के भारतीजी काला चश्मा पहना करते थे। रात को भी वे काला चश्मा पहनते थे ये मुझे बहुत अच्छी तरह से याद है। रात-विरात घर में गोष्ठियाँ होती थीं। साहित्यकार आते थे, कविगण आते थे और उस गोष्ठी का नाम था—'परिमल'। और रात-विरात बाबूजी, भारतीजी अन्य भी साहित्यकार, कविगण वहाँ बैठकर साहित्य की बात करते थे, कविताओं की बात करते थे, बहुत अच्छा माहौल बन जाता था।

यह जो सम्बन्ध बना, यहाँ मुम्बई में आकर भी चलता रहा। कई बार बाबूजी का कवितापाठ हुआ। तब शायद भारतीजी और पुष्पा जी कैम्परा कॉर्नर के पास एक मकान में रहते थे, वहाँ पर, साहित्य सहवास में आने से पहले कोई एक बहुत अच्छी शाम थी जब सबने मिलकर बाबूजी को सुना था। बाबूजी अस्वस्थ थे लेकिन फिर भी बहुत लम्बा, तीन-चार घण्टे चला वह कवितापाठ। वह आज भी मुझे स्मरण है। उसकी कुछ छवियाँ हैं जोकि मैं अपने सोशल मीडिया में यदा-कदा डालता रहता हूँ, कभी आपको अवसर मिले तो उन्हें ज़रूर देखियेगा। उन दिनों, जगह-जगह भारतीजी का जो उपन्यास है 'गुनाहों का देवता', जिसके बारे में अभी पुष्पा जी ने भी बताया, उसकी बड़ी चर्चा सुनता था और उन्हीं दिनों इलाहाबाद

में और फिर बाद में दिल्ली जाकर भी, पूज्य माताजी रंगमंच पर अभिनय किया करती थीं। शेक्सपियर के नाटक, चार ट्रेजेडीज जिनका कि बाबूजी ने अनुवाद किया था, उनमें वो भी अभिनय करती थीं। उस समय मैंने 'गुनाहों का देवता' पढ़ा, और कहीं-न-कहीं मन में एक आशा भी थी कि कभी अगर अवसर मिले तो 'गुनाहों का देवता' अगर नाटक के रूप में हो तो मैं उसमें भाग ले सकूँ। देखिए देवियो और सज्जनो, ये ईश्वर की कृपा है, और बहुत से लोगों को पता नहीं है इसके बारे में कि फ़िल्म उद्योग में क़दम रखने के कुछ ही दिनों बाद मेरे पास प्रस्ताव आया कि 'गुनाहों का देवता' पर एक फ़िल्म बन रही है और हम चाहेंगे कि आप उसमें एक भूमिका करें। चन्दर की भूमिका थी मुझे दी गयी, और एक और खुशी जो साथ में थी वो ये कि सुधा की भूमिका मिली जया को। चन्दर और सुधा जैसा कि आप लोग जानते होंगे मुख्य किरदार हैं 'गुनाहों का देवता' के। उस समय हमारा विवाह नहीं हुआ था लेकिन हम लोगों ने बहुत मन से दिल लगाकर उस फ़िल्म में काम किया। इलाहाबाद में इसकी शूटिंग हुई, गर्मी का मौसम था। उस समय ज़्यादा लोग जया को जानते थे और जया हमसे उस समय बहुत ज़्यादा बड़ी स्टार थीं। हम जाते थे चौक में, कटरा में, सिविल लाइन्स में भी हम लोगों ने शूटिंग की। बहुत अच्छा लगा। 7-8 रील बनीं इस फ़िल्म की लेकिन दुर्भाग्यवश वो पूरी नहीं हो सकी। इसका हमें हमेशा खेद रहा। मैं यहाँ पर भारतीजी के बारे में कुछ और कहना चाहूँगा कि न केवल 'गुनाहों का देवता' बल्कि उनका एक और बहुत प्रख्यात काव्य नाटक है 'अन्धा युग' और उसके कुछ बहुत ही प्रेरणाशील शब्द हैं जोकि मैं इस समय आप सबको पढ़कर सुनाना चाहूँगा। उन्होंने लिखा था कि—

पता नहीं प्रभु हैं या नहीं
किन्तु, उस दिन यह सिद्ध हुआ
"जब कोई भी मनुष्य
अनासक्त होकर चुनौती देता है इतिहास को,
उस दिन नक्षत्रों की दिशा बदल जाती है।
नियति नहीं है पूर्वनिर्धारित—
उसको हर क्षण मानव-निर्णय बनाता-मिटाता है!"

यह बहुत ही प्रेरणादायी शब्द हैं कई बार ऐसी घड़ियाँ जीवन में आती हैं जब इनको पढ़कर मनोबल बढ़ता है।

धर्मवीर भारतीजी के 'धर्मयुग' का क्या कहना! जब से भारतीजी गये तब से धर्मयुग भी चला गया और उसकी क्षतिपूर्ति आज तक कोई नहीं कर सका है और भविष्य में भी शायद ही ऐसा कोई सम्पादक आये, जो नक्षत्रों की दिशा बदल सके। ऐसे सर्वप्रिय और विलक्षण व्यक्ति को आपने पहचाना और उनकी समृति को स्थायी बनाने के लिए चौक बनाकर जो सम्मान दिया, उसके लिए मैं मुम्बई महानगर पालिका और महाराष्ट्र सरकार को धन्यवाद देता हूँ। और सब लोगों को बहुत-बहुत बधाई देता हूँ। नमस्कार! जय हिन्द! जय महाराष्ट्र!

मुंबई के एक चौक पर हुआ 'इलाहाबाद का संगम'

[illegible] मुंबई: हिंदी साहित्य को अपने कलम से समृद्ध करते हुए अपनी [illegible] दृष्टि से हिंदी पत्रकारिता का परचम लहराने वाली हस्ती डॉ. धर्मवीर भारती की स्मृति को शनिवार की शाम मुंबई ने प्रणाम किया। बांद्रा पूर्व स्थित म्हाडा गेट के सामने वाले तिराहे का नामकरण डॉ. भारती के नाम पर किया गया। शब्दों के इस महानायक के सम्मान में संयोजित इस समारोह के मुख्य अतिथि थे सदी के महानायक अमिताभ बच्चन।

बांद्रा पूर्व के तिराहे का नामकरण करते हुए अमिताभ बच्चन के भारती जी और बाबू जी (हरिवंश राय बच्चन) की मित्रता के कई किस्से बताए, कविताएं पढ़ीं और पारिवारिक रिश्तों की पोटली खोली। बच्चन साहब ने बताया कि इलाहाबाद में शुरू हुए परिमल ग्रुप में साहित्यकारों की चर्चाओं से उन्हें संस्कार मिले और इसमें भारती जी की भी अहम भूमिका थी। अमित जी ने बताया कि वे भारती [illegible] लिखे 'गुनाहों का देवता' उपन्यास पर बन रही फिल्म में काम करना चाहते थे। [illegible] इसी उपन्यास पर बन रही फिल्म 'एक था चंदर, एक थी सुधा' में जया बच्चन सुधा का रोल निभा रही थीं और बच्चन जी को चंदर का किरदार निभाने का मौका मिला था। दुर्भाग्यवश ये फिल्म पूरी न हो सकी।

अमिताभ बच्चन ने इस समारोह में कहा, 'भारती जी के दिवंगत होने पर मैं जिस जगह पर आया था आज वही जगह उनके नाम हो रही है, मुझे हर्ष है कि मुंबई की धरती पर उनका नाम [illegible] हो गया है।'

डॉ. भारती की पत्नी पुष्पा जी ने धर्मवीर जी की यादों को ताजा किया। उन्होंने भारती और हरिवंश राय बच्चन के संबंधों का उल्लेख किया [illegible]। पुष्पा जी ने कहा कि इस तिराहे के नामकरण के लिए 10-15 साल पहले ही प्रस्ताव पास हो चुका था, वे चाहती थीं कि डॉ. हरिवंश राय बच्चन या तेजी जी की उपस्थिति में कार्यक्रम हो, लेकिन ऐसा संभव नहीं हुआ। इस कार्यक्रम में उपस्थित राज्यसभा सदस्य संजय राउत ने डॉ. भारती को श्रेष्ठ संपादक बताया। बीजेपी मुंबई अध्यक्ष आशीष शेलार ने बताया कि इलाहाबाद से आकर डॉ. धर्मवीर भारती ने मुंबई को अपनी कर्मभूमि बनाया, अब जाकर मुंबई ने उन्हें सच्ची श्रद्धांजलि दी है। कार्यक्रम का संचालन करने वाले मुंबई बीजेपी के महामंत्री अमरजीत मिश्रा की भी इस समारोह को अंतिम रूप देने और म्हाडा गेट के सामने वाले तिराहे का नाम भारती जी पर करने में अहम भूमिका रही।

daily dossier

04 **mid-day** sunday, may 1, 2016, mumbai, **web** www.mid-day.com, **twitter** @mid_day

A literary landmark

Actor Amitabh Bachchan lends a hand to Pushpa Bharti, wife of legendary Hindi writer late Dharamvir Bharti. The busy Bandra Gate Chowk was renamed after him at a ceremony on Saturday. Bharti's novel Gunahon Ka Devta is considered a literary gem, while Suraj ka Satwan Ghoda was made into a National Award-winning film by Shyam Benegal in 1992.

लता मंगेशकर : आत्मा के तार झंकृत करती आवाज़

[तेरह-चौदह वर्ष की उम्र से ही लता मंगेशकर ने फ़िल्मों में गीतों के लिए अपनी आवाज़ देनी शुरू कर दी थी, धीरे-धीरे उनकी सुरीली आवाज़ ने बेमिसाल ख़्याति पा ली। सर्वत्र उनका गुणगान होता रहता। किन्तु मैंने, आज तक इतना अनुपम परिचय देते, कभी किसी को न देखा, न सुना। 'आवाज़ में फूल झरते' जैसा मुहावरा सुना तो था—लेकिन पहली बार महसूस तब किया जब अमिताभ को लता मंगेशकर जी का परिचय देते सुना। प्रशंसा के लिए मेरे पास शब्द नहीं हैं। आप भी पढ़कर महसूस कीजिए।]

★ ★ ★

मैं कैसे परिचय दूँ उस शख़्सियत का, जिनका नाम खुद अपने आप में एक परिचय है। मैं कैसे परिचय करूँ उस व्यक्ति का, जिनकी आवाज़ देश की आवाज़

ही नहीं बल्कि पूरे विश्व की आवाज़ है। जिसे सही मायनों में वॉइस ऑफ़ द मिलेनियम कहा जाना चाहिए। मैं कैसे परिचय दूँ उनका, जबकि सुर, ताल और संगीत उन्हीं के नाम से शुरू होता है और उन्हीं के नाम के साथ ख़त्म हो जाता है। मैं कैसे परिचय दूँ उनका जिन्होंने विश्वभर में अनगिनत ख़िताब पाये हैं, अनगिनत रिकॉर्ड्स कायम किये हैं। इस अमूल्य रत्न का मूल्य कैसे किया जाये? प्रश्नों का उत्तर देने के लिए न तो मेरे पास दिमाग़ है और न ही शब्द। हमारे पड़ोसी मुल्क के लोग जब कभी हमसे मिलते हैं तो कहा करते हैं कि हमारे पास वह सब है जो आपके पास भारत में है, बस दो चीज़ें नहीं हैं—ताजमहल और लता मंगेशकर। इतनी बड़ी उपलब्धि अपने आप में ही एक अजूबा है। परन्तु अपनी छोटी-सी हैसियत में लता जी के गुणों का वर्णन करने के लिए मैं प्रयत्न करना चाहता हूँ। धृष्टता के लिए लता जी मुझे क्षमा करें। पता नहीं आप लोगों ने कभी सितार को नज़दीक से या क़रीब से देखा है या नहीं। सितार के ऊपर कई प्रमुख तारें होती हैं जिन्हें खींचने से या उन पर उँगलियाँ फिराने से संगीत बज उठता है, उसमें से सुर निकलता है, आवाज़ निकलती है। इन प्रमुख तारों के नीचे भी 10-12 और तारें होती हैं, कुछ पतली-सी, जिन्हें कि आमतौर पर सिंपैथेटिक स्ट्रिंग्स कहा जाता है और जब कभी भी सितारवादक इनकी धुन सुनना चाहता है तो अपनी छोटी उँगली से उन्हें छेड़ता है और उनमें से ध्वनि निकलती है। लेकिन अक्सर यह होता है कि प्रमुख तार को ऐसे ढंग से खींचा जाये कि उनका सुर सही निकले। तो यह सिंपैथेटिक स्ट्रिंग्स अपने आप

बज उठती हैं। यह सिंपैथेटिक स्ट्रिंग्स इसलिए बज उठती हैं क्योंकि सुर में इतनी प्रबलता होती है, इतनी शुद्धि होती है कि उन्हीं के कारण ये तार अपने आप बज उठते हैं। लता जी के सुर में, लता जी के गायन में, लता जी की आवाज़ में, मेरा ऐसा मानना है कि इतनी प्रबलता है, इतनी शुद्धि है कि वह मनुष्य की आत्मा को झंकृत कर देती है। मेरा और एक अनुमान है कि संगीत के सुरों और परमात्मा के बीच एक बहुत ही अद्‌भुत और विचित्र बन्धन है और यदि कोई ऐसी डोर है, कोई ऐसी तार है जो मनुष्य की आत्मा को परमात्मा के साथ बाँध ती है, जोड़ती है तो उस डोर, उस तार का नाम है लता मंगेशकर।

देवियो और सज्जनो, साक्षात् सरस्वती के इस रूप को मैं शत-शत प्रणाम करता हूँ और बड़े ही विनम्र भाव से आग्रह करता हूँ, आमन्त्रित करता हूँ कि लता जी हमारे समक्ष आयें और हमारी और आपकी आत्माओं को परमात्मा के साथ बाँधें।

लता जी की 90वीं वर्षगाँठ

[1999 में बी.बी.सी. द्वारा किये गये ऑनलाइन सर्वेक्षण में सारे संसार से मिली संस्तुतियों के आधार पर अमिताभ बच्चन को 'स्टार ऑफ़ दी मिलेनियम' (सदी का महानायक) उपाधि देकर सम्मानित किया गया था। 2012 में लता मंगेशकर को 'भारत रत्न' की उपाधि मिली थी। ये दोनों ही जीते जी किंवदन्ती बन चुके हैं। एक-दूसरे के बारे में कुछ कहना कितना कठिन होता होगा। लेकिन अमिताभ ने ऐसे नाज़ुक अवसर को कितने भावुक और गम्भीर ढंग से प्रस्तुत किया है। यह जानना भी एक अनोखा अनुभव होगा आपके लिए।]

★★★

परम आदरणीय लता जी, आपको प्रणाम करता हूँ! चरण स्पर्श लता जी! जीवन में कई रिश्ते ऐसे होते हैं जिनका कोई हिसाब नहीं होता है। न देने वाले जानते हैं कि क्या-क्या दिया, न लेने वाले जानते हैं कि क्या-क्या लिया। न कोई व्यवहार होता है न कोई सीमा होती है। ऐसे रिश्ते, जिनमें केवल आदर, सम्मान अनन्त प्रेम और श्रद्धा होती है। इन रिश्तों की संज्ञाएँ नहीं होतीं, इन रिश्तों का

कोई देह स्वरूप नहीं होता है। ये रिश्ते अपनी परिभाषा स्वयं गढ़ते हैं। ऐसे ही एक रिश्ते का नाम है लता दीनानाथ मंगेशकर।

लता जी, आपको 90 वर्ष की हार्दिक शुभकामनाएँ और अनन्त अभिनन्दन। जब लता जी का कोई गीत सुनता हूँ, कोई ग़ज़ल सुनता हूँ जब कोई भावगीत और भजन सुनता हूँ तब मन अपने बन्द कमरे से निकलकर लता जी की आवाज़ के साथ चल पड़ता है और जब लौटकर वापस आता है उसी धुन में रहता है, उसी लय में रहता है। जैसे उसे किसी और संवेदना की ज़रूरत ही नहीं। यह ऐसा ऋण है जिसे हम किसी भी जीवन में चुका नहीं सकते और ऐसे ऋण चुकाये भी नहीं जा सकते हैं। उन्हें सिर्फ़ शीश झुकाकर स्वीकार किया जाता है। मैं धन्यवाद कहूँ, आभार कहूँ या थैंक्यू कहूँ, शब्दों से यह भावना व्यक्त नहीं होती है। दैवी शक्तियों का उपकार नहीं माना जाता।

सरस्वती पूजा सरस्वती का सत्कार होता है। अक्सर बाबूजी के शब्द पढ़ता हूँ और स्वयं उनका अर्थ जोड़ने की चेष्टा करता हूँ। यदि बाबूजी साथ होते तो घूमकर पूछ लेता कि यहाँ क्या कहा है, माँ होतीं तो उनके पास बैठकर कहता कि माँ सुनो, मैंने आज एक धुन सीखी है। होतीं तो, मगर हैं नहीं। सत्तर वर्ष में मैंने यह सीखा कि जिन वृत्तियों का विनिमय नहीं हो सकता उनका सम्मान तुरन्त करना चाहिए। चाहे जैसे हो, वैसे ही। टूटे-फूटे शब्दों में, चरण छूकर प्रणाम हो या हाथ जोड़कर नमस्कार हो, आधा-अधूरा ही क्यूँ न हो लेकिन तुरन्त होना चाहिए। लता जी आपने अल्पायु से ही संगीत को अपने स्वरों के मधुर तारों से जोड़कर उसे अमर कर दिया है। आपके सुरों के बिना संगीत पूरा नहीं होता है। आज आपके जन्मदिन के इस शुभ अवसर पर अपनी असीम कृतज्ञता आपको सादर अर्पित करता हूँ। प्रणाम करता हूँ।

बहुत-बहुत शुभकामनाएँ!

Homage to Harivansh Rai Bachchan

Bachchan Sandhya

For the connoisseurs of art, culture, literature and music, it was once-in-a-lifetime experience—sublime and unforgettable, incredible and spiritually enlightening.

The occasion was the celebrations of the 102nd Birth Anniversary of the great Hindi poet Harivansh Rai Bachchan by Bharatiya Vidya Bhavan in Mumbai on November 28, 2009. It was called *Bachchan Sandhya.*

Present were Harivansh Raiji's elder son Amitabh, daughter-in-law

Homage to Harivansh Rai Bachchan by Amitabh Bachchan Looking on is Pushpa Bharati

Jaya, younger son Ajitabh, grandson Abhishek, grand daughter-in-law Aishwarya and grand daughters Shweta, Namrata and Naina.

Present in the Bhavan's auditorium were eminent personalities from the world of culture, literature, drama, film industry etc. as also the common citizens of Mumbai.

The Bhavan's building was artistically decorated with white roses and green leaves. The historic stage of Bharatiya Vidya Bhavan had a backdrop of a captivating portrait of Harivansh Raiji in the middle. On one side was the name and logo of Bhavan.

On the other, Harivansh Raiji's immortal words :

Mitti ka tan
Masti ka man

Kshan bhar Jeevan
Mera Parichay

Bachchan Sandhya was conducted by eminent Hindi litterateur, Smt. Pushpa Bharati, who is an acknowledged authority on Harivansh Raiji's poetry and who is very dear and close to the Bachchan-family as also to the Bhavan's Family.

Amitabhji and Pushpaji together created a beautiful, enchanting image of Harivansh Raiji-the poet and Harivansh Raiji-the man. Amitabhji's recitation and singing of his father's poems was enthralling and spell binding. Pushpaji's performance was sublime and wonderful.

The glow, the warmth, the beauty and the ecstasy of that splendid, magical evening belonged to both Amitabhji and Pushpaji. Their *Jugalbandi* was *breathtaking.*

Bachchan Sandhya Commences

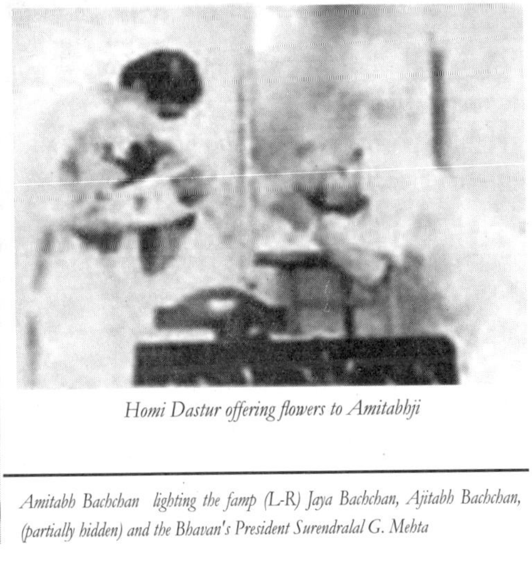

Homi Dastur offering flowers to Amitabhji

Amitabh Bachchan lighting the famp (L-R) Jaya Bachchan, Ajitabh Bachchan, (partially hidden) and the Bhavan's President Surendralal G. Mehta

Memento being presented to Amitabh Bachchan by S.G. Mehta and Homi Dastur

After the formal function, Smt. Pushpa Bharati took over and through her the great cerator of *Madhushala* started capturing the hearts and minds of a culturally and literary alert and sensitive audience. Pushpaji with her amazingly splendid virtuosity started creating a lustrous image of Harivansh Raiji the man, the poet, a loving father and husband, a creative genius and a compassionate human being.

Amitabhji started his recitation with 'Akelepan ka bal Pehchaan'.

Then came Harivansh Raiji's virtual challenge to God : *Main Sukh Par Sukhma Par Reeja, Iski Mujko Laaj Nahin Hai / Jisne Aliyon Ke Adharon Par Ras Rakkha, Pehle Sharmae.*

'Akelepan ka bal Pehchaan' Amitabh Bachchan reclting his father's poetry

With his inimitably deep resonant and haunting voice, Amitabhji at once captivated the audience lifting it to a great height of ecstasy. He once again proved that even recitation of poetry, when in the hands of a truly great artiste, can climb the highest peak of beauty and excellence.

Then came the music. With the famous Viju Shah and his team in attendance, Amitabhji sang lines from 'Madhushala'. The audience once again realised what a good singer he is. He also recited several other poems and sang two of them in folk tunes.

It was sheer beauty and indescribable joy.

Smt. Jaya Bachchan recited *Jo Beet Gayi So Baat Gayi.* Amitabhji and Jayaji together recited : *Tum Gaa Do Mera Gaan Amar Ho Jaye.*

Tum gaa do meraa gaan, amar ho jaaye : Amitabh and Jaya

Actor Aashutosh Rana brilliantly presented *Daitya Ki Denm* Abhishek, Aishwarya, Shweta, Namrata and Naina, too, one by one recited brief poems of Harivansh Raiji.

In between, Pushpaji was making Harivansh Raiji and Tejiji alive on the stage with her vivid portrayal and mastery over the subject. At the end of the function, the entire audience rose to its feet and gave a long, rapturous ovation to Amitabhji and Pushpaji. Undoubtedly the *Bachchan Sandhya* raised the level of human sensitivity and empathy of every member of the audience.

A fantastic feature of the programme was the rapport, the harmony and the rhythm between Pushpaji and Amitabhji which was wonderful, heart-warming and at times, breathtaking. It reached the ultimate height of beauty and excellence because *Bachchan Sandhya* was dominated by Harivansh Raiji. Amitabhji and Pushpaji just remained the melodious

Bachchan Sandhya Commences

instruments to bring alive Harivansh Rai, the man and the poet. It was the word of Harivansh Raiji which was celebrated that beautiful enchanting evening.

Courtesy : Bhavan's Journal (15/1/2010)

GRAMS 'BHAVIDYA' MUMBAI
GIRGAON

Bharatiya Vidya
Bhavan

[Founded in 1938 by Kulapati Dr. K. M. Munshi with the blessings of Mahatma Gandhi]
Kulapati Munshi Marg, Mumbai - 400 007
E-mail : bhavan@bhavans.info
web-site : http://www.bhavans.info

Tel. Nos. : 2363 1261/2363 0265
2363 4462 / 63 /64
FAX : 022-2363 0058

December 4,2009

Our dear and most esteemed Pushpaji,

Pranam.

How do I begin? I have no idea. Howsoever hard I would try, I know I would not be able to give adequate expression to my feelings.

You, Pushpaji, were wonderful. Those who were fortunate enough to attend *Bachchan Sandhya* are not going to forget the great Pushpa Bharati for a long long time. You were fabulous; you were sublime. I bow down before your creative genius (which includes the capacity to put in sustained hard work).

The glow, the warmth, the beauty and the ecstasy of that splendid enchanting evening belonged to Amitabhji and you Pushpaji. What a performance! It was out of this world. At times, it was incredible and breathtaking. The rapport and harmony between both of you was incredibly beautiful.

Bachchan Sandhya at which of course the great Harivansh Raiji dominated, raised the level of human sensitivity and empathy of every member of the audience. It was culturally and spiritually an enlightening experience.

On behalf of the entire Bharatiya Vidya Bhavan Family, I convey to you our deepest sense of profound gratitude. Please consider yourself as one of us and always feel free to command us whenever you feel the Bhavan, my colleagues or I can be of any service to you.

Shri Vishwanathji, Shri Anil Joshi and I plan to call on you some time next week.

With high regards,

Yours sincerely,

(H N Dastur)
Executive Secretary

Smt.Pushpa Bharati
Shakuntal, Flat No.5
Sahitya Sahavas, Bandra (E)
Mumbai-400051

Arun Maheshwari, Amitabh Bachchan, Dr. Naveen Mehta and Pushpa Bharti from left at the launch of the book 'Harivansh Rai Bachchan Ki Sahitya-Sadhna'

Vishwa Hindi Sammelan was hosted in New York in 2007. Bharatiya Vidya Bhavan, New York organised *Bachchan Sandhya* where 'Harivansh Rai Bachchan ki Sahitya-Sadhna', a book edited by Pushpa Bharati and published by Vani Prakashan was launched by none other than superstar Amitabh Bachchan himself.

The event was organised at world's biggest and most reputed Lincoln Centre. The collosal hall that has a huge capacity to hold audience was completely full. Not a single seat was empty.

The audience was held captive for one and a half hour listening to Amitabh Bachchan recite his Babuji's poems in his deep baritone voice.

In fact he even explained a few poems in English so that the audience could undertstand it even better. The spectators appreciated this so much that he got a thunderous applause for it. It was a memorable evening for the mesmerised audience who probably will hold the memory and savour the event for days to come!

Pushpa Bharti presenting a book to Aishwarya Rai

Pushpa Bharti with Dr. Naveen Mehta blessing Aishwarya Rai

Amitabh ji looking at the book on his father released on the occasion.

Amitabh ji receiving the memento presented to the Bachchan family.

The publisher of the book on Dr. Bachchan — Shri Arun Maheshwari being honored on the occasion.

Smt. Pushpa Bharati answering a question

Seated are (first row) Dr. Rashmi Mehta, Smt. Pushpa Bharati (second row) Shri Amitabh Bachchan (third row) Shri Abhishek Bachchan and Smt. Aishwarya Rai Bachchan

Smt. Pushpa Bharati introducing Dr. Harivansh Rai Bachchan, Shri Amitabh Bachchan and the event